영어독서 MBA

억대 수입 원장 6인이 알려주는
영어독서 공부방
성공 창업 노하우

영어독서 MBA

원영빈 정수진
양경희 이혜진
임서영 김주연

지음

서사원

영어독서 전문가로서 학생들이 행복한 영어독서를 할 수밖에 없는 노하우를 알려드립니다

　　윗잇몸 속으로 입술이 말아 올라갔다. 강연 시작할 때 따라 두었던 종이컵의 물은 어느새 바닥이 났고, 귀는 신기하게도 멍한 느낌만 들 뿐 아무 소리도 들리지 않았다. 만약을 대비해 쪽지에 적어 둔 강연 노트는 아무리 읽어봐도 무슨 말인지 알 수 없었다. 몇 번이나 뒤적거렸지만 도대체 내가 어느 부분을 말하고 있는지 손만 덜덜 떨릴 뿐 찾을 수 없었다.

　　"이대로 포기하고 그냥 못하겠다고 하고 내려갈까. 나의 첫 저자 강연회를 보려고 새벽부터 멀리 지방에서 기차 타고 온 분들도 많다는데…."

　　그런 생각이 드니 눈앞이 더 하얘졌다. 또렷이 보이는 건 100여 명의 사람들 중 나보다 더 바짝 긴장하여 하얗게 질린 얼굴을 하고 계신 나의 엄마와 아버지뿐이었다. 마침내 도저히 그 정적을 못 참겠는지 아버지가 조용히 일어나 뒤로 나가시는 게 눈에 들어왔고, 엄마는 아예 눈을 질끈 감아버리셨다.

청중은 나에게 무슨 일이 일어났다고 느껴졌는지 술렁거리기 시작했고, 강연할 때보다 더 집중해서 나를 쳐다보았다. 주최 측인 출판사 관계자는 옆에서 어떻게 나를 도와주어야 할지 난감해했고, 앞자리에 앉은 원장님들은 "할 수 있어요" "힘내세요"라는 눈빛으로 나보다 더 애를 태웠다.

잠시 숨을 들이켰다. 어떻게 여기까지 왔는데… 이 순간을 위해 10여 년간 글을 썼고, 이 강연을 잘하기 위해 20장의 원고를 한 달 내내 달달 외웠다. 강연 바로 전날에는 이 장소까지 대여하여 처음부터 끝까지 몇 번을 반복해서 해본 강의가 아니던가… 청중도 나도 괴로운 침묵이 흘렀다. 결단을 내려야 했다. 그리고 조용히 청중을 향해 용기 내어 말했다.

"제가 사실은 이 강연을 위해 준비를 정말 많이 했습니다. 그런데 지금 너무 긴장되어 이렇게 제가 써온 쪽지를 보고 있는데도 어떤 부분을 이야기하는지도 모르겠고 하나도 기억이 나지 않습니다. 하지만 걱정하지 마세요. 제가 오늘 무슨 일이 있어도 여기 오신 여러분들의 시간을 헛되지 않게 준비한 부분을 끝까지 다 말씀드리겠습니다."라고 솔직하게 말했더니 이상하게도 용기가 솟아오르는 기분이 들었다.

그런 후 나는 심호흡을 한 번 하고 처음부터 다시 시작했다. 그리하여 그날 초보 작가의 강연에 오신 분들은 처음부터 강연 내용을 다시 들을 수밖에 없었다. 강연 도중에 끊긴 곳이 도저히 생각이 나지 않아서 처음부터 다시 시작했으니 말이다.

그새 누군가 치는 박수 소리가 들리기 시작하더니 "괜찮다"라는 듯 청중의 따뜻한 격려의 박수가 터져 나왔다. 세상에 강연을 하다가 생각이 나지 않는다고 처음부터 다시 하는 이런 강연자가 또 있을까? 어떤 청중이 처음부터 같은 내용을 다시 듣기를 원할까? 나는 그런 이상한 강연의 역사를 쓰고 있었다.

박수 소리를 들으니 목이 메어왔지만 끝까지 토시 하나 틀리지 않고 달달 외운 내용을 끝까지 마쳤다. 마침내 박수가 쏟아졌고 가슴 속에서 뜨거운 것이 울컥 쏟아져나왔다. 그러면서 속으로 다짐했다. "이제 됐어. 내 인생에 이런 일은 다시는 없을 거야." 바로 『공부방의 여왕』을 출간하여 첫 저자 강연회를 마친 2013년 어느 날의 이야기이다.

그랬던 내가 신세대 공부방의 여왕님들 5명과 함께 『영어독서 MBA』라는 책을 또다시 출간하게 되었다. 이 책은 『공부방의 여왕』 출간 후 그 책을 읽고 영어책 읽기 교육에 뜻을 갖고 나를 찾아준 많은 원장님들 중에 리딩 전문가로 훌륭하게 성장하신 정수진, 임서영, 이혜진, 양경희, 김주연 원장님과 공동으로 집필한 책이다.

리딩, 정확하게는 학생들에게 영어책을 읽을 수 있는 능력을 키워주는 일을 한 지 올해로 18년이 되었다. 학생의 한글책 수준의 영어책 읽기를 목표로 학생과 학부모님 그리고 선생님이 한 팀이 되어 달리는 영어독서 장거리 레이스가 결코 쉬운 일은 아니다. 그들이 자란 가정의 환경, 언어 감각, 취학 이전 우리말 책을 읽은 양 등에 따라 각기 다른 환경과 조건의 학생들을 4~5년 이상 끊임없이 영어책을 읽게 만드는 일이 제도적으로 정해 놓은 일이 아닌 이상, 일반적인 생각과 정성만을 가지고서 할 수 있는 일은 아니기 때문이다.

하지만 기성세대가 20~30년 걸려 성취한 영어 역량을 5~7년 안에 이뤄내는 학생들이 진짜 있다면 어떨까? 『해리포터』를 한글책처럼 줄줄 읽고, 자신의 생각을 담은 에세이와 소논문을 쓰고, 달달 외워서 말하는 것이 아니라 자신의 생각을 영어로 발표까지 한다면 어떨까? 그 시간 동안 읽은 영어책을, 시간을 모두 합치면 얼마나 될까? 그들의 머리와 가슴에 쌓인 수많은 스토리와 단어, 문장들은 오랜 시간 동안 매일 한 시간씩 영어책을 읽어보지 않은 사람들은 상상조차 하지 못할 만큼 수많은 시간과 임계량의 콘텐츠로 쌓여 있다.

이 책의 저자들은 실제로 5~18년간 견디기 힘든 시간과 사건들을 극복하며 한글책 수준의 영어책 읽기 목표를 이루어낸 제자들을 성장시킨 우리나라 영어독서 역사의 살아 있는 주인공들이다.

리딩 교육을 시작했으나 몇 년 지나지 않아 학습과 암기식 교육으로 다시 되돌아가는 많은 영어 선생님들을 보아왔다. 리딩에 대한 믿음과 끈기로 오랜 시간 자신의 길을 묵묵히 걸어간다는 것은 결코 쉬운 일은 아니다. 하지만 끈기만 있다면, 학생들에게 영어책을 읽는 힘을 키워주고 싶은 목표만 있다면 누구라도 쉽게 따라할 수 있는 방법은 분명히 있다.

그 방법으로 성공한 롤 모델이 있다면 어떨까? 학생들에게 행복한 영어책 읽기를 지도하다 보니 어느새 1억 연봉자의 대열에 서게 되었고, 공부방에서 학원으로 확장하였고, 영어 선생님들을 지도하는 영어독서 전문 지도자가 되었다. 『영어독서 MBA』 저자들은 말한다. "이제는 영어독서 전문가로서 학생들이 행복한 영어독서를 할 수밖에 없는 노하우를 세상에 풀어놓을 때가 되었다."고.

『공부방의 여왕』이 작은 공부방에서 아이들을 데리고 리딩을 시작하게 된 계기와 리딩으로 어떻게 효과적인 영어독서를 하게 되었는지의 과정을 썼다면, 『영어독서 MBA』는 초보 원장들이 영어독서 공부방을 시작하면서 꼭 적용해야 하는 필수 영어독서 프로그램 5가지와 아이들 스스로 책을 읽게 하는 독서 코칭법과 영어독서 공부방을 사업적으로 풀어가는 방법에 대해 썼다. 그리고 선배 원장이 왕초보인 후배 원장들에게 마치 친한 동네 언니가 알려주듯이 친절하고 자세하게 기술한 책이다.

평범한 영어 선생님이었던 저자들이 학생들에게는 영어책으로 실력과 생각의 길을 열어주고, 자신들은 영어독서 전문가로 성장하게 된 노하우를 알려주고 싶어서 이 책을 썼다. 예전에 우리 원장들의 모습이기도 했던 영어독서 지도 왕초보 후배 영어 선생님들에게 시행착오를 줄여주고, 변화와 성장을 맞이하게 하는데 조력자가 된다면 우리는 이 책을 쓴 목적을 달성한 것이고 무척 행복할 것이다.

2022년 5월
원영빈(키즈엔리딩 대표)

차례

1장

행복한 리딩이
돈이 되는 시대

"영어도서관?
그게 말이 된다고 생각해?"

원영빈(키즈엔리딩 대표)

"우리 집에 있는 영어 책과 비디오테이프를 동네 아이들에게 빌려주면 어떨까? 어떤 책을 어떻게 읽어야 할지 궁금해하는 아이들에게 방법도 알려주는 거야. 한 달에 10명씩 5만 원만 받아도 50만 원은 거뜬히 벌 수 있지 않을까? 대단한 생각 아냐?"

"5만 원이면 차라리 영어책을 사서 보겠다. 그 돈 내고 여기까지 와서 책을 빌려볼 사람이 몇 명이나 되겠어? 영어도서관? 집에서 책 빌려주는 게 무슨 영어도서관이야? 그런 것으로 사업자등록을 받아준다는 말, 들어봤어? 잘못하다가 걸리면 어떻게 되는지 알기나 해?"

       2005년 겨울이었습니다. 우리 집 거실에 영어 동화책 100권과 비디오테이프 50개로 영어도서관을 차리겠다고 선언하자, 남편은 '세상 물정 모르고 한심하다'는 듯 말했습니다. 3명이 살기에도 비좁은 22평 집에서 몇 권 되지도 않는 영어책을 무제한 대여해주고 한 달에 5만 원을 받겠다니, 무모해 보였겠죠.

  평생 사업자등록증이 뭔지도 모르고 살아온 내게 던진 남편의 말은 시작도 하기 전에 나를 한없이 작아지게 만들었죠. 그러나 외국 도서관처럼 아이들이 큰 쿠션을 베고 드러누워 책을 읽는 편안한 장소를 상상했고, 영어책만 있다면 꼭 번듯한 건물에 들어선 학원이 아니어도 될 것 같았습니다. 1년 동안 아들과 아들의 친구에게 교육해 본 것처럼만 하면,

우리나라 영어교육에 변화를 일으킬 자신이 있었습니다.

우리 학창시절에 영어공부를 할 때처럼 힘들게 단어 외우고, 문법 공부하는 학습법이 아닌, 영어를 한글처럼 술술 재미있게 읽을 수 있는 방법이 얼마든지 있다는 것을 알려주고 싶었어요. 초등학교 졸업 전에 챕터북chapter book 수준의 책을 읽고 이해할 수만 있다면, 중·고등학교에 들어가서 영어를 배우는 것은 문제도 아닐 것임이 분명했기 때문이었죠.

우여곡절 끝에 영어도서관을 시작했습니다. 가까운 곳에 영어도서관이 생겼다는 소식을 가장 반긴 것은 뭐니 뭐니 해도 엄마 고객들이었어요. 그러나 그들은 고작 책장 두 칸 분량의 영어 동화책과 과연 재생될지 의문스러운 허름한 비디오테이프를 보고는 야멸차게 돌아섰습니다. 몇 번만 빌리면 다 읽을 정도의 책을 갖고 '무제한 대여'라는 말을 쓴다는 따끔한 지적과 함께 말이죠.

그래도 한 달에 5만 원만 내면 읽고 싶은 만큼 얼마든지 책을 빌릴 수 있다는 광고 효과가 있었는지, 학생들이 한두 명씩 늘어나기 시작했어요. 그러나 그 또한 오래가지 않았죠. 처음 등록한 아이들이 한 번에 10권 넘게 빌려가는 바람에 며칠 만에 대여할 책이 바닥나고 말았습니다. 이때 소중한 학생들의 이탈을 방지하기 위해 급하게 새로운 서비스를 준비하게 되었습니다. 그게 바로 우리 집에 영어책을 읽을 특별한 공간을 마련하는 것이었어요.

처음에는 좁은 거실에 다 앉히기가 어려워서 베란다 바닥에 비닐 매트를 깔고 기댈 수 있는 쿠션을 가져다 놓았어요. 좁고 어두침침한 베란다에서 책을 읽히는 게 내심 미안했는데, 아이들은 도리어 아늑한 분위기 때문에 집중이 더 잘 된다며, 책을 많이 읽기 시작했어요.

그러자 신기한 일이 벌어졌습니다. 아이들이 영도(당시 아이들은 영어도서관을 '영도'라고 불렀다)만 가면 책을 집중해서 잘 읽게 된다는 소문이 온 동네에 퍼져 대기자를 받아야 할 만큼 회원 수가 늘어났어요. 전에는 "거기, 아이들 영어책 빌려주는 곳이죠?"라고 문의 전화가 왔는데, 몇 달이 지나자 "거기, 영어도서관이죠? 혹시 오늘 자리 있나요?"라며 전화가 왔습니다.

그런데 집이 워낙 좁아서 아이들 3~4명이 앉으면 금방 다 차서, "미안하다. 자리가 없다"라는 말을 되풀이할 수밖에 없었는데, 오히려 그게 더 소문나게 하는 원인이 되었어요. "저 집에 가면 아이들이 집중도 잘하고 영어도 잘 한다"라는 소문이 난 것이죠. 실제로 15~16년 전만 하더라도 영어책을 많이 읽히는 사람들이 적었지만, 나에게 아이를 보내는 엄마들은 아주 특별해서 책 읽기의 중요성을 잘 알고 있었습니다. 당연히 그들의 아이들은 책을 오래전부터 읽어왔고 습관도, 자세도 이미 잡혀 있어서 공부도 잘했죠. 그러다 보니, 내가 그렇게 소문을 내지 않아도 엄마들 스스로 "거기에 다니면 공부를 잘하게 된다"고 소문이 났던 것이죠.

그러다 보니 대기하는 학생들이 넘쳐나서 처음 시작한 베란다는 물론 거실까지 이용해도 장소가 부족하여, 어쩔 수 없이 30평대 아파트로 이사하게 되었습니다. 그런데 또다시 학생들이 많아져, 이번에는 집과 공부방을 분리해야만 하는 상황이 되었습니다. 운영비용을 생각하면 분리하지 않는 것이 나았지만, 학생들에게 온전히 리딩에만 집중할 수 있는 공간을 만들어 주고 싶었고, 키즈엔리딩을 가맹하신 원장님들에게는 스터디와 세미나 장소를 제공하고 싶었습니다. 그래서 과감히 결정했죠. 가족이 살 집은 지금 집의 반으로 줄여 이사했고, 50평 아파트 전세를 따로 얻어 더 전문화된 리딩 공부방을 마련하였습니다.

2006년 마포구의 한 작은 아파트에서 영어도서관으로 시작한 키즈엔리딩은 현재 영어독서 전문 브랜드로 성장하여 100개 분원 달성을 앞두고 있습니다.

"그게 되겠어? 상식적으로 말이 된다고 생각해?"라고 반대했던 남편은 지금은 키즈엔리딩 본부의 세무, 회계, 유통을 총괄하는 이사님이 되어 키즈엔리딩의 제1 일꾼이 되었습니다.

실속형 인생 북카페:
거실만 있으면 할 수 있다

원영빈(키즈엔리딩 대표)

"그래, 바로 이거야."
"간단한 시스템만 구축하면 돈은 걱정하지 않아도 돼."
"아이들을 열심히 가르치는 데만 신경 쓸 수 있겠는 걸."

집에 영어도서관을 만들고, 돈을 벌게 되니 너무 기뻤습니다. 집이 좁아 많은 아이들을 받을 수는 없었지만, 다시 일을 시작한다는 것만으로도 너무 기뻤죠. 책을 빌려주고 5만 원을 받으니, 20명만 받아도 한 달에 100여 만 원 소득이 생겼어요. 그 당시 돈을 잘 번 것은 결코 아니었지만 저는 '돈을 잘 번다'라고 생각했습니다. 학생들에게 매달 받는 돈으로 다시 책을 구입하여 책은 점점 더 많아지고, 내 작은 아파트는 '동네 엄마들의 사랑방'으로, '아이들의 책 읽는 공간'으로 바뀌어 가는 것만으로도 큰 회사의 사장이 된 듯한 느낌이었습니다.

집에 사람들이 끊이지 않는 것이 너무 좋았고, 아이들이 매일 와서 공부하는 덕분에 내 아이도 친구가 생기고, 같이 책을 읽는 것만으로도 좋았습니다. 그들과 함께 시간을 보내고, 어린이날이면 그 학생들의 가족들과 같이 캠핑도 다녔던 그 시절이 저희 가족에게는 정말 행복한 시절이었던 것 같아요. 사람도, 책 읽기도 넉넉하고 훈훈한 시절이었습니다.

공부방 창업을 생각하는 원장님들은 집에 공부방을 차리면 남편이나 가족에게 방해가 되지 않을까 걱정하고 계실 겁니다. 자녀가 아직 어리고, 남편의 월급으로만 살다가 공부방 창업을 결정했다면, 자신의 형편에 맞게 시작하면 장점들이 많다는 것을 곧 알게 될 것입니다. 아직 자녀들이 어리니 집에서 일하면서 '자녀도 보살피고, 리딩 교육에 대한 경험도 쌓고, 꾸준하게 학생들을 모아서 30~40명 이상이 되면 학원을 차려야지'라는 마음으로 꾸준히 하시면 성공하실 수 있습니다.

집에서 공부방을 시작하면, 남편이나 자녀들이 의외로 좋아합니다. 어지럽게 늘어져 있던 거실이 북카페처럼 깔끔하고 세련되게 꾸며져 있고, 부인이 돈을 버니 반대했던 남편도 좋아하고, 자녀들은 거실에 책이 많으니 책과 친해질 기회가 생겨 좋다고 합니다. 게다가 집에 오는 학생들이 책만 읽는 모습을 보여주니, 원장님의 자녀들이 자연스럽게 책을 읽는 환경에 노출되어 저절로 '책을 가장 많이 읽은 학생이 되었다'며 자랑 아닌 자랑을 하십니다. 집에 공부방을 차리면서 원장님 자녀의 영어도 잡고, 돈도 버는 두 마리 토끼를 잡으셨다며 지금은 모두 기뻐하세요. 특히 남편들이 더 좋아한다며, 지금은 '집안일도 도와주는 착한 남편'이 되었다고 합니다.

저는 어린 시절에 '늘 바쁘게 사업하시던 아버지', 그래서 '가족과 시간을 보내지 못하는 아버지', 늘 '자금 문제로 고민하던 아버지'를 보면서, 제 나름대로 창업 원칙을 세웠습니다. 첫째 초기 창업자금이 우리 집의 경제 상황에 변동을 일으키지 않아야 할 것, 둘째 내가 충분히 경험해

본 자신 있는 일이어야 할 것, 셋째 주말에는 (아직 아이가 어렸으므로) 가족과 함께 보낼 수 있는 시간이 보장되어야 할 것 등이었습니다.

어느 날 친정 어머니를 따라 유명한 철학관을 찾게 되었습니다. 내비게이션에 주소를 찍어도 나오지 않을 만큼 외진, 서울에 아직도 이런 집이 남아 있나 싶을 만큼 허름한 집이었습니다. 당연히 간판도 없고, 새벽이라 주위에 인적도 드물어 '이런 집에 들어가도 별일 없을까'라고 걱정하며 문을 열었는데, 우리 모녀는 깜짝 놀라고 말았어요. 한 칸짜리 방과 방 크기 정도 되는 작은 거실에 걸어다닐 틈도 없이 빼곡하게 앉아 있는 사람들이 무려 30여 명가량 되어 보였습니다. 일찍 온 사람이 바로 뒤에 오는 사람에게 연필로 끄적거린 번호표를 나눠주고, 그러다가 도사님이 번호를 부르면 조용히 들어가 상담하고 돈을 내고 나오는 광경이 눈앞에 펼쳐지고 있었죠.

그런데 재미있는 것은 아무도 이 공간이 좁다거나, 더럽다거나, 서비스가 엉망이라는 불평을 하지 않았어요. 불만이 있으면 그냥 가면 되고, 필요하면 기다렸다가 도사님을 만나는 것이 바로 그 철학관의 시스템이었죠. 저는 차례를 기다리면서 이 일사불란한 시스템을 주의 깊게 관찰하기 시작했어요. 이 시스템, 마치 서로 약속이나 한 듯 금세 학습된 시스템으로 그 많은 사람들이 스스로 차례를 지키며 상담을 받으니, 당연히 접수 직원이 필요하지 않겠더라고요. '한 명당 5만 원이니 하루에 100명을 만난다면 하루에 500만 원, 도사님 혼자서 다 하시니 월급이 나갈 걱정은 안 해도 되고, 집세 걱정도 없을 것 같고, 사업자로 등록은 하셨을까? 주 3일만 일해도 직원 몇 명을 거느린 일반 사업체보다 알짜일 것 같다'는 생각을 했죠.

철학관의 이 시스템을 보고, 첫 번째 창업 원칙을 만족시키는 시스템을 연상하게 되었어요. '아, 누구에게 멋지게 보여지는 것에 미련을 버린다면, 이것이야말로 실속형 창업이다.' 어찌 보면, 내 집에 영어독서 공부방을 차린 것은 최고의 선택이었던 겁니다.

공부방은 그런 면에서 자녀를 둔 영어 선생님에게 최고의 직장이었죠. 내가 사는 집에서 일을 하니, 임대료(월세)나 관리비를 지출할 필요도 없고, 초보 원장이라도 평균 23만 원씩 30명만 해도 700만 원 정도를 벌 수 있는 일이었죠. "그래 맞아, 이거야. 나의 첫 영어도서관을 이런 시스템으로 만들어야지. 이렇게 간단한 시스템만 구축하면 고정비 지출은 크게 걱정하지 않아도 되겠지? 아이들을 열심히 가르치는 데만 신경 쓸 수 있겠지? 그러면 내 자유시간도 알차게 보낼 수 있을 거야"라는 야무진 다짐을 했죠.

그래서 영어 동화책 100권과 비디오테이프 50개를 밑천으로 이렇다 할 자금 없이 22평 아파트에서 공부방으로 시작했어요. 무리해서 투자하지 않았으니, 내 마음대로 일할 수 있어 좋았죠. 망해도 본전이니 수익과 관계없이 해보고 싶은 대로 이것저것 시도할 수 있었어요. 스트레스를 적게 받는 대신 남는 육체적인 에너지를 프로그램 개발과 아이들을 가르치는 데 쏟을 수 있었죠. 돈을 투자하는 대신 아이들에게 더 효과적인 읽기 프로그램을 만들어주기 위해 전국에 유명한 독서 전문 교수님들을 찾아다니며 배우고 시간을 투자했어요.[01]

그러니 원장님들, 처음부터 크게 벌이지 말고 작게 시작하세요. 아이들의 리딩을 지도한다는 것은 시간이 지나면 지날수록, 아이들을 많이 지도하면 할수록 더 많은 지도 경험이 쌓이기 때문에 어떤 상황에서든

---

01 원영빈(2013). 『공부방의 여왕』 (쌤앤파커스). p.195.

어떤 케이스의 아이들이든 리딩으로 지도할 수 있게 됩니다.

　게다가 '리딩으로 정말 된다'는 확신을 갖게 된다면 부모님 상담에서도 자신감이 생기고, 아이들은 자연적으로 더 많이 늘어날 수밖에 없어요. 그렇게 자리를 잡은 후에 학원으로 확장하면 초기에 학생 모집에 들어야 하는 시간과 에너지, 비용을 반으로 줄일 수 있고, 원장님이 원하는 목표와 규모로 성장하는 것은 어렵지 않습니다. 작게 인생 북카페를 집에 차리세요. 그러면서 작은 성취감과 행복감을 자주 맛보세요. 이러한 반복된 성취감은 원장님에게 자신감을 주고, 조금 더 큰 꿈을 꿀 수 있게 하죠. 저도 그렇게 키즈엔리딩 브랜드를 만들어갔습니다.

'영어 선생님'에서
'리딩 전문가'가 되는 길

원영빈(키즈엔리딩 대표)

"리딩만으로 아이들의 실력이 늘까요?"
"느리지만, 가장 빨리 가는 게 '리딩'입니다."

영어독서 공부방을 창업하고 싶어서 상암 본원으로 오시는 선생님들을 만나보면, 저마다 사연과 간절함이 있습니다. 남편의 퇴직으로 인해 가장이 되어야 하는 원장님, 본인 자녀에게 어릴 때부터 영어책을 읽어줘서 영어책 읽기의 장점을 잘 알고 있으니 다른 아이들도 지도해보고 싶다는 원장님, 외국 항공사에서 근무하다 리딩의 중요성을 깨달은 승무원 원장님, 논술 학원을 운영하시다가 어린 학생들에게 영어책 읽어주는 선생님이 되시겠다며 기대와 희망에 부풀어 배움의 의지가 가득한 채로 달려오신 원장님, 학교를 퇴직하고 영어독서를 하고 싶어 찾아오는 원장님, 유치원이나 학원에서 독립해서 자신의 영어 공부방을 운영하고 싶은 마음에 찾아오는 원장님, 『공부방의 여왕』이라는 책을 우연히 읽고 '공부방의 여왕'이 되고 싶다며 젖먹이 아이를 데리고 먼 지방에서 새벽부터 기차 타고 오신 원장님 등 저마다의 꿈을 간직한 원장님들의 사연을 듣고 얘기하다 보면, 그 시절, 그 상황, 그 나이에 겪었던 저의 힘들었던 시간들이 생각나 언니의 마음으로 때로는 엄마의 마음으로 같이 눈물을 흘리는 경우가 많이 있습니다. 그렇기에 그들 인생에 정말 절실하고 중요한 결정을 내리는 순간이 될 수도 있기 때문에 신중하게 그들에게 도움이 될 수 있는 방법에 대해 같이 의논하는 시간이 되도록 열중합니다.

초보 원장님들이 궁금해하는 것은 리딩이 좋은 것을 알지만 도대체 어디서부터 어떻게 시작해야 하는지, 어떤 프로그램으로 시작해야 좋은지, 어떻게 하면 아이들이 3년 이상 꾸준히 책을 읽게 할지, 정말 영어책 읽기로만 아이들의 영어 실력을 향상시킬 수 있는지, 영어독서 공부방은 일반 공부방에 비해 수익이 얼마나 나는지, 그리고 정말 자신이 리딩 전문가로 성장할 수 있는지에 대해서입니다.

저는 이 중에서 가장 쉽게 답변해 줄 수 있고, 가장 궁금해하시는 부분이기도 한 '경제적인 부분'을 제일 먼저 답변해주는데요. 원비는 지역마다 차이가 있긴 하지만, 공부방 기준 평균 23~26만 원으로 학생 수, 프로그램 선택(문법 그룹), 시간 등에 따라 원장의 수입이 결정됩니다. 운영을 잘 하시는 원장님들은 처음 오픈하자마자 몇 개 반을 만들고, 이 반에 포함되지 못한 나머지 학생은 대기하게 한 다음, 점차 반을 늘려 40~50명대까지 혼자 운영하기도 합니다. 자녀가 아직 어려서 주 3회나 주 2회만 운영하는 원장님들은 학생이 15~20명대 초반인 경우도 있습니다. 한 달 수익은 '수업료×학생 수'를 하면 되니, 어림짐작될 것입니다. 실력이 늘어 영문법 수업을 받는 학생들이 생기면서 학생 수가 많아지면, 월 1천만 원이 넘는 수익이 생기는 원장님들도 많이 있습니다. 누구나 이렇게 마음먹은 대로 학생 수를 조정할 수 있다면 좋겠지만, 그렇지 않은 경우가 있습니다.

처음부터 모든 반을 마감하고 대기자도 있는 원장님들의 경우는, 영어독서 공부방을 시작하기 전에 이미 모든 역량을 쌓아서 오신 분들이 대부분입니다. 예를 들면 영어독서에 대한 확신, 아이들을 다루는 스킬, 부모님 상담, 영어 지도 실력, 고객을 대하는 세련된 매너 등을 갖추고 있는 분들이 많습니다. 이 정도의 스펙을 갖춘 원장님들은 영어독서 프로그램도 자신의 것으로 빠르게 체화시켜 학생들을 잘 지도할 수 있는 역량이 있으니, 그릇의 크기에 따라 학생들의 모집 속도가 달라지게 됩니다.

그래서 처음 영어독서 공부방을 오픈하려는 선생님들에게 이런 질문을 먼저 합니다. "원장님, 학생을 빨리 모아서 돈을 벌어야 하는 상황인가요? 아니면 천천히 배워가면서 한 반씩 오픈해도 되는 상황인가요? 이 부분을 알아야 원장님께 맞는 상담을 해드릴 수 있어요"라고 말이죠. 상담을 하면서 그들의 살아온 인생에 대해 이야기를 듣다 보면, 오픈 교육만 받으면 학생 모집이 수월하겠다고 여겨지는 원장님도 있고, 오픈 교육을 받고 학생들과의 경험을 더 쌓아야 한다고 느끼는 원장님도 있기 때문입니다.

저는 이것을 영어책을 읽는 아이들과 비교하곤 합니다. 영어책 읽기를 좋아하고 리딩 레벨도 쑥쑥 올라가는 학생들을 보면, 초등학교 전에 이미 한글 동화책을 많이 읽어서 책 읽는 습관이 잡혀 있거나, 한글로 이해할 수 있는 어휘 수가 많아 영어책에 나오는 단어와 문장을 유추하는 능력이 뛰어난 경우가 많습니다. 그 반대인 학생들은 0단계부터 시작해서 습관과 재미부터 먼저 잡아야 하는 경우가 대부분입니다. 영어독서 공부방 창업도 학생들의 리딩 레벨을 올리는 상황과 크게 다르지 않습니다.

이미 역량을 갖춘 원장님들은 영어독서 공부방의 프로그램과 시스템을 익혀 학생을 빨리 모으는 것이 쉽지만, 그렇지 않은 경우는 똑같은 교육을 해도 익히고 적용하기까지 시간이 걸립니다. 수학에서도 기초가 튼튼한 학생들이 문제풀이를 잘 하고, 한글 동화책을 충분히 읽은 아이들이 공부를 잘하는 것처럼 말이죠.

상담을 오신 원장님들께 "원장님의 능력과 역량이 제로$_{zero}$라고 본다면, 영어독서 공부방을 오픈해서 영어 리딩 전문가가 되기까지는 적어도 2~3년 정도의 시간이 필요합니다. 그 시간은 학생들에게도 영어책을 스스로 읽을 수 있는 최소한의 능력이 생기게 되는 시간과 동일합니다. 원장님도 그 시간을 학생들과 함께 경험하면서, 살아온 시간 동안에 쌓여진 역량에 영어독서 프로그램과 시스템을 적용하여 전문가로서 또 하나의 역량을 키워나가는 시간이 반드시 필요합니다"라고 말합니다.

이 말을 꼭 하는 이유는 영어독서 공부방 창업을 하면 누구나 빨리 돈을 벌 수 있다고 생각하여, '영어독서 공부방'이라는 업의 개념보다 영어교육의 트렌드 중 하나 정도로만 이해하고 사업을 시작하는 우를 범하면, 선생님으로서 또는 교육 사업가로서 원하는 성과를 보기 어렵기 때문입니다.

리딩은 책 읽는 아이들이나, 지도하는 선생님들이나, 지켜보는 부모님들에게나 일정 정도 시간의 임계량이 필요한 작업입니다. 아이의 역량에 따라 다르지만, 채우고 습득하면서 자신이 현재 읽는 한글책 수준처럼 영어책을 술술 읽을 수 있게 되기까지 적어도 4~5년 이상의 시간이 걸립니다. 그래서 리딩은 바로 바로 학습 결과물이 나와 확인이 가능한 암기학습과는 비교 자체가 불가능합니다. 내신은 벼락치기가 가능하지만 리딩은 학생들에게 또 하나의 사고 세계를 만들어가는 길이기 때문입니다.

하지만 리딩이 제일이고 확실하며 유일하다고 믿었던 선생님들조차 정작 본인은 아이를 믿고 기다려주지 못하고 중도에 포기하거나, 예전의 주입식 학습으로 되돌아가는 악순환을 되풀이하는 경우를 많이 봐왔습니다. 그래서 영어독서 선생님은 내 아이를 리딩으로 교육해본 경험이 있는, 영어 실력은 조금 부족해도 리딩에 대해 100% 확신이 있는 사명감으로 똘똘 뭉친 엄마표 선생님들이 더 잘하십니다.

저는 원장님들에게 또 질문합니다. "아이들에게 책을 읽히는 게 힘들까요? 아니면 어머님과 상담하면서 리딩이 맞는 길이라고 설득을 시키는 일이 더 어려울까요?"라고 말이죠. 리딩을 시키기 위해 영어독서 공부방에 보내셨지만 '리딩의 힘=습관의 힘'을 믿지 못하고 예전의 주입식, 암기식 공부를 요구하는 부모님들 때문에 더 애를 먹으실 거예요. 어떤 원장님들은 부모님의 이런 니즈needs를 채워 드리기 위해 학생들에게 이 학습 저 학습을 더 시키다 보면, 학생들 입장에서는 '리딩'도 하고 '학습'도 하니 재미가 없어지고 힘만 더 드는 것이죠.

부모님의 요구 때문에 했는데, 학생이나 부모님이 "역시 리딩은 아무나 하는 게 아니었어. 재미없고 힘들고, 효과 없어"라고 믿어버리고 퇴원을 결정하죠. 원장님들 중에서도 이런 악순환을 되풀이하는 분들이 있습니다. 정말 안타까운 일이죠. 주입식, 암기식 교육이 잘못되었다는 것을 깨달아 큰맘 먹고 시작한 리딩 교육인데, 1~2년을 버티지 못하고 다시 예전의 방식으로 돌아갑니다. 초보 원장님은 그 시기만 잘 넘기시면 자연스럽게 리딩 전문가가 되실 수 있고, 학생이나 학부모님들께 인기 있는, 대기자가 넘치는 영어독서 공부방 원장님으로 거듭나실 수 있습니다.

아무런 노력 없이 그 시기를 넘길 수는 없어요. 끊임없이 자신이 쌓아온 경험과 방식, 세상의 부모들이 수없이 실패한 그 방법—그러면서도 그 방법이 최선이라고 생각하는—을 과감히 놓아버리고, 아이들이 즐겁게, 매일, 스스로, 꾸준히 할 수 있도록 돕는 노력을 하는 원장님만이 그 인내의 대가로 '리딩 전문가'로 인정받는 것이죠.

모소대나무라는 것이 있어요. 씨앗이 뿌려진 후 4년 동안 고작 3cm만 자라지만, 5년째부터는 하루에 30cm씩 크고, 그 후 6주 동안 15m가 큰다고 합니다. 그래서 모소대나무를 심은 사람은 4년 동안 조바심을 내지 않는다고 해요. 성장을 멈춘 것처럼 보이지만, 그 기간 동안 깊게 뿌리내리는 중이라는 것을 알고 있으니까요. 4년이 지나면 급속도로 성장할 것을 알고 있으니까요.

리딩하는 아이들을 지켜보고 끌어줘야 하는 선생님은 반드시 이런 믿음이 있어야 해요. "리딩만으로 아이가 정말 실력이 늘까?"라는 질문에 "됩니다, 진짜 됩니다"라고 해도 실제로 해보지 않고서는 믿기 어려울 겁니다. 이럴 때, 리딩에 대한 답을 얻는 방법은 실제로 해보는 것밖에 없어요. 3년 이상 꾸준히 책을 읽어 글밥(텍스트)이 제법 있는 영어책을 읽고 이해하여 때로는 낄낄거리며 독서에 빠져들어, 1:1 코칭을 나중으로 미루는 아이들을 실제로 보게 되면 '느리지만 가장 빨리 가는 게 바로 리딩이구나'라고 실감하는 날이 반드시 옵니다.

그것이 바로 리딩 전문가의 경험에서 우러나오는 리딩에 대한 믿음이고 자신감이에요. 그 자신감이야말로 리딩 전문가로서의 최고의 무기가 되는 것이죠. 확신과 믿음, 자신감으로 가득 차 있는 원장님의 말은 학생과 학부모에게 그대로 전달이 되니, 원을 계속 잘 되게 운영하는 최고의 묘약인 셈이죠.

리딩으로 성공한 선배들의 경험과 모소대나무를 기억하시고, 다음 3가지 원칙을 지키면서 원을 운영해 보세요. 매일매일 꾸준하게, 즐겁게 책을 읽을 수 있도록 온 힘을 다하세요. 리딩의 힘을 믿고, 다음 3가지 원칙을 지키며 정진하다 보면 리딩 전문가가 되는 날이 생각보다 빨리 옵니다.

리딩하는 우리 아이들을 지켜보고 끌어줘야 하는 선생님은 반드시 리딩의 힘을 알아야 합니다. 리딩에 대한 막연한 기대감만 가지고 창업을 서두르기보다는 리딩에 대한 믿음이 스스로 확고해졌을 때 시작해야 합니다. 단언할 수 있는 것은 리딩의 힘을 믿고 꾸준히 할 수 있는 자신감과 내공을 키워갈 수 있는 사람이라면, 영어독서 공부방 원장에서 리딩 전문가가 되는 길이 그리 멀게만 느껴지지는 않을 것입니다. 또한 함께 가는 사람들이 있다면 영어독서를 지도하는 원장으로서의 감동과 기적이 10배가 될 것이며, 영어 선생님만 있는 세상에서 '영어독서 전문가', '리딩 전문가'로서의 가치는 그 몇 배가 될 것임이 분명합니다. 그 과정에서 자연스럽게 맞게 되는 교사로서의 사명감과 행복감 그리고 경제적인 혜택은 특급 보너스가 될 것입니다.

리딩 전문가가 되기 위해
주의해야 할 점 3가지

첫째, 리딩의 완성은 '시간과 독서량의 임계치'가 있다는 것을 기억해야 합니다. 나의 공부방을 찾아온 학생들이 적어도 3년 이상 매일 꾸준하게 임계량을 채우며 즐겁게 책을 읽을 수 있도록 독려하는 것에 많은 시간을 투자해야 합니다. 그러다보면 학생도 선생님도 리딩이 얼마나 재미있고 효과적인 최고의 방법인지 그 가치를 스스로 깨우치게 되는 날이 자연스럽게 찾아옵니다.

둘째, 리딩을 시키면서, 리딩 레벨에 지나치게 집착하여 레벨을 빨리 올리려는 '학습'적인 방법을 요구하는 부모님, 말하기speaking와 쓰기writing 스킬을 올릴 수 있는 방법만을 요구하는 부모님, 그리고 내신 성적에 대해 끊임없이 요구하는 부모님의 아이를 받는 것을 신중하게 고민해야 합니다. 특히 신입 원장은 이런 유형의 학부모가 원장의 리딩에 대한 신념을 무너지게 하고, 다시 학습적인 방법으로 되돌아가게 만드는 요인이 되기도 하니 주의해야 합니다.

셋째, 만약 위 둘째 사례의 학부모님의 아이를 받게 되었다면, 잦은 상담 혹은 분기별 간담회를 통해 리딩에 대한 교육을 해서 리딩에 확신을 가지고 믿고 따라올 수 있도록 이끌어주어야 합니다. 그럼에도 불구하고 이런 성향의 학부모님들은 퇴원으로 이어질 수 있음을 알아야 하고, 이것은 원장님의 잘못이 아닌 교육의 방향이 다른 것이므로, 스스로를 자책하거나 리딩에 대한 의심으로 이어지면 안 된다는 것도 명심하셔야 합니다.

혼자 공부방을 운영하다 보면 리딩에 대한 소신을 지키기가 쉽지 않아서 급한 것, 빠른 학습 결과물을 위한 '리딩 학습'이 될 수 있습니다. 이럴 때면 리딩의 중요성을 알고 실천하는 같은 목표의 그룹에 참여하여, 의견을 나누며 함께 가면 목표를 이루는 데 도움이 됩니다.

포스트 코로나의 선물!
랜선 리딩!

원영빈(키즈엔리딩 대표)

"원장님들, 코로나로 우리가 휴원을 하는 상황이 또 생길지도 몰라요.
빨리 대책을 마련해야 합니다."

    2020년 8월 초 코로나 확진자가 400명대를 넘어서면서 또다시 위기감이 엄습했습니다. 갑작스러운 코로나19의 여파로 학원, 공부방 업계도 연일 터져 나오는 뉴스에 가슴을 졸였습니다. 학교가 휴교를 하니 방과 후 교실도, 지역의 청소년 문화센터도 줄줄이 문을 닫았고, 학원도 휴원을 하느냐 마냐 우왕좌왕하는 사이에 학부모님들의 불안은 극에 달해 학생들을 학원에 보내지 않는 부모님들도 눈에 띄게 늘어났어요.

    학교에서는 학생들 간 교육 격차와 학습 공백을 막기 위해 부랴부랴 온라인 교육을 시작하였고, 교사들은 새로운 교육에 발 빠르게 대처하기 시작했습니다. 학원이나 공부방 원장님들도 새로운 교육의 대안을 마련하기 시작했어요. 하지만 코로나가 설마 이렇게 길어질 줄 모르고 온라인 수업을 대비하지 못했던 학원들은 휴원 기간이 길어질수록 강사 인건비와 각종 운영비를 감당하지 못해 문을 닫는 학원도 줄지어 생겨났습니다.

공부방은 한시적으로 결석하는 학생들은 있었으나, 집합금지 업종에 들지 않았고, 소규모의 적은 인원만 모인다는 인식 때문인지 무조건 휴원을 하지 않아도 되었습니다. 주변 확진자로 휴원을 하게 되어도 넘어진 김에 쉬어 간다는 자세로 그 기간 동안에는 쉼과 재정비의 시간을 갖는다는 원장도 있었어요. 한두 달의 휴원으로 무너지는 학원이 있는 반면, 작은 규모로 자신의 집에서 실속 있게 운영하는 공부방은 이 와중에도 운영이 되었습니다. 공부방의 장점이 여실히 드러나는 순간이었습니다.

하지만 아이들과의 휴먼 터치human touch를 기본으로, 원에서 책을 읽으며 1:1 코칭을 하고 영어독서 프로그램을 교육했던 키즈엔리딩도 코로나로 인해 당황스럽긴 마찬가지였어요. 그렇다고 급격하게 변하는 교육시장에서 온라인 시스템이 없다고 한탄만 하고 있을 시간적인 여유가 없었죠.

먼저 원장님들을 줌zoom 환경에 익숙해지게 할 필요가 있었어요. 익숙하지 않은 것을 만나는 것이 그리 유쾌한 경험은 아니었습니다. 작동법에 미숙해서 마이크 사용이나 온라인으로 얼굴을 보고 얘기하는 것이 어색하고 답답했지만 어쩔 수 없이 사용하다 보니 줌으로 인해 얻는 장점들이 의외로 많았습니다. 줌 회의는 원장님들이 세미나와 스터디를 하기 위해 한 장소로 오고 가면서 길에서 허비하는 시간을 없애 주었죠. 교육을 위해 지방에서 서울로 오려면 교통비와 때에 따라 맞춰 입어야 하는 옷차림에서도 해방되었고, 메이크업과 머리 손질하는 시간까지 단축시켜 주었고, 단체 톡talk으로 의견을 전달하다가 깊이 있는 문제는 바로 줌에 모여서 회의할 수 있게 되어 더 많이, 더 자주 모이면서 줌의 편리성을 깨닫게 되었어요.

그러다 보니 원장님들은 휴원을 겪으면서 생긴 어려움을 줌으로 자신의 사례를 나누었고, 이런 경험을 바탕으로 학생들을 지도하다 보니 아이들을 줌으로 만나는 것에 대한 부담감이 없어졌습니다. 그럼에도 불구하고 어려웠던 점은 학생이 원에 오지 않는 날은 그날 읽을 책을 미리 대여해야만 했었는데 대면을 피하기 위해 어떤 원장님은 학생의 집으로 직접 책 배달을 하는 경우도 있었고, 또 어떤 원장님은 집 문 앞에 학생들이 가져갈 책을 미리 포장해 두어 학생들이 집으로 가져가서 읽을 수 있도록 아이디어를 짜내기도 했습니다. 하지만 줌 환경은 새로운 전환점을 맞이하게도 해주었는데요. 종이책과 디지털 e북을 함께 사용하는 원도 생기면서 휴원 기간이 생겼을 때 위생적으로 e북의 장점이 새롭게 부각되기도 했습니다.

그렇게 온·오프라인 수업의 단점을 극복하고 장점들을 모아 아이들을 지도했지만, 교육청에서는 교육비를 기존의 70%만 받으라고 권고했습니다. 그러나 모든 원장들이 온라인 환경에 더 많은 시간과 에너지를 써서 아이들을 관리하고, 지도하고 있었으므로 교육비의 70%만 받으라는 권고를 받아들일 수 없었습니다. 그래서 키즈엔리딩은 온라인으로 줌에 접속하여, 다 같이 책 읽는 시간을 더 늘려서 기존 교육보다 더 많은 임계량을 채우고, 학생 스스로 계획을 짜는 플래너를 온라인 교육에 접목시킴으로써 온·오프라인의 장점들을 극대화하여 기존의 교육비를 유지 및 인상할 수 있었습니다.

온라인 교육에 어른들이 긴장하고 걱정했던 것은 한마디로 '기우'였습니다. 학생들은 학교에서 진행되는 온라인 교육과 디지털 환경에 어른들이 생각할 수 없을 정도로 빠르게 적응해 나갔습니다.

평소 집에서 혼자 책을 읽을 때면 자세도 흐트러지고, 책을 읽다가 다른 일에 정신을 팔 수도 있어 오랜 시간 앉아서 집중하여 책을 읽기가 어려운데, 줌$_{zoom}$에 접속한 채 선생님의 관리하에 다른 친구들이 책 읽은 모습을 보며 자신도 책을 읽으니, 50분 동안 힘들어도 좋은 자세를 유지하면서 책을 읽었습니다.

줌에서 1:1 코칭은 소통 문제와 기기 조작 문제로 처음에는 한 시간에 2~3명만 코칭이 가능했지만, 선생님들과 아이들이 줌 환경에 적응이 되니 평소대로 한 명이 선생님의 코칭을 받을 동안 다른 학생들은 자신의 책을 읽으며 평소와 같은 시스템대로 할 수 있게 되었습니다.

이렇게 하니 집에서 원으로 이동하는 시간도 줄이고, 집에서는 마스크를 빼고 공부하고 책을 읽을 수 있으니 더 편하고, 그래서 온라인 수업이 더 좋다는 학생들이 생겨나기 시작했습니다.

코로나로 어쩔 수 없이 선택한 온라인 리딩은 이제 키즈엔리딩에서 빼놓을 수 없는 중요한 프로그램이 되었습니다. 온라인 리딩으로 새로운 이벤트들이 생겨났는데 그중 하나가 바로 키즈엔리딩 '아침형 리더$_{reader}$ 방학 프로젝트'입니다. 방학이면 학생들이 오전 9시까지 일어나, 줌에 접속하여 전국에 있는 키즈엔리딩의 수백 명의 학생들이 동시에 영어책을 읽는 가슴 벅찬 감동의 장이 45일 동안 매일 계속되었고, 2021년 여름방학에는 1,000명이 동시에 영어책을 읽는 미션을 성공하여 기념비적인 날을 만들었습니다. 키즈엔리딩에 다니는 학생은 물론 그들의 가족, 해외에서 친지까지 함께 읽으며 감동적인 시간이 되었습니다.

그날 함께 참여한 학생들은 물론 선생님들, 그리고 그 광경을 지켜본 모든 사람들은 이렇게도 많은 사람들이 함께 책을 읽을 수 있다는 것에 감동하고, 일원이 된 것을 자랑스러워했습니다. 살면서 이런 경험을 하게 되다니, 코로나 이전에는 생각도 못한 일이었습니다. 이번 '1,000명 동시 영어책 읽기 이벤트'는 대한민국, 아니 전 세계 최고의 행사로 기억될 만큼 우리들의 가슴속에 영원히 자리할 것입니다.

　온라인 리딩 교육의 장점은 분명히 있습니다. 이제 학생들도 학부모님들도 온라인 교육의 장점을 확실하게 알게 되었고, 앞으로는 코로나가 종식된다고 해도 이전 교육과 똑같은 형태는 아닐 것입니다. 코로나 이후 학생들을 제대로 교육하기 위해 온·오프라인 블랜디드blended 리딩 교육의 새로운 프로그램을 만드는 것만이 이 시대를 살아내는 진정한 교육자의 몫이라 생각합니다.

영어독서 공부방,
혼자 할까? 프랜차이즈로 할까?

양경희(일산서구 키즈N리딩잇츠 원장)

"사업을 해본 적이 없는데, 어떻게 하지요?"
"같은 길을 선택한 동기 원장님들과 소통하니 좋아요."

전국에 영어 공부방 운영을 고민하고 계신 100만 영어 선생
님들의 상황은 각자 다를 겁니다. 영어 전공에 티칭 경험이 풍부한 선생
님부터 경험은 없으나 이 분야에서 일을 시작하고 싶은 신입 선생님, 대
기업에서 10년 넘게 영어 강사를 하다 결혼, 출산으로 새로운 커리어를
시작하고 싶은 분들 등 다양한 그릇의 선생님들이 계시지요. 그중 한 명
인 예비 원장님과의 상담 형식으로 프랜차이즈의 장점을 소개하고 싶습
니다. '왜 프랜차이즈를? 나는 최소한의 비용으로도 공부방을 잘할 수 있
는데'라고 생각하시는 선생님은 이 글은 건너뛰세요. '혼자서도 잘해요'
가 최고죠! 그 외 공부방 오픈을 망설이거나 누군가의 도움이 필요하다
생각하는 선생님들만 읽으시면 됩니다. 저는 7년 넘게 대기생만 받는 영

어독서 공부방을 운영하며 초보 원장님들을 위한 성공 사례 발표 강연의 단골 원장이기에 다양한 질문들을 많이 받았습니다. 그 질문들을 모아 상담 형식으로 엮었으니 궁금한 질문들을 대화하듯이 함께 따라와 주세요.

예비 원장: 저는 영어 강사 일을 10여 년 정도 한 경력직 강사인데요. 결혼과 육아 이후 새로 취직을 한다는 게 부담스러워 영어 공부방을 운영해 보고 싶습니다. 두 아이를 기르는 엄마이다 보니 영어는 독서 방식으로 시키고 싶은 마음이 커서 영어독서 공부방을 해 보고 싶은데 프랜차이즈는 비용이 꽤 들더라고요. 잘 될지도 모르는데 가맹비를 들여가며 공부방을 하는 것이 맞는 건지 모르겠어요. 상담 부탁드려요.

베테랑 원장: 모르는 게 당연해요. 10년 차 전문가로 성공적인 커리어를 쌓았더라도 내 사업은 처음이잖아요. 투자금이 드는 일이니 더욱 고민이 클 것입니다. 잘 될지 안 될지도 모르는데 어떡하지 고민하다 귀한 시간만 흘러갑니다. 고민은 이제 그만! 다음의 사항을 잘 고려한다면 더욱 빠른 선택을 하실 수 있을 겁니다.

예비 원장님이 프랜차이즈든 나 홀로 공부방이든 시작하기 전에 먼저 고민할 일은 내가 정말 이루고 싶은 목표, 즉 나의 재능과 경력을 이용해 얼마를 벌고 싶은지를 진심으로 고민해보아야 해요. 예를 들면, '나는 월 200만 원을 벌던 영어 강사인데, 공부방을 통해 그 정도 수익을 반드시 유지하고 싶다'든지, 아니면 '내 능력을 더욱 키우고 발전시켜 500만 원 이상은 꼭 벌고 싶다'든지 말이에요. 아니면 '나는 육아를 병행하기 위해 오후 2시부터 5시까지만 공부방을 운영해서 시간적인 여유를 갖고 싶다'라는 자신만의 원하는 목표를 세우는 것이 중요합니다. 물론 오후 2시부터 5시까지 수업하며 육아도 놓치지 않고 월 500만 원의 수익을 얻으면 제일 좋겠지요. 실제로 저는 한 타임에 6명의 학생들을 월수금, 화목 각 세 반씩 총 여섯 반을 운영하며 월 500만 원을 훌쩍 넘는 수익을 첫해부터 달성했으니 원장님도 당연히 달성 가능한 목표입니다. 그렇게 되기 위해 제가 선택하고 집중한 노하우는 『영어독서 MBA』에서 차근차근 밝혀드리겠습니다.

예비 원장: 사실 월급만 받아 본 터라 과연 내가 공부방을 오픈하는 게 맞는지 걱정만 했지 명확한 목표를 세운 적은 없었네요. 누구나 마찬가지겠지만 저 역시 돈은 많이 벌면서 우리 아이들도 잘 키울 수 있는 그런 방법을 알면 좋겠어요.

베테랑 원장: 달성 가능한 목표입니다. 내 재능을 맘껏 쓸 수 있는 나만의 공부방에서 원하는 만큼 일하며 고소득을 올리는 것은 공부방을 운영하는 모든 선생님의 바람이겠지요? 그런데 주변을 둘러보면 아파트 동마다 공부방이 여러 군데 보일 정도로 경쟁이 치열합니다. 영어교실, 수학교실, 전 과목 교실까지 예비 원장님이 사는 아파트만 둘러봐도 넘쳐나는 저 틈에 과연 어떤 무기를 쓰실 건가요?

이미 계획한 것이 있고 그간 준비한 뭔가가 있다면 용기 내서 시작하세요. 예비 원장님만의 영어 학습이든 영어독서든 우선 부딪혀

보는 거죠. 분명한 것은 어떻게든 시작을 하지 않으면 결과는 절대 알 수 없으니까요. 하지만 저처럼 영어 강사를 10년 넘게 했던 베테랑 강사도 월급 받는 데는 익숙해도 내가 나에게 월급을 주는 운영자의 역할을 한다는 것은 낯설고도 두려운 일이었습니다. 아이들은 어떻게 모집할지 광고는 언제 어디에 해야 할지 심지어 영어를 지도하기만 하고 영어 원서를 잘 모른다면 무슨 책을 사서 읽혀야 할지부터 막막하기 그지없지요.

저 역시 수년간 어학원에서 회화, 문법, 독해 등 다양한 분야를 아우르며 지도한 강사지만 내 아이들을 낳고 기를 때까지 영어책 읽기의 중요성을 몰랐습니다. 임신 중에 읽었던 육아서들의 결론이 '기승전 독서'라는 것을 깨닫고 배 속에 있을 때부터 주구장창 한글책을 읽어준 초보 엄마이기도 했지요. 우리나라의 영어교육 열기 대단하잖아요. 저도 10년 경력의 영어 강사이지만, 내 사랑하는 아이에게 영어를 어떻게 제대로 알려줘야 하는지 고민할 때는 초보 엄마의 심정을 벗어나지 못했습니다.

그러다 알게 된 『잠수네 커가는 아이들』이란 영어독서 육아서를 읽으며 '바로 이거다!'라는 생각이 들었습니다. '충분한 읽기와 듣기로 모국어처럼 영어를 습득한다'라는 쉽고 좋은 방법이 있다니, 눈이 번쩍 뜨이는 기분이었습니다. 재미나고 아름다운 영어책을 차고 넘치게 읽어주며, 하하호호 웃으면서 영어를 익히다니, 이건 정말 저에게 딱 맞는 영어 육아였습니다.

그러던 중 알게 된 『공부방의 여왕』이라는 영어독서 공부방 창업에 대한 책을 읽고, 내 인생에 진정한 업(業)을 찾았다는 생각이 들면서 가슴이 마구 뛰었습니다. 당장 찾아가 나도 그 일을 하고 싶다고 가르쳐달라고 사정하고 싶었지요. 하지만 프랜차이즈를 가맹할 경우 들어가는 비용 앞에서 고민이 컸습니다. 가맹과 교육비(당시 1,000만 원+부과세), 그리고 원서 구입비(2,000여 권에 대한 초기 투자비용 800만 원)까지 합하면 월급쟁이였던 저로서는 과연 내가 이만큼 투자하여 본전이라도 뽑을 수 있을지 자신할 수 없었습니다. 그냥 작게 나 혼자 해볼까? 그런데 '나는 사업을 해본 적도 없는데 어떻게 하지?'라는 고민까지 오랜 고심의 시간을 가졌습니다.

그런데 예비 원장님, 이거 아세요? 우리가 길에서 자주 보는 빵집이나 예쁜 카페들 있잖아요. 누구든 한 번쯤 나만의 카페를 운영해 보고픈 로망이 있을 텐데요. 그곳들도 가맹비가 만만치 않더라고요. 언젠가 알아보니, 그런 아기자기한 카페에 커피 내리는 기계 하나가 1,500만 원이더라고요. 그 외에도 집기들, 인테리어 비용 합치면 최소 9,000만 원은 기본으로 드는데 아쉽지만 2, 3년을 버티는 카페들이 드물 정도로 폐업률이 높다고 합니다.

저는 카페를 운영할 재능은 없고 그 정도 자금 역시 없었지만 어떻게든 1,800만 원 정도는 융통해서 나에게 좀 더 자신 있는 영어독서 공부방 프랜차이즈를 하기로 결정했습니다. 가맹을 결심하고 10주간 같은 길을 선택한 동기 원장님들과 소통하며 '정말 프랜차이즈로 하길 잘했구나'가 저의 결론이었습니다. 내가 혼자서도 잘할 수 있는 것과 능력이 안 되서 할 수 없는 것들이 확연한데, 저에게 없는 능력은 동기나 선배 원장님들의 재능을 빌려 쓰니 수월하게 오픈 준비를 할 수 있었습니다. 특히 오픈 준비로 마음이 힘들 때 서로 들어주고 위로해주는 힘은 어디서도 얻을 수 없는 힘이었고, '그 순간들이 없었다면 8년 동안 공부방을 성공적으로 이어올 수 있었을까'라는 의문마저 듭니다.

예비 원장: 와, 너무 부러워요. 혼자 하는 것보다 같이 오픈하는 동기들이 있고 정보도 나눌 수 있다니 정말 큰 도움이 되셨겠어요. 하지만 저는 지금 1,800만 원이 아니라 500만 원도 없는데 어떻게 할까요? 부끄럽지만 외벌이로 아이들 기르느라 모아놓은 돈이 없습니다. 원장님과 얘기하다보니 프랜차이즈로 도움을 받고 싶은 마음이 커져요. 제가 프랜차이즈를 선택할 때 주의할 점이 뭐가 있을까요?

베테랑 원장: 알아보시면 놀랄 정도로 프랜차이즈가 많습니다. 온라인 프로그램부터 오프라인 공부방 프로그램까지 다 살펴보고 결정하겠다 생각하면, '과연 오픈을 할 수 있을까' 고민이 될 정도로 수많은 프로그램들이 있지요. 우선 자신이 진짜 원하는 교수법, 방향을 진심으로 고민하세요. 나는 영어독서든 영어공부든 성과가 확실하고 실력을 키우는 게 행복하다 하면 범위를 그쪽으로 좁히세요.

지도할 연령대도 자신이 선생님으로 잘 이끌어줄 수 있을지 자신의 육아 경험 또는 경력을 이용해 판단해 보는 것이 중요하지요. 제가 아는 선생님 한 분은 고등부 수능을 집중적으로 지도하다 보니 초등학생을 다루는 저를 보면 존경스럽다고 "어떻게 그렇게 어린아이들을 지도할 수 있느냐"고 늘 여쭈시지요. 자신은 중학생도 어려서 자신이 없다고요. 타깃층을 고를 때 너무 동떨어진 분야와 고객을 다루는 일은 피하시는 게 좋습니다. 내 사업은 나에게 최적화된 부분에 에너지를 몰입해서 써야 성공 확률이 높지요. 그러니 프랜차이즈를 선택하기 전, 나와 진지한 대화를 통해 정말 잘 해낼 그것을 찾는 것이 중요하지요.

저는 아주 확실했습니다. 아이들이 영어를 놀듯이 즐겁게 익히기를 바랐습니다. 어떠한 거부감도 들지 않아 틀린 영어도 거침없이 내뱉기를 바랐습니다. 공부해야 할 과목이 아니라 세상으로 나아갈 도구로 쓰길 원했습니다. 그리고 이야기가 풍부한 아이들이 되길 원했습니다. 그래서 선택한 영어독서 공부방은 내 아이도 즐기고 내 재능도 살려서 사업화할 수 있으니 제게 딱 맞는 사업이었죠. 아직까지도 저의 공부방 목표는 '초등 시기 영어 싫어하는 아이는 없도록 재미난 독서로 영어 근육을 키워주자!'예요. 이 목표는 변함 없으며 저와 영어 독서하면서 "학원 가기 싫어요", "영어 자신 없어요"라고 말하는 학생이 없는 것을 보면 목표와 방향이 저와 잘 맞았다는 확신이 듭니다.

예비 원장: 원장님과 상담하고 나니 가장 중요한 것은 제가 정말 원하는 게 무엇인지 깊게 고민하고 저에게 맞는 목표와 방향을 세우는 것이네요. '할까 말까'만 고민하며 시간을 보낸 것이 어리석게 느껴집니다. 프랜차이즈 비용이 들지만 원장님이 얘기하신 장점들이 너무 부러워요. 든든한 동료가 있어 서로 고민도 같이하고 서로 자극을 주고 끌어준다면 한결 힘내서 해낼 수 있을 것 같아요. 감사합니다. 원장님.

공부방 프랜차이즈를 잘 선택하는 지혜

1. 자신의 교육 철학에 맞는 프로그램을 찾자.

초등 저학년, 고학년 위주, 중고등 내신 중심, 또는 정독 위주, 다독 위주 등 교육 방향도 다양하다. 나의 교육 철학에 부합하는 공부방 프랜차이즈를 선별하는 것이 첫 과제이다.

2. 대표자의 교육 마인드와 방향을 알아보자.

프랜차이즈를 오픈한 경우 자신의 브랜드를 갖추고 그간의 경력을 책으로 출간한 경우가 많다. 공부방을 하기로 결심했다면 관련 도서를 통해 대표자의 다양한 경험을 확인해보고 내가 추구하는 마인드, 방향과 맞는지 살펴보자.

3. 프랜차이즈에서 운영하는 카페나 블로그 등

다양한 SNS에서 활동하는 분원장들의 교류, 활동 내용 등을 살펴보자. 지속적인 교육과 소통의 기회가 주어지는지, 정기적인 업그레이드가 이루어지는지, 그 방향성이 나와 맞는지 살펴본다.

4. 내 안에 잠재되어 있는 새로운 힘을 꺼내 활용하려는 자세가 있는가?

아무리 좋은 프로그램과 동료들을 만나더라도 적극적인 배움의 자세를 취하지 않으면 성장이 어렵다. 나를 벗어나 내 안의 새로운 힘을 꺼내 활용하려는 자세 자체가 성공의 열쇠로 작용할 것이다.

5. 가성비보다는 내가 진짜 추구하는 것이 무엇인지 생각해보자.

프랜차이즈를 하려면 적든 많든 가맹비가 든다. 비용을 생각해서 가성비에 중점을 두기보다는 내가 꿈꾸던 프랜차이즈의 운영과정을 갖추고 있는지, 경험이 풍부한 인재 원장들이 모여 있는지 등을 먼저 살펴보자. 더 큰 그림을 그릴 수 있는 사업가의 마인드를 장착해야 한다. 돈이 적게 드는 것을 우선 생각하는 것이 아니라 내가 진짜 바라는 공부방의 모델이 무엇인지 고민하고 선택해야 한다.

영어도 한글처럼
리딩으로 영어는 물론 감수성까지!

임서영(강서 우장산 키즈엔리딩 원장)

"영어 리딩이 어린 아이에게 힘들 거란 생각은 편견이었어요."
"그때 시작하길 잘했어. 그런 결정을 한 나 자신을 칭찬해."

저는 올해 영어독서 공부방 운영 9년 차로 창업 전에는 영어 유치원에서 아이들에게 수학math, 싱어롱sing-along, 리딩reading, 파닉스phonics 수업을 했습니다. 여러 과목을 수업하다 보니 자연스레 아이들이 어떤 수업에 집중과 몰입이 더 큰지 비교할 수 있었습니다. 특히 리딩 수업 때 아이들이 집중도 잘 하고, 비록 6, 7세의 어린 친구들이지만 본인이 뭔가를 알아간다는 재미를 느끼고 있다는 것을 발견했어요. 어떻게 읽어야 할지도 모르던 단어들이었는데, 리딩하는 책이 누적될수록 하나하나 글자를 읽게 되고, 다른 책에서 그 단어들을 발견하면 아이들이 기억하는 것을 보면서 정말 놀랐습니다. 예전에는 막연히 아이들은 놀이 수업만 좋아하고, '리딩은 어린아이들에게는 힘들 거야'라고 생각했었는데, 왜 그런 생각을 했었는지 지금 생각해보면 이것이 편견이었음을 깨닫는 계기가 되었습니다.

그렇게 영어유치원에서 일한 지 4년째 되던 해 봄, 제 아이가 초등학교 1학년이 되던 해에 '아이를 직접 돌보면서 커리어도 쌓아갈 수 있는 일이 무엇일까'를 고민하다, 가정에서 운영할 수 있는 영어 공부방에 대해 알아보게 되었습니다. 영어 공부방의 종류도 다양해서 AI와의 프리토킹, 매일 성취도 평가, 랩 실의 어학기 수업, 율동을 통한 오감 자극 수업 등 학습 접근법들이 매우 다양하더라고요. 이러한 다양한 접근법 중 어떤 방법이 '우리 아이들이 행복하고 재밌게 영어를 익힐 수 있는 수업 형식일까?'라는 고민을 하게 되었습니다.

영어 과목은 초등학교 3학년부터 고등학교 3학년까지 주요 과목 중 하나에 포함되어 있습니다. 그러다보니 영어학원을 전전하며 영어를 배우는 데 소비하는 시간과 학원비는 단연코 높습니다. 그러나 과연 우리나라 학생들의 영어 수준이 세계적으로 어느 정도일까요? 2019년도 우리나라의 토플 종합성적은 87위, 토플 말하기는 북한과 함께 132위였으며, 2019년 세계 40개국 IELTS의 실용 이민 직업 영어활용 능력인 제너럴 분야는 38위를 기록하여 하위권이었습니다. 이렇듯 우리나라 사람들의 영어 실력은 세계에서 낮은 편에 속합니다.

우리가 할애한 시간과 에너지, 돈이 부족해서일까요? 통계청에서 발표한 2020년 전국 사교육비 통계 자료를 보면, 한 가정의 총 평균 사교육비는 43만4,000원인데, 이 중 1인당 월평균 영어 사교육비 지출은 전체 사교육비의 50%를 차지하는 21만7,000원이었습니다. 또한 우리나라 학생들 중 영어를 잘하고 싶어하지 않는 학생은 단 한 명도 없을 정도로 학생들과 부모님들의 관심은 영어에 집중되어 있습니다. 이렇게 관심도는 높은데, 성적이 낮은 이유는 무엇일까 고민해 보니, '우리의 영어 공부 방법에 문제가 있었던 것은 아니었을까?'라는 생각으로 귀결되었고, '다시 처음으로 돌아가면 어떨까'라는 생각이 들었습니다.

우리는 부모님이 읽어주셨던 그림책을 통해, 자라면서 읽었던 동화를 통해 단어 속 의미를 깨닫고, 이야기에 빠졌던 어린 시절이 있었습니다. 또 사춘기 시절에는 문학작품 속 긴장감 넘치는 이야기와 인물들의 섬세한 묘사들에 빠져, 반항과 삐딱함 대신 이야기 속에서 삶의 미학에 관심을 갖게 되기도 했습니다. '이렇듯 인생의 발달 지점마다 나에게 선물 같은 해결책을 준 책읽기를 영어를 배우는 데 접목시키면 어떨까?'라는 생각이 꼬리에 꼬리를 물어 '영어책 읽기'라는 결론으로 귀결이 나는 경험을 했습니다.

'유년 시절부터 학창 시절까지 한글을 배웠던 가장 큰 도구는 책이었는데, 책으로 영어를 배운다면 어떨까'라는 생각이 들며 영어책 읽기에 점점 마음이 기울어지자 가슴이 뛰면서, 이 사업이 해보고 싶어졌습니다. 내가 그 당시 한글책을 통해 새로운 세상의 경험, 설렘, 지적 호기심을 채웠듯 우리 아이들이 영어책을 통해 이런 것들을 느낀다면, '너무나 근사하게 영어를 구사하지 않을까'라는 확신이 들었습니다. 게다가 아이들은 우리 어른들의 편견과는 다르게, 보편적으로 책읽기를 재밌어했던 경험이 더해지니, 나 혼자만의 공부법이 아니라는 자신감도 생겼습니다.

그리고 또 하나의 계기가 있었습니다. 22평 아파트에서 영어책 200권과 비디오테이프 50개의 단출한 물품으로 시작했지만, 아이들의 영어적 성장은 물론 미래의 꿈까지도 키워낸 놀라운 경험이 녹아 있는 『공부방의 여왕』을 읽고, '화려한 인테리어 대신, 실속 있게 차려볼 수 있겠다'라는 용기가 나서 도전하게 되었습니다. 올해 9년째 영어독서 공부방을 운영하면서 드는 생각은 '그때 시작하길 잘했어. 그런 결정을 한 나 자신을 칭찬해'입니다. 9년 전이나 지금이나 여전히 영어는 우리나라에서는 주요 과목이고, 아직도 많은 엄마들은 우리 아이 공부법을 찾아주기 위해 이 학원 저 학원을 아이와 순례합니다.

수능영어가 절대평가로 바뀐 2018년부터 오히려 하나의 공부법이 정착되지 못하고 매해, 혹은 분기별로 바뀌기도 합니다. 그럴 때마다 아이들이 마치 쇼핑하듯 학원을 옮겨 다니는 것은 가장 잘 맞는 영어 공부 방법이 어떤 것인지를 찾고자 하는 절박함에서 나오는 행동이겠지요. 그러나 아이가 미처 새로운 학원과 공부법에 적응하고 선생님과 유대관계를 안정적으로 쌓기도 전에 또 다른 학원으로 옮기는 것은 아이의 정서적 안정 측면과 시작부터 마무리까지 한 과정을 끝까지 버티고 인내하여 얻는 보람과 성취감을 가질 기회를 앗아가는 것이기에 매우 우려됩니다.

최근에 저와 함께 원서 리딩을 4~7년 동안 해온 초등학교 6학년, 중학교 2학년 아이들 4명에게 고등학교 1학년 모의고사를 풀려봤더니, 1등급 1명, 2등급 3명이 나왔습니다. 모의고사는 절대평가이므로, 시험 때마다 1등급의 비율은 매번 다르긴 하지만, 일반적으로 1등급은 상위 4~10%에 해당되므로, 이 정도면 상당한 실력이라 판단됩니다.

저는 이 아이들의 초등학교 1학년 때가 기억납니다. 그림책을 따라 읽고, 정성껏 100권, 200권, 독서기록장을 채워가며 알파벳과 음가를 인식하고, "이 책 다 읽었으니, 무슨 책 읽을까요?"라며 호기심 어린 눈으로 책을 골라주기만을 기다리던 아이들, 선생님과의 개별코칭시간에 비밀스러운 이야기를 공유하며 눈을 반짝이던 아이들, 초등 고학년이 되어 사춘기가 왔을 때에도 새로운 시리즈의 책들을 같이 살펴보며 슬럼프 대신 지적인 호기심으로 힘든 시간을 이겨냈던 아이들, 치열한 경쟁구도의 실패와 성공의 시스템 속에서 1등을 놓쳤을 때 방황 대신 다른 시대와 다른 세계의 이야기 안에서 본인의 꿈을 찾아가던 아이들이었습니다.

오늘도 그리고 내일도, 저는 완성된 아이들이 아닌, 채워지는 과정의 아이들을 만날 것입니다. 초등학교 1학년부터 중학생들까지 연령은 다양하지만 모두 자신의 자리에서 성장과 깨우침을 얻고, 한글처럼 영어의 미학을 오롯이 느끼며 자연스럽게 습득하도록 이 아이들과 함께 배우고 자라고 싶습니다.

갑자기 감동과 벅참이 밀려오네요. 저는 단지 영어수업을 하는 사람이 아닌, 아이들 한 명 한 명의 꿈과 감성을 더욱 풍부하게 해주는 대단한 사람이 된 것만 같습니다. 리딩은 아이들뿐만 아니라 지도하는 선생님마저도 성장시키고 꿈꾸게 해주는 훌륭한 도구임에 틀림없습니다.

행복한 인생직업 찾기
대작전

정수진(KRSA 리딩연구소장)

"행복한 인생 직업을 찾아나간다는 것은
결국 내가 어떻게 살고 싶은가와 깊은 연관이 있지요."

내 꿈 찾아 삼만리

영어 선생님 말고, 커리어 우먼!

"영어영문학과로 해! 정 할 거 없으면 과외라도 하면서 먹고 살 수 있으니까!" 고등학교 시절, 딱히 되고 싶은 것도 명확한 꿈도 없던 차에 대학교 전공을 정하면서 엄마가 하셨던 말씀이 지금도 귓가에 들리는 듯합니다. 그때부터였을까요. 전공을 그렇게 정하고도 사춘기 시절 청개구리 반항심에 난 커서 과외 선생님이나 영어 선생님은 절대 안 하리라는 다짐을 했던 것 같습니다. 대학교 때, 남들은 기본 스펙으로라도 해놓는다는 교직 이수도 일부러 신청 시기를 놓친 척하고 하지 않았어요. 엄마는 '니가 나이 들어봐야 정신을 차린다'며 철이 없다고 생각하셨지요. 영어를 잘하는 사람에게는 영어 선생님보다는 왠지 더 멋진 커리어 우먼의 미래가 기다릴 것만 같았습니다. 그게 뭔지 손에 잡히지도 않으면서 막연히 분위기에 휩쓸려 그런 생각을 했던 것 같습니다.

그런데 참 얄궂기도 하지요. 대기업에 입사해서 막연하게 꿈꾸던 멋진 커리어 우먼이 드디어 되었는데, 거기서 맡은 일이 인사팀 사내 국제화 교육 담당으로 일의 파트 중 하나가 사원들 '영어 교육'이었답니다. 네, 죽어도 영어 선생님은 되기 싫었던 저는 영어 선생님으로 불리면서 커리어를 시작하게 됩니다.

성인 영어 선생님 말고, 유아동 영어 선생님!

학창 시절 미처 영어 공부의 재미나 필요성을 느끼지 못했지만, 회사 생활을 하면서 영어 실력을 더 늘리고 싶어하는 의지가 가득한 성인을 가르치는 일은 생각보다 보람차고 재미있었습니다. 그래서 결혼 후에도 주로 기업체 출강, 대학생이나 성인 수업을 하게 되었어요. 하지만 성인들은 의지가 충만해도 바쁜 업무와 회식, 가정일 등으로 제가 가르쳐드린 것들을 다 소화시키지도 못하고, 숙제도 못한 채로 다음 수업에 오시는 경우가 많았습니다.

열정 가득 동기부여된 마음에 비해서 실력 향상이 정체되어 있는 현실이 안타까워지기 시작했어요. 이해는 하지만 내가 열정을 다해 준비하고 가르친 시간이 크게 영향을 미치지 못한다는 느낌이 들면서 성인 학생들이 원망스러워지기도 하더라고요. 역시 영어 선생님은 아니었는데… 내 적성이 아닌 일로 커리어를 잘못 시작했나 싶었습니다. 분명히 어딘가 뭔가 다른 더 멋진 일이 기다릴 것만 같은 느낌이 들었어요.

사람이 참 첫 단추가 무섭지요. 이것저것 새로운 도전을 위해 면접을 보러 다니다가 결국 저는 다시 영어 선생님이 되었는데요. 그래도 이번엔 성인 학생들에게 지친 마음을 뒤로 하고, 새로운 도전으로 나이를 확 낮춰서 영어유치원에서 근무를 하게 되었답니다. 유치원 단계의 수업준비는 모든 것이 새로웠습니다. 아이들을 워낙 좋아하는 덕에 아이들이 귀여운 목소리로 "선생님, 선생님" 하며 다가오는 게 좋더라고요. 어느새 영어 선생님이 되기 싫었던 마음은 온데간데없이 6, 7세 아이들의 순수함이 주는 매일의 새로움과 어린아이들을 위한 수업준비의 새로움 덕분에 멋진 세계에 발을 들이게 된 것 같았습니다. 처음에는 정해진 텍스트북으로만 진도 나가기도 바빴는데요. 경력이 있는 다른 반 선생님들의 수업준비를 어깨너머로 보니 무슨 영어 그림책 같은 것으로 따로 수업준비를 하시고, 그 반 애들 전체가 즐겁게 영어 노래를 부르더라고요. 그게 바로 제가 만난 첫 영어 원서, 『Today is Monday오늘은 월요일』이었습니다. 두 번째 만난 책이 『We're going on a bear hunt곰 사냥을 떠나자』였어요. 그 두 권의

『Today is Monday 오늘은 월요일』   『We're going on a bear hunt 곰 사냥을 떠나자』

영어 그림책이 어쩌면 지금의 저를 있게 한 일등공신이네요.

영어 선생님 말고, 영어도서관 관장!

영어영문학을 전공했지만 아동문학 분야를 접하지는 않아서 한 권 한 권 만나게 되는 영어 그림책들이 어쩌나 신기하고 재미있고 감동스럽던 지요. 내가 어렸을 때 이런 영어 원서의 세계를 알았다면 얼마나 좋았을 까. 번역되어 있는 것보다 영어 그 자체의 언어가 주는 맛이 그림과 함께 어우러져 영어와 독서 두 마리 토끼를 한 번에 잡을 수 있는 느낌이었어요. 우리나라의 많은 아이들이 이런 영어 원서를 만난다면 자연스럽게 영어도 잘하고 마음도 풍성해지지 않을까라는 생각에 설레기 시작했어요.

곧장 영어 원서에 대해 더 배울 수 있는 곳을 찾아 교육을 받으면서 그때부터 영어 그림책 사랑이 시작되었습니다. 영어 그림책 사랑에 더해진 아이들 사랑은 이후로 3~5세 꼬물이들 클래스도 열게 만들었고, 아이들과 엄마들 앞에서 영어노래를 부르고 율동하는 원맨쇼를 하며 재롱도 많이 떨어봤지요. '고기도 먹어본 놈이 먹는다'는 말처럼 성인을 가르친 경험은 성인 대상 영어독서 지도 과정 운영으로 이어지면서 영어책 읽기의 즐거움과 행복을 알리는 일도 함께 하게 되었습니다. 영어 선생님보다는 그림책으로 가득 둘러싸인 멋진 영어도서관 관장이 되고 싶은 새로운 꿈이 생기던 시절이기도 했답니다.

이때가 제가 첫 아이를 낳아 키우던 시기이기도 했는데, 지금 생각해도 그때 제일 잘한 일이 아이 돌 즈음에 '노래로 부르는 영어 그림책(노부영)' 180권을 한 번에 구입한 일이랍니다. 약 18년 전 그 당시 어렴풋이 200만 원이 넘는 금액이었던 것 같은데, 세트로 묶어서 할인을 한다길래 신랑 몰래 카드를 긁고 새댁이 혼자 두근두근 마음 졸이던 생각이 납니다. 다행히 신랑 퇴근하기 전에 책 하나씩 비닐 다 벗겨서 쓰레기 처리하고, 책장 한켠에 꽂으니 180권이라 해도 영어책들은 모두 얇아서 책장을 많이 차지하지 않았어요. 그래도 안 들키려고 조금씩 분산해서 꽂아두고 옷장 깊은 곳에 숨겨두기도 했지요. 보물처럼 하나씩 꺼내서 내 아이와 영어 노래를 듣고 영어책을 읽던 시간이 그립습니다.

영어 선생님 말고, 리딩 전문가!

이 정도 들으시면, '아, 그렇게 아이도 키우고 영어 그림책도 읽으면서 영어 선생님이 천직이라 깨닫고 이렇게 책까지 쓰는 거겠구나'라고 예상하실 것 같습니다. 하지만 저는 다시는 영어 선생님으로 절대로 살지 않겠노라 굳은 결심을 하게 됩니다. 어떤 일이 있었는지 궁금하시죠?

각자 인생의 터닝포인트나 제2의 인생이 시작되는 시기가 있을 겁니다. 사람마다 이 시기가 모두 다르겠지만, 저에게 터닝포인트는 '육아'의 경험이었던 것 같습니다. 육아의 경험은 사람을 뼛속까지 헤집어서 변화시키기도 하더라고요. 내 아이를 키우면서 '좋은 엄마'가 되고 싶어서 내가 자라왔던 방식을 다시 되짚게 되었고, 바른 육아와 교육이란 무엇일까에 대해 깊이 의문을 갖게 되었지요.

제 20대와 30대는 육아와 함께 그 의문을 풀기 위해 연구를 거듭하며 보냈다고 해도 과언이 아닐 정도로 저는 좋은 교육의 답을 찾아 헤매었습니다. 좋은 엄마와 좋은 교육을 깊이 생각할수록 선생님은 아무나 그냥 되는 것이 아니라는 생각이 강해졌어요. 동시에 내가 더 깊이 성장하지 않고서는 감히 엄두를 못 낼 일이라는 생각이 들어서, '다시는 어줍잖게 선생님이 되는 일은 없도록 하자'고 마음먹었습니다.

좋은 교육을 알고 싶은 계속된 갈구로 아무도 시키지 않았지만 육아와 교육 관련 책 100권 읽기 프로젝트를 시작했습니다. 아기를 재워놓고 밑줄을 그어가며 닥치는 대로 책을 읽었습니다. 비슷한 주제의 책을 몰입해서 많이 읽고 또 그것을 적용해 보는 실전 육아의 과정이 함께 진행되자, 100권을 다 채우기도 전에 세상을 180도 다르게 재구성해서 보는 힘이 키워진 느낌이 강하게 들었습니다.

그러던 어느 날, 등줄기를 타고 흐르는 소름과 함께 깨달음이 찾아왔어요. 바로 '배움'이라는 것은 누가 '가르쳐야만' 되는 게 아니라는 것이었어요. 뭔가를 '배우려면' 어디에선가, 누군가에게 '배워야' 한다는 생각이 뿌리 깊게 제 안에 있었더라고요. 배움은 어디에서나 일어날 수 있고, 부모나 교사는 아이가 스스로 배움을 찾아 나가도록 이끄는 역할일 뿐이라고 하는 것이 머리가 아닌 마음으로 이해되기 시작했어요.

오히려 '가르치려고 하는' 그 어른의 마음 때문에 결국 아이들이 제대로 '배우지' 못하게 만들 수도 있다는 것을 깨닫게 되었다고 할까요? 저에게는 삶이 송두리째 재구성되는 변화였습니다. 아이들은 아직 세상 경험이 많이 없으니 어른들은 항상 뭔가를 가르쳐줘야 한다고 당연히 생각하곤 하지요.

하지만 어른의 입장에서 아이들이 '스스로 배울 수 있다'는 마음을 내면화시킨다는 것은 단순히 좀 더 친절하게 가르쳐주는 것을 의미하는 것이 아니었어요. 아이들이라는 존재를 바라보는 마음을 온전히 다시 세팅해야 하는 일이었어요. 뭔가 깨달았다고 생각했지만 내 자신이 변화되기엔 너무 오래 걸리겠다 싶은 불안감이 찾아왔어요. 그래서 가르치지 않고 아이들을 '이끌' 수 있는 좋은 교육이 어딘가에 분명히 존재할 거라는 생각에 여기저기 교육기관을 찾아 헤매었지요.

내 자신이 변하는 게 변화를 일으키는 제일 빠른 방법인 걸 그때 더 일찍 알았더라면 좋았겠지만, 삶은 그리 호락호락하게 좋은 걸 빨리 내 것으로 만들어주진 않았어요. 목마른 사람이 우물 판다고 목이 말라 쓰러지기 일보 직전까지 왔을 때 저는 아예 진짜 배움이 일어나는 공간을 직접 만들어 보기로 결심하게 됩니다. 그날이 바로 『공부방의 여왕』 책을 만난 날이었어요. 저는 지금 그 공간에서 8년째 아이들의 리딩 멘토로, 또 저처럼 좋은 교육을 꿈꾸고 고민하며 스스로 그런 공간을 직접 만들고 리딩에 대해 제대로 배우고 싶어하는 분들께 도움을 드리는 멘토로 살아가고 있습니다. 영어 선생님이 되기 싫었던 한 사람이 결국 행복한 영어책 읽기 세상을 만들어가는 리딩 전문가로 거듭나서 살아가고 있는 것이지요.

사람마다 계기는 다르겠지만 행복한 인생직업을 찾아 나간다는 것은 결국 내가 어떻게 살고 싶은가와 깊은 연관이 있지요. 특히나 아이들과 만나는 직업이라면 왜, 어떻게 이 아이들과 만날 것인가에 대한 것을 생각해보는 것이 아주 중요합니다. 내 자신이 치열하게 이뤄내고 싶었던 성장의 순간들이 모여서 다른 이들에게도 좋은 영향을 끼칠 수 있다는 것은 삶의 비전이 되고 살아가는 의미를 새롭게 해줍니다. 지금의 자신과 끝없이 마주하면서, 나의 비전과 삶의 가치를 생각하면서, 매일 앞으로 한 발짝이라도 성장해 나가고 싶어하는 많은 분들께 리딩 전문가에 도전하는 것을 강력 추천해 드리고 싶습니다.

돌이켜 보면 항상 새로운 변화까지 이끌어낸 원천은 독서였던 것 같습니다. 좋은 교육에 대한 답을 찾고 싶어서 매달렸던 몰입 독서에서 옆집 엄마나 수많은 정보에 휘둘리지 않고 내 자신의 중심을 잡도록 하는 강력한 삶의 힘이 생기게 되었지요. 그래서 삶 자체에 깊은 영향을 미치는 독서의 씨앗을 아이들에게 뿌리는 이 일에 더욱 사명감이 생긴답니다. 그냥 책 몇 권 읽는 독서는 즐거움과 끄덕임 정도에서 끝나지만, 삶을 변화시키는 독서는 차원이 다르다는 걸 알게 되어서일까요. 이 책을 읽는 여러분에게도 독서로 삶이 변화되는 기회가 찾아오길 응원하고 싶습니다.

'리딩 전문가'이자 '1인 CEO 교육 경영자'로 인생 직업 등극!

'그리하여 그녀는 좋은 교육을 꿈꾸고 실천하는 리딩 전문가로 행복하게 살아가게 되었습니다'라고 훈훈하게 마무리가 될 것 같으셨겠지만, 저는 하나의 큰 산을 더 넘어야 했습니다. 내적인 가치를 바로 세우는 것과 '진짜배기' 교육의 실천을 너무 중요시한 나머지 경제적, 경영적인 부분을 놓치고 있는 줄도 몰랐거든요. 운영을 시작하고 몇 년이 지나서야 하나의 원을 제대로 운영하는 사람, 즉 1인 CEO라면 그냥 단순 교육자가 아니라 '교육 경영자'여야 한다는 것을 깨닫게 되었습니다.

『공부방의 여왕』을 읽고 뭐라도 일단 시작해보자는 결심을 하게 된 저는 집에 영어책도 많겠다, 영어독서 지도도 자신 있겠다, 처음에는 그냥 한 번 따라 해보자 싶었습니다. 살고 있던 아파트는 400여 세대로 지역의 외곽지에 위치하고 있었고, 어르신들의 비율이 높은 동네였으며, 가족 단위로 조용히 살기는 좋았지만 학교가 멀리 위치해서 차를 타고 가야 하는 거리기에, 소위 공부방 하기 좋은 조건을 가진 곳(기본 2,000세대 이상, 걸어서 갈 수 있는 초등학교 인근)은 전혀 아니었어요. 하지만 그 어딘가에 나와 인연이 닿는 아이들, 리딩을 중요하게 생각하는 부모님들이 있을 것이라는 믿음이 불꽃처럼 타올랐어요.

'이야기꽃 영어도서관'이라고 이름도 짓고 워드로 홍보물을 만들어 아파트에 붙이기 시작했습니다. 문어 다리처럼 홍보물 아래를 잘라서 전화번호를 넣는 방식으로 만들었는데 지나다니면서 누군가 뜯어갔는지 확인하느라 매일 가슴이 두근거렸어요. 작은 동네여서 리딩의 가치를 알아봐 주는 사람들이 벌떼처럼 모여들 거라고 생각한 건 아니었지만, 홍보물 게시 기간인 2주 동안 단 한 명도 연락이 오지 않을 줄은 정말 상상도 못했어요. 지금 생각하면 꼴랑 2주 게시하고 연락 없다고 충격 받은 그 소심한 태도가 더 충격이지만요.

그래서 『공부방의 여왕』에 나오는 그 여왕님을 직접 찾아갔습니다. '영어책 읽기 너무 좋으니 여러분들 자녀도 한번 해보세요, 제가 도와드릴게요'라고 말하고 싶은데 알아봐 주지도 않고, 나 혼자서 영어 리딩의 가치를 알리는 게 너무 어렵고 외롭다고 느끼고 있던 때였어요. 그런데 리딩에 대한 이야기가 술술 통하고 그 가치를 이미 알고 있고 같이 더 크게 키워나갈 수 있다고 하는 여왕님의 말에 천군만마를 얻은 것 같았습니다. 다리를 꼬고 세련되게 머리를 쓸어 넘기며 여유롭고 전문가스럽게 "왜 이제 왔어요? 이제, 같이 합시다!"라고 하시던 우아한 목소리에 홀려버렸습니다. 제가 머릿속으로만 시나리오로 상상한 영어도서관을 이미 현실에서 구현해서 남에게 도움까지 주고 계신 모습에 반해버렸지요.

여왕님은 제게 결단력과 실행력의 영감을 주셨지만, 그때는 개인 사정상 경제적으로 너무나 어려움을 겪던 시기였습니다. 500만 원이라는 가맹비를 낼 여윳돈이 전혀 없었으니 공부방 하기 좋은 아파트 단지로 이사는 꿈도 꿀 수 없었지요. 남편도 공부방을 반대하던 시기여서 같이 마음 편하게 상의할 수도 없었지요. 하지만 저는 리딩 공부방, 영어도서관의 비전을 확인하고 왔기 때문에 그 500만 원을 꼭 마련해서 리딩의 가치를 함께 실현할 동료들이 있는 곳에서 일하고 싶었습니다. 그날을 위해 마음 속으로 장기 계획도 세웠습니다. 일명 '500만 원 비자금 마련 비밀작전'을 짰습니다. 제 거대한 목표는 가슴 한켠에 숨기고, 일단 자금 마련을 위해 바로 할 수 있는 다른 일을 찾기 시작했어요.

때마침 마약 땡초 김밥 장사로 1년간 빚 1억을 다 갚았다는 친척의 이야기가 들려왔고, 노하우를 살짝 배워서 주변 지인들에게 맛을 보여주니 김밥 도시락을 의뢰하기 시작했습니다. 샌드위치도 싸고, 햄버거도 만들고, 치킨 윙봉도 튀기며 도시락 메뉴를 늘려갔어요. 그때 제일 잘 했던 일은 난생처음 블로그를 만든 일이었는데, 어디서 어떻게 봤는지 하나 둘 연락이 오는데, 너무 신기해서 우주에서 내게 주문자를 보내주는 듯했습니다.

그렇게 영어도서관을 꿈꾸면서, 도시락 사업을 시작했습니다. 블로그에 도시락 샘플 사진을 올리다가도 주문이 들어오면 재료를 공수하고, 밤까지 다듬고, 새벽 2시부터 일어나 만들어 오전 물량을 맞추곤 했습니다. 그래도 손맛이 있었는지 반응이 좋았습니다. 단체주문도 들어오기 시작했어요.

원래 영어 선생님은 다시 하기 싫었는데 이참에 도시락 사업으로 꽃길 한 번 걸어볼까 싶었지요. 하지만 혼자 감당해야 하는 힘든 일들이 정말 쉴새 없이 몰아쳤어요. 배달 시간이 10분이라도 늦으면 삿대질을 해대는 사람들도 있었어요. 머리카락이 나왔다는 항의 앞에서 어쩔 줄 몰라서 죄송하다고 고개를 숙이고 또 숙여야 했지요. 경단녀가 새로운 영역을 배워서 사회에 전문성을 가지고 다시 복귀하는 것이 쉽지 않은 현실을 온몸으로 느꼈습니다. 그때 김승호 회장님의 『김밥 파는 CEO』 책을 읽었으면 인생이 또 어떻게 달라졌을지 모른다는 생각을 가끔 하곤 합니다.

그래도 도시락 사업이 괜찮았냐고요? 그게 더 나았다면, 지금 리딩 전문가가 되어서 이 책을 쓰고 있지 않았겠지요? 앞서 말씀드린 것처럼 그 당시 내적 가치를 훨씬 중요하게 여기고 경영, 경제적인 영역의 지혜를 균형감 있게 장착하지 못한 저는 적자 속에서도 유기농 햄으로 정성을 다하는 마음이 더 귀한 것이라고 생각하는 어리석음을 저질렀어요. 결국 원대하게 품었던 꿈인 500만 원 비자금을 다 마련하지 못한 채로 도시락 사업을 접는 결정을 내렸지요.

그래도 피같이 모은 돈을 끌어모아 공부방의 여왕님을 오랜만에 다시 찾아갔습니다. 그런데 무슨 일이 일어났는지 아세요? 글쎄, 가맹비가 1,000만 원으로 오른 것이 아니겠습니까! 시쳇말로 "헐"이란 말이 절로 나왔습니다. 아니, 세상이 내게 왜 이러는지 정말 하늘이 무너지는 것 같 았어요. 그래도 도시락 사업을 통해 생긴 조금은 더 현실적이고 단단한 마음으로 계산기를 두드렸어요. 그때가 제 아이들이 초등학교 2학년, 5학년일 때였는데, 매달 2명 영어학원 비용 50만 원×12개월=600만 원, 거기에 영어책을 사주는 비용까지 매달 최소 10만 원 정도 더하게 되면 1년에 720만 원, 5년 정도면 3,000만 원이 넘게 들겠더라고요.

만약 내가 직장에 취직을 하고 아이들을 봐주는 돌봄 아주머니를 모시 게 되면 매달 100만 원×12개월=1,200만 원 정도가 더 들게 되고, 거기에 퇴근하는 시간까지 기타 학원 비용도 추가로 또 들겠지요. 경알못(경제 를 잘 알지 못하는 사람)이었던 저는 이 정도 자체 계산법으로 그래도 초 기 비용을 들여서라도 원래 가지고 있던 전문적 지식을 이용해서 영어 공부방을 차리는 것이 훨씬 더 낫다는 것을 직감했습니다.

어쩌면 누군가는 경알못이라 내린 무모한 결정이라고 할지 모르겠습 니다. 하지만 1,000만 원으로 가맹비가 오른 것에 대해 좌절하지 않고, 남 편과의 신뢰를 살짝 서랍 속에 넣어 놓은 채 대출금을 마련해서라도 교 육 경영자 과정을 다짜고짜 시작해버린 것이 평범한 제가 리딩 멘토로서 의 삶을 꿈꿀 수 있게 만들어준 첫걸음이었습니다. 지금은 1,000만 원이라는 가맹비가 정말 우리 가족의 인생에서 가치 있게 쓰였구나라는 생각이 절로 들만큼 제 아이들도 엄마의 공부방에서 즐겁게 영어책을 읽으며 잘 자라나고 있답니다. 인생을 뒤바꿀 만한 좋은 경험을 하게 되면 다른 사람한테도 막 추천하고 싶어지지요? 제 인생직업이 여러분에게도 인생직업이 될 수 있는 희망이 되기를 바라봅니다.

경력 단절의 두려움으로 인터넷 클릭과 머리로만 미래 시나리오를 그리며 이 일은 이래서 안 되고 이 일은 저래서 별로고, 나는 아직 준비가 되지 않았다고 하며 아무것도 시작하지 않고 있나 생각해보세요. 저도 오랜 기간 그랬거든요. 하지만 변화는 작은 뭔가라도 시도하는 순간 시작되더라고요. 다른 사람의 삶과 도전을 들여다보며 부러워만 말고 지금 당장, 당신의 변화를 위해 일단 뭐라도 시작해보세요! 고민만 해온 당신, 이제 저질러라!

Do something right now!

당신의 행복한 인생직업 찾기 대작전을 응원하겠습니다.

연년생 육아 경력단절녀의
커리어 환승 성공기

김주연(경희궁 키즈N리딩잇츠 원장)

"내 인생에서 무엇이 중요하지?"
"나는 어떤 일을 할 때 즐겁고, 가슴이 뛰지?"

각기 다른 방향에서 다양한 경험들을 쌓고 살아온 삶이지만, 현재 우리가 '행복한 영어책 읽기를 모토로 한 영어 독서지도'라는 이름으로 리딩 교육에 대한 철학, 경험, 방향성을 공유하는 이 시간이 참으로 즐겁고 행복합니다.

하지만 누구나 그랬듯 처음부터 잘하지 못했고, 잘하는 것을 찾는 것도 어려웠습니다. 저는 7년간의 미국 유학을 마치고 서른이 넘어 한국에서 첫 직장생활을 시작했습니다. 보통 24세에 대학을 졸업한 여성들이 30대가 되면 모아둔 돈도 제법 쌓이고 커리어도 탄탄해진다는데, 저는 서른이 넘어 이력서를 쓰고 면접을 보러 다니는 그 시간들이 참 부담되고 힘들었습니다. 운 좋게 대학교와 시교육청에서 근무하며 조금씩 일이 재미있고 편해질 무렵, 결혼과 연년생 육아로 경력단절의 시기가 찾아왔습니다. 몸은 고되지만 하루하루 자라는 자녀를 보면 행복하면서도, 내 앞에 마주할 더 긴 인생의 커리어에 대한 걱정으로 불안한 나날의 연속이었습니다. 이 책을 읽는 여러분도 비슷한 고민들로 해결 방법을 찾고자 부단히 노력하시는 분들일 것입니다.

다른 건 몰라도 영어 하나는 좋아하고 잘한다는 소리를 듣는 사람이었는데, 시간이 갈수록 얕은 지식 속에 허우적대며 불안감만 엄습해왔지요. 나이 들어 새로운 것을 배워 처음부터 다시 시작한다는 것은 현실적으로 더 두렵고 어렵기에, 내가 잘했던 '영어'를 커리어에 더해보자 마음먹었습니다. 그러나 서른 중반을 훌쩍 넘긴, 자신감이 바닥으로 추락한 경력단절 아기 엄마가 마주하기에 세상은 많이 변해 있었고 그리 호락호락하지 않아, 구직 사이트와 아이 얼굴을 번갈아 보며 셀 수 없는 고민들만 가득한 시간이었습니다.

23개월 첫째 아이를 유모차에 싣고, 6개월 둘째 아이는 아기띠에 메고 동네 놀이터를 배회하다, '그래, 이왕 일 쉬는 거 애들 잘 먹이고, 잘 입히고, 잘 키워보자'라고 마음먹었습니다. 그 다짐은 우연히 친정엄마가 찍어 준 한 장의 사진에 무너져내렸습니다. 살이 쪄 남편 티셔츠를 유니폼처럼 입고, 화장기 없는 푸석한 얼굴로 영혼 없이 아이와 함께 앉아 있는 사진 속에는 우울감 가득한 아줌마만 있었습니다. 적잖은 충격을 받았지요. 아이들이 어려 취업을 할 수도 없으니 울타리 밖을 동경하지 말고, 지금 이 시기를 제대로 살아보자 마음을 다잡기 시작했습니다.

요리와 살림은 애초부터 소질이 없었으니, '우리 집 아이들 교육부터 잘하자'라고 노선을 바꿔 남편에게는 "아이들 잘 키우려면 책이 많이 필요하다. 내가 다 잘 읽어줄 수 있다"라며 반박 못 할 설득, 아니 강요로 집

안에 온갖 출판사 영업사원들을 들이며 넉넉지 않은 외벌이 수입에 수백만 원 하는 책과 교구들을 겁 없이 구입하고 빈 책장들을 채워가며 대리만족했습니다.

쌓여가는 책과 반비례하는 것이 통장 잔고와 우리 집 재정 상황이었는데요. 호기롭게 선언한 다짐과 달리 책장에 가지런히 꽂아놓은 쩍쩍 소리나는 책들을 보고 "아이들에게 책 하나만큼은 재미나게 읽어준다더니…"라며 서운함이 잔뜩 묻어나는 남편의 눈빛에 다시 남편 신용카드를 받아 책을 살 핑계거리를 찾아야만 했습니다. 맨 얼굴에 머리만 질끈 묶은 채로 아이들을 어린이집에 맡기고, 그 길로 '그림책 영어독서' 수업을 들으러 다녔습니다.

사재기 본능이 남아 있던 터라 남편에게 눈치 안 받고 카드를 받으려면, 책을 잘 읽어주는 수업을 받고 있다고 그럴듯한 핑계를 둘러대야 했기 때문이지요. 영어독서 수업 후에는 중고서점에 들러 그날 수업에서 다뤘던 책들을 양손 가득 사야 직성이 풀렸습니다. 그림책이 주는 따뜻한 메시지는 모른 채 예뻐 보이고, 재미있어 보이는 책들을 수집하듯 모조리 사 모으다 보니, 기저귀 차고 있던 우리 아이들이 볼 수 없을 정도로 많은 원서가 한가득 쌓이게 되었습니다.

책 욕심이 많아지면서 '언젠가 이 책들을 모두 읽을 것이다'라는 막연한 기대를 가장한 자포자기 상태로 책장을 의미 없이 채워갔던 어느 날, 독서지도에 전문성을 더해 줄 '키즈엔리딩'을 만났습니다. 책을 읽으면서 원서들이 담아내는 메시지와 깊이를 알아가니 하루하루가 재미있었습니다. 공부방 창업 준비 덕분에 책을 원없이 더 많이 살 명분도 생겼습니다. 시각을 달리해보면, 허한 마음을 채우기 위해 내용도 레벨도 모르게 사 모았던 원서들이 인생을 바꿨습니다. 계획했던 것은 아니었으나,

책장을 가득 채워갔던 원서들은 공부방을 창업할 때 훌륭한 자산이 되었습니다. 그제야 읽어보니 책이 재미있었습니다. 잘 지도하고픈 마음에 배움을 꾸준히 하니 어느새 독서를 지도하는 원장이 되어 있었습니다. 수많은 책은 자존감 낮아진 경력단절 육아맘을 재취업, 아니 교육사업가로 만들어준 소중한 씨앗이 되었습니다.

내가 좋아하고 잘하는 영어가 '키즈엔리딩'을 만나 전문성을 더해 커리어로 거듭나는 과정이 참 신기하고 재미있어 밤낮으로 매달려 책을 읽고 배웠습니다. 아무것도 모르고 책만 사들이고 방향도 방법도 모르던 시기에 운명처럼 만난 영어독서 공부방 창업은 신의 한 수였습니다. 지난날을 되돌아보니, 육아도 살림도 서툴던 영어원서 사재기 불량 초보 엄마가 대기 인원이 많은 영어독서 전문 학원장으로 성장했습니다. 사재기 엄마가 공부방을 창업하여 '원장님' 타이틀이 생겼습니다. 눈치 보며 남편 카드 쓰던 외벌이 가정의 아내가 직원에게 월급 주는 학원장이 되어 커리어 환승에 성공했습니다.

내 자녀도 잘 키우며 교육사업가로 성장하시고 싶은 여러분은 지금 다양한 방향에서 하나의 지점을 향해 유의미한 도전을 준비하고 있습니다. 내 인생에서 무엇이 중요한지, 나는 어떤 일을 할 때 즐겁고 가슴이 뛰는지, 이제는 나를 제대로 된 환경에 데려다주어야 합니다. 어제와 다른 나로 성장하며, 재미있게 잘 할 수 있는, 게다가 경제적 이득도 함께 창출할 수 있는 행운 같은 일인 '교육사업가'가 되는 일, 늦게 시작한 불량 엄마도 해낸, 공부방 창업의 길을 강력하게 추천합니다.

2장

알짜 영어독서 공부방 창업 A~Z

이혜진(인천 힐스 키즈엔리딩 원장)

"영어독서 공부방을 왜 시작하려 하세요?"
"앞으로 어떻게 운영하실지 구체적으로 생각해보셨나요?"

영어독서 공부방을 시작하기 전에 나만의 3가지 키워드key words를 생각해보시길 바랍니다. 어렵게 생각하실 필요는 없습니다. 인생에서 가장 중요하다고 생각하는 3가지 단어를 적어보세요. 바로 떠오르는 단어들을 나열하시면 됩니다. 얼핏 생각하면 '이것이 영어독서 공부방과 무슨 연관이 있을까?'라고 의아해하실 수도 있습니다.

그러나 그 단어들이 원장님들께서 영어독서 공부방을 왜 하려고 하는지, 앞으로 어떻게 하실지를 구체적으로 이끌어줄 수 있는 등대 역할을 해줄 것임을 알게 될 것입니다. 잘 떠오르지 않으신다면, 지금 상황과 마음 상태를 표현하는 단어들을 나열해보세요. 그리고 비슷한 키워드끼리 묶거나 연결해보세요. 그러면 몇 개의 점들이 생길 거예요. 그 점들이 바로 원장님이 있는 자리를 세워갈 기둥 역할을 해줄 것입니다.

저의 3가지 키워드는 '영어, 사랑, 신앙'입니다. 첫 번째 키워드인 '영어'는 저의 지금까지의 이력을 의미합니다. 결혼 전, 저는 고등학교 내신과 입시 영어만 가르쳐왔습니다. 그러나 결혼을 하고 나니, 하루를 늦게 시작하고 늦게 끝나는 고등학생 영어 수업은 지속하기 어렵겠다는 결론을 내리게 되었죠. 이런 상황이다 보니 '초등학생을 지도해야겠다'는 생각으로 바뀌게 되었습니다.

하지만 문제는 초등학생을 가르치려면 함께 놀아주거나, 지속적으로 전달만 하는 방식이라는 생각이 드니, 주저하게 되더군요. 그래서 키즈엔리딩을 시작하려고 할 때 '어린아이들을 어떻게 가르쳐야 하지?, 어떻게 지도해야 하지?'라는 고민뿐이었습니다. 그러나 키즈엔리딩이라는 영어 독서 공부방은 내가 생각했던 초등학교 수업이 아니었죠.

지금 생각해보면, '영어책으로 지도하는 것이었기에 초등학생을 지도하는 게 가능하지 않을까?'라는 생각이 들었고, 또 제가 좋아하는 책으로 지도할 수 있다는 것이 저의 마음을 편하게 했던 것 같습니다.

저의 영어 이력은 여기서 끝나지 않습니다. 호주 유학 시절에도 호주 초등학교 방과후 스태프로 일할 수 있는 기회가 주어졌습니다. 저희 아빠는 "거기까지 가서 아이들하고…"라는 말씀에 저는 그제서야 영어를 가르치는 것이 저의 천직임을 깨달았습니다. 이렇게 저의 첫 번째 키워드인 '영어'는 저의 인생에 큰 줄기를 이어가게 됩니다.

두 번째 키워드 '사랑'은 아이들에 관한 이야기입니다. 10여 년 전 공부방 원장님들 모임에서 고액 과외를 하시는 원장님과 마주 앉게 되었습니다. 제가 여쭤봤죠. "원장님 어떻게 그렇게 고액 과외가 가능한 거예요?"라고 물으니, 원장님께서는 그냥 피식 웃었습니다. 저는 속으로 '뭐야? 알려주지 않겠다는 거야? 나를 무시하는 거야?'라고 생각했죠. 저의 이 작디작은 마음과 달리 원장님께서는 "별 게 아니어서"라고 하시더라고요. 그래서 제가 한 번 더 물어봤습니다. 그랬더니, 원장님은 "사랑"이라고 하셨어요. 저는 그 말을 듣자마자 약간 짜증 나서 '뭐야'라는 식의 답을 했습니다. 그냥 누구나 할 수 있는 말이라고 생각했으니까요.

하지만 시간이 지날수록, 또 많은 고수 원장님들을 볼수록 이 이야기가 자꾸 떠올랐습니다. 아이들을 사랑하는 마음은 필수입니다. 사랑은 관심의 척도가 됩니다. 아이들은 원장님들의 사랑 때문에 원장님들의 공부방에 또 와야 하는 이유가 됩니다. 아이들을 사랑한다는 것은 관리의 측면에서뿐만 아니라 실질적인 아이들의 영어책 레벨에까지 영향을 미치게 됩니다.

요즘에는 공부방을 사업에 많이 비유하기도 합니다. 공부방에 오신 손님을 친절하고 따뜻하게 맞이해야 하는 건 당연하고 또 사랑까지 겸비한다면 최고의 공부방이 될 수 있다고 생각합니다. 특히 아이들에게 오래도록 책을 읽게 하고 운영할 수 있는 필수요소는 '사랑'입니다.

영어독서 공부방 원장님들 중 '지속가능성'과 '회복탄력성'이 상당히 뛰어나신 원장님들과 여러 해 동안 말씀을 나누고 알게 된 사실이 있습니다. 여러 어려움을 모두 이겨내신 고수 원장님들은 아이들에게 지속적인 사랑을 주는 방법도 아주 잘 아신다는 것을 발견하였습니다. 현재 영어 공부방을 할까말까 망설이거나 주저하고 계시는 예비 원장님이 계신다면, '아이들을 사랑'하는 마음만 있다면 공부방을 도전해보시길 권합니다. 아이들을 사랑하는 마음이 그 어떤 다른 조건보다 우선하기 때문입니다.

세 번째 '신앙'입니다. 신앙은 제가 자라면서 지금까지 저를 만들어 준

모든 부분이라고 해도 과언이 아닙니다. 성인이 되면 부모로부터 정신적인 독립을 하게 됩니다. 독립적인 것이 좋을 때도 있지만, 사회에서 일을 하다보면, '혼자'라는 느낌이 들 때도 많습니다. 공부방을 운영하면서 정말 많이 외로웠던 것 같아요. 살아오면서, 별로 '외롭다'고 생각한 적이 없는데, 혼자 개인 공부방을 운영할 때에는 정말 마음을 의지할 곳이 없다는 것에 힘들었습니다. 그럴 때 저를 지탱해주었던 것이 신앙이었죠. 힘이 들 때도 이겨낼 수 있는 원동력이 되었습니다.

실제로 영어독서 공부방을 운영하면서 힘든 부분부터 풀리지 않는 숙제 같은 어려움도 많았습니다. 함께 해결해야 할 어려움이 있었고, 혼자 이겨내야 하는 일들도 있었습니다. 그럴 때마다 기준을 세워서 이겨낼 수 있게 해준 것도 신앙 덕분이었습니다. 성경을 읽고 마음을 다독이고, 아침에 눈을 뜨며 감사기도로 고백하는 습관이 어려운 시간을 이겨낼 수 있게 해주었던 것 같습니다. 만약 신앙이 없는 분이라면 이제까지의 나를 돌아보는 시간을 꼭 가지시길 바랍니다. 나는 어떤 사람인지, 내가 원하는 것이 무엇인지, 내가 왜 일을 하려고 하는지 등을 모두 적어보세요.

영어독서 공부방을 시작하면서 가장 필요한 부분은 '생각 정리'입니다. 마인드 셋을 의미합니다. 특히 나를 알아가는 작업은 사춘기 때만 하는 일이 아닙니다. 나이를 막론하고 나의 정체성을 세워가는 일은 그 당시에 나를 단단하게 합니다. 가장 중요한 것은 나를 아는 것입니다. 그러면 내가 얼만큼 영어독서 공부방을 운영하고 싶은지에 대한 간절함을 깨닫게 됩니다. 간절함이 있는 사람은 꼭 그 일을 해내고 마는 힘이 있다고 하죠. 영어독서 공부방을 오픈하기 전에 가장 중요한 한 가지는 영어독서 공부방을 하기 위한 '마인드 셋'이 필요합니다.

나만의 3가지 키워드는 나를 세워가는 일입니다. 가식적인 내가 아니라 '진정한 나'를 찾아가는 것이 중요합니다. 지금의 내 모습은 중요하지 않습니다. 앞으로의 내가 어떻게 성장하고 발전할 것인지가 더 중요한 것입니다.

영어독서 공부방,
예산 및 재정 상황

이혜진(인천 힐스 키즈엔리딩 원장)

"영어독서 공부방을 하려면 얼마나 필요한가요?"
"원장님들 평균 연봉은 얼마인가요?"

영어독서 공부방을 하기 위해 준비해야 하는 것 중 한 가지는 예산입니다. 아마 이 부분을 제일 고민하고 걱정할 것으로 생각됩니다. 내가 지금 얼마를 가지고 있는지, 또 돈이 있다고 해도 현실적으로 사용할 수 있는 금액은 얼마인지를 먼저 살펴보시기 바랍니다.

영어독서 공부방을 오픈하려면 어느 정도의 예산이 필요할까요?

준비해야 할 품목들 중 가장 많은 비율을 차지하는 책입니다. 책을 몇 권 정도 준비하느냐에 따라 예산의 차이가 있을 거라고 생각됩니다. 기본적으로 1,500권 정도를 준비하는 것으로 가정한다면 책값으로 800만 원에서 1,000만 원 정도가 듭니다. 그 외에 책상과 의자, CD 플레이어 등 인테리어 비용이 200만 원, 즉 책값과 인테리어 비용을 모두 합하면 대략 1,000만 원 정도 예상됩니다.

● 영어독서 공부방 오픈 예산

품목	책 1,500권	의자 + 책상 + CD 플레이어 등	총 금액
가격	800~1,000만 원	200만 원	1,000~1,200만 원

"초기 비용이 너무 많이 드는 것은 아닌가요?"라는 질문을 하실 수 있습니다. 브랜드를 선택할 때 어디에 우선순위를 두는지에 따라 선택의 기준이 다를 것 같아요. 비용이 많이 들지만 그만한 가치가 있다고 생각하면 우리는 얼마든지 그 비용을 지불하잖아요. 싼 게 비지떡이라는 말이 있습니다. 싼 브랜드를 도입하고 나서 불평불만이 많았던 원장님들을 본 적이 있습니다. 후회해도 소용없는 일이죠. 내 형편에 맞는 만큼 해야 하는 것은 맞지만, 무조건적으로 '비용'만 생각해서 결정하시기보다 '가치'를 따지셨으면 합니다.

영어 원서로 영어독서 공부방을 오픈하셨으면 하는 바람입니다. 위에 책정한 예산이 너무 비싸거나 부담스럽다면 책의 권수를 줄여 오픈하실 수 있습니다. 지혜를 발휘하여 준비한다면 생각 외로 예산이 적게 들 수도 있고, 알차고 좋은 영어독서 공부방을 꾸리실 수 있습니다.

대출을 받거나 빚을 내서 시작해야 할까요?

대출을 받아서 공부방을 시작하는 원장님들도 많으셨어요. 그럴 때마다 저의 이야기를 들려드립니다. 저는 결혼과 함께 키즈엔리딩을 같이 오픈해야 했기에 사실 어려움 그 자체였어요. 이때 제가 가지고 있었던 돈은 3,000만 원이었습니다. 만약 신혼살림을 채우는 데만 이 돈을 사용한다면 괜찮을 것 같았죠. 하지만 신혼살림과 영어독서 공부방을 같이 준비해야 했기에, 3,000만 원이라는 돈은 결코 넉넉한 비용은 아니었습니다. 이제야 하는 얘기지만, 사실 살림보다 영어독서 공부방을 오픈하는 데 훨씬 더 많이 지출했습니다.

결국 3,000만 원 중 2,000만 원은 키리를 오픈하는 곳에 1,000만 원은 신혼살림을 채우는 데 사용하였고, 여기에 500만 원 카드 대출을 받아 신혼살림 사는 데 충당했습니다. 신혼살림을 장만하는 데 거의 돈을 쓰지 않은 꼴이나 다름없었죠. 우리 집에서 제일 좋은 가구는 침대 하나뿐이었습니다. 내가 남편에게 해줄 수 있는 가장 큰 것이 침대였으며, 그것을 제외하고는 사실 다 그냥 저렴한 것으로 준비하고, 거실에는 아이들을 위한 큰 테이블과 개인 테이블 그리고 CD 플레이어, 1,500권의 원서들뿐이었습니다. 제 남편은 "나는 월세방에 산다"고 농담을 할 정도로 30평대 신혼집 아파트는 공부방을 위해 존재했습니다.

공부방을 오픈하면서 '대출을 받아야 하는지'에 대한 직접적인 답변은 드리기 어려울 것 같습니다. 그런데 제가 말씀드릴 수 있는 것은 이렇게 신혼집까지 공부방으로 활용하며 신혼살림 대신 공부방 물품들로 채울 수 있었던 것은 바로 제가 원하는 일이기 때문이었습니다. 바로 제가 하고 싶은 일을 위해 무엇이든 하는 열정 때문이었습니다. 어떤 분들은 "아이도 없고 실질적으로 많은 빚을 진 것이 아니니 가능한 것이 아니냐"고 말씀하실 수 있습니다. 그러나 사람은 누구나 각자가 처한 상황이 다르고 이유가 다르기 때문에, 결국 '할 수 있느냐, 없느냐'는 자신의 불평을 줄이고 그것을 하기 위해 '나는 무엇을 할 수 있느냐', '나는 얼마나 원하느냐'가 중요한 것이라고 생각합니다. 정말 원하면 어떻게든 방법을 생각하게 되더라고요. 저 역시 남편을 설득하는 일이 쉽지 않았습니다. "무엇을 위해 그렇게까지 해야 하냐"는 말도 들었습니다. 하지만 전 비전이 있는 교육을 하고 싶었고 확신이 있었습니다.

쌈짓돈으로 시작하려니 힘이 든다.

그렇게 바득바득 우겨서 시작한 공부방은 생각처럼 잘되지 않았습니다. 신혼살림과 같이 시작하게 된 영어독서 공부방은 순탄치 않았습니다. 그렇게 3,000만 원을 다 쓰고도 남편의 이름으로 된 1,000만 원 정도의 마이너스 통장을 끌어다 써야 했습니다. 결국 1,500만 원의 빚을 지게 되었죠.

아이들이 모이기 시작하면 카드값도 쉽게 갚고 정리될 것이라고 생각했지만, 아이들은 모이지 않았습니다. 공부방은 내 집에서 시작할 경우, 월세나 다른 부대비용이 나가지 않아서 시간 대비 저비용, 고효율 직업은 맞습니다. 하지만 저와 같은 경우는 조금 달랐습니다. 아이들을 모으는 데 1년이 걸렸기 때문에 1년 동안 연봉이 500만 원도 안 되었던 거죠. 한 달에 500만 원을 벌었는데, 연봉이 500만 원도 채 되지 않는 이런 상황이 참 어려웠지만, 저는 이 시간에 돈으로는 환산할 수 없는 가치를 배웠습니다.

저는 돈을 벌기 위해서 그만큼 치러야 하는 대가가 있고, 준비가 되어 있어야 한다는 말씀을 드리고 싶습니다. 탄탄한 교육 프로그램을 동반한다면 돈은 쓰는 만큼, 준비한 만큼, 그에 비례한 결과가 나온다고 생각합니다. 물론 저는 1년 동안 아이들을 모으지 못했습니다. 제가 아이들을 모을 수 있을 만큼의 에너지가 부족했다고 생각합니다. 그러나 그 시간 동안 저는 저를 채우는 시간을 가졌습니다. 아이들이 많이 왔을 때에도 당황하지 않고 교육할 수 있었고, 엄마들을 상담할 수 있을 만큼 준비가 되어 있었습니다. 공부방 원생이 없다는 것은 힘든 일이긴 하지만, 만약 지금 공부방을 운영하면서 상황이 힘든 원장님들이 있다면, "여유를 갖으시라" 부탁드리고 싶습니다. 포기하지 않는 이상 아이들은 들어오게 되어 있기 때문입니다. 물론 준비가 되어 있다는 전제 하에 가능한 일이 겠죠. 이력도 좋고 경력도 화려한데 힘든 상황에 처하신 원장님들을 만났을 때도 똑같이 말씀드립니다.

그러면 '돈으로 환산할 수 없을 만큼의 가치'는 무엇일까요? 제가 저보다 경력이 화려한 원장님들을 교육하면서 하는 이야기입니다. 영어독서의 중요성과 진정한 영어독서를 알려면 선생님이 먼저 독서를 실천해야 한다는 것입니다. 그 공부는 결국 돈으로 환산하자면 두 배 세 배가 되어 돌아오기 때문입니다. 그리고 무조건 경험이 많으신 원장님들을 찾아가기보다, 비슷한 상황에 놓인 적이 있었고 그 상황을 이겨낸 원장님들을 찾아가세요. 그래야 도움을 받으실 수 있습니다. 똑같은 상황을 겪어보지 못한 분을 만나신다면, 서로 틀린 답을 마주하면서 위로만 하는 상황밖에 되지 않습니다. 어려운 상황을 지혜롭게 이겨내신 분들은 그 해답을 알고 있습니다.

투자금액이 회수되기까지 얼마나 걸릴까요?

그 시간은 케이스마다 너무 다릅니다. 초기 예산이 서로 다르기 때문에 정확하진 않습니다. 저는 투자금액을 회수하기까지는 시간이 좀 걸렸습니다. 우선 1년 동안 아이들이 모이지 않았기 때문입니다. 하지만 두 번째 해부터는 30~40명을 유지하여, 투자금을 회수하는 것뿐만 아니라 그 이상의 돈을 벌었습니다.

초보 원장의 경우

30명×평균 23만 원(교육비)=690만 원—100만 원(물품비)=순수익 590만 원

40명×평균 23만 원(교육비)=960만 원—150만 원(물품비)=순수익 810만 원

그 두 배의 원생을 늘릴 때까지 저는 영어 원서를 읽기 시작했습니다. 그리고 1~2명의 아이만 있었던 힘들었던 시기에 장난삼아 남편에게 "여자가 칼을 뽑았으면 무라도 잘라야지"라고 말했지만, 아이들이 없는 1년 동안 사실 칼을 들 힘도 없을 만큼 무기력했습니다. 그러나 그 시간에 책을 통해 힐링했고, 지금은 오히려 그 시간이 그리울 정도로 제 마음속에 간직하고 싶은 시간이었습니다. 지금은 책을 읽을 시간이 없어, 매달 사놓은 책의 목차를 읽어가며 중요한 부분 그리고 내가 흥미로운 부분만을 읽으며, 책을 읽고 싶은 마음을 위로하고 있습니다.

돈을 많이 벌고 싶은 욕심은 없었습니다. 단순하게 좋은 교육을 하면 돈도 따라온다고 생각했죠. 누가 들어도 좋은 말이긴 하지만, 지금 생각해보면 이 말은 저의 '흐리멍덩하고, 구체적이지 않고, 적당히 하고자 하는 태도'에서 비롯된 것 같습니다. 공부방을 하는 이유는 좋은 교육은 기본이고, 그와 더불어 돈을 벌기 위해 하는 것인데, 이 부분을 망각하고 있었던 것이죠. 본인이 노력하여 시간을 들이고 에너지를 쏟는데, 그에 따른 보상이 있어야 하는 것은 당연한 것입니다. 그리고 그 보상에 대해 아주 구체적인 계획을 갖고 있어야 합니다. 공부방을 통해 돈을 많이 벌고 싶다면, 그 '많이'에 대한 정의도 각자 내려야 합니다.

키즈엔리딩 원장님들의 평균 연봉이 어느 정도 될까요?

키즈엔리딩 원장님들의 평균 연봉은 6,000만 원입니다. 한 달 수입으로 계산하자면 500만 원 정도입니다. 앞서 말한 평균 수입을 보시면, 아이들의 인원수에 따라 순수익이 달라집니다. 500만 원이면 아이들은 30명 정도라고 추정할 수 있습니다. 평균이기 때문에 조금의 오차는 있을 수 있지만, 대한민국 평균 여성 연봉에 비하면 아주 만족스럽습니다. 게다가 회사원들처럼 9시부터 근무가 시작되는 것이 아니기 때문에 근무시간 역시 훨씬 효율적이라고 할 수 있습니다.

공부방을 시작할 때 준비하셔야 하는 물품 및 예산들을 철저히 계획하셔서 공부방을 꾸려가시는 게 효율적입니다. 또 주위에 오픈하시는 분들이 있다면 상의하시고 많은 공부방 선배들의 이야기도 들으시는 게 도움이 될 것입니다.

성공하는 공부방 자리는 따로 있다

—— 양경희(일산서구 키즈N리딩잇츠 원장) ——

"기본은 초등학교를 인근에 두고 있는 것이 가장 중요한 포인트입니다."
"학교에서 아이들이 오기 좋은 동선이면 더욱 효과적입니다."

일산의 맨 끝자락, 한발만 더 나가면 일산시에서 파주시로 시명이 바뀌는 덕이동 끝자락에 영어 공부방을 낼 때 저의 심정은 어땠을까요? 이사 가고 싶었습니다. 일산 시내 말고, 파주에 막 들어선 운정 신도시로 말이죠. 공부방을 하기로 결심하고 둘러본 제가 사는 동네는 너무 한적하고 작은 곳으로 '과연 학생 10명은 모집할 수 있을까'라는 고민이 절로 드는 곳이었습니다. 동네 전체를 살펴보면, 두 곳에 초등학교가 있고 총 5개 단지가 있는 5,000여 세대인 곳이었으나, 하필 제가 사는 곳은 그중 가장 안쪽에 자리 잡은 최저 세대(690세대)인 미니 단지였습니다.

두 딸의 교육을 위해 일산 시내에서 이곳으로 이사 오기 수년 전, '마을 도서관과 성당을 걸어다닐 수 있는 최적의 장소'라고 생각했지만, 공부방 사업을 시작하려는 시점에서 보자니 이것은 악조건으로 작용했습니다. 반면 자동차로 10여 분 정도 걸리는 곳에 위치한 운정지구 ○○초등학교는 한 학년이 10반씩, 한 반에 40명을 수용해야 할 만큼 아이들이 넘친다는 소식에 '공부방 사업을 위해 이사 가야 하는 것 아닌가' 하며 오픈 전 끊임없이 고민을 했습니다.

전 학년 합쳐 600여 명의 학생이 다니는 인근 학교, 점심이 특히 맛있기로 소문난 저희 동네 초등학교를 어린 두 딸이 절대 포기할 수 없다는 간곡한 외침에 저는 한적한 일산서구 덕이동에서 영어독서 공부방을 용감하게 시작하였습니다. '10명만 모이면 감사할 텐데'라는 간절한 마음으로 시작한 공부방은 지난 수년간 전국 어느 분점보다 학생이 많이 다니는 Top 5안에 드는 인기 공부방이었으니, 성공의 열쇠라 할 수 있는 공부방 위치 잡기의 비결 공유합니다.

그대, 진정 공부방을 원하는가?
그럼 최적의 장소는 어디?

공부방은 따로 장소를 빌리지 않고 내 집을 사업장으로 쓰는 알짜배기 재택 사업입니다. 임대료가 들지 않는다는 장점은 요즘처럼 어려운 시기에 아주 훌륭한 선택이지요. 그러니 우선 내가 사는 곳이 영어독서 공부방을 시작하기에 몇 점짜리 위치인지 파악하자구요.

영어독서의 고객은 초등학생입니다. 요즘엔 유치원 5, 6, 7세 어머니들의 문의가 끊임없이 들어오나, 한글 독서와 친하고 한글 표현이 자유로운 초등시기부터 영어독서(자율 집중듣기)를 시작할 것을 권장합니다.

그러니 인근 초등학교가 제일 중요한 살핌 대상이지요. 한 학년이 몇 반으로 구성되어 있는지, 한 반은 몇 명인지, 전교생이 총 몇 명 정도인지를 파악해두면 좋습니다. "겨우 초등학교 한 곳으로 될까요?"라는 질문이 생기실 텐데요. 물론 두 곳, 세 곳이면 더 좋지요. 기본은 초등학교를 인근에 두고 있는 것이 가장 중요한 포인트입니다.

제가 공부방 사업을 위해 간절히 이사 가고 싶었던 아파트는 대형 초등학교를 바로 옆에 끼고 있던 32평형이 주를 이룬 2,000세대가량의 ○○ 아파트였습니다. 아직도 '아쉽다! 그곳!'이라는 생각이 듭니다. 만약 내가 사는 아파트가 이런 상황이라면 두말할 것 없이 자신의 능력을 갈고 닦아 적극적으로 공부방 도전을 추천합니다.

이런 상황은 피해야 할까요?

친한 지인 원장님이 계셨습니다. 아이 둘을 마음이 넓고 자유로운 아이들로 기르겠다는 신념으로 자연에서 농사기법도 배우고 직접 경작도 해볼 수 있는 혁신 초등학교를 보내며 용인 ○○랜드 인근의 인적이 드문 아파트에서 공부방을 시작하셨지요. 한번은 그곳에 놀러 가면서 '언제 아파트가 나타날까?', '길을 잘못 들어선 것은 아닐까?' 하고 생각하던 때가 기억납니다. 그 선생님 역시 두 자녀가 행복하게 잘 자라길 바라는 마음과 공부방 사업 사이에서 얼마나 고민이 많았을까 짐작이 갔습니다.

'그분 사업하다 망했냐구요?' 악조건 중에 악조건이였으나, 원장님의 지도를 받기 위해 차로 40분씩 멀리서도 실어나르는 열정 어머니들 덕분에 외진 곳에서도 자신의 공부방을 성공적으로 운영하고 계십니다. 물론 원장님의 두 자녀도 날개를 단 듯 잘 자랐고요. 뿐만 아니라 리딩 전문가로서 꾸준한 활동 덕분에 현재는 전국구 독서지도 선생님들의 교육을 책임지는 영어독서계의 일타 강사로 거듭나셨지요. 그렇다고 여러분도 험한 악조건에 일부러 찾아가 생고생을 따라 하시라는 얘기는 아닙니다. 아이들이 즐겁게 다니는 초등학교와 인접한 곳, 학교에서 아이들이 오기 좋은 동선이면 더욱 효과적이며, 층수가 너무 높지 않은 것이 좋고, 되도록 인기가 많아져도 주민들이 불평불만 적게 할 1~2층 정도의 장소면 더욱 최적이라 말씀드리고 싶습니다.

자, 그럼 본인의 위치를 살펴보니 어떠신가요? 웃음이 나오시나요? 눈물이 나오시나요? 내 위치로는 내가 전국 1타 강사 아니면 아니 되겠다는 근심이 커져 온다면, 그리고 저희처럼 자식들이 이곳을 도저히 떠날 수 없다며 울부짖지 않는다면, 더 나은 장소를 찾아 이동하시는 것을 추천드립니다.

전국 베스트 5 안에 드는 또 다른 영어독서 공부방을 소개하자면, 공부방을 운영하기 위해 자신의 보금자리를 떠나 인맥 하나 없는 곳으로 이사해서도 잘 된 케이스가 있답니다. 리딩 멘토로 활동 중이면서 영어독서 공부방을 운영하는 강서 우장산 릴리 원장님은 젊은 시절에 한국 최초 6성급 호텔에서 호텔리어로 근무하신 경력이 있으신데요. 영어독서 공부방 운영을 위해 대표님과 상의하에 자신의 연고지가 아닌 지인 한 명 없는 곳에 자리를 잡으셨다고 합니다.

그럼에도 불구하고 오히려 새로운 곳에서 주변 시선 의식하지 않고 홍보며 광고를 적극적으로 하며 자신의 일터를 성공적으로 일구셨지요. 24평형 아파트에서 40여 명의 학생들을 지도하는, 가성비 최고의 공부방을 9년간 운영하셨으니 이젠 그곳이 새로운 보금자리가 되었을 것이라 생각되네요.

또 다른 사례로 9,000세대의 대형 단지에서 고군분투하며 어려운 시기를 겪은 동료 원장님 얘기도 나누고 싶습니다. 학력이면 학력, 미모면 미모, 경력이면 경력, 뭐하나 빠지는 것 없는 동료 원장님은 젊은 혈기까지 넘치는 분으로 결혼 자금을 쪼개어 최고의 입지라 생각하는 곳에 자신의 공부방을 시작하였습니다. 남다른 스팩과 최상의 주변 환경에도 불구하고 첫해 2명의 아이들을 데리고 지도하는 고난의 시간을 겪어야 했지요. 그래서 포기하셨나구요? 그러고 싶은 마음이 얼마나 컸겠습니까? 하지만 1년 차 2명의 아이들을 정성껏 지도하며 배우고 연구하고 인내하며 '영어는 독서가 답이다!'라는 신념을 버리지 않으셨지요. 지금은? 대기자 넘치는 원으로 수년간 어려움을 극복한 에피소드로 강연도 하시고, 원장님들을 지도하는 멘토가 되어 더욱 활동영역을 넓히셨고 지금은 어학원으로 확장 이전하여 더욱 큰 꿈을 꾸고 계시지요.

지금까지 내가 내 공부방 사업을 일굴 '사업장 위치를 어디에 잡을 것인가'에 대한 여러 사례를 통해 감을 잡으셨나요? 최적의 입지 조건과 최악의 입지 조건에서도 내 공부방을 하겠다는 의지와 신념이 더해지면 어디서든 성공의 길은 있습니다. 도전하지 않으면 그 결과는 볼 수 없으니 내 마음속 질문, 내가 나의 영어독서 공부방을 간절히 원하는가에 더욱 집중하시고 한발 더 나아가시길 바랍니다.

Tip

잘되는 공부방 위치 잡기 위한 중요 질문 베스트 5

1. 초등학교와 인접해 있는가?

2. 아이들이 하교 후 편히 올 수 있는 동선과 높이(몇 층)인가?

3. 1,500~2,000여 세대의 대단지 아파트인가?

4. 주변의 인맥이 도움이 되는 곳인가? 부담이 되는 곳인가?

5. 내가 꼭 사업을 해보고 싶은 설렘이 있는 곳인가?

─── 이혜진(인천 힐스 키즈엔리딩 원장)

"영어독서 공부방을 어떻게 배치할까요?"
"가족들이 불편해할 때는 어떻게 해야 하죠?"

영어독서 공부방을 운영하시려는 예비 원장님들과 상담을 하다보면, 제일 고민하시는 부분 중 하나가 공부방을 어떻게 구성할지입니다. 보통은 실제 거주하고 있는 집에서 영어독서 공부방을 시작하다 보니 가족 구성원을 고려할 수밖에 없기 때문에 더욱 고민이 됩니다.

거실을 공부방(리딩룸)으로 활용하자니 가족들이 쉴 공간이 사라지고, 방 하나를 공부방(리딩룸)으로 활용하자니 코칭 공간과 책을 진열할 공간이 부족할 수 있어, 고민이 이만저만이 아닙니다. 가족 구성원이 적다면 공간 활용이 충분하겠지만, 가족 구성원이 많거나, 자녀들의 연령에 따라 공부방 활용 정도가 모두 다를 수 있습니다.

우선 영어독서 공부방을 꾸미실 때 기본적으로 필요한 구성은 '리딩룸', '코칭 테이블', '책을 진열하는 곳(도서관)'입니다. 이 세 가지는 반드시 필요하니, 우선순위에 두셔야 합니다. 다양한 사례들을 살펴보면서, 본인에게 맞는 최적의 영어독서 공부방 인테리어를 하시기 바랍니다.

첫 번째,
거실만 공부방으로 사용하는 경우

　자녀들의 학년이 높아서 공부를 해야 하는 자녀들이 있거나 사춘기에 접어들어 자기 방을 쓰고 있다면 거실만으로 공부방을 구성할 수 있습니다. 이때 리딩 공간과 코칭의 간격이 중요합니다. 코칭하는 이야기가 들리지 않을 정도의 간격으로 배치하는 것이 좋습니다.

거실 전체를 사용한 리딩룸 예시(출처: 영종 비발디 키즈엔리딩)

왼쪽에 책장이 있는 리딩룸(출처: 영종 비발디 키즈엔리딩)

장점: 한 공간에 있다는 것, 선생님의 시야에 아이들이 모두 들어올 수 있다는 것이 장점입니다. 아이들이 특별한 동선이 없어도 책을 고르고 앉아서 책을 읽는 것이 매끄럽게 이어질 수 있어서 불편하지 않습니다.

두 번째,
거실과 방 하나를 공부방으로 사용하는 경우

가장 많이 구성하는 경우입니다. 방 하나의 용도는 미리 온 아이들이 기다리는 웨이팅룸이거나 나중에 스토리 영문법을 할 경우 영문법 교실로 사용할 수도 있습니다.

단, 웨이팅룸에 아이들이 있을 경우에는 수시로 확인하며 문을 꼭 열어 두어야 합니다. 아이들끼리 다툼이 있을 경우를 대비할 수 있기 때문입니다. 이때 DVD 시청을 할 수 있도록 설치하거나 한글책을 전시해둔다면 아이들이 공부방에 오는 즐거움을 더할 수 있습니다.

책장 위치 예시(출처: 내손도담 키즈엔리딩)

웨이팅룸 예시(출처: 내손도담 키즈엔리딩)

가장 추천하는 경우:
거실을 공부방으로 사용

거실에 책장(도서관)과 함께 리딩 테이블을 놓아서 거실이 리딩룸이
되는 경우입니다. 코칭 테이블은 리딩 테이블들과 거리를 두어 배치하면
됩니다.

장점 : 한 공간에 있다는 것, 선생님의 시야에 아이들이 모두 들어올 수
있다는 것이 장점입니다. 따로 지출되는 비용도 없습니다.

단점 : 가족들이 거실을 활용하기 어려울 수 있습니다. 거실에 TV나 소
파를 둘 수 없습니다.

영어독서 공부방 인테리어 : 거실에 차린 북카페

김주연(경희궁 키즈N리딩잇츠 원장)

"내 집 거실이 사업장이 되려면 어떻게 해야 하나요?"
"북카페처럼, 멋지게 인테리어 하고 싶어요."

가족과 함께하는 생활공간인 집에서 공부방 형태의 사업을 시작하려 할 때 가장 중요한 것은 무엇일까요? 그것은 아마도 '가족의 동의'와 '공간의 최적 활용'일 것입니다. '공부방형' 창업은 주거공간에서 '가정생활'과 '교육사업'이 병행되어야 하므로, 현관문을 열고 들어왔을 때 일반 가정집과 같은 분위기보다는 수업하는 공간의 분위기에 맞게 인테리어를 해야 합니다. 천장을 뜯고, 구조를 바꾸고, 비싼 조명을 달아 비용이 많이 드는 부담되는 인테리어가 아닙니다. 최소한의 가구와 소품으로 평범한 20~30평대 아파트 거실을, 책을 읽고 싶은 공간으로 만드는 인테리어를 하는 것입니다.

거실을 북카페처럼,
영어독서 공부방 인테리어 준비

Step 1 가족의 이해와 동의 구하기

집 거실이 엄마이자 아내인 원장님의 일터가 되면, 많은 것들이 사라질 수 있습니다. 누워서 편히 TV 보던 소파, 자녀와 함께 놀던 놀이터 같은 거실, 생선 굽고 구수한 음식 냄새로 온기 가득한 주방 등 가족과 편히 지냈던 공간은 사라질지도 모릅니다. 아마도 학생들로 가득 찬 거실을 자녀가 하교 후, 남편이 퇴근 후 본다면, 한동안 가족들은 이 거실 모습에 낯설어할 수도 있습니다. 공부방 인테리어를 시작하기 전, 집에서 사라지고 새로 생기는 것, 달라지는 공간과 '원장'이라는 역할이 하나 더 추가된 엄마·아내의 모습에 가족들은 생경할 수 있으니, 드라마틱하게 달라질 집 내부 모습과 상황에 대해 미리 가족의 동의와 이해를 구해야 합니다.

Step 2 거실 비우기

집에서 가장 큰 공간인 거실이 교육사업의 공간이 될 것이기에, 거실에 있던 기존 살림들은 모두 다른 곳으로 옮겨야 합니다. 이렇게 거실을 비우다 보면 그 물건들이 다른 공간으로 옮겨지게 되고, 이에 가족 생활공간은 협소해질 수밖에 없습니다. 책을 읽고 싶은 북카페 같은 거실을 만들려면, 집 안의 잔 짐들을 정리하고 거실을 완전히 비운 상태에서 시작해야 필요한 공간을 확보할 수 있습니다. 그동안 거실에 있던 소파, TV, 거실장, 큰 액자, 빨래 건조대 등은 다른 방으로 이동 또는 처분해야 합니다. 아이가 있는 집 역시 알록달록한 매트 또는 장난감, 한글책들도 자녀 방으로 옮겨야 합니다. 공부방을 운영하다 보면 기본 세팅된 수천 권의 원서를 비롯하여 해마다 원 운영에 관련된 물건들이 많아진다는 것을 기억해야 합니다. 시간이 흐를수록, 가정 살림과 공부방 물건으로 정리가 안 된 짐들로 공간이 복잡해지기 때문에 초반에 반드시 물건의 제자리를 잡아주고 불필요한 물건들은 가볍게 비우고 시작하시길 추천합니다.

Step 3 창업 용품 구매에 필요한 예산 확보

기본적으로 필요한 물품들은 원서, 책장, 학생 개별 리딩용 책상과 의자, 그룹수업용 큰 리딩 테이블, 칠판, 조명, 커튼(블라인드) 등이 있습니다. 공부방 인테리어에 필요한 물품 중에서 가장 큰 비용 및 공간을 차지하는 것은 2,000~4,000권에 달하는 원서입니다. 예산 상황에 따라 원서를 배치할 책장과 테이블은 거실 크기에 맞춰 제작하거나 기성품을 구입하여 배치할 수 있습니다. 원서는 오픈 당시에 기본 1,500~3,000권 정도를 구비해두고 차츰 늘려갈 수 있으나, 가구들은 통일성을 위해 같은 브랜드에서 구입하거나 가구톤 및 집안 분위기를 고려하여 취향에 맞게 미리 구입해야 합니다.

프랜차이즈 가맹의 경우, 가맹 로열티를 제외하고 대략 2,000권 기준 원서 구입비로 800만~1,200만 원, 책장, 책상 및 의자 등 가구 구입 비용으로 100만~200만 원 정도를 합산해서 총 예산을 잡습니다. 책상 및 의자 등 가구와 원서 구입의 경우 가정에 기보유하고 있는 물품을 활용하거나 다양한 구매 채널을 통해 가격 비교를 하여 손품·발품을 들여 구매하는 경우에는 필요예산이 더 줄어들 수 있습니다.

● 키즈엔리딩 공부방 인테리어 예시

백련산힐스 키즈엔리딩 공부방

방배 서리풀 키즈엔리딩 공부방

인천 래미안자이 키즈엔리딩 공부방

강남 도곡 키즈엔리딩 공부방

포항 유강 키즈엔리딩 공부방

내손도담 키즈엔리딩 공부방

● 키즈엔리딩 교습소 인테리어 예시

부산 기장 키즈엔리딩 교습소

부산 해운대 신도시 키즈엔리딩 교습소

전북 완주 키즈엔리딩 교습소

서초네이쳐 키즈엔리딩 교습소

독서공부방에 필요한
가구 및 공간 배치

개별 리딩 테이블 및 그룹수업용 큰 테이블

영어독서 공부방의 경우, 일반적으로 거실 정면 제일 큰 창 앞에는 학생들이 개별 리딩을 할 수 있도록, 4명 이상 착석 가능한 1, 2인용 오픈 형태 테이블을 배치합니다. 거실 큰 창을 중심으로 양쪽 벽면에는 많은 양의 원서들을 꽂을 수 있는 책장을 사이즈와 집안 분위기를 고려한 후 구매합니다. 1, 2인용의 리딩 테이블은 상황에 따라 햇살이 비추는 창을 마주 보도록 배치하거나, 창을 등지도록 또는 벽면 배치, 사선의 형태로 배치하는 등 목적 및 시기에 따라 유닛처럼 이동시켜 공간에 재미를 줄 수 있습니다.

개별 리딩 책상의 경우 책을 펴고 노트를 함께 두고 쓸 수 있도록 1인 기준 최소 가로 폭이 70cm 이상 되는 것을 고르는 것이 좋습니다. 요즘에는 코로나로 자리 띄워 앉기를 위해, 1인용 테이블 및 이동이 손쉬운 접이식 테이블을 개별 리딩 테이블로 활용하기도 합니다. 테이블의 내구성과 재질, 용도를 확인하고 예산에 맞춰 구매하는 것이 좋습니다.

거실 중간에는 상담 및 그룹수업 진행용 6인용 큰 테이블이 필요합니다. 6인용 테이블 사이즈는 600×2,000cm가 적당합니다만 향후, 다목적 활용 및 이동을 위해 작은 테이블 여러 개로 유닛화하거나 600×1,000cm 사이즈 테이블 2개를 연결하여 목적에 따라 붙여 쓰거나 따로 나누어 배치하면 공간 활용에도 좋습니다. 그룹수업용 큰 테이블에 맞춰 한 수업당 정원 6명의 학생들이 앉을 수 있도록 최소 6개 이상 의자가 필요합니다.

● 개별 리딩테이블과 큰 테이블 예시

가장 큰 공간을 차지하는 책장

다독 지향 공부방의 경우 3,000~5,000권 이상 꽂을 수 있는 넉넉한 사이즈의 책장을 구매해야 합니다. 시간이 지나도 결이 살아 있는 원목책장 구입을 추천합니다. 사이즈가 다른 다양한 레벨의 책들을 보기 좋게 배치하기 위해, 거실 사이즈를 고려하여 주문제작하는 경우도 있습니다. 처음에는 작은 책장을 구매하여 세팅했다가 운영 햇수가 길어질수록 거실에는 활용 가능한 빈 벽 공간이 없어질 정도로 책장으로 가득 찰 수 있기에 충분한 크기의 책장을 구매하는 것이 좋습니다. 효과적으로 공간을 활용하며 학생들이 손쉽게 책을 꺼내 읽을 수 있도록 전면 배치, 레벨별 배치, 장르별 배치, 주제별 배치 등 다양한 방법으로 디스플레이하며 원서 배치에 재미를 줍니다.

● **책장의 예시**

1:1 개별 코칭 공간

영어독서 공부방에서는 리딩, 티칭 공간 외에 1:1 코칭을 진행하는 공간이 필요합니다. 선생님과 학생 한 명의 1:1 코칭이 진행되는 동안, 책을 읽고 있는 다른 학생들이 코칭 대화 소리에 방해받지 않으며 학생들이 리딩하는 모습을 선생님이 코칭 중에도 한눈에 바라볼 수 있도록 리딩 공간에서 약간 떨어진 주방 식탁 쪽을 활용하여 1:1 코칭 섹션을 꾸미게 됩니다. 거실과 코칭 테이블 사이에 낮은 책장, 플랜트 박스, 낮은 화분, 우드 파티션 등 소품을 활용하여 주방을 가리고 공간을 구분하여 아이들과 1:1 코칭 시 더 집중되고 분리된 공간으로 꾸밀 수 있습니다.

● 1:1 개별 코칭 공간 예시

그룹수업 및 이벤트 안내용 칠판

스토리영문법 그룹수업이나 그날의 이벤트 및 해야 할 일 등을 게시해 두는 용도로 칠판이 필요합니다. 보통 2가지 방법으로 칠판을 설치하는데, 첫 번째는 벽에 부착, 두 번째는 이동식 칠판을 활용하는 것입니다. 첫 번째 벽에 부착하는 칠판은 한 벽면을 활용하여 안정적으로 활용할 수 있는 장점이 있지만, 벽에 구멍을 내야 하거나 추후 책장 추가 설치 시 이동을 해야 한다는 단점이 있습니다. 이를 보완하기 위해 칠판 하단에 낮은 2단 책장을 두어 칠판과 책장 둘 다 활용하도록 설치할 수 있습니다. 두 번째는 칠판을 벽에 부착하지 않고 이동식 거치대를 활용하여 칠판을 설치하는 방법입니다. 칠판을 활용하지 않은 시간대에는 다른 방에 옮겨두어 공간을 깔끔하게 활용할 수 있는 장점이 있지만, 거치대에 발이 걸려 넘어지거나, 잘 고정되지 않으면 필기 시 덜컹덜컹 소리가 나거나, 사용 시 매번 이동해야 하는 단점이 있습니다. 예산의 여유가 있다면, 공간을 많이 차지하지 않으면서 시청각 자료 및 학생들 그룹 발표, 간담회 모니터 대용으로 활용할 수 있는 200만 원대 전자칠판 구매를 고려하셔도 좋을 듯합니다.

● **그룹수업 및 이벤트 안내용 칠판 예시**

파티션 및 블라인드 활용

파티션

학생들이 책 읽기에 집중할 수 있는 공간이 될 수 있도록 거실 복도에서 안방이나 자녀의 방으로 연결되는 통로에는 스탠딩 파티션 또는 가림막 커텐을 활용해 공간 구분을 해주면 도움이 됩니다. 거실에서 훤히 보이는 주방용품들을 가릴 수 있도록 우드 파티션이나 천장에 손쉽게 부착하는 블라인드를 활용하는 것도 추천합니다. 전면 거실 창문에는 공부방 로고가 들어 있는 블라인드, 롤스크린 또는 커튼을 설치하면 인테리어 효과뿐 아니라, 정면으로 해가 드는 오후나 햇볕이 뜨거운 여름에 활용도가 높아, 책 읽기 좋은 분위기의 북카페 같은 공간을 만들 수 있습니다.

● **블라인드 및 파티션 예시**

공부방 가구는 어디에서 구매하면 좋나요?

다음 표에 책장 및 책상, 레터링, 블라인드 등 소품을 구매할 수 있는 곳을 정리해두었으니, 참고하시면 도움이 될 것입니다.

● 공부방 가구 구매처 예시

책장 및 책상	렘파드 책장-주문제작 가능 smartstore.naver.com〉rempadstory 한샘몰 mall.hanssem.com 두닷 www.dodot.co.kr 이케아 www.ikea.com/kr/ko 데스커 https://www.desker.co.kr/ 아리아퍼니쳐 www.ariafurniture.co.kr 상도가구 리퍼브매장 http://www.sangdogagu.co.kr/
레터링 블라인드 소품	우드 레터링 혁이우드 https://smartstore.naver.com/hyuk2wood 우드 파티션 www.woodray.co.kr 현관 현판 http://www.acrmart.com/ 레터링 블라인드 http://m.treecycle.co.kr/ 블라인드 에프아이디자인 www.fidesign.co.kr / 도화지몰 홍보용품 제작 www.n—mk.com 데코뷰 www.decoview.co.kr

● 게시판 및 레터링 예시

Tip

공부방 인테리어 시 이런 실수 하지 마세요!

1. 자녀가 편히 쉬고 공부할 수 있는 자녀방 정리를 제대로 못해줬어요.
2. 너무 큰 테이블을 사서 설명회나 간담회 때 둘 곳이 없어 팔고, 나눠서 활용할 수 있는 테이블로 재구매했어요.
3. 소파를 처분하지 못해 다른 방에 두었더니, 자리만 차지하고 방 활용을 제대로 못했어요.
4. 의자 양말 또는 바닥 긁힘 방지 용품을 사용하지 않아 매번 의자 끄는 소리에 스트레스를 받았어요.

5. 화분을 많이 들였더니, 막상 둘 곳이 없어져 예쁜 화분들이 애물단지가 되었어요.

6. 많은 물건들이 제 위치를 못 찾아 같은 물건들을 여러 번 샀어요.

7. 책 읽는 공간의 조명이나 조도를 신경 쓰지 않아 어둡고 침침한 분위기가 됐어요.

8. 수업 및 상담 전후에 냄새가 강한 음식(생선 요리, 찌개류 등)을 조리해 공기 질이 탁해졌어요.

9. 현관에 아이들 킥보드, 안 신는 신발, 먼지가 가득했어요.

10. 화장실 바닥과 거울, 변기, 휴지통 청결을 신경 쓰지 못했어요.

임서영(강서 우장산 키즈엔리딩 원장)

"아이의 성향과 기호에 맞는 책을 권하고,
아이의 눈높이에서 이야기 나누기 위해
원장님도 책읽기를 게을리 하지 않아요."

영어독서 공부방 창업을 위해 준비할 것들이 많은데요. 어떤 것이 먼저 떠오르시나요? 인테리어, 홍보, 책 구입 등 공부방 오픈 전 세팅 돼야 할 부분이 있습니다. 또한 효과적인 독서를 위한 콘텐츠 리딩의 여러 프로그램에 대한 숙지와 공부도 해야 합니다. 그런데 이 모든 준비 과정보다 우선 돼야 할 것은 바로 '아이들이 읽어야 할 책을 원장님이 먼저 읽고, 독서기록장에 바르게 기록하는 것'입니다.

아이에게 "너는 레벨1이니까 도라Dora 6권 읽고 기록해와"라고 말하는 것과 "도라는 디에고랑 단짝인데, 책 속의 친구들과 열대우림도 탐험하고, 두 마리의 Tree frogs도 구해줘. 표지만 봐도 우리 ○○가 좋아할 것 같은데, 어떨 것 같아?"라고 말하는 것은 확연히 다릅니다. 같은 책을 읽도록 권할 때의 말투지만 많은 차이가 있지요. 아이의 레벨에 맞는 책, 아이의 성향과 기호에 맞는 책을 권하고 지속적으로 읽도록 동기부여 하기 위해 가장 우선시돼야 할 것은 바로 지도하시는 원장님들이 책과 작가에 대해 알고, 배경지식과 캐릭터의 특징을 아이와 함께 나눠, 책에 대한 흥미와 재미를 끌어올려 주는 것입니다.

원장님의 생생한 한 마디를 통해 아이들은 더욱 그 책이 궁금해서, 읽어보고 싶어집니다. 일례로 얼리 챕터북의 대명사인 『매직 트리 하우스 Magic Tree House』 시리즈를 서재에 비치해 두었었는데, 촘촘하게 세워진 책들의 두께 때문인지 아이들이 전혀 읽으려 하지 않았는데요. 오늘 읽을 책을 고르기 전 아이들에게 "언니나 오빠 아니면 동생 있는 친구?"라고 물으며, "잭과 애니 남매가 우연히 발견한 책 속의 공룡들이 살았던 시대로 미션을 하러 간대"라고 책 표지 "Dinosaurs before dark" 책의 표지를 보면서 소개해주니 아이들이 우르르 몰려 책을 살펴보더라고요.

미국에 여행 다녀온 한 아이는 "미국 여행책은 어디 있어요?"라고 묻고요. 그래서 너무 인기가 많아져서 『매직 트리 하우스』 책은 순서를 정해서 서로 나눠 읽기 바람이 불었었어요. 아울러, 아이가 재미있게 읽어온 책의 소감을 말해줄 때 원장님께서 이미 읽어본 책이라면, 아이와 큰 교감을 나누며 독서 코칭 역시 더욱 풍부하게 할 수 있겠지요. 서로 눈을 반짝이며 책에 대해 신나게 이야기하는 모습, 상상만으로도 너무 아름답지 않으신가요?

또 하나, 원서 읽는 원장님들이 하는 중요한 교육과정이 하나 더 있는데요. 바로 독서 프로그램을 처음 시작하는 친구들이 읽게 되는 사이트워드sightwords, 디코더블decodable, 파닉스phonics 책부터 그림책, 리더스readers로의 진행 순서대로 책을 읽고 독서기록장에 기록하는 것입니다.

독서기록장은 아이들의 리딩 로그reading log로써 누적 권수, 책 제목, 총 페이지, 읽은 횟수, 책의 레벨을 기록하여 그 아이만의 독서기록을 만들어가는 것인데요. 이것의 목적은 바로 우리 학생들의 동기부여 고취와 글쓰기writing의 시작에 큰 의의가 있습니다.

학생들은 매일 읽은 책을 기록함으로써, 매월의 첫 날부터 마지막 날까지 몇 권을, 어떤 빈도로 읽어나갔는지 확인할 수 있고, 리딩을 하는 같은 클래스의 친구들과 주고 받는 자극을 통해, 먼저 백 권을 돌파하고야 말겠다는 목표의식을 갖게 됩니다. 또한 학생들이 노트를 기록할 때 책 제목뿐만 아니라 책 내용을 기호나 그림, 글로 표현하는 작업도 하게 됩니다. 이 작업을 '북꼬리'라고 하는데, 책을 한 번 읽고 지나치는 것이 아니라, 책 안의 정서와 메시지를 느껴보고, 어려운 표현이나 단어들을 궁금해 하면서 본인 나름의 뜻을 유추해서 표현하는 것이지요.

글씨 바르게 쓰는 법부터 시작해서 책의 내용과 본인의 감상을 표현하는 글쓰기에 이르기까지 리딩을 하면서 생각하고 표현해내는 것들을 흘려보내지 않고 본인만의 포트폴리오가 된다니! 정말 멋지지 않나요?

이렇게 아이들이 책을 읽어나가고, 기록하게 하기 위해 우선 되어야 할 것은 책수업을 하시는 선생님들(원장님들)이 직접 해보시고, 책에 대해 많이 아셔야겠지요? '성인들이 아이들 책 읽고 기록하는 것이 뭐 얼마나 힘들겠어?'라고 하실 수 있지만, 막상 우리 아이들이 하는 것처럼 매일 책을 읽고 기록하는 것이 매우 어렵다는 것을 영어독서 공부방 창업을 위해 교육받으시는 원장님들을 통해 더욱 잘 느낄 수 있었어요. 원장 교육 내내 멘티 원장님들께서는 레벨 0단계부터 10단계까지 레벨을 올려가면서 책을 읽고 기록하셔야 하죠.

9년 차 원장인 저도 매주 한 권의 소설이나 챕터북을 정해서 읽고, 기

• 독서기록장 예시

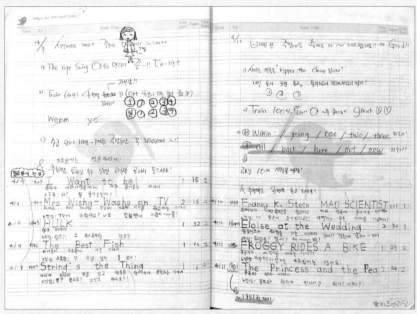

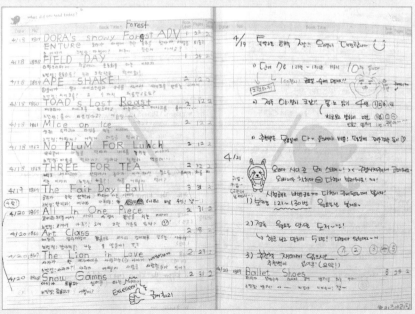

록하면서 아이들과 어떤 활동을 하면 좋을지 동료 원장님들과 의견을 나누는 소모임을 하고 있습니다. 사실, 매일 일정한 시간을 내서, 꾸준히 책을 읽고 정성껏 기록한다는 것이 쉽지 않은 일입니다만, 이러한 책 모임을 통해서나마 아이들이 책을 통해 경험하는 감정들과 성장의 기쁨을 저도 같은 입장에서 느끼고 있습니다.

이렇듯, 책을 읽고 본인이 어떤 책을 읽었는지, 어떻게 다가왔는지를 다시 상기해보고 기록하는 활동은 기계적으로 리딩하고 의무적으로 제목을 적는 것과는 비교할 수 없는 활동입니다. 아이들마다 책 속의 이야기 속에서 동화되는 포인트, 본인의 상상과 기억에 더해져 받아들여지는 감상은 모두 다르거든요. 그래서 책을 읽고 바르게 기록하는 활동을 원장님들이 직접 해보심으로써 아이들이 얼마나 힘들게 매일 책을 읽고 기록하고 있는지 느끼고 더 효과적으로 아이들에게 다가가실 수 있어요.

아이들에게 주는 칭찬과 동기부여는 허공을 맴도는 피상적인 것이 아닌 경험과 공감에서 나오는 진심이라고 생각하거든요. 꾸준히 읽고 기록하는 아이들에게는 진심 어린 칭찬과 또 다른 목표를, 기록을 힘들어하는 친구들에게는 북꼬리의 구성을 글 대신 아이가 좋아하는 그림으로 표현하게 하는 등의 조치로 책 읽기 자체의 흥미와 재미에 더 빠지도록 도와줄 수 있습니다.

지역 니즈와 타깃 레벨을 고려한 원서 구입 노하우

— 김주연(경희궁 키즈N리딩잇츠 원장) —

"원서 구입 전에 지역 니즈와 학생들의 영어학습 환경을 알아보세요."
"많은 아이들에게 사랑받았던 대표 원서 시리즈부터 구입하세요."

영어독서 공부방 창업 시, 원서를 구입하는 것은 예산의 50% 이상 지출할 만큼 가장 많은 비용이 듭니다. 소자본으로 시작하실 때 1,500권 정도를 구매하시는 원장님도 있지만, 점차적으로 3,000~5,000여 권의 원서들을 구입하기 때문이죠. 양질의 원서들은 공부방 운영에 있어 중요한 자산이기에, 책 구입을 '비용'이라 생각하지 말고 '투자'라고 생각해야 합니다. 그림책, 디코더블 리더스, 단계별 리더스, 얼리챕터북, 챕터북, 소설류 등 레벨에 따라 다양하게 나뉘는 원서의 세계에 첫발을 들였는데 무엇부터 어떻게 구매해야 하는지 막막할 수 있습니다. 수십 권을 사야 책장 한 칸 겨우 채울 수 있는 리더스 책부터, 재미와 감동, 깊은 메시지를 전하는 탄탄한 구성의 소설류까지 원서 구입 노하우를 안내해

드립니다.

대부분의 원서들은 사용된 어휘, 문장의 개수, 단어의 난이도, 문장의 길이와 복잡성 등을 고려하여 북레벨book level이 정해집니다. 한국어로 된 어린이 책들도 학년에 맞는 추천 연령이 있는 것처럼 영미권 원서들도 레벨링이 되어 있습니다. 가장 많이 알려진 북레벨 지수는 '렉사일Lexile'과 'AR 북레벨(ATOS)'입니다. 렉사일 지수는 미국에서 가장 많이 쓰이며 보통 숫자 뒤에 L이 붙는 형태입니다. 일반 사람들에게는 렉사일 구간에 따른 지수 체감이 확 와닿지 않아, 한국에서는 르네상스 러닝사에서 개발한 '학년.개월 기준'으로 AR 지수를 널리 활용하고 있습니다. AR 지수는 1.2(1학년 2개월), 2.4(2학년 4개월), 3.8(3학년 8개월) 등으로 표기되어 소수점 앞부분은 미국 기준 학년 레벨이고, 소수점 뒷자리는 개월 수로 이해하여 직관적으로 북레벨을 확인할 수 있다는 장점이 있습니다.

원서들은 레벨 및 종류에 따라 다양한 단계의 책들이 있습니다. 오픈 시 대상target 학생들의 레벨 및 지역 니즈에 따라 먼저 집중 구비해야 하는 단계별 권수가 달라질 수 있지만, 3,000권을 기준으로 레벨별 필요한 분량들을 예시로 정리해보았습니다.

1. K(킨더) 레벨 사이트워드 & 디코더블 리더스 : 200~500권

2. AR 1~2단계 레벨별 읽기용 리더스: 약 1,000~1,500권

3. AR 2점 후반 초기 챕터 형태를 갖춘 얼리챕터 : 300~500권

4. AR 3점대 챕터북: 200~300권

5. AR 4점대 이상 챕터 및 소설류 : 100~150권

6. 다양한 레벨의 그림책: 50~100권

북레벨에 따라 심플하게 몇 개의 단계로 분류되지만, 탄탄한 다독 인풋input을 중심으로 학생들의 독서 역량을 끌어올리기 위해서는 한 단계에도 수백, 수천 권의 리딩을 요구하기에 학생들이 충분히 재미있게 읽을 수 있도록 각 단계별 두터운 도서 라인업이 필요합니다. 지도하는 학생들의 레벨에 따라 필요 구간 원서들을 가감하여 구매할 수 있습니다.

지역 니즈를 고려하여
대상 학생들의 영어학습 환경을 알아보세요.

시작부터 3,000여 권의 원서를 한 번에 구입하기가 쉽지 않을 수 있습니다. 눈만 뜨면 검색하고, 최저가 비교하고, 결제하고 택배 기다리고, 세팅하기를 수 개월 동안 반복해야 채워갈 수 있는 많은 양입니다. 처음부터 아주 쉬운 K단계부터 고난이도 소설류까지 전 레벨을 아우르며 많은 책들을 한꺼번에 구입해야 한다는 부담은 내려놓으셔도 됩니다. 처음에는 필수 원서, 즉 많은 아이들에게 사랑받았던 대표 원서 시리즈 위주로 구매하면 됩니다. 오픈하는 지역 학생들의 영어학습 시작 시기, 영어교육에 대한 학부모님들의 교육열, 공부방을 찾아줄 타깃target 학생들의 연령 및 레벨 등을 고려하여 제일 많은 레벨층이 읽을 원서를 먼저 집중적으로 구매하고, 추후 학생들의 수준에 맞춰 서서히 보유량을 늘려가는 것이 좋습니다. 어느 지역은 유아기부터 영어몰입 교육기관에 보내는 비율이 높고, 한글책과 더불어 엄마표 영어 리딩에도 관심이 많아 저학년임에도 읽기가 익숙하고, 레벨이 꽤 높은 친구들이 많을 수도 있습니다. 또 어느 지역은 학교에 들어가서 알파벳을 익히고, 영어 학습을 천천히 시작하는 저학년 친구들이 많은 지역도 있을 수 있습니다. 전자의 경우, 미국 학년 기준 2, 3학년 수준의 리더스와 얼리 챕터, 챕터북을 아우르는 구간을 먼저 구입하는 것이 좋습니다. 후자의 경우, 소리와 문자를 연결하여 디코드할 수 있도록 주요 단어 및 문장 표현이 반복되는 초기 리더스와 스토리의 재미를 알아갈 수 있는 저단계 리더스 레벨 책들부터 순차적으로 구입해 나가는 것을 추천합니다.

많은 아이들에게 사랑받는 대표 원서 시리즈들을 먼저 구매하세요.

리딩 교육의 중요성을 아는 학부모님들이 많아지면서, 자녀들이 읽을 책을 직접 구입해 주시거나, 지역 영어도서관을 활용하며 가정에서 읽기 교육을 적극적으로 이끌어 가시는 분들이 많이 있습니다. 그런 분들이 영어독서 공부방의 잠재고객들이 될 수 있고, 이 분들은 수많은 원서 시리즈에도 식견이 높습니다. 엄마표 영어를 진행했던 어머님들과 상담 시에도, 아이의 독서 경험에 맞춰 구체적인 안내가 가능하도록 단계별 대표 시리즈물들의 특징을 숙지하고 먼저 구입하는 것이 좋습니다.

어린이들의 취향, 학년에 맞는 리딩 레벨grade level과 흥미 레벨interest level에 따라, 오랜 동안 사랑받았던 검증된 대표 원서 시리즈들은 아이들의 호불호를 줄이며 재미있게 접근할 수 있습니다. AR레벨 기준으로 K단계부터 4점대 이상 책까지 많은 사랑을 받은 시리즈들을 소개합니다. 동일 시리즈 안에서 각 도서 레벨이 다를 수 있기에 평균 레벨에 맞춰 알파벳 순서로 분류해보았습니다.

AR 0~1 : 레벨 초반

First Little
Readers A—F

JY First Readers

JY Reader's
Theater

Nonfiction Sight
Word Readers
A—D

Sight Word
Readers

First Little
Comics A—F

Guided Science
Readers A—F

High
Frequency
Readers

My First Book

Now I'm Reading

AR 1점 : 레벨 초반, 중반

I Can Read—
Biscuit 시리즈

Dora Diego
Readers

First Little
Critters

Potato Pals

Stone Arch
Readers

AR 1점 : 레벨 중반, 후반

Disney
Fun to Read
시리즈

Elephant and
Piggie

Ready to
Read—Eloise

Fly Guy

New Wishy—
Washy

AR 2점 : 레벨 초반

Arthur Starter

Froggy

Little Critter
Story book

Little Princess

Ready to
Read—
Robin Hill
School

AR 2점 : 레벨 중반, 후반

Authur
Adventure

Charlie and Lola

Dragon Tales

Henry and
Mudge

Nate the
Great

Oxford Reading
Tree

Serious Silly
Color

Spongebob
Squarepants
리더스

Winnie the
Witch

Zak Zoo

AR 3점 : 레벨 초반, 중반

A to Z
Mystery

Berenstain Bears

Comix

Dragon
Masters

Magic Tree
House

Mercy Watson

Mr. Putter &
Tabby

Marvin
Redpost

Princess in
Black

Zack Files

AR 3점 : 중반, 후반

Magic Tree
House Merlin
Mission

Tree House

Terry Deary
Historical
Tales

Who Comic—
Biography
Graphic Novel

Usborne
Young
Reading

AR 4점 : 챕터북

Andrew Lost

Captain
Underpants
Chapter

Franny K.
Stein

Roald Dahl

Tiara Club

Chronicles of
Narnia

Dairy of
Wimpy Kid

Jack Stalwart

Warriors

Who was

여자 학생들과 남자 학생들이 좋아하는 시리즈들도 나눠서 구매할 수 있습니다. 원에 보유한 책들을 직접 읽고 다양한 단계의 학생들과 독서 코칭하며 운영 연차가 늘어날수록 시리즈 이름만 들어도, 책 커버만 보아도 파노라마처럼 그 책의 레벨, 특징, 좋아하는 아이들의 얼굴까지 떠올릴 수 있을 만큼 책 전문가가 되실 것입니다. 다양한 책에 대한 경험이 풍부해질수록 공부방 학생들이 관심을 갖고 책을 읽을 수 있도록 1:1 맞춤 책 추천과 북코칭으로 다독과 정독의 균형을 맞추며 다양한 레벨별 시리즈로 확장해갈 수 있도록 맞춤 큐레이션을 하게 됩니다.

성별에 관계없이 실패 확률이 적은 클래식한 단계별 대표 시리즈에 더해 학생 성별에 따라 인기 있는 특별한 시리즈들을 함께 구매하셔도 좋습니다. 추후 학부모님과의 개별 상담 시, 학년과 성별에 맞춰 그 시기에 읽어봤음직한 또는 읽으면 도움이 되는 시리즈부터 구체적으로 보여드리면, 책 전문가답게 디테일하고 신뢰를 얻는 상담이 가능합니다.

여자아이들이 좋아하는 시리즈

미국 1학년 수준: Biscuit, Dora Explorer, Eloise, Fancy Nancy, Pinkalicious, Penny, Elephant & Piggie, Pigeon 시리즈

미국 2학년 수준: Amelia Bedelia, Bink & Gollie, Disney Fun to Read, Little Princess, Junie B. Jones, Judy Moody & Friends, Milly & Molly, Owl Diaries, Peppa Pig, Poppleton, Young Cam Jansen

미국 3학년 수준: Cam Jensen, Go Girl! Little Miss & Mr. 시리즈, Mercy Watson, Princess in Black, Ivy & Bean, Magic Ballerina, Nancy Drew

미국 4학년 수준: Dork Diaries, Jacqueline Wilson, Tiara Club, Rainbow Magic

남자아이들이 좋아하는 시리즈

미국 1학년 수준: Diego Adventure, Fly Guy, Elephant & Piggie, SpongeBob

미국 2학년 수준: Black Lagoon, Bad Guys, Dog Man, Dragon Tales, Froggy, Kung Pow Chicken, Magic Adventure, Marvel Avengers, Monkey Me, Press Start, Zak Zoo

미국 3학년 수준: Captain Underpants, Comic Rockets, Chameleon, Eerie Elementary, Flat Stanley, Geronimo, Judy Blume Fudge 시리즈, Little Miss & Mr. 시리즈, Mighty Robot, My Weird School, Tree House

미국 4학년 수준: Bear Grylls, Jack Starlwart, Diary of Wimpy Kid, 39 Clues, Time Warp Trio

책 구입처 선별법과
출판사별 특징

임서영(강서 우장산 키즈엔리딩 원장)

"인기 작가별 시리즈를 한 눈에 보고 싶어요."
"중고서적 구매 시 주의할 점이 있나요?"

앞에 글을 보시면, 레벨별, 아이들의 성별에 따른 추천 책들을 별도로 소개했습니다. 이 글을 참고하셔서 각 단계별 양질의 책을 구매하셔야 합니다. 다년간의 원서 리딩 지도 경력으로 엄선된 책들을 시리즈 명으로 정리한 추천 리스트입니다.

책을 구입하실 때는 소설류나 전문서적 등의 높은 레벨 책을 제외하고 대부분의 책들에 음원이 있는 것을 구매하시게 됩니다. 그런데 정식 출판, 정품 수입된 책들은 효과음이나 책 넘길 때의 시그널 등이 명확하고, 책의 무드에 맞게 생생하게 읽어주는 데 반해, 음성적으로 유통되는 책들에 따라오는 음원인 경우는 책의 시작과 끝까지 같은 톤으로, 말 그대로 읽기만 해서 많이 졸립니다. 의미에 맞게 띄어 읽으면서 책의 분위기와 캐릭터의 특징을 살려 내용을 전달하는 읽기와 말 그대로 단어들의 나열만을 읽는 것은 그 전달력에 극명한 차이가 있지요. 그래서 구매하신 후 아이들에게 권해주시기 전, 반드시 책의 음원도 들어보신 후 녹음된 음원의 컨디션도 체크하시기를 추천드립니다. 또한 지금은 절판되었지만 아이들이 매우 좋아하는 양질의 책들은 중고물품으로 판매하기도 하여, 중고마켓에서 구매하는 방법도 함께 소개해드리겠습니다.

영어 서적 전문서점

영어 서적 전문서점으로는 애플리스, 웬디북, 쑥쑥몰, 동방북스, 키즈북 세종 등이 있습니다. 원서 직수입이나 출판하시는 전문서점들의 경우, 다양한 원서와 레벨별 시리즈의 마지막 권까지 구비하고 있으며, 음원이나 책의 파손이 있는 경우 응대와 처리가 빠르고 투명합니다. 꾸준하게 많이 읽는 책들은 각 서점에 구입 희망 도서 리스트를 정리하여 보내 드리면, 견적을 내고 한꺼번에 여러 권을 구입할 수 있습니다.

각 서점별 특징

애플리스(www.eplis.co.kr)는 인기 있는 시리즈 위주의 세트 책들을 구비하고 있습니다. 과학, 역사, 위인, 모험, 판타지, 일상 등 주제별로 분류하여 검색이 가능합니다. 전자책e-book 콘텐츠를 가지고 있어서, '종이책+전자책'을 활용하시기 용이합니다.

웬디북(www.wendybook.com)은 연령별, AR레벨별, 인기 작가별 영어 동화책, 리더스, 논픽션 등 종류별 카테고리가 세분화되어 있어, 책의 용도별 구입 시 용이합니다. 웬디북 클럽이라는 유튜브도 운영하여, 영어 책 소개 영상과 라이브방송도 진행하여, 정보 습득에도 유용합니다.

쑥쑥몰(eshopmall.suksuk.co.kr)은 동화, 리더스 챕터, 미국 교과서 등의 종류별로 구분돼 있으며, 파닉스와 코스북 등을 구비해 놓아서 학습서를 찾는 분들에게 용이합니다.

  동방북스(www.tongbangbooks.com)는 연령별, 레벨별 구분도 있지만, 베스트 영유아, 베스트 틴 시리즈 등의 인기 있는 책들과 과학의 날 기획전 등도 분류해 놓아서 자주 바뀌는 유행을 파악할 때도 좋습니다. 또한 시각 자극에 민감하고 노출이 많이 된 유아동이 쉽게 접했을 법한 넷플릭스 방영 외화의 원서를 기획, 판매하기도 합니다.

  키즈북 세종(www.kidsbooksejong.com)은 국제학교추천도서전 등 기획전이 활발하고, 매월 새롭게 입고되는 책들을 별도로 소개하고 있습니다. 베스트셀러, 분야별, 레벨별, 작가별 등으로 세분화하여 분류해 두어서 정보습득에도 용이합니다. 도서 표지 부분 일부 스크레치 등이 있어

정상제품으로 판매할 수 없는 경우 B급 도서로 분류되어 정상가의 40% 정도로 판매하는 코너가 있으니 활용하실 수 있습니다.

하프프라이스북(www.halfpricebook.co.kr)은 매일, 매주, 매월 원서 판매 순위를 볼 수 있어, 인기 있는 책들을 쉽게 찾을 수 있습니다. 독자가 책을 읽은 후 서평을 올리고 이것을 전면에 배치하여, 생생한 후기를 접할 수 있습니다.

북메카(www.abcbooks.co.kr)는 베스트셀러, 인기 작가, 수상작, AR 레벨별로 분류되어 있으며, QR 도서 모음전, 에릭칼 모음전 등 기획 이벤트

를 통해 필요에 맞는 책들을 검색하여 구하기 용이합니다. 최근 홈페이지를 새롭게 단장하여 '신간 도서', '금주의 핫딜' 등 현재 사람들이 많이 보는 책을 쉽게 확인할 수 있습니다.

핼러윈, 크리스마스 등의 시즌에 맞춰, 크고 작은 이벤트를 통해 양질의 책들을 저렴하게 구입하실 수 있습니다. 가령 5월은 어린이날이 있는 달이라 어린이용 원서 행사도 많습니다. ORTOxford Reading Tree나 인기 리더스의 경우는 5월 어린이날을 맞아 공동구매나 특가 행사를 진행하니 살펴보세요. 아울러 카카오톡에 원서 전문출판사 등을 친구 등록 해두면, 새 제품 런칭, 기간 한정 프로모션, 특가, 균일가전 등의 행사가 있을 때마다 소식을 받을 수 있습니다. 알라딘, 교보문고 등 대형 인터넷 서점에서는 소설류의 원서를 많이 구비하고 있으니, 높은 레벨의 학생들이 많으신 경우 구매에 참고하세요.

쇼핑 라이브, 공동구매와 중고거래

네이버 쇼핑 라이브 알림 신청과 구매

마치 홈쇼핑처럼, 네이버TV를 통해 실시간 라이브로 판매합니다. 이벤트성 기획으로 생방송 중 구매하시면 사은품 책들도 많고, 가격이 저렴하여 품절이 빠르지만, 알림을 걸어두고 구매하시면 가성비가 아주 훌륭합니다. 대중적이고, 호불호가 적은 책들로 구성하여 판매하므로 처음 오픈하실 때나 한 번에 여러 권 구비하실 때 이용하면 좋습니다. 스콜라스틱 기초 리더스 7종, Everyday Book Box 레드박스(픽션+논픽션) 구성으로 총 900여 권을 한 번에 구입하는 쇼핑 라이브가 있었던 적도 있습니다.

공동구매: 도치맘

기존에 꾸준하게 인기 있는 책, 새로운 에디션으로 출시되는 시리즈나 DVD 등 트렌디한 제품들을 소개해 주는 온라인 카페입니다. 엄마표 영어를 하는 가정을 대상으로 하고 있으며, 원서로 공부하는 방법과 더불어 책 소개도 자세히 공유합니다.

책 구입 외 부수적으로 도움이 되는 점은, 구매하시는 분들의 댓글이나 체험 후기 등을 통해 '아이들이 실제로 얼만큼 좋아하는지', '어떻게 이 책을 받아들이는지'도 실시간으로 확인할 수 있습니다. 저도 베스트 영어동화 시리즈(픽토리), 맥스앤루비 DVD 등을 공동구매한 적이 있습니다.

당근마켓: 중고, 개인 간 동네 직거래

당근마켓에서 사고자 하는 책에 알림을 걸어두고, 직거래로 성사하면 됩니다. 책의 상태를 직접 보고 거래할 수 있고, 동네에서 이루어지기 때문에 멀리 이동할 필요도 없어 편리합니다. 기존에는 현금이나 계좌이체로 거래해서, 계좌이체인 경우 개인정보가 드러나 불안하기도 했는데, 최근에는 당근페이를 도입해서 더 안전하고 편리하게 송금이 가능합니다.

Tip

일석이조 당근마켓 활용법

일단 앱을 통해 여러 건 거래성사 해둔 뒤, 직거래 요일을 정해두고 그 요일에만, 한 번에 동네를 돌면서 여러 시리즈를 픽업하시면 여러분의 소중한 시간을 아낄 수 있습니다. 또한 같은 지역사회 내의 플랫폼으로 지역광고를 통해 우리 동네 원서 리딩 방을 홍보할 수도 있습니다.

중고나라, 번개장터: 중고, 전국구 택배 거래

마찬가지로 필요한 책에 알람을 걸어두세요. 지역사회에 한정된 당근마켓보다는 전국 구인 중고나라가 비교적 많은 물품이 나오기 때문에, 같은 책의 품질과 가격을 비교할 수 있다는 장점이 있습니다. 그러나 물품 값만 먼저 받고 택배를 안 보내는 등의 문제가 있어, 중고나라 자체에서도 판매자의 이메일 공개, 판매했던 거래 내역 확인, 안심번호 이용 등으로 불상사를 막는 조치를 취하고 정직한 거래를 유도하고 있습니다.

번개장터는 최근에 생긴 중고거래 사이트로서, 중고나라의 경우 판매자와 구매자 간의 직접거래방식으로 사기피해 우려가 있었는데 그 점을 보완한 온라인 플랫폼입니다. 판매자와 구매자 간 거래가 이루어지면 번개장터에서 물품의 수거와 포장, 배송을 대신해 주고, 구매자가 입금한 금액을 가지고 있다가, 물품을 받고 구매확인을 하면 번개장터 측에서 판매자에게 물품금액을 입금해주어 안전하다고 볼 수 있습니다.

책을 보호하는 방법

이혜진(인천 힐스 키즈엔리딩 원장)

"이곳의 책은 많은 아이들이 함께 보는 것이니 소중하게 다루자."

책을 보호하기 위해서는 학생들이 책을 읽기 전에 포장을 해 두는 것이 좋습니다. 영어책은 갱지로 만들어진 것이 많아서 헤지거나 구겨지는 경우가 많아, 책 커버를 보호하기 위해서 포장을 하는 것이 좋습니다. 책 포장지는 잘리지 않은 커다란 종이로 판매하는 롤형이 있고, 책 크기대로 잘라서 판매하는 두 가지의 형태가 있습니다. 아무래도 크기만큼 잘라서 판매하는 것이 가격은 조금 비싸지만, 자르는 수고를 훨씬 덜어줄 수 있습니다.

판매처 : '롤, 책 비닐, 책 싸는 비닐, 책 포장 비닐, 붙음 방지 엠보싱'을 검색하면, 다양한 판매처 나옴. 다음 페이지의 QR코드를 찍어보세요. 책 포장 동영상이 나옵니다.

책을 보호하기 위해서 QR코드 또는 다음 사진을 참조해주세요. 특히 책 포장은 책의 권수가 많다 보니 혼자 하기 어렵습니다. 꼭 주위에 친구, 친척, 가족 특히 남편을 대동해서 하시면 많은 도움을 받을 수 있습니다.

책 보호 방법

그리고 감사의 표시를 넉넉히 해주세요. 원장님의 공부방은 잘 되셔야 하니까요. 함께 책을 집필하시는 양경희 원장님의 남편분께서 귀한 동영상을 올려주셔서 동영상을 첨부해 드립니다(앞의 QR코드를 핸드폰으로 인식하면 영상이 보입니다). 꼭 확인하시고 책을 포장해주세요.

● 책 포장 방법 예시

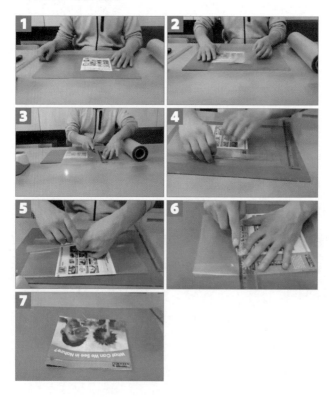

책이 중요하다는 인식

책을 포장하는 것도 중요하지만 아이들의 인식도 중요합니다. 아무리 책을 포장해놓아도 아이들이 작정하고 던지거나 책을 소중하게 다루지 않는다면 책이 손상되는 것을 막을 수 없기 때문입니다. 그래서 책을 포장하고 나서 아이들에게 책을 소중히 다뤄야 한다는 가이드를 주는 것이 중요합니다.

그런데 이것을 매번 말로만 한다고 생각하면 힘이 들겠죠? 책 포장 앞에 라벨지로 책에 대한 소중함에 대한 안내문을 붙여놓으세요. 아이들은 책을 던지거나 책을 바닥에 돌리는 행동은 훨씬 줄어들 것입니다. 또는 포스터를 만들어서 간단하게 '책을 소중하게'라는 안내 문구를 곳곳에 부착해 놓으세요. 아이들은 자연스럽게 '이곳의 책은 소중하게 다뤄야 하는구나!'라고 생각하게 될 것입니다. 이런 사인sign을 통해, 아이들이 스스로 움직일 수 있는 장치를 마련해두는 것이 좋습니다.

예전에 엄마가 밖에 나가시기 전 현관문에 '창문 확인', '문 잠궜는지

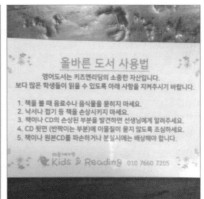

확인' 등의 종이를 붙여놓으셨던 것을 생각하면, 아이들에게도 책이 중요하다는 인식을 이런 사인을 통해 기억하게 만드는 방법도 효과가 있습니다. 요즘 아이들이 예전에 저와 같을 수는 없겠지만 그래도 집 안 곳곳에 '사인'을 부착해 놓으면 잔소리를 줄일 수 있어 좋았습니다.

입소문: 홍보의 마술

—— 양경희(일산서구 키즈N리딩잇츠 원장) ——

"한 공부방에서 60명을 지도한다고요?"
"우리 애도 다니고 싶다는 전화가 끊이질 않아요."

2015년 3월 공부방 시작

첫 설명회 후 12명

1년 차 30명 마감

2년 차 36명 마감

3년 차 42명 마감

4년 차 48명 마감

5년 차 60명 마감

사실이냐고요? 네, 사실입니다. 제가 영어독서 공부방을 운영하면서
5년 동안 증가한 학생들의 숫자입니다. 한 공부방에서 60명을 지도할 수

있다고요? 우선은 YES! 하지만 몸과 맘이 많이 지쳐요! 그러니 추천은 NO. 수년간의 경험과 타고난 건강미로 동네 인기 많은 영어독서 공부방을 운영하였지만 쉬운 일이 아니었습니다. 지금 새로 오픈을 결심하는 예비 원장님들에게는 열심히 준비하고 홍보하여 30~36명의 아이들을 성공적으로 지도하는 것이 삶과 업무의 균형을 잘 맞출 수 있는 비결이라고 말씀드리고 싶네요. 선배 원장의 경험에서 우러나오는 수치이니 믿고 30명 모집에 최선을 다하세요.

저는 이렇게 많은 아이들을 혼자 지도하며, 숙명여자대학교 테솔TESOL 대학원 잡페어Job Fair에서 '억대 연봉 공부방 비결' 강의 및 리딩 스쿨에서 개최한 각종 리딩 강연에 단골로 초대되는 인기 강연자가 되었지요. 영어독서 공부방을 시작하고 싶은 예비 원장님들 역시 저의 비결이 궁금하실 것 같아요. 제 경험으로 이루어낸 홍보 방법인 '입소문 활용하기(마감 효과)'를 소개해 드리고 싶습니다.

발 없는 말이 천 리 간다!
저 공부방, 대기 안 하면 못 들어가!

공부방을 시작하고 첫해가 끝날 무렵 15년의 영어지도 경력이 어디 갔나 싶을 만큼 혼자서 운영하는 것은 긴장과 걱정의 연속이었습니다. 12명을 첫 설명회에서 모집한 후 1년 차 첫 간담회를 하던 날까지 한 명 두 명 학생들이 들어왔고, 아이마다 특성에 맞게 어떻게 지도할지 마음 졸이며 이것도 해보고, 저것도 해가며 1년을 버티다 보니 돌배기가 걸음마를 떼듯 저만의 티코칭(teaching+coaching의 합성어) 노하우에 조금 더 힘이 생겼습니다.

1년 동안 수업을 마치고 준비한 간담회에서는 조금 더 자신감이 있어 보였는지 두세 명 남은 자리를 차지하려고 어머니들이 전투적으로 달려드셨지요. "이 공부방에 우리 아이 먼저 넣어 달라"고 말이죠. 아직 공부방 운영에서는 여전히 '초자'였던 저로서는 누구를 선별해야 하는지도 모를 정도로 미숙했는데, 그때 들어오지 못한 어머니들의 성화가 키리밖 놀이터에서, 하교하는 자녀를 마중 나간 어머니들 사이에서 더 이슈가 되어 '우리 애도 다니고 싶다'는 전화가 끊이질 않았지요. 물론 30명도 벅찼던 초보 원장으로 긴장 안 한 척 "대기만 받는다"고 식은땀 흘리며 상담하였지만, 지금 와서 돌이켜보면 문의가 온다고 무턱대고 받지 않았던 것이 가장 현명한 선택이었다는 생각입니다.

입소문은 무섭습니다. '저 공부방은 대기만 받는대!'라는 말과 '저기들어가기 힘들대!'라는 주변 입소문은 더욱 세차게 퍼져 하루에 한 명씩 대기하는 달도 있었으니까요. 그래서 경험이 두 배가 된 2년 차에는 넘치는 대기자(물론 절반 이상은 이미 다른 학원으로 갔다는 말에 왠지 모를 서운함과 두려움이 생기는 여전히 초자 시절) 중에 한 해의 첫 달에 6명(당시 한 타임에 6명을 한 그룹으로 지도)만 선발하는 예비테스트를 진행했습니다. 그때부터는 신기한 경험이 더 많았습니다.

우선 대기자 중에 등원 통지를 받으면 어머니들이 너무나 기뻐하셨고, "아직 영어독서하기 이르다, 좀 더 학교생활 적응하고 한글 독서 충분히 하고 만나자"라고 연락드리면 어머니들의 낙심이 말이 아니었어요. 그 후로는 '저 공부방은 아무나 받지 않는다, 들어가기 까다롭다, 일하는 엄마는 보내기 힘든 곳이다'부터 제가 의도하지 않은 입소문이 파다할 정도였지요. 그 후로 쌓인 대기자 연락은 더욱 공손한 전화들이었고, 꼭 들어가고 싶다는 간절한 마음을 실어서 대기 명단에 올리는 놀라운 일들이 벌어졌습니다.

하지만 여전히 경영이 미숙한 초보원장인 저는 3년 차에도 그해 첫 달인 1월에 딱! 6명만 모집하는 예비테스트를 진행하였고, 당락에 울고 웃는 생경한 경험이 이어졌습니다. 자랑이 너무 심하다 하실지 모르나 저역시 흥분되면서도 낯선 경험이라 '이 행운이 어찌 나에게 왔을까' 하는 생각도 했고, 강연에서 그 팁을 모아 동료 원장님들께 강의하는 시간을 갖기도 했습니다.

우선, 이것은 '행운' 맞습니다. 초심자의 행운이란 말 들어보셨나요? 제가 사랑하는 파울로 코엘료의 소설책 『연금술사』에 나오는 명언입니다. "자네가 무언가를 간절히 원할 때, 온 우주는 자네의 소망이 실현되도록 도와준다네When you want something, all the universe conspires in helping you to achieve it." 이 명언이 딱 들어맞을 정도로 저는 첫 공부방 운영에서 성공적인 5년을 보냈습니다. 아직도 잊지 못할 만큼 감동 그 자체였습니다. 아이들이 와서 제공간을 채웠고, 영어책을 읽고, 노는 것은 저에게 꼭 맞는 정장처럼 즐겁고 행복한 일이었지요. 7년 차인 지금도 생각에 변함이 없는 것을 보면 제가 '그 행운을 놓치지 않고 잘 키워나갔구나' 하는 안도감에 빠져듭니다. 자, 그럼 저처럼 초심자에게 들어온 행운이 나가지 않도록 오래 또 의욕 넘치게 유지하는 '입소문 비결 5가지', 안내 들어갑니다.

비결 1: 초보 원장, 시작은 내 그릇에 맞게!

월급 받고 일한 경력 10년 이상이라도 경영은 다른 일입니다. 초심자의 마음으로 연구와 실무를 쉼 없이 겪어야 하지요. 물 밀려올 때 고기를 낚는다는 속담이 있지요? 우리는 그냥 낚시 아니고 아이들을 지도하는 영어교육이라는 바다의 항해사입니다. 내가 감당할 수 있는 학생 수를 정하고, 그들에게 세심한 정성으로 내 프로그램을 접목해보세요. 각 사례를 연구하며 수년간의 시행착오를 통해 긍정적인 결과를 만들어 자신감 있는 원장으로 성장합니다.

비결 2: 초보 원장, 나의 독서 공부방 목표는 정확하게!

아파트 단지마다 아니, 동마다 공부방이 즐비할 만큼 경쟁상대는 많습니다. 타 공부방이 타깃으로 삼는 목표를 내 목표로 착각하지 마세요. 나의 색을 정확히 드러낼 때 매력이 살아나며, 나의 프로그램을 원하는 고객과 만날 수 있습니다. 나는 아이들이 영어독서를 즐겁게 꾸준히 오래하도록 돕는 것이 목표이고, 옆 동 공부방은 영어 공부를 엄청나게 시켜 단어도 많이 알고 문법 문제집도 달달 외우고 잘 풀게 하는 것이 목표입니다. 옆 동 공부방과 나는 방향이 달라요. 저쪽이 맞나 싶어 섞어버리면 이 색도 저 색도 못 내요. 자신의 일에 확신을 가지세요. 우리는 뭐다? 아이의 특성과 레벨에 맞게, 차고 넘치도록 읽어서 자연스럽게 영어 두뇌를 형성하는 선진국형 독서 교육이다!

비결 3: 초보 원장, 우리의 고객은 아이 한 명 한 명!

영어학원을 3년 다니면 아이들의 영어 실력이 껑충 뜁니다. 그리고 영어 싫어하는 마음도 덩달아 뛰지요. 초등 저학년이면 엄마 말 잘 들어서 암말 없이 잘 다니는데 머리 커진 고학년 되면 "나, 더는 못 다녀!"라며 드러눕습니다. 그땐 영어에 대한 상한 마음 치유에 두 배 이상의 시간이 더 소요되지요. 아니, 어쩌면 앞으로 영어는 인생에서 제외해 버리는 영어포기 결심까지 할 수 있습니다.

왜 이런 현상이 생길까요? 대형학원은 아이의 특성을 파악하기보다 상위권 아이들에게 학습 난이도를 맞추는 경향이 있지요. '너희가 학원 난이도에 맞춰!' 못 따라오면 '아웃이야'라는 기운이 감돕니다. 학생들에게 과도한 숙제를 내주며, '우리는 이만큼 시키고 있다'며 학부모들에게 보여주기식 자랑을 하기도 합니다. 과도한 학습으로 학업에 대한 의욕이 사그라들게 만들어, 급기야는 아이들은 '나는 영어를 못해', '영어뿐 아니라 다른 것도 못해'라는 생각이 온 세포에 저장되게 만드는 안타까운 현실에 마주하게 됩니다.

영어독서 학원도 안타깝기는 마찬가지입니다. 언젠가 초등학교 5학년 여학생을 만났는데, 아이가 침착하니 독서하는 태도는 좋으나 영어 레벨이 워낙 낮아서 영어학원을 처음 왔다고 착각했지요. 그런데 알고 보니 영어독서 학원을 몇 년간 다닌 거예요. 게다가 자신의 레벨에 맞는 책을 읽은 것이 아니라 학원에서 정한 높은 레벨의 책을 공부하듯 읽고 퀴즈를 풀었더라고요. 인풋이 일정 수준까지 차지 않은 상태에서 쓰기까지 하려니, 독서가 독서가 아닌 빈 구멍이 가득한 상태로 듬성듬성 성장한 것이었습니다.

이런 실수를 원장님의 원에서 만큼은 하지 않으시기를 귀에 딱지가 않도록 외쳐주고 싶어요. 영어 실력 — 어휘력이든 독해력이든 아웃풋을 내는 능력까지도 — 은 아이 하나하나에 맞춰서 이끌어 주어야지, 남 보기 좋은 레벨에 맞추거나 남이 추천하는 책에 아이를 맞추려고 하시면 안 됩니다.

영어, 아니 외국어를 습득하는 데에는 최소한 3, 4년의 꾸준한 노출이 필요합니다. 길게 가려면 학습자가 지속적으로 힘낼 수 있도록 '아이 맞춤'으로 지도해야 합니다. 독서도 공부도 자신의 레벨과 자신의 특성을 파악하여 오래 해내는 힘을 길러주는 것이 원장님의 최고의 관심거리가 되어야겠습니다.

비결 4: 초보 원장, 지도력 넘어 상담력을 길러라!

"잘 가르치기만 하면 되지 뭐! 나는 최고의 지도력으로 소문날 거야." 이렇게 생각하신다면 메가스터디 가서 지도하셔야죠. 유튜브를 보든 인터넷을 보든 100점 받게 해준다는 일타 강사는 널리고 널렸습니다. 거기에 명함을 내밀 수 있다면 지도력으로 입소문 내세요. 하지만 초등학교 시기의 아이들을 위한 영어독서 공부방이라면 지도력과 맞먹는 부모님 상담 능력을 기르시길 추천합니다.

초등학생의 부모님들은 아이가 영어를 잘해도, 못해도, 보통이라도 늘 아이 걱정이세요. 잘하면 혹시 더 큰 학원 보내서 혹독하게 시켜야 하는 것 아닌가 걱정, 못하면 과연 학교 수업은 따라갈지 더 많이 시키는데 보내야 되는 건 아닌가 또 걱정, 중간이면 어디를 가야 더 잘 해낼 수 있을지 늘 고민이 가득하시지요. 엄마들 모임에서 '어디가 좋다더라' 얘기를 들으면 우리 애도 거기 보내야 하는 거 아닌가 불안해하는 어머니에게 한 달에 한 번 어머니의 근심을 녹여주는 상담은 필수입니다. 한 달에 한 번이 아니라 언제든지 작은 고민도 소통할 수 있도록 오픈마인드로 도와야 합니다.

아이들은 독서 하면 즐거워하고, 엄마들은 아이들이 독서 하면 학습량이 부족할까 불안해해요. 독서를 하든 공부를 하든 3년 정도는 꾸준히 투자하면 영어 근육이 생깁니다. 즐겁게 읽어서 성장한 근육은 공부하면서 괴롭게 키운 근육보다 밝은 기운이 가득합니다. 이제 잘 만들어진 근육을 더 높은 레벨로 점프하기 위해 쓰면 되는 것이지요. 독서의 장점, 독서가 꼭 필요한 이유, 독서 하면 행복해하는 아이의 상황을 어머니와 빈번하게 소통하세요. 초등학생 영어는 지도력 이상의 상담력이 중요합니다.

비결 5: 초보 원장, 갈대가 아닌 난초가 되라

지금 이 글을 읽고 계신 초보 원장님도 어찌 보면 영어공부를 전통방식대로 하셨을 거예요. 열심히 외우고, 노트에 써보고, 문법을 배워서 외우고, 시험을 보며 공부했을 가능성이 높으시죠. 저희가 영어를 시작한 시기에는 교과서 외에는 원서를 읽는 일은 드문 일이었으니까요. 그러다 보니 원서를 읽으며 자연스럽게 영어를 습득하는 방식에 자신도 의문이 들 수 있습니다. 엄마표 영어독서로 성공한 아이들, '그냥 책만 읽었는데 수능 100점, 토익·토플 만점', 가끔 이런 기사들이 신문에 나오니 맞긴 한 것 같은데 정말인지, 정작 자신의 영어 실력은 영어독서로 큰 것이 아니니 의심이 갈 수 있지요. 그러다 보니 초보 원장 시절에 휘둘리기 쉽습니다.

어머니 한 분이 "여기는 왜 단어를 안 외우냐"라고 말하면 내일부터 단어 공부시키고, "영문법은 언제 배워요?" 하면 시중 영문법 문제집 사다가 풀려야 할 것 같은가요? 내가 독서에 대한 중심이 없으면 흔들리기 쉽습니다. 엄청난 분량의 단어와 문법책을 달달 외우도록 시키는 것은 옆동 공부방에서 다 하고 있는 일이에요. 독서를 통한 영어 습득을 선택한 원장님까지 열 낼 일은 아닙니다. 고귀한 난초처럼 자신의 아름다움, 자신이 중요시하는 가치를 잊지 마세요. 그리고 그 길이 정말 오래가고 멀리까지 향기가 퍼지는 일이니, 내 길에 대한 확신을 잊지 마세요.

아이들의 영어 실력은
어떤 방식으로든 향상된다

　즐겁게 수많은 원서를 읽으며 3년간 즐겁게 영어 실력을 쌓든, 전통 학습 방식으로 배우고 외우고 시험 보며 괴롭게 영어 실력을 쌓든 아이들 모두 그들의 영어 그릇에 맞게 실력이 향상됩니다. 다만 3년 후 영어에 대한 호감도가 그 아이의 또 다른 3년의 성장을 좌우하는 것이지요. 독서로 영어에 대한 호감도가 높은 아이들은 이제 소설도 영어 원서의 맛 그대로를 느끼며 읽을 수 있는 수준이 되어 내신을 위한 학습을 시작해도 가뿐히 해내는 역량을 보이지요. 반면 엄마 아빠 어릴 적 영어 공부하듯 단어와 문법과 시험에 집중하며 3년간 시달린 아이들은 고학년이 되면 영어 실력은 늘었으나 영어에 대한 괴로움도 같이 쌓여 더 해낼 기쁨을 찾기 힘든 것이 사실입니다. 우리 독서하는 공부방은 학생들의 첫 3년은 독서하며 만든 질 좋은 영어 근육이 영어의 호감도와 자신감을 올리는 가치 있는 작업이라는 것을 잊지 마시고, 즐겁게 독서하도록 이끌어주는 것에 최선을 다하자고요!

오픈 전 홍보 준비 :
아직 입소문이 안 났나요?

김주연(경희궁 키즈N리딩잇츠 원장)

"오픈 설명회에 아무도 안 오면 어쩌죠?"
"어디서부터 어떻게 홍보해야 할까요?"

가만히 있으면 아무도 안 알아줘요!
다양한 홍보 채널 활용

영어독서 공부방 오픈 준비를 하는 대부분의 원장님들은 가정 살림과 육아를 병행하며 창업교육과 공부방 오픈 준비를 동시에 해내야 하는 엄마 원장님들입니다. 살림하고 아이들 잘 키우는 것도 어려운데, 원장님들은 교육사업가로 창업하여 1인 다역을 해내시니, 시간이 흐를수록 다양한 역할 덕분에 경험과 연륜이 쌓이면서 영어독서지도사로서도 분명 탁월한 리딩 전문가로 성장할 것입니다.

그러나 누구에게나 그렇듯 처음 가보는 길에 대한 부담감과 막막함은 엄청날 것입니다. 창업 준비기간에는 교육자 및 경영자로 성장하기 위해 배우고 익혀야 하는 많은 양의 교육 정보와 읽어야 하는 원서들, 매일 쌓여만 가는 집안일과 내 손길을 필요로 하는 자녀를 키워내는 일 등, 많은 일을 제한된 시간 내 동시에 진행하다 보니 나의 저질 체력이 만들어내는 만성피로가 쌓여 하루가 고되기만 합니다. 교육 받으랴, 책 포장하랴, 책 읽으랴, 시간은 한정적인데 체력은 뚝뚝 떨어지고 하루하루 시간은 왜 이렇게 빨리 가는지, 마음먹은 공부방 오픈 날짜는 점점 다가오는데, '과연 내가 잘할 수 있을까?' 자신감은 없어지고, 한꺼번에 몰아치는 일들을 마주하면 두려운 마음에 모두 다 놓고 도망가고 싶은 날도 있습니다.

이럴 때는 수개월 수년이 소요되는 장기 목표보다, 집중력을 발휘할 수 있는 단기 목표를 세운 후 할 일들을 우선순위로 정렬하고, 목표를 완성해서 하나씩 지워나가는 재미로 일상을 채워갈 것을 추천드립니다. 오픈 설명회 날짜를 우리 결혼식 날짜에 비유하여 설명해보겠습니다. 결혼식 날짜가 확정된 순간부터, 모든 일은 그 하루를 향해 D-day 전략으로 해야 할 일들을 나누어 실행하게 됩니다. 날짜가 잡히면 예상 참석 인원을 결정하고, 청첩장을 만들고, 백방으로 나의 결혼식을 알리기 시작합니다. 축복받아야 할 날에 하객이 적어 썰렁한 분위기의 결혼식장을 기대하는 사람은 없으니까요. 많은 사람들의 축복 속에 새 시작을 하고 싶습니다.

결혼식과 같이 우리집 거실에서 시작하는 나만의 공부방 설명회는 원장님의 인생 2막의 데뷔무대가 될 것입니다. 열심히 준비한 그날을 위해 참석률을 높여, 원장님과 프로그램을 널리 알릴 수 있는 제반 활동이 '홍보 및 마케팅' 영역입니다. 가만히 있으면 아무도 안 알아주는 치열한 교육사업의 세계! 오픈 전 나를 알리기 위한 홍보 채널의 종류와 코로나 시대에 더욱 중요성이 부각되는 '온라인 홍보 수단'에 대해 자세히 알아보 겠습니다. 홍보활동 방법에는 오프라인과 온라인으로 나누어 두루 활용 가능한 예시들을 참고하여 시기와 필요에 맞게 선택적으로 진행하면 됩 니다.

오프라인 홍보도 여전히 중요하고 필요하지만, 코로나로 많은 홍보 플 랫폼이 비대면untact 홍보로 바뀌고 있습니다. 적극적인 온라인 홍보에 보 수적이라 생각했던 리딩 교육시장에도 비대면 홍보는 이제 선택이 아닌, 배워서라도 적용해야 하는 필수 전략으로 자리매김했습니다. 밖으로 나 가 전단지 돌리고 직접 만나 말로 전하는 활동은 이제 환영받지 못합니 다. 요즘 같은 비대면 시대에는 블로그에 올라간 정성 어린 포스팅 한 개 가 수백 장의 전단지보다 비용 대비 노출 범위가 넓고 효용성이 큽니다. 온라인 홍보는 설명회 전 나를 알리기 위한 필수 활동입니다. 특히, 블로 그는 꾸준히 포스팅한 글들이 사라지지 않고 누적되어 노출 효과가 극대 화되어 잠을 자는 시간에도, 수업하는 시간에도 열일 해주는 홍보 비서 역할을 톡톡히 합니다. 정제된 글과 몇 장의 사진들로 전하는 원장의 철 학, 스타일, 수업 모습 등은 힘이 있고, 전달하는 메시지가 강력합니다. 블로그와 SNS 활용 홍보를 어려워하지 말고 차근차근 배워 구축해두고 꾸준히 활용하시길 적극 추천드립니다.

다양한 오프라인 홍보 활동 예시

	오프라인 홍보 수단 및 채널	홍보 방법
1	전단지 인쇄	• (개인) 비즈하우스 웹사이트를 통해 셀프 제작 또는 디자인 시티, 싸인스톰, 레드프린팅 등 인쇄소 이용 • (프랜차이즈) 본사에서 제공하는 전단지 활용 • 100~200장 인쇄 또는 셀프 소량 인쇄
2	아파트 게시판 및 엘리베이터	• 관리사무소에 미리 연락하여 홍보 신청 가능한 요일, 기간, 비용, 준비해야 하는 전단지 수량 확인 • 거주하는 아파트, 타깃이 되는 학교 주변 아파트에도 부착(기간: 1~2주) • 아파트 엘리베이터 광고
3	전단지 직접 배부	• 아파트 우편함, 우체국 등기 홍보, 아파트 문에 직접 부착(아파트 홍보 규정 확인, 합법적으로 진행) • 주변 상가, 소아과 및 학원, 카페, 미용실 등 게시(상가 협조 필요) • 전단지 직접 배부 시, 간접 홍보되도록 공부방 로고가 있는 가방에 물품 넣어 외출
4	주변 학교	• 입학/졸업식/방학식/예비소집일/학부모 총회 등 학교별 주요 일정 확인 후 교문 밖 학생 및 학부모에게 직접 전달 • 투명 폴리백 안에 홍보 물품(사탕, 연필, 마스크, 물티슈 등)과 함께 전단지를 동봉하여 홍보용품 만들어 간략한 소개와 함께 직접 전달 예) "안녕하세요, OO아파트에 원서 읽는 리딩 전문 공부방입니다."
5	현수막 및 X-배너 및 내부 네온 사인물	• 전단지처럼 셀프 또는 업체 통해 제작 • 현수막: 360×90cm, 아파트 베란다 창문(아파트 규정 확인, 집 안 내부에 부착하여 밖으로 보이게도 부착 가능) • 입식 X-배너: 50×160cm, 공부방 현관 및 유동인구가 있는 곳에 설치(주변 상가 협의 필수)

		• 내부용 네온사인 간판 제작 및 외부 홍보가 어려운 경우, 내부 거치용 제작(아크릴팜)
6	홍보용 롤스크린 및 레터링	• 공부방 내부 커튼 대용 설치 • 현관문 및 창문에 레터링 스티커 부착(나무자전거 사이트, 에프아이 디자인)
7	오프라인 설명회	• 설명회 체크리스트에 따라 세심한 준비 • 설명회 3주 전 각종 홍보 채널(카페, 블로그, 인스타, 카톡 등) 가동하여 본격적 홍보 및 초대 글 링크 • 구글폼을 활용하여 참석자 명단 확보 • 1, 2일 전 문자와 카톡으로 설명회 리마인드 및 참석 여부 확인

다양한 온라인 홍보 활동 예시

	오프라인 홍보 수단 및 채널	홍보 방법
1	키즈엔리딩 공식 카페— 분원 카테고리	• 원장 경력 및 철학을 담은 소개 글 • 완성된 인테리어를 담은 분원 소개 글 • 리딩 전문가의 면모를 보이는 다양한 정보성 글 • 설명회, 간담회 등 공지 글
2	지역 카페	• 홍보 및 등업 조건 확인 • 광고성 글로 활동 정지당하지 않도록 일반 포스팅/댓글 유지 • 교육 정보 및 물품 드림 글 등 포스팅하며 공부방 간접 홍보
3	아파트 입주민 카페	• 입주민 인증 후 활동 • 홍보 게시판 정기 활용
4	SNS 플랫폼 활용	• Youtube 셀프 홍보 동영상 및 원 소개 • 네이버 블로그 운영 • 인스타그램, 카톡 채널, 밴드

		• 인스타그램 사업자계정 전환 후, 유료 광고 가능
5	네이버, 다음 지도 등록	• 사업자등록증 정보를 바탕으로 신청 • 위치, 전화번호, 지도 검색 기능 • 등록 시 활용할 사진 선정 및 소개글 준비 • 블로그와 연동하여 검색 유입 유도
6	당근마켓	• 동네 업체 등록 및 프로필 수정 • 노출 범위를 조정하여 지역광고
7	자녀 학교 그룹 단톡방	• 자녀 학교 반 단톡방 또는 밴드에 설명회 초대 글 전송

전단지 돌리지 마세요!
스마트한 온라인 플랫폼 홍보

김주연(경희궁 키즈N리딩잇츠 원장)

"경제적이고 효율적인 온라인 홍보 방법이 있을까요?"
"공부방과 프로그램이 검색되려면 어떻게 해야 하나요?"

1인 교육사업가 원장님들은 참으로 바쁩니다. 엄마로 살면서 원장님이라는 명함까지 더해졌으니, 이에 따르는 많은 역할과 해야 할 일들이 넘쳐나 생활에 균형을 찾아갈 때까지 많은 시행착오를 겪게 됩니다. 가맹부터 오픈 설명회까지 보통 3~6개월 정도의 시간을 두고 창업 준비를 합니다. 스케줄 상황에 맞춰 교육과정 이수, 도서 세팅, 시스템 구축 등 많은 것들을 준비해야 하죠. 이때 가장 효율적으로 일을 해내는 방법은 일의 우선순위를 정한 후, 기한을 정하여 그 시간 안에 완료할 수 있도록 시간 관리를 하는 것입니다. 물론 지치지 않게 체력관리도 동시에 잘 하셔야 합니다.

내가 직접 일일이 뛰지 않아도 누가 나 대신 해주면 제일 좋을 것 같은

'홍보', 이제는 시대가 바뀐 만큼 홍보도 다르게 해야 합니다. 그 답을 찾기 위해 질문을 하나 해봅니다. 원장님은 일상에서 어떤 물건을 제일 많이 사용하시나요? 개인차가 있지만 대부분 몸의 일부처럼 느끼는 '휴대폰'이라 답하실 것 같습니다. 요즘 아이들은 휴대폰을 가지고 태어난다는 말이 있을 정도로 휴대폰 사용시간이 길어지고, 휴대폰으로 못하는 것이 없을 정도입니다.

원장님이 학부모라 상정하고, '내 자녀는 어느 학원을 보낼까'를 결정하기 위해 조사 중이라고 가정해보겠습니다. 처음에는 지인 추천, 입소문 등에 반응하고, 그 다음에는 우리 아이에게 꼭 필요한 교육을 하는지, 어떤 내용으로 가르치는지, 교육비는 얼마인지 궁금한 마음에 전화나 방문을 통해 자체 검증을 할 것입니다. 먼저 긍정적인 입소문을 들어 그 교육기관에 호감이 생겼다면, '상담' 또는 '검색'을 통해, 실제로 우리 아이와 잘 맞을지 등록 전 마지막 확인과정을 거칩니다.

내 공부방을 찾는 학부모님들도 같은 방법으로 자녀를 맡길 교육기관에 대해 알아볼 것입니다. 바로 전화해 보기 전에, 학부모님들은 검색창이나 SNS을 통해, 원장님 공부방이나 학원 이름을 검색해볼 것입니다. 이때, 궁금한 것들이 사진과 글로 일목요연하게 정리되어 대부분의 궁금한 점을 '검색'만으로 깔끔히 해결했다면, 원장님을 직접 만나 상담받지 않았더라도 잘 관리된 원의 SNS을 통해 운영 및 수업에 대한 신뢰도가 급상승하는 경험을 하게 될 것입니다.

상담자와 학부모가 쌍방 연결 가능한 접점을 만들어야 하는 전화 또는 대면 상담과 달리 시간과 장소에 구애받지 않고, '검색'을 통해 필요한 정보를 손쉽게 얻도록 한다면, 상담 1건에 소요되는 시간과 에너지를 더 필요한 곳에 사용할 수 있습니다. 학부모님의 접근도 용이하고 원장님들

● 온라인 플랫폼 홍보의 장점

온라인 플랫폼	블로그	인스타그램	유튜브
장점	• 최대 검색 포털 네이버에 노출 및 검색인구가 많아 자연스러운 홍보 플랫폼이 된다. • 글에 생각과 경험이 함께 드러난다. • PC와 모바일 등 검색에 최적화되어 있다. • 글의 제한이 없다. • 편집 툴인 스마트 에디터로 깔끔하고 편리한 글 편집이 가능하다.	• 사진, 이미지 위주의 콘텐츠 노출에 최적화되어 있다. • 사진만 잘 찍어 올려도 하트와 공유 등 빠르게 노출되고 팔로워를 확보해서 안정적인 조회수를 유지한다. • #태그의 활성화로 검색이 용이하여 20, 30대 학부모님을 타깃으로 유아 및 초등 수업에 홍보 효과가 높다. • 비즈니스 계정으로 전환하면 적은 비용으로 타깃 광고가 가능하다.	• 동영상 기반으로 생동감 있고 시각적으로 내용을 전달할 수 있다. • 전문성을 드러낼 수 있고 네이버보다 검색 이용 인구가 월등히 많아 막강한 온라인 홍보 플랫폼 역할을 한다. • 구독 시스템이 갖춰져 있어 양질의 콘텐츠들이 쌓이면 광고 수입도 생길 수 있다.

도 스마트하게 홍보할 수 있는 대표적인 온라인 플랫폼인 네이버 블로그, 인스타그램, 유튜브에 대해 자세히 정리해보았습니다.

위 3가지 홍보 채널들의 장점들 잘 보셨나요? 어떤 채널이 가장 시작할 만하다고 생각되시나요?

초반에는 영상 기반 유튜브와 사진 중심 인스타그램과 달리 디테일한 정보를 차곡차곡 담아낼 수 있는 블로그를 먼저 구축하는 것을 추천드립

● 온라인 플랫폼 홍보의 단점

온라인 플랫폼	블로그	인스타그램	유튜브
단점	• 블로그 신뢰도를 평가하는 C-Rank에 따라 포스팅된 글이 노출이 안 되거나 검색이 밀릴 수 있어 꾸준한 관리 및 운영이 필요하다. • 가독성 있는 글을 쓰는데 처음에는 시간과 열정이 많이 들어간다. • 포스팅 시, 외부 링크를 좋아하지 않고 네이버 안에서만 폐쇄적으로 콘텐츠를 노출해준다.	• 글쓰기에 적합하지 않아 자세한 안내를 하려면 이미지에 글자를 넣어 만들거나 블로그로 유도해야 한다. • 초반에는 노출이 잘 되지만 피드에서 멀어질수록 노출이 거의 안 되어 피드 휘발성이 강하다. • 안정적인 노출을 위해 초기에 팔로우나 '좋아요' 수를 늘려가는 것이 힘들다. • 홍보를 위한 검색 포털에서 노출이 거의 안 된다.	• 영상을 만들고 촬영하고 편집하는 데 많은 시간과 에너지가 든다. • 촬영장비 및 편집 프로그램에 대한 준비로 초기 비용이 발생할 수 있다. • 동네학원 검색하는 데, 유튜브로 검색하여 유인되는 데 한계가 있다.

니다. 인스타그램은 사진 위주의 포스팅이다 보니 글로 많은 정보를 담는데 한계가 있어 블로그에서 자세한 내용을 안내할 수 있도록 두 개의 채널을 상호 보완 목적으로 함께 운영하는 것이 좋습니다. 인스타그램은 시선을 끄는 사진과 짧은 글로 손쉽게 피드 제작이 가능하지만, 안정적인 노출을 위해 초기에 '팔로우'나 '좋아요'를 구축하는 데 시간이 많이 걸리고, 피드에서 멀어지면 노출빈도가 낮아 휘발성이 강하기 때문에 꾸준히 관리해야 하는 단점이 있습니다. 반면 '네이버 블로그'는 검색 포털

에서 키워드를 통한 검색을 통해 알고 오신 학부모님들이 블로그에 포스팅된 다양한 글들을 읽어본 후, 등록 상담으로 연결할 수 있는 훌륭한 유입구 역할을 합니다. 블로그에서 원의 구체적인 운영 모습, 전문성을 드러내는 글에 묻어나는 원장님의 스타일과 교육 철학 등을 확인했다면, 깐깐한 등록 검증 단계들을 무난히 통과하게 됩니다. 중요한 내용들을 이미 블로그상에서 확인하고 오시기에, 추가 상담 없이 바로 등록으로 연결되기도 합니다.

글이 술술 써진다면 거짓말! 5시간이나 걸린 첫 블로그 포스팅

블로그의 장점은 잠재적 교육 소비자들이 관심 있게 검색할 타깃 키워드를 발굴하여 포스팅하면 검색창에 상위 노출되어 꾸준한 홍보가 가능하고, 개설하고 유지하는 데 금전적인 비용이 들지 않는다는 것입니다. 그럼에도 불구하고 블로그 개설을 망설이는 이유는 막상 어떤 글을 어떻게 써야 하는지 생소하기 때문일 것입니다. 특히 홍보를 위한 블로그는 글을 읽는 '독자를 고려한 글쓰기'를 해야 합니다. 일기처럼 1인칭 시점이 아닌, 글을 읽는 사람 시선에서 술술 읽히고 작성자가 의도한 목적에 맞게 독자가 '행동'하도록 유도해야 합니다. 잘 만들어진 홍보물을 제작하는 마음으로 목적이 분명한 글을 적어야 하기에 처음에는 블로그 형식의 글쓰기 방법을 익히고 글감을 찾고 포스팅하는 데 적지 않은 시간을 필요로 합니다.

원장님의 교육 철학, 스타일, 수업 모습 등을 담은 글들이 하나, 둘 쌓이면 1,000장의 전단지보다 더 훌륭한 브로슈어가 되어 밖에 나가 전단지를 돌리지 않아도, 신규 잠재 고객들을 자연스럽게 유입하여 원을 알리는 훌륭한 홍보 채널로 성장하게 됩니다.

처음부터 잘하는 사람은 없습니다. 한 개의 글을 포스팅하는 데 많은 시간과 정성이 들기에 매 포스팅마다 '영혼을 갈아넣었다'라는 표현처럼 진이 쏙 빠지는 경험을 합니다. 블로그를 하다 보면 제일 부러운 사람이 글을 술술 잘 쓰는 사람입니다. 처음부터 블로그 글을 뚝딱 썼다면, 그 사람은 평소에도 생각을 글로 전하는 일에 익숙하고 글 쓰는 연습이 충분히 잘 된 사람이거나, 반대로 목적에 맞지 않게 제대로 못 쓴 글을 포스팅했을 확률이 높습니다.

2020년 5월, SNS 활동 및 블로그 없이 '공부방'을 운영한 지 2년이 훌쩍 넘긴 어느 날이었습니다. '학원'으로 확장하며 홍보의 필요성을 절감하고 있을 때, 첫 블로그 글을 썼던 날이 생생하게 기억납니다. 오랜 염원을 담아 공부방에서 학원으로 확장이전 했는데, 코로나로 오픈 시기는 기약 없이 미뤄지고, 상담전화 한 통 오지 않던 날이 한 달, 두 달이 이어지니 불안을 넘어 간절함에 블로그를 시작하게 되었습니다.

'학부모님들은 자신의 아이들을 가르칠 사람이 어떤 사람인지 궁금해 한다'는 말을 듣고, 블로그 첫 글은 '원장 소개'라는 주제로 교육 경력 및 지도 경험을 담아 소개 글을 작성하기 시작했습니다. 글쓰기가 이렇게 고통스러운지, 석사 졸업논문 이후 오래간만에 느끼는 좌절감이었습니다. '글쓰기' 버튼을 누르고, 마지막 '글 발행' 버튼을 누를 때까지 5시간이나 걸렸습니다.

영어로 적는 것도 아니고, 나 자신을 소개하는 글인데 왜 이렇게 오래 걸렸을까요? 글을 읽는 분이 학부모이다 보니, 학부모의 시선에서 원장의 능력을 판단할 만한 내용을 직·간접적으로 드러나게 쓰려고 하니 수정에 수정을 거듭하게 되었습니다. 무작정 쓰는 것이 아니라, 블로그만의 특별한 글 구성의 로직이 있다는 것을 배워서 알고 있는 상태였습니다. 필자의 생각, 태도, 분위기를 글로 표현해 관련 이미지, 자료 등과 융합하여 독자들이 검색할 만할 타깃 키워드(예: OO초 영어공부방 / OO동 초등영어독서 등)를 발굴하여 하나의 키워드를 글 제목과 본문에 3번 이상 자연스럽게 녹아들도록 글을 작성하고, 독자로 하여금 신뢰와 호감을 불러일으켜야 한다는 것이 포인트죠. 철저히 읽는 사람의 입장에서 글을 쓰되, 말미에는 독자의 유의미한 '행동', 즉 등록 또는 상담 연결로 유도하도록 목적을 담아 쓰는 글이 블로그 글의 큰 특징입니다.

처음보다는 시간이 많이 줄었지만, 포스팅이 200개를 넘긴 이 시점에도 아직도 글을 쓸 때는 2시간 이상 소요됩니다. 일방적인 원웨이one-way 글쓰기가 아닌, 읽는 사람을 의식한 목적이 분명한 글이 블로그 글의 특징이기 때문에 익숙해지기까지 많은 연습과 시간이 필요합니다.

이 시간을 단축하는 노하우가 있습니다. 바로 주변에 블로그 운영을 꾸준히 잘하는 선배 원장님들이나 교육 관계자들의 글에서 소재를 얻거나, 타깃 키워드로 검색했을 때 상위 노출되는 블로그를 유심히 읽어보며 글의 구성과 흐름 등을 벤치마킹합니다. 그래서 독자들이 좋아하는 매력적인 글의 비밀을 차츰 본인의 글에 적용해 보는 것입니다. 행동을 유도하는 목적이 담긴 다양한 글들은 시간의 힘을 만나 누적된다면, 원장님들이 쓰신 여러 글에서 독자들은 전문성과 진정성을 느끼고 '블로그만으로 신규 등록'이라는 신나고 짜릿한 경험을 하실 수 있습니다.

꿀팁! 블로그 포스팅 시 이런 실수는 피하세요!

첫째, 하고 싶은 말이 많다고 하나의 글에 여러 정보를 쏟아내지 마세요. 한 개의 포스팅에는 한 개의 키워드로 집약적인 글을 쓰는 것이 좋아요.

둘째, 눈에 띄는 제목을 만든다고 특수문자 가득한 제목을 만들지 마세요. 제목은 읽고 싶어지도록 매력적이고 궁금하여 세부 내용이 궁금하도록 만들어보세요. 글 제목을 타깃 키워드를 포함하여 센스 있게 만든다면, 제목만으로 독자들에게 호감을 불러일으킬 수 있습니다.

셋째, 글에도 숨구멍이 필요합니다. 읽다 지치는 열거식 글을 쓰지 마세요. 글 작성 시 네이버 '스마트 에디터'를 활용해 인용구, 다양한 구분선, 대화상자, 글 강조표현 등을 중간에 삽입하여 계속 읽고 싶고 따라가기 쉬운 글을 쓰세요.

넷째, 너무 겸손한 말투로 글을 적지 마세요. 온라인 홍보를 염두해둔다면, 글을 읽는 사람으로 하여금 상담 전화, 수업 등록, 설문 참여 등 목적한 행동을 유도하는 글이 좋은 글입니다. 확신과 자신감이 묻어나는 표현으로 글을 쓰세요. 너무 겸손한 말투는 자신 없어 보입니다.

다섯째, 글 하단 해시태그(#)에 많은 태그를 넣지 마세요. 블로그 해시태그는 인스타그램 해시태그와 달리 검색용이 아닙니다. 제목에 한 번, 본문에 세 번 포함했던 타깃 키워드 1개를 포함하여 간단하게 2~3개만 적으면 됩니다.

```
┌──────────────────────────────────────┐
│                                      │
│         등록 마감을 부르는              │
│     오픈 설명회 준비 및 체크리스트        │
│                                      │
└──────────────────────────────────────┘
```

김주연(경희궁 키즈N리딩잇츠 원장)

"오픈 준비 중인데, 무엇을 해야 하나요?"
"오픈 설명회가 등록으로 이어질 수 있을까요?"

매년 6~8월, 11~1월은 사교육계 분들에게는 신규 등록생을 만나기 위해 모든 홍보 방법을 동원하여 등록 준비를 하는 바쁜 시기입니다. 업계에서는 1년 연간계획 중에서 '신규 설명회'를 가장 중요한 행사 중 하나로 정하여 교육 트렌드, 지역 니즈 등 여러 가지 상황을 고려하여 수개월에 거쳐 기획 및 홍보활동에 집중합니다.

비교적 규모가 작은 공부방에서는 설명회를 통한 신규학생 유치보다는 입소문을 통해 서서히 등록으로 연결되는 경우가 많았습니다. 하지만 요즘 학부모님들은 자녀의 교육기관을 선택할 때 많은 것들을 비교하며 아이에게 맞는 최적의 선택을 하시기에, 1인 공부방 원장님들도 다양한 홍보 플랫폼을 준비해두고 자신의 수업 및 운영 모습을 노출하고 알리며 학부모님들로 하여금 찾아오게끔 하는 것이 대세입니다.

코로나 이후 비대면, 실시간 온라인 설명회를 진행하는 곳이 많아져, 1인 공부방 원장님들도 상황에 맞춰 온·오프라인 설명회를 준비하시면 도움이 됩니다. 신규등록을 위한 오픈 설명회, 재원생을 위한 학부모 간담회는 더이상 학교, 대형 학원만 진행하는 특별한 행사가 아닙니다. 공통 내용을 한 번에 효과적으로 전달할 수 있는 설명회는 1인 공부방 원장님이 반드시 준비해야 하는 필수 홍보 전략 중 하나입니다. 이해를 돕도록 설명회를 처음 준비하는 예비 원장님과 설명회를 여러 번 진행해 본 베테랑 원장님과의 대화를 통해 설명회 준비과정을 살펴보겠습니다.

베테랑 원장: 원장님, 요즘 오픈 준비 어떻게 돼가세요? 학기 시작에 맞춰 3월 초 신규학생 등록받는 것을 목표로 오픈 준비하신다면서요?

예비 원장: 네, 원서 구매와 원서 읽기, 책 포장 등 서가를 채워가는 준비는 밤낮으로 하고 있는데, 막상 3월부터 신규학생 만나려니 막막해서 잠이 오지 않아요. 오픈까지 한 달 정도 남았는데, 이제 무엇을 하면 좋을까요?

베테랑 원장: 바쁜 일정에도 차근차근 준비해나가는 원장님, 대단하세요. 오픈 한 달 전이라면 원장님의 공식 데뷔무대인 '오픈 설명회'를 준비하시면 제일 좋습니다. 설명회 준비에 앞서, 교육 때 안내해 드린 공부방 홍보용 블로그를 개설하고, 지역 카페에 글을 포스팅하면서, 오픈 전 '나와 공부방을 알리는 온라인 홍보 준비'를 잘

하고 계신가요? 검색창에 노출되었으니 관심이 있는 학부모님들에게 차츰 상담 문의가 올 텐데, 어떠세요?

예비 원장: 네, 전화벨이 울리면 가슴이 두근두근 한데, 블로그 보고 상담 문의 오는 것이 너무 신기해요. 교육 때 익혔던 상담 내용이 익숙해지도록 연습을 많이 했는데도 가끔 말이 꼬여서, 더 연습해 보려고요.

베테랑 원장: 벌써 전화 상담까지 진행하신다니 시작이 참 좋습니다. 전화를 통한 개별상담과 더불어 공통적인 내용을 한 번에 전달하는 '오픈 설명회'가 필요할 때가 다가왔습니다! 학부모님들은 직접 만나는 원장님, 아이가 배울 공간인 공부방 모습 그리고 원장님의 스타일로 전달하는 학습 커리큘럼에도 관심이 아주 많으실 거예요. 이런 궁금증을 한 번에 시원하게 해소시켜 드리는 방법이 바로 '오픈 설명회'입니다.

예비 원장: 맞아요. 저도 제 아이 유치원과 학교 입학설명회를 통해 선생님들과 교육환경을 직접 확인해 볼 수 있어 도움이 많이 됐어요. 그런데 제가 직접 해야 하는 설명회라니요. 많은 학부모님들 앞에서 진행하는 오픈 설명회, 과연 제가 잘할 수 있을까요?

베테랑 원장: 당연하지요! 불과 몇 달 전의 원장님과 지금의 원장님은 많이 달라지셨고, 하루가 다르게 성장하고 계셔요. 내 공부방, 내 설명회이기 때문에 원장님은 충분히 잘하시고 오히려 준비 과정

을 즐기실 수 있을 거예요. 설명회는 보통 진행 날짜를 기준으로 D-30일부터 카운트다운count down하며 주차별 필요한 사항들을 나누어서 준비하면 됩니다. 설명회 단 하루를 위해 한 달의 시간을 공들여 준비하는 것 자체가 초보 원장님들께는 큰 부담이고 막막하실 수 있는데, 걱정하지 마세요. 진행 상황을 한눈에 보며 준비할 수 있는 체크리스트를 따라 준비하면 도움이 되실 거예요.

예비 원장: 감사합니다. 무엇부터 해야 할지 감이 안 왔는데, 보여주신 체크리스트를 보며 하나씩 따라 준비하면 되겠네요.

베테랑 원장: 체크리스트를 보시면, 설명회 사전준비는 크게 3가지 큰 카테고리로 나눌 수 있어요. 첫 번째는 사전홍보, 두 번째는 인테리어 및 환경정비, 세 번째는 설명회 당일 학부모님들에게 전달할 발표 관련 준비사항인데요. 사전홍보 단계에서는 미리 블로그를 개설하여 원장님 자신에 대한 소개 및 오픈 준비 과정, 수업준비, 커리큘럼에 관한 포스팅을 쌓아가시면 무척 도움이 됩니다. 설명회 날짜가 확정되어 '설명회 참석 예약 안내 글'을 올릴 때, 한 개의 게시글만 있는 새 블로그에 올리기 보다는 꾸준히 관리된 포스팅에 글을 올리세요. 그러면 블로그에 방문하는 학부모님들이 여러 글들을 함께 읽어보면서 공부방과 원장님에 대한 신뢰를 쌓을 수 있습니다.

요즘처럼 비대면 시기에는 온라인으로 설명회 진행을 많이 하기에, 온·오프라인 설명회 준비 및 진행에 대한 경험치를 많이 쌓아두시면 홍보·마케팅에 도움이 됩니다. 한 해, 두 해 운영 기간이 늘어날수록 원장 님의 운영 노하우 및 상담력과 코칭력이 발전하면서 설명회를 준비하고 진행하는데 자신감을 얻습니다. 설명회가 쉬워지면, 재원생 학부모님을 모시고 정기적으로 진행하는 '학부모 간담회' 또한 어렵지 않게 진행하 실 수 있습니다. 간담회 역시 설명회와 준비 과정과 비슷하기 때문에 재 원생 니즈needs와 시기별 필요한 상담 내용에 따라 다음 체크리스트를 참 고하여 선택적으로 응용하여 준비할 수 있습니다.

● 꼼꼼히 살펴보는 설명회 체크리스트

Time	Category	Things to Do	Check	Note
D–4주	홍보활동 및 물품 제작	오픈 전 블로그 지속적 홍보		네이버 블로그
		블로그 내 원장 소개, 커리큘럼, 자주 묻는 질문, 오픈 준비과정 포스팅		
		설명회 안내용 대표 이미지 / 예약 신청링크 제작		미리캔버스 망고보드 구글폼
		홍보 선물 제작 (연필, L자 파일 등)		판촉물 회사
		공부방 로고, 스티커, 대봉투, 소봉투, 명함, 전단지 (직접 제작 및 디자인 회사 의뢰)		비즈하우스 미리캔버스
	발표 준비	설명회 날짜 확정 및 설명회 PPT 주제 및 내용 작업		
		설명회 이벤트 및 상품 아이디어		원장 카페
D–3주	홍보	아파트 게시판 전단지 부착		
		전단지 직접 투입 및 홍보		
		인스타그램 / 카카오 플러스톡 / 지역 카페		
		구글폼 예약자: 설명회 확정 안내 문자 전송		
D–2주	인테리어 및 환경 점검	거실 환경정비(책장, DVD 등)		
		손님용 실내화 주문 및 신발장 점검		도매꾹
		빔 투영용 스크린 또는 칠판, 모니터 물색		
		게시판 게시용 공부방 신고증, 학위, 경력, 커리큘럼 등 게시물 준비		

		설명회 인원 의자 구입 또는 대여 확인		IKEA/ 렌탈샵
		다과 예약주문 (떡, 수제 쿠키, 과일 컵 등)		
		배부용 소책자, 안내문 인쇄		성원애드피아
D—1 주	인테리어 및 환경 점검	테이블 배치·위치 확인		
		다과 비품 주문: 차, 커피, 종이컵, 티슈, 생수		
		화병 및 생화 예약주문		
	홍보	전단지+홍보 선물 스티커 작업 포장		
		아파트 게시판 홍보 재등록		
		단지 내 학교·학원 승하차 장소 전단지 배부 홍보		
		설명회 당일 도와주실 분 섭외		
D—3일	서류	입회신청서 및 예비테스트지 인쇄		
		설명회 참석 시 배부용 패키지 작업		
		(커리큘럼, 안내문, 자료 등)		
	원장 자기관리	설명회 의상 및 액세서리 점검		
		미용실(뿌리염색, 파마 등), 피부관리		
		PPT 제작 완성 및 리허설		
D—1일	집안 인테리어 및 환경 점검	거실: 책장, 거실장, DVD장, 유리창, 화초, 꽃		
		현관: 신발장, 실내화, 게시판, 발매트		
		화장실: 수건, 핸드솝, 로션, 디퓨저, 발매트		
		주방: 싱크대 청결 정리		

		체온계, 손소독제		
		입간판 및 입구 부착용 안내 제작		
	참석자 리마인드 메시지 전송	시간 및 장소 리마인드 문자 전송		
		No-Show 방지를 위한 참석 선물·혜택 안내		
		미참석자 명단 확보 후 추후 follow up		
	발표 준비	PPT 리허설		
		의상·헤어 점검		
		당일 도와주시는 분 업무 분배		
당일	발표 환경 준비	빔 프로젝터, HDMI 연결 모니터 확인		
		음향(동영상 재생 소리 송출 및 볼륨 확인)		
		인터넷 연결 확인		
		발표 리허설		
	등록 및 다과 테이블	손소독제, 체온계, 참석자 명부		
		입회 및 예비 테스트 신청서류 / 필기류		
	등록 및 다과 테이블	참석자 선물 / 배부용 패키지 세팅		
		커피, 생수, 차, 쿠키, 냅킨, 휴지통		
	집안 인테리어 및 환경 점검	엘리베이터 앞 설명회 안내판 부착		
		의자 및 학부모 패키지 셋업		
		현관 정리 및 실내화 내놓기		
행사 후	마무리	정리정돈		
		참석자 감사 인사 및 등록 안내		
		예비 테스트 예약확인 및 테스트 준비		
		미참석자: follow up		

임서영(강서 우장산 키즈엔리딩 원장)

"여기는 레벨테스트 없나요?"
"체험 수업은 어떻게 진행하나요?"

보통 레벨테스트는 기존에 짜놓은 학원의 시간표 속 정해진 커리큘럼이 있고, 테스트의 점수에 따라 반을 나눠, 입반 가능 여부를 통보하기 위한 절차라면, 저희는 학생의 입회를 결정하기 전 학생들에게 모의(체험) 수업을 통하여 학생들이 책읽기 수업을 어떻게 받아들이는지와 영어책읽기에 흥미와 집중력을 보이는지를 학생들의 관점에서 체험하도록 기회를 제공하는 것에 큰 의의가 있습니다.

어머님들과 상담을 하면 때때로 "우리 아이는 AR 레벨 3점대고, 어학원 ○○반에서 한 번도 STAY하지 않고 계속 레벨업 된 아이라 영어 좀 해요"라고 아이의 레벨로 말씀하시는 경우가 있는데, 물론 그런 학생들이 침착하고, 집중력을 갖고 리딩을 하는 경우도 있지만, 반대로 짧은 책도 끝까지 읽어내지 못하는 경우도 있습니다. 이런 경우는 안타깝지만, 아이가 다독extensive reading 인풋input 과정을 충분히 거치지 않았기 때문입니다. 상황별 회화연습conversation drill만 외우듯이 훈련했거나, 글 앞이나 뒷부분에 주제가 있다는 등의 스킬skill만 알지, 책을 통해 영어에 재미를 느껴본 적이 없는 경우가 많습니다. 영어독서 공부방은 리딩의 본질을 중요시하기 때문에 재미와 흥미를 가지고 리딩을 시작하여 점차적으로 책의 글밥과 레벨이 올라가면서 지구력과 집중력을 자연스럽게 기르도록 하는 것이라 스킬skill이 우선인 지도법과는 그 결이 다를 수 있답니다.

그리하여, 저희는 입반 전 체험 수업 시, 학생들이 흥미를 느끼는 책을 30~40분간 쉬지 않고 몰입하여 책에 빠질 수 있는지를 관찰하며, 아이와 1:1 코칭을 통해 '어떤 책에 흥미를 느꼈는지', '어떻게 내용을 이해했는지' 등에 관한 이야기를 나눕니다. 이것은 레벨을 평가하여 어느 반에 배정하기 위함이 아닌, 원서 리딩 수업을 통하여 학생이 정말 영어적인 성장이 가능한지를 살펴보고, 아이들이 편안하고 재미있게 영어책읽기 수업을 느끼도록 돕기 위해서입니다. 학생들은 일방적으로 주어진 책이 아닌 본인이 선택한 책에 더욱 큰 흥미와 몰입을 할 수 있습니다. 그러므로 체험수업 시에도 학생들 스스로 본인이 원하는 책을 고르게 하셔야 합니다. 물론 기존의 영어 진행 정도와 학년 등을 고려하여 약간 쉬운 책부터 정 레벨까지의 범위를 주고, 선택하도록 해야 합니다. 그리고 아이들이 책을 읽은 후에는 1:1 코칭 시간을 확보하여 다음 사항을 점검해야 합니다.

√ 아이의 한글책 읽기 선호도는 어느 정도였는지
√ 한 번에 몇 권의 책을 집중하여 읽었는지

√ 오늘 읽은 책은 어떻게 이해하는지

√ 어떤 종류의 책이 재밌었는지

√ 음원으로 들었던 스토리 중 어느 부분이 기억에 남는지

위와 같은 질문으로 자연스럽고 친근하게 아이의 성향을 파악한 후, 음원으로 들었던 책을 다시 읽혀보면서 스스로 바르게 읽을 수 있는지 확인해보세요. 위의 질문들을 쉽게 이해하고, 맞게 읽는 학생에게는 다음 사항을 확인하여 더욱 깊이 있게 학생을 파악할 수도 있습니다.

• 책을 읽기 전에 추측했던 내용과 다시 읽은 후에 이해되는 부분이 같은지

• 좋았던 부분을 찾아서 선생님에게 읽어줄 수 있는지

• 책 속 캐릭터별 특징을 설명해줄 수 있는지

좀 더 어린 학생이나, 책읽기 자체가 낯설어 질문에 대한 이해가 어려운 학생에게는 선생님이 책을 읽어주는 스토리텔링을 하여 흥미를 고취시키고, 반대로 학생이 선생님 역할을 할 수도 있습니다. 이때 다른 친구들에게 책을 소리 내어 읽어주면서 이야기 전달과 감정 표현을 할 수 있는 기회를 주고, 읽어 준 책에 대한 퀴즈를 직접 내서 다른 학생들이 맞추는 활동을 합니다.

이러한 활동을 통해 학생은 본인의 목소리에 귀 기울여주는 친구들을 마주하고, 본인이 생각해낸 퀴즈를 아이들이 집중하여 맞추는 모습을 보며 자신감을 갖게 됩니다. 이때 선정하는 책은 너무 어렵지 않고, 그림이 선명하여 그림만으로도 메시지가 전달될 수 있는 책이 좋습니다.

아이들은 공부(영어독서 공부방에서는 '리딩')를 통해 사고하는 과정

을 거쳐 대뇌가 발달한다고 합니다. 최소 3년 이상 지속하면, 학생들은 그 과정에서 느낀 만족감과 행복감으로 추후 입시까지 이어지는 긴 공부의 여정에서 포기하지 않고, 버틸 수 있는 힘이 생기지요. 긍정의 경험치, 특히 리딩을 통해 느꼈던 행복한 기억이 단단한 공부 근육이 되어 아이들은 6년, 9년을 버티며 기복 없이 공부할 수 있는 것이죠.

리딩은 어려운 것, 힘든 것이 아닌, 재밌고 만만한 것이라고 느끼는 순간, 이 학생은 책이 읽고 싶어지고, 신기하리만치 책은 읽으면 읽을수록 책에 대한 애정과 이해도가 기하급수적으로 높아지는데요. 이러한 긍정적 경험을 통해 학생이 가진 잠재력과 역량을 찾아 키워낼 수 있습니다. 보통은 한글책읽기를 좋아하고 친숙한 아이들이 영어책읽기도 쉽게 시작합니다. 하지만 반대로 책이라면 한글, 영어 둘 다 싫어했던 학생들의 경우에는 한 번의 체험수업을 통해 영어책읽기도 쉽고 재미있다는 걸 경험하게 해주면 원서리딩 수업을 부담없이 시작할 수 있게 됩니다.

그렇게 영어책읽기를 시작하여 그것이 점차 한글책으로 범위가 확장되어 동화뿐만이 아닌, 인물, 역사, 세계 등의 다양한 주제의 글들을 영어와 한글로 같이 읽어나가면서 지식과 교양을 쌓기도 합니다. 영어책 읽기를 통해 다양한 잠재력의 발현을 돕고 역량을 키워준다! 생각만으로도 정말 멋지지 않나요?

어떻게 보면 이 학생의 미래까지도 더욱 빛나게 해줄 수 있는 아주 중요한 시작이 바로 체험수업인 것이죠. 바로 그러한 가치와 관점을 가지고 선생님들은 학생들을 첫 대면하셔야 하며, 학생들을 평가하기보다는, 이 학생이 수업을 어떻게 느끼는지와 영어책 읽기에 관심을 갖는지에 대해 주의 깊게 관찰하시고, 학생 본인이 흥미를 느끼는 책으로 진행하여 편안하게 느낄 수 있도록 다가가는 게 중요합니다.

초보 원장도 월 500만 원 버는
맞춤형 공부방 스케줄

양경희(일산서구 키즈N리딩잇츠 원장)

"월 500만 원을 벌 수 있을까요?"
"주 몇 회 수업을 해야 하나요?"

저의 친한 친구 남편은 은행원입니다. 만날 때마다 하는 말이 "남편이 퇴사하고 사업을 해보고 싶다고 한다"며 "진짜 그럴까봐 걱정된다"고 합니다. 언제는 "회사 가기 싫어서 죽고 싶다"는 남편의 말에 부부싸움을 크게 했는데, "너만 죽고 싶냐, 나도 죽고 싶다"고 응수했다고 합니다. 그런데도 그 친구의 남편은 10년이 지난 지금도 은행을 꿋꿋이 다니고 있습니다.

공부방을 오픈한다는 것은 월급 생활을 청산하는 것을 의미합니다. 아무리 지겹고 때려치우고 싶어도 매달 꼬박꼬박 들어오는 월급의 유혹을 뿌리치는 것은 어려운 일이지요. 하지만 어느 시점이 되면, 오히려 그 자리를 지키고 있는 것이 민망하거나 거북스러울 수도 있습니다. 바로, 저의 이야기인데요.

저는 39세에 월급 받는 일을 끝냈습니다. 파견 영어 선생님으로 유치원에서 9년간 일을 했는데, 적성에 잘 맞고 익숙했으나 더이상 지속하는 것이 위협으로 느껴질 정도로 그 분야 직장인으로는 연로한 상태였습니다. 직급으로 보자면 유치원 선생님들과 동급이었으나, 나이는 원장급이었지요. 신입생 어머니들이 초면에 "원장님이세요?"라고 물어오는 순간 '아뿔싸'라는 느낌이 왔던 것이지요.

하지만 저는 거기서 제 커리어를 멈추지 않았습니다. 두려웠지만, 나이 40세에 다시 재능을 살려 공부방을 택하였고, 그 이후 한 번도 후회한 적이 없을 정도로 만족도가 높습니다. 저처럼 포기하지 않고 또 다른 나를 찾아 인생역전의 기회를 여러분도 만들길 바라며, 성공한 공부방 운영 스케줄을 공유하고자 합니다.

급여 생활자의 500만 원 버는 근로시간
vs 공부방 선생님의 500만 원 버는 근로시간

월 500만 원, 맘에 드시나요? 이 액수가 적어서 맘에 안 들면 지금 하던 일을 계속하시고, 공부방 스케줄 잘 짜서 500만 원을 벌고 싶다면 집중해 주세요. 저도 했으니 여러분도 할 수 있습니다. 공부방 수업이 학생들 방과 후에 이루어지므로, 공부방 스케줄도 오후 시간으로 잡아야 합니다. 초등학생을 대상으로 하는 영어독서 공부방의 경우, 수업 가능한 가장 이른 시각은 오후 1시부터입니다. 왜냐하면 초등학교 1학년이 5교시까지 할 경우, 등원 가능한 시각이 오후 1시이기 때문입니다. 내 공부방 인근 초등학교의 수업시간표를 살피는 것이 가장 중요한 일이겠지요. 공립 초등학교는 대부분 비슷하나, 주변에 학교가 2개 정도 있다면 하교 시간이 다를 수 있으니 꼭 알아보세요. 사립초등학교 인근이라면 공부방 수업 스케줄이 뒤로 밀려날 수 있습니다.

주 3회 반 vs 주 2회 반

아파트 단지 내에 공부방 시스템을 보면 매일반(주 5회) 운영이 대다수입니다. 하교 후 아이들이 주요과목을 복습하는 방식으로 공부방을 운영하는 것 같습니다. 물론 각 공부방마다 차이가 있겠지만, 학교에서와 같은 방식으로 선생님의 가르침을 수동적으로 듣는 학습방식인 곳도 많은 것 같습니다. 그러나 영어독서 공부방의 경우, 꾸준한 독서와 개별 코칭을 통해 영어 근육을 만드는 방식으로, 주 3회 또는 주 2회 수업을 기본으로 진행합니다. 특히 초등학교 저학년이라면 주 3회(월수금) 1일 1시간(60분) 수업을 기준으로 1시 30분부터 세 타임을 운영한다면, 월 500만 원 버는 시스템을 만들 수 있습니다.

● 초기 창업자의 교육비 예시

시간	월수금	화목	
1:30-2:30	5명	5명	
2:30-3:30	5명	5명	
3:30-4:30	5명	5명	
교육비	주 3회 24만 원	주 2회 18만 원	예상 수익: 630만 원

* 참고: 키즈엔리딩의 교육비는 수도권과 지방, 각 원의 수업 일정, 리딩 멘토의 경력에 따라 차이가 있습니다. 위 교육비는 일산서구 분원의 2020년 기준이며 매년, 본원에서 책정한 인상분이 적용될 수 있습니다.

앞의 수업 스케줄은 실제로 제가 독서 공부방을 운영하며 첫해에 실시한 스케줄이고, 그 다음 해부터는 각 반에 학생을 6명으로 지도하였기에, 월평균 수입은 700만 원 이상이었습니다. 수업시간 대비 수입이 많지요? 맞습니다. 실질적인 수업시간은 1시부터 5시까지 최소 4시간 동안 집중적인 수업 진행이 이루어진다고 보면 업무 시간 대비 수익은 상당합니다. 보통의 급여 생활자 근무시간인 일일 8시간 업무 형태가 아니더라도 수익을 낼 수 있는 구조는 다양합니다. 물론 자신의 사업을 운영하는 것을 전제로 해야겠지만요.

그렇다고 "수업시간 나머지 시간을 노느냐?"라고 물어보신다면, 사업의 기본은 '철저한 수업준비와 자기계발에 달려 있다'고 말씀드리고 싶습니다. 꾸준히 자신을 업그레이드하도록 공부함은 물론 수업준비, 학부모 상담, 홍보 등에 할애되는 시간은 어찌보면 자면서도 일해야 할 만큼의 노력을 필요로 합니다. 그러니 이 시점에서 더욱 강조하고 싶은 것은 진심으로 공부방을 운영하고 싶은지, 내가 그 일을 얼마나 원하는지 묻고 또 묻는 것이 우선이라는 생각이 듭니다.

7년 차 영어독서 공부방 선배로, 성공적으로 운영한 선배로, 영어학원으로 확장 운영한 운영자로서 몇 가지 다른 조언을 전하고 싶습니다. 제가 했던 실수를 반복하지 않고, 더 빠른 길로 갈 수 있도록 기원하는 마음으로 말씀드리고 싶습니다. 저는 40세에 영어독서 공부방을 시작했습니다. 시작하기 전 할까 말까를 고민하느라 6개월이라는 시간도 흘려보냈습니다. 영어도 잘하고, 주변에서 인정받고 있는데도 주저하는 시간이 길었습니다. '자신을 믿지 못하고 시도하지 않았다면, 과연 지금 나는 무엇을 하고 있을까?'라는 생각만 해도 아찔합니다.

진정으로 드리고 싶은 말은 영어독서 공부방을 하기에 내 능력과 내

- 직장생활보다 나은 워라벨을 만족시키는
  주 3회 영어 공부방 스케줄 예시 1

수업 시간	월수금 운영	화목
1:30~2:30	6명	
2:40~3:40	6명	
3:50~4:50	6명	
주 3회 세 타임	주 3회 18명 지도 시 예상 수익: 432만 원	

- 직장생활보다 나은 워라벨을 만족시키는
  주 2회 영어 공부방 스케줄 예시 2

수업 시간	월수금	화목 운영
1:30~2:30		6명
2:40~3:40		6명
3:50~4:50		6명
주 3회 세 타임	주 2회 18명 지도 시 예상 수익: 324만 원	

- 성공적인 영어 공부방의 꽉 찬 수업 스케줄
  (3년 차 죠이쌤의 운영 스케줄)

수업 시간	월수금 운영	화목 운영
1:30~2:30	6명 (24만 원 x 6명)	6명 (18만 원 x 6명)
2:40~3:40	6명	6명
3:50~4:50	6명	6명
5:00—6:30	고학년 반 운영 고학년 문법반—각 반 6명 수업시간 90분인 경우— 문법 수업료 추가비용 발생	고학년 반 운영 8개 반—각 반 6명(학생 48명) 월 1,000만 원 이상 수익 모델

스펙이 완벽한가 살피기보다 '내가 얼마나 열망하고 있는가'에 집중하길 바랍니다. 아무리 완벽한 사람도 새롭게 시작하는 일에서 겪는 시행착오는 피해 가지 못합니다. 아니, '완벽해지면 해야지' 하고 마음먹으면 그날은 아예 안 올 것이라는 사실도 아셔야 합니다. 내가 부족한 면이 많고, 조건이 좋지 않더라도 꼭 해보겠다는 마음과 배우고자 하는 마음이 우선이라는 얘기를 해드리고 싶습니다.

'시작이 반이다!'라는 말이 공부방 사업에서도 반드시 통하는 정설이며, 부족한 자신을 지속적으로 발전시켜 나가겠다는 마음으로 더 늦기 전에 시작하세요. 이렇게 잘 하는데, 그것도 모르고 6개월간 울고 웃고 한 세월을 생각하면 헛웃음이 나는 소심쟁이 죠이샘의 충고입니다.

3장

리딩 전문가의 상담은
달라야 한다

선생님을 뽑는 마음으로
고객을 인터뷰하라

원영빈(키즈엔리딩 대표)

"시간이 지날수록 학생의 특성과 부모의 교육 방향에 따라
그 결과가 크게 달라질 수도 있다는 사실을 깨닫고,
그때부터는 학생을 받기 전에 부모님을 먼저 인터뷰했습니다."

    학원을 하다 보면 선생님을 뽑기 위해 인터뷰를 자주 합니다. 인터뷰를 하기 전에 이력서를 먼저 읽어보는데 입시학원이나 중고등부 내신 학원에서 오래 근무한 경력이 있으신 선생님들보다 학원 경력이 아예 없거나 경험이 적은 선생님들에게 더 많은 인터뷰 기회를 드립니다.

    누구나 리딩이 중요하다는 것을 알고 있지만, 오랜 기간 몸담아 왔던 학원의 암기·주입식 교육의 틀을 하루아침에 리딩 교육으로 바꾸기 쉽지 않기 때문입니다. 차라리 학원 경력이 없거나 영어교육의 마인드가 정확하게 자리 잡히지 않은 초보 선생님들은 처음부터 경험하면서 새로운 리딩 교육 시스템을 체화하여, 빨리 자리 잡는 경우가 많습니다.

    마찬가지로 학생들을 무조건 받기 전에 가장 먼저 알아야 할 것은 부

모님들과의 상담을 통해 그들이 평소 가지고 있는 영어 교육과 리딩에 대한 마인드입니다. 이것을 알아야 효과적인 교육을 할 수 있기 때문입니다. 상담을 오시는 부모님들의 영어교육에 대한 마인드는 대략 5가지로 분류됩니다.

① 아이를 학원에 보내지 않고 집에서 영어책 읽기를 시키다, 학년이 올라가서 더 이상 지도하기가 어려워 책 읽기 학원에 보내려는 학부모님
② 내신이나 입시보다는 시간이 걸려도 좋으니, 자연스럽게 모국어 방식으로 책을 읽으면서 영어 실력이 좋아지게 하고 싶은 학부모님
③ 주변에 영어책 읽기로 성공한 아이들을 보고 상담을 요청하는 학부모님
④ 영어학원은 모두 똑같다며 다른 과목의 학원과 시간만 맞으면 보내겠다는 학부모님
⑤ 중등 내신에서 높은 성적을 받는 것이 중요하다고 생각하는 학부모님

처음 공부방을 오픈했을 때는 상담과 리딩에 대한 경험이 부족해서 학생을 가리지 않고 받았습니다. 그랬더니 리딩에 대한 이해가 부족하거나, 리딩하는 방법이 이전 암기식·주입식 학습 방법과 달라 걱정하다가 바로 그만두는 경우도 있었습니다. 모두 제 탓인 것 같아서 속상한 채로 시간을 흘려보냈습니다. 하지만 시간이 지날수록 학생의 특성과 부모의 교육 방향에 따라 그 결과가 크게 달라질 수도 있다는 사실을 깨닫고, 그때부터는 학생을 받기 전에 부모님을 인터뷰하기 시작했습니다. 어느 정도 경험이 쌓였다고 '선생이 학생을 가려 받으면 되냐'는 걱정을 하시는 분들도 계셨습니다. 그러나 이렇게 하는 것이 학부모님이나 학생의 시간과 비용을 줄여줄 수도 있고, 기존의 학생들에게도 좋은 책읽기 친구와

분위기를 만들어 줄 수 있으니 효과적인 방법이 될 수 있습니다.

그렇다면 위에 5가지 경우 중에 자녀를 리딩으로 성공시킬 확률이 높은 부모님은 어떤 부모님일까요? 당연히 ①, ②번 부모님이십니다. ①, ②번 유형의 학부모님의 경우 이미 리딩의 중요성도 알고, 여유 있게 기다려줘야 한다는 것을 아시고, 천천히 즐겁게 임계량을 먼저 채워야 한다는 것에도 동의하십니다. 학생들이 조금씩 성장하는 것에 대해 칭찬할 수 있는 마음의 자세가 되어 있으니, 아이들은 선생님과 부모님의 기대 이상으로 성장하게 됩니다.

> "원장님, 제가 잘은 모르겠지만 예전에 우리가 공부한 방법으로 하는 게 맞는지 모르겠어요. 큰 아이는 그렇게 해서 실패했는데, 작은 아이는 책으로 재미있게 공부시키고 싶어요", "앞으로는 공부해서 1등을 하는 것보다 책 읽는 것이 점점 더 중요해질 것 같아요. 그래서 영어도 리딩으로 시키기로 결정했어요", "저희 아이는 책을 읽는 것을 좋아하니 그냥 천천히 매일 책만 읽게 해주세요. 재미있게요. 다른 것은 바라는 것 없어요."

이렇게 말씀하시는 부모님들이 있으세요. 평범한 엄마의 배짱으로 할 수 있는 말은 아니지요. 자신이 지금까지 가진 신념을 버리고 한 번도 경험해보지 못한 방법으로 우리 아이의 영어 인생에 도전장을 낸 부모님들인데 웬만한 강심장, 혹은 내공이 아니면 책 읽기 교육에 여유를 가지고 지켜본다는 것은 쉬운 일이 아닙니다. 이런 엄마들의 특징은 처음 한두 번 책 읽기 교육에 대한 설명을 듣고 거의 6~7년 아이를 지켜봐 주십니다. 지켜본다는 표현보다는 그냥 여유를 가지고 기다려 주시는 거죠. 책 읽기가 하루아침에 단어 외워 시험 보듯 점수로 판가름 날 일이 아니라는 것을 아시기 때문에 리딩의 힘을 전적으로 믿으시는 것이죠. 매일 밥을 해주고 이 아이가 빨리 키가 크거나 몸집이 커지기를 기대하지 않는 것처럼, 책 읽기가 매일 밥을 먹듯 당연히 살아가기 위한 하나의 조건쯤으로 생각하시는 것 같습니다.

특히 ①번 학부모님의 자녀들은 이미 최고의 가능성을 지녔습니다. 부모님이 이미 리딩에 대한 확신이 뚜렷하셔서 학원에 보내지 않고 집에서 리딩을 직접 지도한 것이죠. 이 학생들은 원에 오면 눈빛부터 달라요. 방대한 책의 양과 종류에 반하고 방해물 없이 조용히 책만 읽을 수 있는 분위기를 보기만 해도 "엄마 나 여기 다닐래, 재미있을 것 같아"라고 합니다.

저는 부모님이 최고의 선생님이라고 생각합니다. 자녀가 사춘기에 접어들어 부모님에게 반항하거나, 더 높은 레벨로 올리고 싶지만 어떻게 지도해야 할지 벽(한계)에 부딪힌 상황에 놓인 리딩형 부모님이 키즈엔리딩에 학생을 보내주시는 경우가 많습니다. 이 학생들의 경우, 집에서 엄마와 임계량만 채우는 리딩만 해왔기 때문에 다독이나 정독을 통해 리딩 레벨을 올려주고, 단어와 문법을 시작하면서 말하기와 쓰기로 아웃풋이 나올 수 있도록 이끌어 주는 것이 중요합니다.

하지만 부모님들 중 임계량을 채우는 리딩보다 학습식 리딩을 주로 하신 부모님들도 계시기 때문에 주의 깊게 살피며, 여러 차례 상담을 통해 임계량을 채우면서 필요한 영역별 리딩의 필요성과 장점을 계속해서 알려드려야 합니다.

③번 부모님의 경우는 이미 책으로 성공한 케이스를 주변에서 보고, 자녀를 보내주셨기 때문에 상담을 여러 차례 하면서 이끌어 드리면 충분

히 가능합니다.

상담을 하면서 제일 어려운 경우가 ⑤번 '내신 성적이 잘 나와야 한다'는 부모님과의 상담입니다. 내신 성적은 리딩을 충분히 한 아이들의 경우는 자신들이 알아서 성적을 받을 만큼의 실력과 역량이 되지만, 리딩 1~2년을 하고 내신 성적을 바란다면 리딩 이외에 다른 학습 활동을 병행해야 하기 때문에, 늦어도 초등학교 4, 5학년부터는 리딩을 시작해야 합니다. '리딩이 좋다. 리딩을 해야 한다'라는 말만 듣고 초등학교 6학년에 리딩을 처음 시작하여 중학교에서 좋은 내신 성적을 받기란 (아이들마다 다르겠지만) 생각보다 쉽지 않을 수 있기 때문입니다.

초등학교 6학년에 리딩을 시작하는 것도 절대 늦은 것이 아닙니다. 리딩을 하지 않은 아이들보다 훨씬 큰 장점이 있습니다. 그럼에도 불구하고 초등학교 6학년, 중학교 1학년에 리딩을 시작하고자 하는 부모님들과는 더 밀접한 상담이 요구됩니다. 그렇기 때문에 반드시 물어야 합니다. "지금까지 어떻게 영어를 공부했는지, 왜 지금 리딩을 처음 시작하려고 하는지, 중학교 내신 성적이 잘 나오기를 목표로 하는지"에 대해 반드시 구체적으로 상담을 해야 합니다.

내신 성적이 잘 나오기를 바라고 리딩을 시작하시는 초등학교 6학년, 중학교 1학년 학부모님들에게는 꼭 말씀드립니다. "지금부터 리딩을 시작한다면 중학교에서 내신 성적에 대한 기대를 내려놓으시라"고요. 하지만 중학교에서 시험 성적에 대한 고민을 내려놓고 꾸준히 영어 리딩을 한다면, 고등 내신뿐만이 아니라 대입 수능도 고득점을 바라볼 수 있다고 설명드립니다. 이런 부분에 대한 상담을 충분히 해야 리딩을 1~2년만 하고 중도에 포기하는 일이 줄어듭니다. 당장의 시험 성적에 신경을 쓰지 않을 부모님은 거의 없기 때문입니다.

"외고에 입학하여 1학년을 다니면서 보니, 하루 100개 200개씩 단어를 외우며 주말엔 10시간씩 영어 학원을 다니고 외고에 진학한 친구들과 저는 많이 다르다는 것을 느꼈습니다. 예를 들면 저는 매일 1시간씩 책을 읽었고 단어도 저의 속도에 맞게 10~20개 정도씩 외웠을뿐인데 어느 순간 지문에 모르는 단어의 뜻을 유추하게 되었고 글의 맥락에 따라 달라지는 단어의 뜻도 알 수 있게 되었어요. 저는 이 점이 책을 읽은 저와 읽지 않은 아이들의 큰 차이점이라고 생각해요.

키즈엔리딩에서 5년 정도 영어책 읽기를 진행하고
외고에 진학한 학생의 인터뷰

그래서 지금부터 정말 중요한 얘기이니 제가 하는 말을 꼭 기억하셔야 합니다. 초보 원장님들의 경우 학생 수에 연연하기보다는 '어떻게 하면 내가 가르치는 학생이 매일 꾸준히 재미있는 마음으로 오래 책을 읽게 할까?'에 대해 깊이 고민하는 시간을 가지셔야 합니다. 그 시간이 원장님을 리딩 전문가의 길로 가장 빨리 가게 하는 길이며, 학생들을 리딩으로 성장시킬 단초가 될 것임이 분명하기 때문입니다.

설명회를 통해 내 프로그램을 부모님들에게 열심히 설득해서 그들의 자녀를 다니게 하는 것이 아닌, 거꾸로 내가 부모님을 인터뷰해서 그들의 자녀들을 선택하여 다니게 할 수 있는 원장님 스스로의 역량을 만드셔야 합니다. 그게 바로 상위 1%, 연봉 1억 원의 원장님들이 가지고 있는 최고의 역량이며 무기이기 때문입니다.

상담은 기술:
엄마의 속마음을 읽어라

양경희(일산서구 키즈N리딩잇츠 원장)

"우리 애는 『로알드 달Roald Dahl』을 읽는데 글쓰기가 좀 부족한 것 같아요.
글을 좀 더 잘 쓰게 할 수 없을까요?"

　　　　얼마 전 만난 ○○초등학교 5학년 학생의 어머니께서 근심 어
린 얼굴로 상담 오셔서 하시는 말씀입니다. 죠이샘은 "어머니, 영어로
글을 써 보셨나요? 잘 써지세요? 영어로 글 쓰는 게 그렇게 쉬운 일은 아
닌데, 『로알드 달Roald Dahl』 원서, 혹시 어머니도 읽으셨나요?"라고 되물었
습니다. 이에 어머니 당황해하시며 "저는 한글로는 읽었어요" 하시더라
구요.

　　죠이샘은 "와우, 한글로라도 읽으셨으면 대단하신 거죠. 어머니의 아
이가 초등학교 5학년인데 괜히 『로알드 달』을 원서로 읽는 게 아니네요.
어머니가 남다르세요. 글쓰기는 독서를 꾸준히 하고 있다면, 자연스럽게
점점 성장하니 너무 걱정 마시고 어머니가 이끄신대로 더 이끌어주세요.

학원에서 집중적으로 독서를 해도 아이의 언어 능력이 뛰어나지 않다면 『로알드 달』 수준의 책을 읽기 쉽지 않습니다. 초등학교까지 챕터북 수준도 올라가지 못하고 졸업하는 아이들도 많습니다. 어머니가 대단하신 겁니다"라고 말씀드렸지요.

죠이샘의 답에 뒤늦게 어머니는 "그런데 애가 이제 영어책은 그만 읽고 싶대요"라고 근심하며 말씀하세요. 아뿔싸! 처음에는 '자신이 엄마표 영어 잘 시켰다고 자랑하러 온 거 아닌가?'라고 생각해 속이 불편했는데, 어머니의 속마음은 '아이가 영어독서는 이제 그만하고 싶어한다'는 더 큰 고민을 가지고 오셨던 것입니다. 자, 그럼 죠이샘의 본격적인 상담 들어갑니다.

"어머니, 『로알드 달』을 아이가 읽고 있으면 뿌듯하시지요. 저도 제 아이들이 두꺼운 원서를 들고 있으면 그렇게 기분이 좋아요. 그런데 사실 챕터북 이상의 그 원서들은 어른이 읽어도 어려운 경우가 많잖아요. 지금 아이가 '책, 그만 읽고 싶다'는 것은 레벨에 맞지 않는 책을 엄마 감정 살피느라 읽고 있을 확률이 높아요, 왜 그럴까요? 아이들은 엄마를 너무 사랑하니까요. 잘 보이고 기쁘게 해드리고 싶은 마음도 크거든요. 재미는 없어도 엄마가 좋아할 만한 모습을 보여주고 싶은 거죠.

그러다가 11세쯤 되면 자기 생각이 커지고 자신의 의견이 명확해지지요. 정말로 영어책 읽기 싫어서가 아니라, 어렵고 재미없는 걸 더 이상 못 참는 거예요. 해결은 간단해요. 독서 레벨을 아이 레벨보다 확 낮춰서 만만하게 읽을 책을 찾아주면 됩니다. 영어 실력이 느는 건 높은 레벨의 책을 공부하듯이 읽어서가 아니라, 자신만만한 책을 재미있게 읽을 때 실력이 늘어나는 것이지요. 아이가 흥미 있어할 만한 판타지나 유머 넘치는 원서들을 추천해 보세요. 그리고 『로알드 달』 정도를 초등학생 때 시도라도 했다는 것은 언어 감각이 남다른 것이 사실입니다. 그보다 낮은 레벨의 쉬운 책을 즐겁게 읽다가, 그 이상의 책을 스스로 꺼내 읽도록 도와주시면 효과가 더 좋을 거예요.

그리고 글쓰기는 틀린 것을 막 고쳐주고 알려준다고 느는 분야가 아니에요. 어머니도 한번 써 보세요. 한글 글쓰기도 어려운데, 영어 글쓰기가 술술 나오나요? 우선 쓰면 그냥 기특해하세요. 꾸준히 읽으면서 쓰기를 병행하고, 피드백은 아주 기본적인 것이 아니라면 그냥 두는 게 쓰기에 대한 좋은 감정을 살리고, 쓰기 실력을 늘리는 방법입니다. 책은 대부분 글쓰기에 둘째가라면 서러울 '작가'라는 사람들이 쓴 거잖아요. 좋은 글을 많이 읽고 재미를 느끼는 것이 차고 넘치면, 그때 자연스럽게 글쓰기가 터져 나옵니다. 꼭 명심하세요. 재미있지 않으면 실력으로 쌓이지도 않는다는 것을 말이죠."

8년 차 리딩 전문가로 살다 보니 어느 어머니를 만나도 그 어머니가 고민하는 부분을 도와드릴 수 있어, 어떤 만남이든 기대됩니다. 상담 경험이 쌓이고 쌓이면, 내 원에 아이를 보내시든, 엄마가 계속 엄마표로 끌어주든, 고민과 불안을 풀어주며 물 흐르듯 상담해 드릴 수가 있으니까요. 하지만 영어독서 공부방을 처음 시작한 시기에는 상담이라는 '거대한 과제' 앞에 벌벌 떠는 날들이 많았습니다.

'노부영(노래 부르는 영어동화)의 그림책' 광팬으로 두 딸과 나름 신나게 읽고, 보고, 노래하고, 즐긴 터라 원서를 좀 안다 생각했는데, 본격적으로 배우며 공부방 준비를 하다 보니 그 수많은 원서의 종류와 양을 보며, 내가 '우물 안 개구리 초보 원장'이었구나를 느꼈던 것이지요. 공부방을 오픈하고 어느 유치원생 어머니가 내원 상담을 하셨는데, 제가 모르는 원서를 줄줄 얘기하시며 "우리 아이가 5살 때는 ORT Oxford Reading Tree 5단계를 재밌게 보더니, 6세인 지금은 6~9단계까지 자유롭게 혼자 읽어요"라고 하시는데, ORT가 3레벨까지만 있는 줄 알던 그 시절에는 '독서 영재를 기른 뛰어난 엄마 앞에서 나의 무지를 들키지 않으려고 안간힘을 쓰며 콧잔등에 땀이 송송 나던 기억도 있습니다(상담 마치고 바로 찾아보니, ORT 9단계라고 해도 한 페이지에 5, 6줄의 글밥을 가진 재미난 그림책이었는데 말이죠).

영어독서 공부방에 상담을 오시는 경우는 보통 두 가지입니다. 엄마가 영어교육에 관심이 많아서 이미 '영어책 읽기가 중요하다는 것을 아시거나', '영어독서는 모르지만, 옆에서 좋다고 들었거나'입니다. 수많은 영어 학원들이 동네마다 넘쳐나는데 영어독서 공부방을 찾는다는 것은 영어 육아서(『잠수네』 시리즈, 『매일 영어책 읽기 습관』, 『엄마표 영어』등)를 이미 접한 적이 있는 경우지요. 책에서 말하는 대로 '엄마표'로 해보려 했으나, 아이랑 감정이 나빠져서 오시는 경우가 대부분이지요. 그래서 보통의 경우 원서를 잘 알고 계십니다. 오시면 벌써 "우리 애는 원서 ○○○를 읽고 있어요"라며 상담을 시작하는 경우가 많으니까요.

전혀 "영어독서에 대해 모르는데 큰 학원 보내기 싫다. 작은 데서 영어를 즐겁게 했으면 좋겠다"며 상담을 오시는 경우, 영어독서의 장점을 잘 말씀드리고 앞으로의 독서 계획plan을 짜서 즐겁게 시작하면 됩니다.

원서를 알고 있으며 엄마표로 진행하다가 오시는 경우는 좀 더 심도 있는 상담이 필요하지요. '아이를 어떻게 이끄셨는지, 하시면서 어려웠던 점은 무엇인지, 아이의 독서 성향이 어떤지, 영어독서 공부방에 바라는 것이 무엇인지'를 잘 들어보는 것이 중요하지요, 초보 원장이라면 오히려 엄마표 영어를 하신 엄마보다 원서에 대한 지식이 더 부족 할 수도 있습니다. 그렇다면 잘 모르는데 아는 척 하지 마시고, 어머니가 언급하는 원서를 잘 메모해두고 연구해 나가는 것이 좋습니다. 원서를 아는 어머니들은 독서의 중요성을 아시는 분들이고, 그런 분들은 대부분 매너가 남다르신 경우가 많습니다. 그것도 모르냐고 무시하는 어머니가 계셔도 당황하지 말고, "어머니의 원서에 대한 지식에 제가 배울 게 많습니다" 하고 경의를 표하면 되는 것입니다. 물론 상담을 마치고 나서 저처럼 진땀도 나고 자괴감도 드시겠지만, 어쩌겠습니까, 이제 막 공부방을 시작했는데요. 앞으로 연구하며 알아갈 원서에 대한 열정을 망친 상담들을 떠올리며 더욱 치열하게 하시는 것 외에는 답이 없습니다.

상담은 기술입니다. 영어독서를 모르고 보내는 어머니도, 영어독서를 알고 보내는 어머니도 상담을 오신 데는 다 이유가 있습니다. '내가 가진 지식과 능력을 맘껏 자랑해서 등록시켜야지' 하는 자세가 아닌, 자신의 아이에 대한 어머니의 마음을 잘 들어주고 같이 고민하겠다는 자세면, 신입 원장님도 성공적인 상담을 하실 수 있습니다. '아니야! 나는 원서도 더 많이 알고, 준비를 완벽히 한 다음 상담을 하겠다'라고 생각하셔서 상담을 미루지 마세요. 상담은 기술이기에 준비가 되었다고 잘하는 것이 아니라, 잘 할 때까지 시도해 보아야 기술력이 쌓이는 것입니다. 영어독서 공부방의 거대한 과제가 나만의 거대한 무기가 될 때까지 쉬지 않고 상담을 하시길 추천드립니다.

죠이쌤의 상담 노하우 5가지

1. 전화 상담 전

미리 시작 멘트를 준비해두세요. 자신의 정체성이 드러나는 멘트로 나의 상담 기운도 높이고, 상담 받으시는 분의 호감도도 높이세요. "행복한 영어책 읽기 세상, 키즈엔리딩, 죠이쌤입니다. 무엇을 도와드릴까요?"는 어떠세요?

2. 전화 상담 중

너무 길어지지 않게 하세요. 어머님들 다 바빠요. 숨 안 쉬고 설명하지 말고, 어머니가 더 말하실 수 있도록 여유를 가지며, 설명은 만나서 하는 것으로 하세요. 공부방에 내방하실 수 있는 상담 일과 시간을 잡고 지속적인 상담 알림 문자를 보내드리세요.

3. 내원 상담 전

첫인상이 중요하죠. 공부방 청결 상태와 원장의 차림새가 '저는 어머니를 귀하게 생각하고 있습니다'라는 이미지가 느껴지도록 정성이 필요합니다. '나는 청순하니까, 화장기 없이 상담해도 된다'고 생각하세요? 아니에요, 게을러 보입니다. 정성껏 꾸미세요. 상담의 기본입니다.

4. 내원 상담 중

'원장님 귀는 당나귀 귀' 자세로 잘 들어주세요. 어머니의 말과 눈빛에서 더 깊게 얘기하고 싶은 것이 무엇인지 집중해서 들어주세요. 자신의 얘기를 잘 들어주는 것만으로도 공감도가 확 올라갑니다.

5. 거울 보며 상담 연습하기

사람은 긴장하면 더 인상을 씁니다. 어머니를 만나기 전, 밝은 표정과 미소를 스스로 장착하세요. 대답하기 어려운 질문에서도 유연한 태도로 미소를 잃지 않는 것이 대단한 영어 실력 이상의 힘을 발휘합니다.

전화 상담:
이것만 알면 등록으로 이어진다

김주연(경희궁 키즈N리딩잇츠 원장)

"전화 상담은 어떻게 해야 하나요?"
"상담 후 등록으로 연결하는 비법이 있나요?"

학부모님들은 자녀의 사교육 기관을 선택할 때, 다양한 채널을 통해 알아봅니다. 상담을 통해 필요한 요소들을 고려하며, 아이의 상황 및 니즈needs에 맞춰 최종 결정을 하게 됩니다. 내 아이를 잘 이끌어 줄 선생님은 어떤 사람인지, 어떤 내용을 가르치는지, 우리 아이가 받는 교육의 효과는 어느 정도일지를 가늠해보곤 하죠. 바로 그 자리가 '등록 전 첫 신규 상담'입니다. 첫 상담의 경우, 학부모님이 연락 없이 바로 내원하는 경우보다 전화를 통해 기본 정보를 문의한 후 자세한 문의는 예약 후 대면 상담에서 하는 경우가 많습니다.

초보 원장님들은 대면 상담보다 유선 상담을 더 부담스러워할 수 있습니다. 언어만으로 나의 수업에 대해 호감과 신뢰를 불러일으키는 상담으로 이끌어가야 하기 때문입니다. 전화 또는 대면 상담 시 가장 중요한 것은 원장님이 가르치는 수업 콘텐츠를 학생의 상황과 니즈에 맞춰 정확하게 알려드리는 것입니다. 입소문 또는 지인 소개로 프로그램에 대한 호감이 형성된 경우, 단 몇 분 동안의 밀접 상담만으로도 신뢰를 얻어 신규 등록으로 이어질 수 있습니다. 운영 초반에는 교육프로그램에 대해 제대로 숙지하여, 전문성을 학부모님께 보여줄 수 있어야 하며 학생별 맞춤 상담을 진행하는 것에 주력해야 합니다.

상담은 수업시간을 피해 전화 통화 및 대면이 가능한 시간대를 정하여 조용하고 편안한 분위기에서 이끌어가는 것이 좋습니다. 간혹 수업 중에 상담전화가 걸려오면 자동 메시지를 통해 수업 중임을 안내하고 수업 후에 상담 약속을 정하는 것이 바람직합니다. 수업 중 전화상담은 반드시 지양해야 합니다.

대부분의 학부모들은 자녀를 지도할 원장이 어떤 사람이고, 어떤 분위기와 어떤 내용으로 수업할지 상담을 통해 많은 것을 판단합니다. 수업 내용에 대한 정보도 중요하지만, 내용을 전달함에 있어 신뢰와 확신을 주는 말투와 표정도 중요합니다. 이와 더불어 학습하는 장소의 분위기 역시 중요합니다. 많은 학생을 만나 지도 경험도 풍부해지고, 상담 횟수가 많아질수록 다양한 케이스 상담에 자신감이 생깁니다.

처음에는 학부모님들의 다양한 질문에 맞춰 바로 대답하는 것이 어려울 수 있으니 커리큘럼 숙지를 위해 중요한 부분을 원고로 써서 익숙해질 때까지 반복하여 읽어보고 말해보는 연습이 많은 도움이 됩니다. 학부모님들이 상담 시, 자주 물어보는 질문들FAQs 위주로 동기 원장님 또는 가족과 상담 역할극(롤 플레잉role playing)을 하며, 실전 연습을 해보는 것도 질문에 맞게 당황하지 않고 신뢰를 주는 상담 진행에 큰 도움이 됩니다.

상담이 끝난 후에는 보완할 점이 무엇인지, 동료 평가peer feedback 또는 셀프 체크self check를 통해 다듬고 수정하여 반복하면 어느새 다양한 케이스와 상황에 맞는 상담력이 높아져 '상담의 고수'가 되실 것입니다.

Tip

신규 전화 상담 진행 노하우

- (준비) 통화연결음을 공부방을 소개하는 인사말로 컬러링을 변경한다(부가서비스).
- 전화벨이 여러 번 울리기 전 밝은 목소리로 전화 응답한다.
- 공부방을 알게 된 경로를 물어보고(지인 소개, 블로그, 전단지, 게시판, 간판 등) 추후 홍보 채널 데이터 수집에 활용한다.

(예) 원장님: "감사합니다. OO 키즈엔리딩입니다."
　　　원장님: "네, 그렇군요. 저희 공부방은 어떻게 아시고 전화 주셨나요?"
　　　"네, △△ 어머님 소개이시군요. 감사합니다."

- 일방적인 안내사항 전달식이 아닌, 적절한 질문을 먼저 함으로써 학부모의 니즈를 파악한다(자녀의 학교와 학년, 아이의 이전 영어학습 경험, 아이의 성향, 부족한 부분 등).

(예) 원장님 : "아이가 어느 학교 몇 학년인가요? 네, 자녀분은 그동안 어떻게 영어학습을 하였나요? 우리 학생은 어떤 부분에 실력을 올리

길 바라시나요?"

• 학부모의 답변에 맞춰 일반적인 내용도 자녀에 맞춘 피드백으로 제
공한다.

(예) 원장님: "네, 책을 많이 못 읽어서 리딩을 본격적으로 해보시고 싶
으시다고요? 이번에 3학년이 되면 학교에서 수준별 영어수업을 하
겠네요? 요즘에 『아서(Arthur)』 시리즈를 읽고 있다면, 2점대 책을
재미있게 읽으며 챕터북을 읽기 위해 열심히 리딩을 하면 도움이
되겠네요."

• 자주 묻는 질문에 대비한다. 예를 들면, 커리큘럼이나 시간표를 소개
하는 문구를 연습한다.

(예) 원장님: "키즈엔리딩은 아이들의 속도와 레벨에 맞게 양질의 영어
인풋(입력, input) 양을 수준별 원서(原書) 읽기를 통해 채워가는 곳
입니다. 우리 아이가 한글책도 많이 읽어야 하는 것처럼 모국어 수
준으로 영어 실력을 끌어올리려면 얼마나 많은 영어 인풋이 필요하
겠어요. 키즈엔리딩은 미국 학제에 맞춘 단계별 원서 다독과 더불
어 ORT 정독, 시리즈 반복 등 균형 잡힌 리딩을 통해 한글책 읽기
수준처럼 영어책도 읽어낼 수 있는 수준 높은 독서가로 키우는 곳
입니다. 리딩에 더해 '센텐스 보카(sentence vocabulary)', '스토리
영문법', '논픽션 정독' 등도 함께 진행하며 언어 발달의 균형을 맞
추고 있습니다."

- 자세한 상담은 1:1 대면 상담을 위한 방문일시 예약을 안내한다.

(예) 원장님: "네, 공부방 환경도 보시고, 자녀에 대해 자세히 말씀 나누려는데 방문해주실 시간이 되시나요?" "네, 방문 상담은 평일 오전 10시부터 오후 1시까지 가능합니다. 편한 시간 말씀해주시면 방문 상담 예약 문자 전송해드리겠습니다."

- 전화통화를 마치고, 상담예약 일시와 함께 미리 읽고 오면 도움이 될 만한 웹 브로슈어, 블로그 링크 등을 전송하고 방문 전 리마인드 문자를 전송해 노쇼를 방지한다.

> [키즈엔리딩 방문 상담 예약 안내]
>
> 안녕하세요 어머님, 방금 통화나눈 <키즈엔리딩>입니다.
>
> 방문 상담 일시는 아래와 같습니다.
>
> ■ 일시: 9. 6.(월) 오전 <u>10시-11시</u>
> ■ 장소: 키리아파트 101동 101호
>
> 방문 전 읽어보시면 도움이 되는 정보를 함께 보내드립니다.
>
> ■ 키즈엔리딩에서 무얼하는지 궁금해요 - 웹 브로슈어 둘러보기
> <u>https://kidsnreading.com/</u>
> <u>brochure.html</u>
>
> 감사합니다.

여기서 잠깐! 수업 중에 상담 전화가 온다면?

수업시간에 상담 전화를 받는 것은 피해야 합니다. 전화 주신 어머님은 즉각 상담을 받아서 좋다고 생각할 수 있지만, 상황을 바꾸어보면 '내 아이를 가르칠 때도 이렇게 상담 전화를 받는구나'라고 생각할 수 있습니다. 수업 중에 전화벨이 울리면 미리 저장해둔 수업 중 문자 또는 이미지를 전송하여, 수업시간 이후 연락드린다는 메시지를 간단히 보내두는 것이 좋습니다.

[키즈엔리딩 전화 상담 연결안내]

안녕하세요, 전화주신 키즈엔리딩입니다.
수업중이라 전화연결 못했습니다.

자녀의 학년과 간략하게 영어학습 경험
남겨주시면 수업마치고 오늘 저녁 7시경
전화드릴 수 있습니다.

저희 블로그에 방문하시면 수업에 관한
많은 정보를 얻으실 수 있습니다.

■ 키즈엔리딩의 대표 3종 커리큘럼
https://m.blog.naver.com/
jylover81/221944838244

감사합니다.

*참고: 부재중 이미지 제작은 멸치앱을 활용하시면 편리합니다.

대면 상담:
비언어적 요소로 신뢰를 주어라

— 김주연(경희궁 키즈N리딩잇츠 원장) —

"대면 상담 전에 무엇을 준비해야 하나요?"
"대면 상담이 등록으로 이어지는 방법이 있나요?"

　　학생을 잘 가르치는 것도 중요하지만, 학부모님에게 잘 안내하는 것도 중요합니다. 대면 상담은 학부모님이 직접 교육현장을 방문하는 것이기에 상담 콘텐츠 준비에 앞서 신뢰를 줄 수 있도록 상담자의 옷차림새와 정결한 공간에 대한 준비도 함께 해야 합니다. 대면 상담을 희망하는 학부모님들의 경우, 자녀의 교육기관 결정 및 유지에 있어 더 적극적이고, 자녀의 학습 진행에 대한 관심 및 개입도가 높을 가능성이 있습니다. 대면 상담 시에는 공부방에 보유하고 있는 원서 환경을 보여드리며, 진행하고 있는 독서기록장, 학생들 성장 포트폴리오, 학습 자료, 커리큘럼 안내문처럼 다양한 시각자료를 활용해 구체적이고 명시적인 상담으로 이끌어야 합니다.

대면 상담 시 원에 직접 방문하는 학부모님들은 상담 내용 이외의 비언어적 요소에서도 '교육환경 및 학생을 지도하는 원장님에 대한 다양한 해석'을 할 수 있는데요. 등록으로 이끄는 신뢰를 주는 대면 상담, 어떤 것을 미리 준비해야 할까요? 먼저, 원장님이 준비된 상태로 학부모를 응대하는 모습, 공부방의 청결 및 정돈 상태, 책장 및 책상 등 학생들이 학습하는 공간, 조명의 밝기 등 다양한 비언적 요소를 통해서도 학부모님은 평가를 시작할 것입니다. 상담 내용에 대한 신뢰를 얻기 전, 먼저 상담자의 태도·자세 및 상담공간에 대해서도 불필요한 결정요소 등을 제거함으로써 신뢰를 주는 대면 상담 환경을 정비해야 합니다.

대면 상담 준비물 예시

원장님 자리

√ 커리큘럼 PPT 파일이 탑재된 노트북

√ 리딩 파일 샘플(학생들의 다독 임계량 및 권수를 보여주는 파일), 플래너

√ 다독 독서기록장, 정독 천문장(1000문장) 노트, 통역노트 샘플

√ 단계별 원서 책, 연습량을 체크하는 시리즈 반복 듣기 표를 부착한 책, ORT 정독책, ORT 사운드펜

√ 『센텐스 보카킹』, 『스토리 영문법―Part1』, 아이들이 그린 '스토리 영문법 맵(map)'

√ 리딩펜, 다독 북배지 달린 키리 가방

학부모님 자리

√ 커리큘럼 안내 브로슈어 및 안내문

√ 신규 상담 설문지

√ 필기용 펜

• 대면 상담 시 자리 세팅의 예

Tip

여기서 잠깐!
성공적인 상담으로 이끄는 자리는 따로 있다?

학부모님들이 상담 시 자리에 앉을 때, 등록 성공률이 높은 자리가 따로 있습니다. 학부모님들이 책장이나 칠판을 마주 보고 앉는 자리이며, 동시에 원장님들은 책장과 칠판을 등지고 앉는 자리입니다. 이런 자리 배치를 통해 학부모님은 책장과 칠판을 등지고 있는 상담자, 즉 원장님의 모습에서 '아, 이 분이 이런 모습으로 앉아 아이들을 지도하겠구나' 하며 선생님의 권위와 이미지를 그리며, 상담 내용에 대한 신뢰를 얻을 수 있습니다.

아울러 학부모님들은 상담 받으면서 원장님의 눈만 바라보지 않습니다. 끊임없이 공부방의 이곳저곳으로 시선을 옮기며 다양한 것들을 관찰합니다. 이때 잘 정돈된 책장과 날짜와 이벤트 등 안내와 수업 게시물을 부착해 놓은 칠판 등을 보면서 원의 청결 상태와 리딩 분위기를 가늠해 볼 수 있습니다. 학부모님의 시선 범위에 교육적인 자료가 보일 수 있도록 자리를 배치하고, 그 자리에 학부모님이 앉을 수 있도록 안내하는 것이 좋습니다.

대면 상담 진행 시
비언어적 요소에서 신뢰를 얻는 노하우

- 상담 시간을 약속하고, 상담 하루 전날과 상담 2시간 전 리마인드 메시지를 전송하여 노쇼(no-show)가 없도록 한다.
- 학부모님 도착 시, 현관벨을 한번 더 누르는 불편함이 없도록 현관문은 미리 활짝 열어 두고, 거실화를 가지런히 앞에 두어 신고 들어오실 수 있도록 준비한다.
- 라운지에 온 것처럼 잔잔한 클래식 음악을 적정한 볼륨으로 틀어둔다.
- 화장실에 향초를 피워두거나 커피를 미리 내려두어 향기가 있는 공간으로 만든다.
- 학부모님이 현관에 들어선 순간부터 착석할 때까지 시선이 머물 수 있는 곳은 모두 깨끗이 정리한다. 게시판, 책장, 상담 테이블 등 상담 공간뿐 아니라, 주방, 화장실 등도 꼼꼼히 확인한다. 특히, 현관에 있는 가족들의 신발, 택배상자, 킥보드 등 불필요한 물품들은 미리 치워두고, 화장실 세면대나 거울에 있는 물 때 등은 보이지 않도록 깨끗이 닦아둔다.
- 어머님께 밝게 인사하고 자리로 안내하며 음료를 권하며, 미리 준비해둔 상담 자료를 읽어보시라고 안내하며, 그 사이 차를 준비하여 대

접하며 자연스러운 일상대화로 시작한다.

• 전화 상담을 할 때처럼 질문과 대답을 적절히 섞으며 상담의 포인트를 잡아, 학부모님의 니즈와 공부방의 커리큘럼 등을 연결하여 맞춤 상담을 진행한다.

• 상담을 마치면 가정에 가서 읽어보실 수 있는 자료와 함께 작은 방문 상담 선물을 준비한다.

상담 시 프로그램 소개 :
리딩 전도사가 되어라

임서영(강서 우장산 키즈엔리딩 원장)

"영어, 도대체 어떻게 해야 잘 할 수 있을까요?"
"영어 리딩이 좋다는데, 방법을 모르겠어요."

　　다양한 교육관을 가진 어머님들을 오랜 시간 만나다 보면, 백분이면 백 분 모두 고민의 포인트가 다 다르다는 것을 깨닫습니다. 그러나 언어를 익히는 데 가장 보편적이고 최상의 방법이 '독서reading'라는 것은 동서고금을 막론하고 부정할 수 없는 사실입니다. 이렇듯 언어인 영어를 잘 하기 위해 '리딩'이 영어를 익히는 최상의 방법이라는 것을 부모님께 알리기 위해 사명감마저 느끼며 '리딩'을 '전도'하고 있습니다. '리딩 전도사'라는 어감에서 느껴지시겠지만, 상담 시 '원서 리딩'으로 영어를 접근하는 방법에 대한 이해가 우선 돼야 하기 때문에, '리딩이 무엇인지', '리딩으로 어떻게 우리 아이 영어 실력을 향상시킬지'에 대해 말씀드리고, 리딩에 대한 호감을 가질 수 있도록 소개하시면 좋습니다.

그 구체적 방법으로는 '일반적인general 원서 리딩 프로그램 소개와 이해' 그리고 '각 아이별 문제점 파악 및 해결 솔루션 제시'로 크게 두 가지의 단계로 상담하시면 됩니다.

1단계
일반적인 원서 리딩 프로그램에 대한 소개

"안녕하세요. 저희 프로그램에 관심 가지고, 문의 주셔서 감사합니다"라고 인사를 한 후, 원서 리딩에 대한 어느 정도의 이해가 있으신지 우선 학부모님의 이해도를 체크합니다. 체크하셨다면 "저희는 (주로) 초등학생 대상으로 영어원서를 듣고 읽으면서, 매번 읽은 책을 독서기록장에 바르게 적는 것이 기본 활동입니다. 기록한 내용을 바탕으로 1:1 개별 코칭을 통해 문해력 향상(영어를 언어로써 이해하고 구성할 수 있도록)을 위한, 듣기, 읽기, 쓰기, 말하기, 어휘를 모두 다루고 있습니다.

특히 초반에는 영어책 읽기의 재미와 흥미를 고취시키고, 꾸준히 할 수 있도록 학습적인 터치touch나 푸시push보다는 본인 레벨에 맞는 책, 혹은 어떤 작가의 문체나 캐릭터에 흥미를 느끼고 있는지 세심히 관찰하고, 아이가 좋아할 만한 책을 권해주고 이야기 나누며, 아이의 입장에서 책에 몰입할 수 있는 동기를 심어주는 데 많은 에너지와 정성을 쏟고 있습니다."

"보통 처음 영어를 접하는 학생들인 경우 '파닉스', 음가 위주의 '디코더블 북'으로 소리와 문자를 같이 인식하고 구분하는 책부터 시작하여 기록과 코칭을 함께 진행하여, 한 달에 평균 100권 이상의 책을 읽고 이해하는 다독을 통한 입력$_{input}$ 작업을 쌓아갑니다."

"기본 수업시간 구성은 영문법 수업 시작 전까지는 1시간이며, 월수금 (주 3회), 화목(주 2회) 시간표에 맞춰 학생들이 등원하여 각자 자리에서 본인이 편안하게 읽을 수 있는 수준의 책을 고릅니다. 들으면서 읽은 책들을 기록하는 자율 독서 40분, 그날의 읽은 책과 가정에서 읽은 책의 날짜와 누적 권수를 기록한 것을 바탕으로 개별 코칭하는 시간이 10분, 같은 시간에 오는 친구들과 모여 앉아 스토리텔링, 퀴즈 등을 하며 책 자체의 재미를 배가하며 효과적으로 책 읽기를 모델링할 수 있는 그룹 코칭 시간이 10분으로 구성되어 있습니다."

"아울러 이러한 자율 독서를 통한 언어적 감각과 습득에 머무르지 않고 한 권의 책을 자세히 들여다보고 분석하여, 구문 익히기, 쓰기, 말하기 등을 반복하여 본인 것으로 만들도록, 1:1 개별 정독 프로그램도 함께 진행하고 있습니다", "여기에 도서 대여 시스템을 통해 원에서 읽은 권수만큼 같은 레벨의 다른 책을 빌려주어, 원에서 하는 것처럼 꾸준히 읽고 기록하도록 하여, 매달 읽은 권수가 많아질수록 집중력과 지구력도 길러질 수 있도록 무한대출 해드리고 있습니다."

전화상 프로그램에 대해 소개할 때, 보통은 위 정도까지만 안내해주셔도 좋은데, 직접 방문하시는 경우에는 아래 경우도 추가하여 소개해 드립니다.

"리딩과 더불어 매일 '센텐스 보카$_{sentence\ vocabulary}$'를 통하여, 문장 속에서 어휘의 쓰임을 돕고 확인합니다. 제대로 읽지도 못하는데 스펠링을 외우도록 지도하는 것이 아닌, 하나의 음가, 하나의 단어로 구성된 책부터 시작합니다. 빈도수 높은 '사이트 워드sight words'를 찾아내고, 구분하고, 점점 발전시켜 문장 안에서 단어가 어떤 의미로 쓰이는지를 유추할 수 있는 힘을 기르도록 하는 원리입니다."

"앞에 설명한 내용은 1시간 내에 구성하여 지도하는 프로그램들이며, 아이가 다독과 정독을 통한 인풋이 2,000권 이상이고, 보카 5급 이상 레벨부터는 어순의 이해와 품사의 바른 위치에 대한 대략적인 감각이 생겨 문법적 내용을 이해하고 배울 시기가 옵니다."

"영어로 이해하고 문장을 구성하는 데 필수적으로 필요한 영문법을 '정·다독 시간 60분'에 '30분'을 더 연결하여, 총 90분 동안 배우게 됩니다. 이 시간을 통해 어법이 문장 속에서 실제 어떻게 쓰이는지를 알 수 있고, 재미있는 스토리를 통해 쉽게 개념을 익힐 수 있습니다. 한 단원을 끝낼 때마다 학생들이 준비한 맵과 강의를 통하여 상대방에게 가르쳐줄 수 있는 수준으로 즐기게 됩니다. 문법은 중학교 3학년까지 다루는 내용을 모두 담고 있으며, '스토리 영문법' 시간을 통하여 아이의 표현력과 어법에 맞는 영작과 말하기를 한층 풍부하고 깊이 있게 다루게 됩니다."

위에 상담 내용은 '영어책 읽기로 어떻게how 공부를 시켜야 내 아이도 영어를 잘 할 수 있을까요?'라는 고민에 대한 답을 드린 것이라고 보면 될 듯합니다.

2단계
해당 학생에 대한 1:1 맞춤 솔루션도 함께 제시

학부모님이나 학생의 말에 경청과 공감하시는 것이 중요합니다. 이와 더불어 학생별로 보완해야 할 방법이나 솔루션도 함께 제시해야 합니다. 따라서 일반적인 소개와 함께 해당 학생에 대한 개인 맞춤 솔루션과 비전도 같이 제시해야 합니다. 예를 들어, 리딩을 통해 영어를 처음 시작하는 경우에 '파닉스도 모르는데 리딩이 되나요?'와 같은 기본적인 궁금증이 있을 수 있습니다. 그러나 아이들이 ㄱ, ㄴ, ㄷ, ㄹ의 원리를 알기 전에 동화책을 통해 한글을 처음 깨치듯 접근하는 방법과 동일함을 이해할 수 있도록 설명해야 합니다.

"리딩을 할 때 막연히 읽게 하는 것이 아니라, 정확한 발음과 억양의 소리(음원)를 들어서 눈으로 보고, 귀로 들으며 인지(음소 인식phonemic awareness하는 것이 효과적입니다. 책 속의 그림, 상황 안에서 자연스럽게 단어의 발음과 소리를 들으며 읽다 보면, 파닉스 규칙에 한정하여 읽는 것이 아닌 의미와 억양에 맞는 살아있는 언어로서 영어를 받아들이게 됩니다. 이러한 효과는 며칠, 몇 주 만에 뚝딱 나타나지 않지만, 우리 아이들에게 지속적인 책의 제공과 1대1 코칭을 통해 여러 권의 책을 듣고 보는 활동을 꾸준히 하게 되고, 약 6개월 정도 바른 인풋input을 하면 다양한 상황과 문맥을 이해하며 자연스럽게 영어를 읽어내게 됩니다."

위와 같은 정도로 소개해 주시면 됩니다. 아울러 비재원생 첫 상담 시

기본적으로 갖출 마음가짐으로는 선생님으로서 나의 입장보다는 상담을 요청하신 '어머님과 자녀의 입장'에서 두루 살피려는 마음가짐이 중요합니다. 이러한 진심과 배려는 원에 대한 호감도를 높여, 결국 체험 수업으로 연결될 가능성이 높습니다.

> "어머님도 저희 원에 궁금하신 부분이 있으신 것처럼, 저 역시 학생이 어떻게 받아들이고 리딩을 통해 어느 정도의 성과를 낼 수 있는지 궁금합니다. 무엇보다도 학생의 입장에서 느끼는 원의 분위기, 수업 후의 느낌도 중요하기 때문에 체험 수업을 통해 이런 점들을 학생이 이야기하도록 유도하고 있습니다. 또한 체험 수업 시 학생의 레벨에 맞는 적절한 책을 제시하면서, 학생이 그 음원의 속도에 맞춰 읽어나갈 수 있는지, 집중도와 흥미도는 어느 정도인지를 확인하며 종합적으로 리딩을 통한 성장 가능성을 체크한 후 어머님과 다시 이야기 나누면 좋겠습니다."

위와 같이 어머님의 궁금증을 공감, 해결해 주시면서 학생이 수업을 체험하도록 안내합니다. 그리하여 어머님들의 마음 속에 "리딩이 좋다는데, 어떻게 공부를 시켜야 하는 거지?"와 "아이들이 재밌어한다는데, 대체 어떻게 하길래 재밌어 하지?"에 대한 답변을 명확하게 심어주셔서 결국에는 그게 입에서 입으로 소문이 퍼져 더 많은 분들이 궁금해하시도록 리딩을 전도하는 사명감으로 상담에 임하시길 바랍니다.

리딩 한 달 된 아이의
부모님과 상담

임서영(강서 우장산 키즈엔리딩 원장)

"어, 이거 쉬운데요?"
"영어가 쉬워요!"

전화 상담과 대면 상담을 통해 원에 등록하여 리딩을 한 지 한 달이 되어갈 즈음, 부모님들께 연락하여 상담해야 합니다. 그래야, 아이들도 잘 정착하여 영어 독서를 재미있게 계속 할 수 있고, 부모님도 안심하며 만족스럽게 원에 보낼 수 있기 때문입니다. 리딩 한 달째인 아이의 부모님과 상담은 어떻게 해야 하는지, 알아보겠습니다.

리딩 한 달째인 아이의 부모님과 상담 시
필수 체크리스트

첫째, 한 달 동안 디즈니 반에서 원서 리딩 수업을 시작한 아이들은 우선 바른 자세로 30~40분 동안 리딩할 수 있는 태도와 습관을 기르는 것이 주된 목표입니다. 수업 시작 후 한 달여 기간 동안 원에서, 가정에서 어떻게 습관과 자세가 잡혔는지 확인하는 작업이 필수입니다.

둘째, 아이가 수업 시작 후 한 달여 기간 동안 영어책 읽기의 재미와 성취감을 느꼈는지를 확인해야 합니다. 즉, 책 이야기를 집에서도 하며 어떤 책을 왜 좋아하는지, 그 재미를 어떻게 하면 잘 이어갈 수 있을지 상담 시 어머님과 '아이 온도 체크하기' 또한 필수입니다.

셋째, 가정에서의 리딩 환경과 시간 확보에 대한 확인도 빼놓을 수 없습니다. '요일별로 대여한 책을 몇 시에 읽는지, 한 번에 몇 분가량 집중하여 보는지, 대여해 가는 책의 양은 적절한지, 아이가 정성껏 노트 기록을 하는지, 다른 학원 시간은 어떻게 되는지, CD플레이어는 문제없이 아이 전용으로 확보되어 있는지'에 대해 어머님께 확인하고, 궁금하신 점은 없는지를 먼저 질문합니다.

여기서 노트 기록의 중요성에 대해 한 번 짚고 넘어가려 합니다. 간혹 노트 기록에 대해 단순히 읽은 책 제목을 쓰는 것에 왜 정성을 들여야 하는지, 아이가 힘들어하는데 나중에 하면 안 되는지 등 독서기록에 대한 의미를 모르시는 경우도 있습니다. 독서기록장에 기록하는 것은 아이가 음원으로 들은 책의 제목을 적으면서 내용을 관통하는 핵심 주제를 파악하고, 어느 레벨의 어떤 책을 몇 번씩 읽었는지를 모두 담고 있어, 아이의 1개월 동안의 활동과 발달 상황을 알 수 있는 중요한 로그 데이터입니다. 독서기록은 초반 한 달가량 바르게 쓰는 습관을 잡지 못하면, 다니는 내내 교정이 힘들기 때문에 초반에 꼭 기록의 중요성에 대해 어머님과도 합의하셔야 합니다.

마지막으로 한 달 동안 왜 쉬운 레벨의 책을 읽히는지에 대해 어머님과 공감하는 것이 중요합니다. 가장 근본적인 이유는 바로 아이의 자신감 고취인데요. 쓱 보고 "어, 이거 쉬운데요?" 하는 반응이 나와야, 영어가 쉽다고 느껴, 영어책에 손이 가고, 실제로 더 읽으려고 하기 때문입니다.

또 하나의 이유는 문자와 소리 인식phonemic awareness이 가장 잘 이루어지기 때문입니다. 예를 들어, 'eat'을 보고 "잇"이라고 읽을 수 없는 아이들이 음원을 들으며 운율에 맞춰 "Eat some carrots. Carrots are good. Eat some peppers. Peppers are good"을 한 단어씩 따라 읽으면, 영어 단어가 또박또박 들리고 눈에 스며들듯 들어와서 문자와 소리를 같이 인식하는 작업을 합니다. 그런데 어려운 책을 읽게 되면, 쉬운 책을 읽으면서 자연스럽게 들어오는 글자와 그림, 소리의 종합적 인식이 매우 힘듭니다.

단계별 상담 흐름

1단계: 학부모님(어머님)의 속마음 먼저 듣기, 경청

세상에 똑같은 사람은 없지요? 학생도 어머님도 마찬가지입니다. 그리고 아이마다 특성과 개성도 백이면 백 모두 다릅니다. 그러니, 내 얘기를 우선 말하지 말고, 학부모님의 속마음을 먼저 경청해야 합니다. "○○ 어머님, 우리 ○○가 저희와 수업을 같이 한 지 벌써 한 달이 됐어요. 집에서 우리 ○○가 빌려 간 책을 잘 보고 있나요?"라고 어머님께서 대답하기 쉬운 질문을 먼저 드리세요. 그리고 편안하게 아이에 대한 이야기를 나눌 수 있는 대화로 시작하세요. 또한 이미 한 달을 보낸 어머님이시므로 처음 보낼 때의 기대와 한 달 후의 만족도가 어떤지도 필수적으로 들어

보셔야 합니다.

2단계: 수업 지도 방향, 가치관에 대해 명확한 전달

어머님의 마음을 읽었으니, 이제 우리 원에서 추구하는 방향에 대해 말씀드릴 차례입니다. 이때는 "아이가 직접 진행한 것'과 '앞으로 어느 정도의 속도로, 어떤 프로그램들을 더 할 것이다"라는 이야기를 해주셔 야 합니다. 이때의 '속도'란 이 아이만의 속도를 말하는 것이지, 레벨테스트를 통해 과락을 정해놓는 시스템이 아니라는 것도 알려주세요. 대신, 매달 다독 100권 내외의 책을 제공하여 리딩을 지속적으로 하도록 돕고, 여기에 '정독'과 '어휘'까지 체크하여 아이가 주도적으로 학습할 수 있는 능력을 기르도록 끊임없이 동기 부여할 것이라고 알려주세요.

3단계: 개별 솔루션 제시

수업을 진행하며 아이가 하루에 평균 읽는 책의 권수, 내용과 어휘를 인지하는 속도, 책에 대한 애정과 흥미도를 파악한 후, 그 아이만이 가진 성향과 더불어 그 학생만의 맞춤 플랜을 제시하면 좋습니다. 예를 들어, 책을 읽는 속도와 기록이 매우 빨라 한 달에 200권을 넘게 봤지만, 막상 읽은 책을 다시 읽혀보면 제대로 기억하지 못하고 우물우물하며 넘어가는 학생이 있다면, 그 학생은 100권 배지가 너무 예뻐서 대충 읽고 넘어가고 싶었던 마음이 있었을 것입니다. 이런 경우 어머님과 이야기를 나누면서 시리즈 반복듣기 책을 바로 정해, 한 권의 책을 여러 번 반복하여 읽히며, 소리와 글자를 조합하는 코칭을 집중적으로 하도록 합니다. 또한 배지 욕심이 있으므로, 한 권을 여러 번 읽은 경우 읽은 횟수만큼 권수로 인정해 주기로 아이와 어머님과 약속을 하면, 아이는 계속 동기부여

되어 리딩하게 됩니다.

또 다른 예시로 "지난 달은 우리 ○○가 0단계 책부터 시작했는데, 사이트 워드sight wprds 위주의 손바닥 책을 반복하여 읽었습니다. 지금은 3개 단어로 이루어진 5페이지 분량의 책을 CD 음원에 따라 정확히 따라 할 수 있어요. 어머니, 오늘 빌려 간 책 확인해 보셨나요? 그리고 ○○가 b와 v의 발음을 헷갈리더라고요. 그래서 그 부분에 대해 문자인식과 소리내기를 집중적으로 연습하고 있습니다"라고 아이의 현재 진행 상황에 대해 어머님이 궁금해할 부분을 설명하고, 어떻게 해결하고 있는지 알려드리면서, 원이 아이에 대하여 문제점을 정확히 파악하고 있고, 해결에 애쓰고 있다는 내용을 대화하듯 풀어나가도록 합니다.

4단계: 리딩의 가치, 방향성에 대한 합의 필요

영어 리딩이 좋은 것에 서로 동의한다고 해도, '집에서 따로 리딩할 시간을 내기 어려우니 한 달에 50권만 읽겠다'는 등 세부적인 부분에 이견이 있을 수 있어요. 이럴 때는 기존에 아이들이 실제 사용하는 노트나 파일 등을 보여드리면 좋습니다. 인풋의 양과 질 그리고 개별 코칭에 따라 결과가 달라지기 때문인데요. 처음 시작부터 6개월, 1년 단위로 진행하는 과정을 보여드리면서 어머님들이 기존 다른 학생들의 진행 상황을 볼 수 있게 합니다. 이러면 수업 방향성에 대한 판단이 더 쉬우실 거예요.

한편, 리딩 자체를 즐기면서 천천히 하고자 하는 학생은 다독 위주로 진행하는 게 좋습니다. '시리즈 반복이나 정독' 등 다른 프로그램의 시작을 앞으로 한 달은 과감히 생략하고, 리딩의 매력에 더 빠져드는 시간을 주세요. 북꼬리 활동을 통해 책을 음미하는 훈련을 하도록 하면 더 좋습니다. 이와 같은 세부 프로그램의 조정을 과감하게 하여, 어머님과 앞으로 어떻게 수업을 진행할지 그 방향성에 대한 '합의'를 하시는 단계입니다. 어머님들은 아직 단계별 리딩마다 더해지는 프로그램에 대한 정보가 부족하시므로, 자녀의 특성에 맞춰 상세히 설명하면, 충분히 이해하시고 합의를 도출해낼 수 있습니다.

수업 후 한 달 내 첫 상담 시 기억할 핵심 가치

기본적으로 '의사소통'이라는 것은 서로가 서로를 존중하고 공감하는 데에서 시작됩니다. 이를 바탕으로 유의미하게 의견의 합치를 이룰 수 있습니다.

아울러 학원이나 공부방에서 공부를 하는 것은 마트에서 물건 값을 지불하고 끝나는 것이 아닙니다. 장기적 플랜 안에서 학생과 학원, 그리고 가정에서의 노력이 유기적으로 잘 맞물릴 때 서서히 효과가 드러납니다. 학생의 습관이 실력으로 연결되는 것임을 따뜻하지만 명확하게 전달하는 것이 필요합니다.

수업 첫 1개월 동안 원과 가정에서 '영어책 읽기 바른 습관 잡기'는 학생의 엉덩이 힘을 기르기 위해 반드시 필요한 것입니다. 저희가 추구하는 영어 공부의 방향성은 독해 문제집처럼 '풀었으니 끝났다'에서 멈추는 것이 아닌, 꾸준한 책읽기 안에서의 배움과 성장에 그 핵심이 있기 때문입니다.

퇴원생을 막는
재원생 정기상담

이혜진(인천 힐스 키즈엔리딩 원장)

"정기상담을 꼭 해야 할까요?"
"어떤 이야기를 해야 하지요?"
"불편한 이야기들이 오고 가면 어쩌죠?"

정기상담을 준비할 때면 늘 걱정이 앞섭니다. 사실, 정기상담을 꼭 해야 하는 것은 아닙니다. 그러나 차별화되고 전문적인 영어독서 공부방이라는 점을 알리기 위해서는 피할 수 없는 일입니다.

상담을 두려워 마세요. 이 3가지만 기억한다면 쉬워집니다. '현재 상황', '해결점', '비전', 이것만 잊지 마세요. '현재 상황'은 아이들이 공부방에서 어떻게 영어독서하고 있는지 보여드리는 것입니다. '해결점'은 문제가 생겼을 때 해결책을 제시하거나, 꼭 문제가 발생하지 않더라도 이슈가 되고 있는 이야기를 해도 괜찮습니다. '비전'은 학생의 수준에 맞게 앞으로 나아가야 할 방향성을 제시하는 것을 의미합니다. 즉, 선생님이 아이의 상황을 잘 이해하고 있고, 앞으로 어떻게 해야 할지를 부모와 나누는 자리라고 보면 됩니다.

　정기상담은 정성이 많이 들어갈 수 있는 일입니다. 그러나 아이들에게 관심을 갖는 선생님 이미지는 아이들을 오래 지도할 가능성이 높아집니다. 자연스럽게 퇴원생이 발생할 확률 또한 낮아지죠. 그러니 상담을 하지 않으려는 학부모에게도 대화하려는 시도를 하는 것이 중요합니다. 대면 상담이 너무 부담스러우신가요? 그렇다면 전화 상담이나 노트 전달 등으로 학부모와의 상호작용이 이루어지는 것도 좋으니, 어떤 식으로든 소통해보세요.

상담 시작 전

　상담 시작하기 전에 무엇을 해야 할까요? 학부모가 원에 오셔서 내방 상담이 이루어진 경우라면, 그냥 앉자마자 상담부터 진행하지 마세요. 아이들의 부모님에 대한 안부와 근황을 먼저 나누세요. 그러면 상담이 어색하거나 어렵지 않을 수 있습니다. 가볍게 차나 물을 준비하면서, 부모님의 안부를 물으면 더 좋습니다. 조용한 음악을 틀어놓아도 좋습니다. 최대한 부드럽게 상담을 진행하신다면, 조금 까다로운 학부모와도 생각보다 성과 있는 상담을 할 수 있습니다.

상담 시작

　상담이 시작되면, 학생의 현재 활동 상황을 이야기합니다. 학생이 잘하고 있는 부분에 대한 이야기로 시작하는 것도 좋습니다. 처음 등원했을 때보다 성장한 부분에 있으면 구체적으로 말씀드리면 좋겠지요.

　하지만 지나친 칭찬은 금물입니다. 왜냐하면 학생의 부족한 부분을 부모님께 말씀드리려 할 때, 부모님이 당황하실 수 있기 때문입니다. 이때 부족하지만 '어떻게 하면 성장할 수 있는지'에 대한 해결책과 비전을 함께 제시해 주세요. 부모님은 도우려고 할 것입니다. 어떻게 해야 학생이 나아질 수 있는지, 집에서는 어떤 부분을 도울 수 있는지를 구체적으로 정리해서 보여주세요. 부모님은 더 귀 기울여 들으실 거라고 생각됩니다.

상담 시 잊지 말고 해야 하는 이야기가 있습니다.

첫째로 '부모님이 몰랐던 학생의 모습'을 조심스럽게 이야기하세요. 스토리가 있는 그림책을 좋아하는 한 학생이 있었습니다. 그러나 엄마는 리더스북이나 논픽션 책을 고집했고, 그런 책을 아이가 좋아한다고 생각했습니다. 엄마는 끊임없이 자신이 원하는 책을 읽도록 주문했죠. 그런데 그림책을 읽었을 때와 엄마가 주문한 책을 읽고 난 후 쓴 북꼬리(책을 읽고 난 느낌이나 감정을 쓴 문장)가 판이하게 달랐습니다. 그림책의 북꼬리가 훨씬 자세하고 생생하게 쓰였던 거죠. 아이가 지금 어떤 종류의 책에 관심이 있는지 알 수 있습니다.

이런 이야기를 자료와 함께 보여주시며 조심스럽게 이야기를 꺼내보세요. 엄마도 아이의 감정을 받아들이실 겁니다. 물론 받아들이기 힘든 엄마도 있습니다. 그럴 때에는 너무 설득하려 애쓰지 말고, 가능한 부분만 잘 전달하시면 됩니다.

둘째, '원장님의 교육 철학과 비전'을 말씀하세요. 원장님은 영어독서를 어떻게 이끌고 가시려는지, 그렇게 하면 어떤 결과가 나올 수 있는지 등을 구체적으로 말씀하시는 자리가 되어야 합니다. 이때 학생마다 다른 학생의 영어독서 스타일도 존중하면서 이야기하시는 것이 좋습니다.

셋째, '구체적인 계획'을 학부모와 함께 이야기 나눠보세요. 영어독서에서 가장 중요한 것은 글을 읽는 '습관'입니다. 초등학교 저학년일 경우에는 비교적 영어독서 습관을 잡는 게 어렵지 않습니다. 하지만 고학년 이거나 학원을 여러 곳 다니는 학생들의 경우에는 습관을 잡기 어렵습니다.

이럴 때 어떻게 해야 할까요? 처음부터 많은 욕심을 갖기보다 영어독서 습관을 형성하기 위해 장기적으로 계획해서 하나씩 접근해야 합니다. 이때 상담이 매우 중요한 역할을 할 수 있습니다. 선생님은 장기 계획을 만들고, 부모님에게는 단기적으로 할 수 있는 계획에 대해서 이야기해 드립니다. 그리고 가정에서 필요한 도움을 요청하는 것이지요. 이렇게 엄마와 함께 계획한다면, 아이는 가장 안정적으로 영어 책읽기를 진행할 수 있기 때문입니다.

상담을 마무리하며

상담을 마무리할 때에는 돌아가시는 부모님의 발걸음이 좀 가벼워지시면 좋겠죠? 먼저, 상담 중 나누었던 이야기들을 간단히 정리해서 말씀 드리세요. 학생에게는 '할 수 있다'라는 긍정적인 신호와 메시지를 전달합니다. 부모님에게도 '함께 해주셔서 감사하다', '어머님의 메시지가 선생님에게는 힘이 된다', '지난번 보내주신 커피 너무 맛있게 먹었다' 등 감사의 메시지를 말씀드립니다. 사실, 모든 것이 감사하지 않을 수 없습니다. 그 많은 공부방 중에 그 많은 선생님 중에 우리에게 왔다는 것은 너무 감사한 것이지요. 그래서 가실 때 문 앞까지 나가서 '감사하다'는 말씀과 '다음에 또 뵙자'라는 인사말 등을 꼭 하셔야 합니다.

영어독서 경력별 상담 메시지

영어독서 1년 학생 상담

이제, 영어독서 경력별 상담 메시지를 살펴보겠습니다. 영어독서를 한 지 1년 된 키리 상담은 어떻게 하면 좋을까요? 제일 중요한 것은 '영어독서 습관이 잘 형성되었는지' 살펴보는 것입니다.

학원에서 책을 읽는 습관이나 태도에 대해 이야기 나누세요. 스스로 책을 고르고 반납하고, 모든 과정을 스스로 하고 있는지 파악한 후 이야기를 나누셔야 합니다. 책을 읽고 난 후 어떻게 '소통'하는지도 부모님께 알려주세요. 그런 후 집에서는 어떻게 하는지도 꼭 물어보셔야 합니다. 예를 들면, 어떤 책을 읽는지, 책은 누가 선택하는지, 언제 읽는지, 몇 권을 읽는지, 몇 분 동안 읽는지, 읽고 난 후에 부모님과 이야기를 나누는지 등에 대해서요.

1년 정도 영어독서를 한 후 부모님들은 '우리 아이가 어느 정도는 하겠지'라는 기대를 합니다. 1년이면 평균 1,000권에서 2,000권 정도 독서를 합니다. 이렇게 1년 동안 책을 읽는다고 영어를 매우 잘 할 것이라 기대하는 것은 욕심입니다. 부모들이 터무니없는 기대를 품지 않게 하려면, 평소에 어느 정도 책을 읽고 있는지 피드백을 간단히 나눠야 합니다. 그래야 부모님들이 자녀의 상태를 알 수 있습니다.

상담은 아이들 수준에 맞춰야 합니다. 영어독서를 1년 동안 진행했던 학생들이라고 하더라도 읽는 책과 프로그램 정도는 다를 수 있습니다. 조금 천천히 진행되는 아이가 있다면, 솔직하게 아이의 상황에 대해서 말씀드려야 합니다. 이때 학생이 잘 하는 부분에 대해 먼저 설명드린 후, 말씀하세요. 대안으로 앞으로 어떻게 해야 하는지도 전달한다면, 신뢰

• 영어독서 1년 후 가능한 일

- 모든 프로그램에 익숙하게 참여한다.
- 현 레벨에서 읽을 수 있는 단어와 문장들이 많아진다.
- 저학년일 경우, 발음이 좋아지고 읽을 수 있는 문장들이 많아진다.
- 고학년일 경우, 책을 어떻게 읽어야 할지 알게 되고 소리의 인식이 빨라진다.

높은 상담이 가능해집니다.

특히, 가정에서 도와주셔야 할 것을 체크해 전달해주시면 좋습니다. 예를 들어 1년 정도 되면 아이들은 프로그램에 익숙해집니다. 그렇기 때문에 기본적으로 해야 하는 것들을 빼먹거나 하지 않는 경우가 생길 수 있습니다. 아이들이 지칠 때 잡아줄 수 있게 동기부여를 하여 목표를 설정합니다. 목표는 선생님이나 엄마가 주도하기보다, 선생님은 예를 제시하시고 아이가 주도적으로 선택하고 설정할 수 있도록 해줍니다. 독서기록장 쓰는 것, 시간 기록은 잘 되는지, 영어책은 재밌게 읽고 있는지 등에 대해 아이와 얘기를 나누면 좋습니다. 가정에서는 영어책 읽기 전에 잔소리보다는 영어책을 읽어야 하는 시간에 엄마도 함께 책을 읽거나, 책을 읽을 수 있도록 환경을 조성해 주거나, 동생들에게 방해를 받지 않도록 시간을 보장해주는 것 등에 신경을 써주시면 좋습니다.

영어독서 1년이면, 이제 겨우 걸음마를 뗀 단계입니다. 그러나 학부모 입장에서는 한껏 부푼 기대를 할 수 있습니다. 거짓말을 할 순 없지만 잘하는 부분과 성장 가능한 부분에 대해서는 아낌없는 칭찬을 해주세요.

영어독서 1년 된 아이를 위한
동기부여 노하우

- 도전이 될 수 있는 책을 추천하세요.
- 만약 슬럼프를 겪고 있는 아이가 있나요? 그렇다면 모든 프로그램을 무리하게 진행하지 마세요.
- 아이가 힘들어하는 프로그램은 잠시 쉬었다 다시 시작하는 것도 좋습니다.
- 3학년 이상의 아이에게 단어 공부를 추천한다면, 아이들에게 좋은 환기점이 될 수 있습니다.

영어독서 2년 학생 상담

일단, 2년 동안 영어독서를 꾸준히 하고 있다면, 아이도 학부모도 칭찬해주세요. 2년이면 슬럼프를 이겨냈거나, 현재 겪고 있는 상황일 수 있습니다. 학부모님은 몇 번의 상담을 통해 아이에 대한 장단점도 잘 알고 있을 것입니다. 프로그램을 통해 많은 성장이 있었고, 단점을 고치기 위해 부단한 노력도 했을 것입니다. 즉, 프로그램도 영어독서도 익숙한 상황일 것입니다.

2년 차 상담에서는 원장님의 '용기'가 필요합니다. 학생의 잘 하지 못하는 부분을 구체적으로 이야기할 용기 말입니다. 어려운 이야기라고 생각하여 이야기를 할까말까, 어떻게 돌려 말할까만 생각하셨을 거예요. 그러나 생각을 바꾸셔야 합니다. 아이가 천천히 가는 부분이나 어려워하는 부분을 부모와 교사가 이야기를 나누는 것만큼 좋은 상황은 없다는 생각으로 말이죠. 충분히 아이와 함께 해결할 수 있다는 생각으로요!

그러면 용기가 생기고, 이야기 후 좋은 결과를 기대할 수 있습니다. 단, 이렇게 아이에 대해 부족한 부분을 이야기하려면 아이에 대한 이해와 파악이 정확하고 세밀해야 합니다. 그리고 이전 몇 차례 상담을 통해 이미 엄마가 아이에 대한 문제를 알고 있어야 합니다. 문제에 대한 인식이 없는 채로 대면 상담 때 아이의 문제에 마주한다면, 그리 기분 좋은 일이 아니기 때문이죠.

2년 차도 마찬가지로 문제를 어떻게 해결해야 하는지에 대한 분석이 이루어져야 합니다. 현재 정독은 어떻게 이루어지고 있는지, 정독과 시리즈 반복 듣기, 다독이 모두 고르게 균형 잡힌 독서가 이루어지고 있는지, 특별히 어려워하는 프로그램은 없는지, 『보카킹』은 영어책 읽기와 함께 잘 진행되고 있는지 등 세세하게 하나하나 전달해야 합니다. 더불어 종합적인 영어독서가 앞으로 어떻게 진행되어야 하는지를 보여주면 좋습니다. 비전을 세운다는 것은 상담의 긍정적인 효과를 기대할 수 있기 때문이죠.

● 영어독서 2년 후 가능한 일

- 영어 다독 2,000~3,000권
- 시리즈 반복을 통한 유추 능력 폭발
- 단어에 대한 호기심이 있을 수 있음
- 정독을 통해서 정확한 구문 이해와 해석이 가능

영어독서 2년 된 아이를 위한 동기부여 노하우

• 헨리 프로그램에 대한 기대감을 줄 수 있는 상담
• 스토리 영문법으로 영어책 읽기에 재미를 한 스푼 더! 영어 실력도 up!

영어독서 3년 학생 상담

3년 차 학생들 대부분은 두꺼운 챕터북을 1시간 동안 움직이지 않고 읽어냅니다. 할 수 있는 게 많은 학생으로 성장하죠. 예를 들면, 영어 레벨이 많이 오르지 못했더라도 학습 태도가 좋다거나, 꾸준히 읽고 기록하는 좋은 습관이 몸에 밴 경우가 많죠. 어떤 학생은 영어책이 조금 지루해지면 영문법을 배우며 스스로 강의하고 지도를 그리고, 스스로 동영상을 찍는 경우도 있습니다. 3년 차 영어독서를 하는 학생들은 자주 칭찬해 줘도 과하지 않습니다.

그러나 3년 차에 상담 오신 부모님은 마음의 변화가 심하십니다. 초등학교 1학년 때 영어독서를 시작하면 4학년이 되면 영어책 읽기에 본격적인 재미가 더해집니다. 그러나 부모님은 중학교 과정을 미리 준비하거나 환경을 바꿔야 한다고 생각하는 시점이기도 합니다. 이때 내 아이만 중학교에서 뒤처질까 두려움이 많으시죠. 이 불안감을 없애 드려야 합니다.

3년 차 상담의 포인트는 3가지입니다. '현재 잘하고 있는 부분', '많이 개선된 부분' 그리고 '중학교 과정에 대비해 진행되고 있는 부분'입니다. 자료와 함께 구체적으로 설명해 주셔야 합니다. 예를 들면, 초등학교 2학년 때 시작한 아이들은 영문법이 어느 정도 진행되고 있는지, 단어 수준은 어느 정도인지, 책 읽기는 지속적으로 잘 하고 있는지, 영어책을 통한 라이팅writing과 스피킹speaking 수준은 어느정도인지 등에 대해 이야기합니다. 특히 현재 읽고 있는 영어책과 중학교 영어 교과서의 지문을 비교해서 보여주세요. 스토리 영문법과 중학교 영문법을 비교해서 설명해 주세요. 그러면 중학교 과정에 대한 대비가 되고 있다고 인지하시고, 불안감도 줄어듭니다.

몇 년간 꾸준히 영어책을 읽어 높은 레벨의 책을 읽는 학생이 있었습니다. 상담할 때 이 학생이 책을 읽고 쓴 요약문, 에세이essay 그리고 영자신문에 대한 활동 등을 부모님께 보여드렸고, 앞으로 영어독서 공부방을 졸업하고 이후에 어떻게 공부하면 좋을지에 대한 계획도 말씀드렸습니다. 그랬더니 어머님이 중학교 1학년 때까지 영어책을 많이 읽게 하길 원해 졸업하지 않고 영어책을 읽는 경우도 있습니다.

● 영어독서 3년 후 가능한 일

- 다독 권수: 평균 3,000권
- 시리즈 반복 권수: 40~48권
- 정독 완독 권수: 24권
- 보카킹: 4급~2급
- 통역노트
- 스토리 영문법

영어독서 3년 된 아이를 위한
동기부여 노하우

- 사춘기 아이들이므로, 힘들어하는 아이들에 대해 부모님과 상담이 이루어져야 합니다.
- 스토리 영문법에 대한 진행 상황을 자세히 설명해야 합니다(어떤 차이점이 있는지, 그것을 아이들이 어떻게 소화하고 있는지를 설명해야 합니다).
- 아이들이 집에서 강의를 연습할 때, 부모님이 칭찬을 많이 해주실 것을 요청드립니다(아이들이 잘 준비할 수 있도록 미리 알려드리면, 아이들이 강의를 하거나 준비할 때 많은 도움이 됩니다).

4장

영어독서 전문가로
나서볼까?

영어독서 전문가의 필수 조건: 콘텐츠리딩 프로그램 5

원영빈(키즈엔리딩 대표)

> "영어책을 한글책처럼 술술 읽히고 싶어요."
> "무엇부터 시작해야 할지 몰라서, 답답해요."

내 학생들에게 영어책을 한글책처럼 술술 읽게 하고 싶다구요? 그러면서 나도 리딩 전문가가 되어 1억 연봉에 도전하고 싶은데, 막상 하려니 어디에서부터 어떻게 시작해야 할지 모르겠다고요?

정말 영어책 읽기가 한글책 읽기처럼 될 수 있는지, 책은 어디에서 구입하고, 어떤 방법으로 읽혀야 할지, 동기부여는 어떻게 해야 할지, 학생은 어디에서 모집해야 할지, 과연 나도 할 수 있을지, 무엇부터 시작해야 할지 몰라서 답답할 것입니다.

그런데 이런 생각은 학생들에게 영어독서가 정말 필요하다고 생각하는 영어 선생님들이라면 누구나 어려워하고 힘들어하는 부분입니다. 저도 그랬습니다. 처음에는 영어책의 음원을 들으면서, 눈으로는 글을 따라가며 읽는 것이 어떤 효과가 있는지 알지 못했습니다. 영어독서의 효과를 알게 되기까지 몇 년이 걸렸고, 학생의 실제 리딩 레벨보다 한두 단계 낮은 단계부터 읽혀야 하는지도 수년이 지난 후에야 깨닫게 되었습니다. 또한 책을 보고 듣는 입력input 과정이 충분히 선행되어 임계량을 채워야 쓰기와 말하기라는 출력output이 된다는 것을 아는 데도 수년이 걸렸습니다.

왜냐하면 독서의 모든 과정은 학생 개인의 특성, 독서량, 읽었던 한글 책의 난이도, 부모님의 지원, 선생님의 역량 등을 통해 결과물이 되어 나오기까지의 시간이 학생마다 다르기 때문입니다. 그래서 모두에게 똑같이 적용할 수 없고, 학생의 조건에 따라 프로그램을 적용시키고 정착시키는 데 오랜 시간이 걸렸습니다.

대다수 영어 선생님들이 무작정 리딩을 시작하겠다고 결심하고 시작했다가 시행착오의 시간을 견디지 못하고, 학습식 리딩, 즉 암기식, 주입식 학습으로 되돌아갑니다. 그런데 만약 누군가가 18년이 넘는 시간 동안 많은 시행착오를 겪으면서 만 명이 넘는 아이들의 경험 데이터를 가지고 리딩 프로그램을 하나로 정립했다면 어떨까요? 그 프로그램으로 수천 수백만의 각기 다른 능력과 특성의 아이들에게 1:1로 개별 코칭하고 훈련하게 해준다면 정말 효과적이지 않을까요?

그것이 바로 지금부터 설명하려는 전략적 임계량을 채우는 영어독서 방법인 '콘텐츠리딩 프로그램 5'입니다. 이 5가지 방법으로 학생별로 1:1로 적용하면서 힘들지 않고 즐겁게 영어책을 읽을 수 있도록 동기부여 해준다라는 마음으로 하면, 반드시 『해리포터』를 줄줄 읽고, 자신의 생각을 소논문으로 쓰고 토론하며 발표하는 학생들의 모습을 보게 될 것입니다. 이렇게 한다면 원장님들이 운영하는 공부방이 '리딩 전문가가

지도하는 영어독서 센터'라는 소리를 듣게 될 것입니다.

리딩 프로그램 1:
다독 (i-1 단계, 1,000시간)

영어독서 메인 프로그램은 'i-1[01] 단계에서 1,000시간 다독'입니다. 이것은 한글책을 깨우치는 원리와 같습니다. 아이의 실제 리딩 레벨보다 한 단계 아래의 책부터 매일 40분씩 오디오 리딩을 시작하여, 학년이 올라갈수록 매일 60분 정도까지 음원을 따라 책의 텍스트를 읽게 하는 훈련입니다. 쉬운 1단계 책에는 관련 이미지가 알기 쉽게 나와 있어서 해석해주지 않아도 이해가 됩니다. 시간이 지날수록(임계량을 채울수록) 단계도 올라가고 자연스럽게 단어와 문장의 뜻이 유추가 되고, 반복해서 듣다 보면 파닉스를 따로 알려주지 않아도 단어에 어떤 음가가 있는지 알게 되는 프로그램입니다. 이때 독서기록장, 플래너, 스티커 북 등을 이용하여 학생들에게 동기부여를 해주고 임계량을 체크합니다. 영어독서를 통한 유추 능력 이외에 독서 습관과 지구력, 집중력까지 키워주는 프로그램입니다.

---

01 크라센(Krashen, 1981)이 주장한 외국어 학습이론 중 하나인 '입력가설(Input Hypothesis)'에서 언급된 용어로, 언어 학습자는 언어습득을 위해 언어 입력(i)을 받고, 언어 습득자가 의사소통 상황에서 이를 활용했다면, 언어 습득자의 현 i단계에서 다음 'i+1' 단계로 습득이 완성된다는 것이다. 어린이가 현재 습득 단계(i=input, interlanguage)에서 다음 습득 단계로 가는 것을 'i+1'라 명명하였다. 따라서 'i-1'는 어린이의 실제 리딩 수준보다 한 단계 아래 단계를 의미한다.

리딩 프로그램 2:
마스터 정독

'i-1 단계에서 1,000시간 다독'이 책을 읽는 원리라면, 마스터 정독은 책 한 권을 확실하게 내 것으로 체화시키는 과정입니다. 리더스북 중 최고로 평가받는 ORTOxford Reading Tree 단계별 책으로 수십 번 듣고 따라 읽히세요. 이 과정을 통해 단어, 문장, 문법, 영작과 말하기까지 모두 익힐 수 있습니다. 이 프로그램으로 책 읽는 습관이 잡히고 임계량이 ORT 2단계stage 정도를 이해하는 수준이 되었다면, '다독', '시리즈 반복' 프로그램과 병행합니다. 이때 ORT 2~6단계까지 각 레벨에 해당하는 책과 통역 노트도 필요합니다.

리딩 프로그램 3:
시리즈 반복 듣기

'시리즈 반복 듣기'는 '다독'에서 '마스터 정독'으로 넘어가기 전에 유창성과 유추 능력을 집중적으로 키우기 위해 개발된 프로그램입니다. 우선, 책 한 권을 선택하세요. 학생이 좋아하고, 70% 정도 낭독이 가능한 시리즈 중에 골라주세요. 이 책 한 권을 1주일에 총 35회 반복해서 듣기만 하는 것입니다. 학생의 역량에 따라 자유롭게 하루에 5~7회 5회 반복하여 듣고 소리내어 읽게 해주세요. 1주일에 35회를 듣고 읽고 나면, 어느 순간 유창하게 소리내어 읽게 되는 순간이 찾아옵니다. '시리즈 반복 듣기'는 유창하게 읽는 능력을 키우기 위해 효과가 좋은 프로그램입니다. 요즘은 반복 듣기와 낭독의 편리성을 위해 디지털 시리즈 반복(디지털 시반)으로 진화하였습니다.

리딩 프로그램 4:
보카킹

글쓰기를 시작하는 아이들이 정확한 '발음'과 '스펠링'을 학습하기 위한 단어 암기 프로그램입니다. 영어책에 나오는 단어와 문장을 빈도수별로 정리하여 반드시 알아야 할 단어들을 정리했습니다. 단어 학습의 목적을 스펠링 암기에 둔 것이 아니라 문장 속에서 단어의 의미를 파악하는 것에 두었기 때문에 단어가 쓰인 문장의 난이도를 조절하여 익히기 쉽게 하였습니다. 1년에 3회 전국 단위로 단어 급수 대회를 진행하는데, 아이들이 재미있어 하며 성취감도 많이 느낍니다. 단어 축제라는 새로운 경험을 통해 단어 암기를 게임처럼 재미있게 할 수 있게 하였습니다. 7급에서 1급까지 있으며 85점 이상이면 합격입니다.

리딩 프로그램 5:
스토리 영문법

책을 많이 읽은 아이들은 문법을 가르쳐주지 않아도 문장의 구조를 잘 파악하는 경우가 많습니다. 자신이 말을 하거나 글을 쓸 때 자신도 모르게 문법에 맞게 써놓고, 왜 그렇게 썼는지를 물으면 자신도 설명하지는 못합니다. 책을 많이 읽다보니 자신도 모르게 자연스럽게 문장의 구조를 익히게 된 것이죠. 그런데 책을 읽은 기간이 짧다거나, 필요 독서량의 임계치가 채워지지 않은 경우, 혹은 책 읽기를 막 시작하는 초등학교 고학년의 경우에는 영어의 '어법'을 알려주면 쉬운 문장 구조를 이해하면서 읽을 수 있습니다. 그러니 초등학교 고학년의 경우 어법(문법)을 배우는 것은 책을 읽는 데 도움이 됩니다.

기존의 문법책은 개념을 이해하려면 적어도 초등학교 고학년이나 중학생 이상은 되어야 하니, 영어책을 읽는 아이들 수준의 초등 아이들에게 쉽게 이해시킬 방법이 필요했어요. 바로 문법 개념에 스토리를 넣은 것이죠. 동사들이 주어가 너무 좋아서 바짝 뒤따라다니다가 두 파, 비동사파와 일반동사파로 나뉘게 된 사연을 얘기해주는 거죠.

선생님이 영문법을 스토리로 만들어 재미있게 설명해주니 학생들은 영문법의 개념을 쉽게 이해했고, 이해한 문법을 맵으로 재구성하여 친구들에게 설명할 수 있게 되었죠. 그러다 보니 영문법이 세상에서 제일 재미있는 과목이 되었어요.

이렇게 18년이라는 시간 동안 아이들이 좋아하고 효과적인 영어독서 프로그램이 만들어졌어요. 이 프로그램으로 수년 동안 스트레스 없이 즐겁게 읽은 아이들은 『해리포터』도 줄줄 읽고, 에세이와 소논문도 읽었으며, 자신의 생각을 영어로 발표도 할 수 있게 되었죠. 또한 우리 아이들의 필요 임계시간을 단축하는 큰 성과도 얻게 되었습니다.

리딩 전문가 원장님들은 이렇게 말합니다. 영어로 말하고, 영어로 짧은 글을 쓰는 것은 누구나가 할 수 있어요. 그런데 책으로 얻은 지혜와 배경지식을 바탕으로 자신의 생각을 담아 표현하는 것은 아무나 할 수 있는 게 아닙니다. 이제 우리는 단순히 영어로 말하는 아이들을 키워내는 것을 목표로 하는 것이 아니라, 책을 꾸준히 읽는 아이, 그 책을 통해 성장하고 자신의 생각을 스스로 정립해나가는 아이들을 길러내는 것을 목표로 해야 합니다.

어떤가요? 영어독서를 단순히 책을 읽고, 책의 내용을 이해했는지 묻고, 리딩 레벨을 파악하는 영어 실력을 키우는 방법으로만 여긴다면 안 되겠죠? 앞으로도 더 많은 사례와 방법들이 연구되겠지만 이 5가지의 방법만으로도 충분히 영어독서를 통해 훌륭한 아이들로 키워낼 수 있게 될 것입니다. 무를 빨리 키우고 싶어서 아직 자라지도 않은 무를 밭에서 미리 뽑아서 무의 키를 키우는 묘수를 찾지 마시고, 차근차근 천천히 아이의 속도대로 리딩의 본질을 지키면서 위의 5가지 방법을 적용해보시면 아이는 행복한 독서가로, 선생님들은 훌륭한 리딩 전문가로 훌쩍 성장하게 될 것입니다.

다독: 전략적으로
임계량 1,000시간을 채워라

정수진(KRSA 리딩연구소장)

> 영어책 다독은 기존 영어교육의 관점 전환 프로젝트!
> "과거와 똑같은 방식을 반복하면서,
> 다른 결과를 기대하는 것은 미친 짓이다."

영어책 다독, 관점 전환 프로젝트!

영어책 다독은 균형 잡힌 리딩 프로그램에서 뼈대가 되는 중요한 파트입니다. 하지만 '다독 프로그램'은 대부분의 학부모들이나 선생님들이 영어 공부를 하던 학창시절에 경험해보지 못한 방법입니다. 일반적으로 대한민국 공교육 시스템에서 '영어책을 많이 읽는 경험'을 통해 영어 실력을 늘리며 자란 세대는 없기 때문이지요. 따라서 리딩 전문가가 되어, 아이들이 영어책을 잘 읽으며 자라도록 돕고 싶은 분들이라면 '다독'을 세밀하고 깊게 공부하셔야 한답니다. 기존 영어교육의 적극적인 관점 전환 프로젝트인 다독 프로그램 공부, 시작해볼까요?

관점 전환1:
영어 리딩은 파닉스를 떼고 시작해야 하지 않나요?
⇨ 영어책 다독은 소리 노출 임계량을 채우는 시간이다!

초기 다독 레벨에서 영어책을 '읽는다'라고 표현하는 것은 '듣는다'라는 표현과 동일합니다. 왜냐하면 초기 읽기는 오디오에서 나오는 원어민의 리딩 소리를 들으며(오디오 리딩), 눈으로는 원서의 글자를 따라 읽기 때문입니다. 이 과정은 EFL[01] 환경에서 영어 실력을 높이는 데 필수적으로 필요한 '소리 열기'의 시간입니다. 영어 문자를 익혀서 글자를 자유롭게 읽으면서 묵독으로 읽는 '독립 읽기'의 시기는 오디오 리딩 영어독서 시간이 많이 쌓여야 찾아옵니다.

'파닉스 규칙을 알지 못하면, 영어책을 읽지 못한다'고 많은 분들이 생각하십니다. 그래서 파닉스를 배운 후에야 다독을 시작하는 것이라고 생각하는데, 이것은 리딩을 단지 '글자'를 읽어내는 것으로만 생각해서 생기는 치명적인 오해입니다. 알파벳을 모른다 해도 전혀 상관없이 오디오 리딩으로 영어책 읽기를 즐기는 것이 가능합니다. 오히려 파닉스로 글자 규칙을 배우지 않고 온 경우, 소리 그대로를 흡수하는 언어습득 능력이 더 뛰어나게 발현되는 경우도 많습니다. 파닉스 규칙도 초기 리딩을 지도할 때 효과적으로 사용되는 방법이지만 아이❤저마다의 때와 상황에 맞춰 필요한 부분입니다.

---

01 영어학습을 할 때, 학습자가 ESL(English as a second language, 영어가 제2언어로 일상생활에서 모국어와 영어를 동시에 사용함) 환경에 있는지, EFL(English as a foreign language, 영어가 외국어이며 모국어 이외에 영어를 일상생활에서 사용하지 않음) 환경에 있는지에 따라 학습 방법이 달라진다. 우리나라에서 영어학습 환경은 EFL 환경이라고 할 수 있다.

소리(오디오 리딩)로 다독 임계량을 채우면서 언어의 그릇을 넓혀 아이들이 가진 습득의 힘을 최대한 활용하는 것이 더 우선순위입니다. 파닉스가 되고 안 되고를 신경 쓰지 마시고, 오디오 리딩으로 소리를 열면서 다독을 시작하시길 바랍니다. 다독을 할 때, 소리에 대한 노출 임계량을 채우는 것은 매우 중요합니다.

아이들은 영어 소리를 들으며 그림을 보고, 관찰하고, 의미를 유추하는 능력을 키우게 됩니다. 문자를 본격적으로 익히는 적절한 시기가 되면, 그동안 노출되었던 소리와 문자를 연결하는 법도 차츰 배우게 되지요. 노출의 정도나 언어 감각에 따라 저절로 소리와 문자를 연결시키는 아이들도 있고, 파닉스 규칙을 명시적으로 배우면서 엉어 소리와 문자의 연결 구조를 파악하게 되는 아이들도 있습니다. 여기서 기억해야 할 가장 중요한 것은 '파닉스가 절대 선행조건이 아니'며, '글자를 읽어내는' 파닉스 부분으로 아이의 언어 능력 발달을 국한시키는 오류를 범하지 말아야 한다는 것입니다.

관점 전환2:
모르는 단어를 먼저 공부한 후에
영어책을 읽는 거 아닌가요?
⇨ 영어책 다독은 '유추 능력'을 먼저 키우는 것이다!

다독에서 또 하나의 치명적인 오해는 '읽는 책의 내용을 다 이해해야 한다'는 생각입니다. 다독 프로그램을 설명해 드리면 어김없이 묻는 질문이 "이 책을 이해했는지 어떻게 확인하죠?", "모르는 단어를 먼저 뽑아서 외운 후에 읽어야 책의 이해도가 올라가지 않을까요?" 등입니다. 이런 질문에 드러나 있는 기존의 뿌리 깊은 생각은 보통 다음과 같습니다. '단어도 잘 모르고 어떻게 읽는다는 거지?', '이해했는지 확인을 하고 모르는 부분을 정확히 해석해줘야 공부가 되지 않나?'입니다.

다독 프로그램이 리딩에서 제대로 그 역할을 할 수 있으려면 정확성보다 먼저 키워야 하는 것이 '유추 능력'입니다. 영어책 다독을 통해 상당한 실력의 유추 능력을 키우도록 도와줄 수 있습니다. 모를 만한 단어들을 미리 뽑아서 다 외운 후 해석이 가능해야만, 영어책을 읽을 수 있게 되는 게 아니라는 것이지요.

관점 전환3:
자기 단계보다 어려운 책으로 공부해야
실력이 향상되지 않나요?
⇨ 영어책 다독은 'i-1 전략'으로 임계량을 채우는 것이 효과적이다!

영어책을 많이 읽힌다고 하면 "아, 다독 너무 좋죠! 꼭 필요하죠!"라고 흔쾌히 동의하는 이들도 아이의 단계보다 한 단계 낮은 쉬운 책을 더 많이 읽혀야 효과적이라고 하면 갸우뚱하곤 합니다. 학생 실력보다 한 단계 어려운 책을 공부해야 한다는 생각은, 모르는 것을 학습을 통해 배우는 '진도 중심', '학습 중심' 교육에서 비롯된 생각입니다. 이러한 교육방식은 새로운 언어를 익히기 위한 다독 교육 방법과는 다름을 인지하시고, 영어교육에서 효과적인 리딩 전략을 겸비하시기를 추천드립니다.

다독에서 가장 중요하고 효과적인 방법은 'i-1 전략'입니다. 쉽게 말해 학생의 현재 리딩 습득 단계를 i라고 한다면 그보다 '한 단계 더 쉬운 책을 많이 읽게 하는 것'입니다. 본인 레벨보다 쉬운 단계의 책을 즐겁고, 자신감 있게, 많이 읽는 것, 그것이 영어책 다독의 핵심 중 하나입니다.

많이 읽으려면 일단 읽는 속도가 나야 하는데, 자기에게 어렵고 도전적인 텍스트로는 도저히 '많이' 읽을 수가 없어요. 학생에게 도전적인 책은 '정독'의 영역에서 다룰 것입니다. 정독만으로는 외국어인 영어라는 언어의 감각을 일정 범위 이상 끌어올리는 데 시간이 너무 오래 걸립니다. 기존 세대가 10년 넘게 단어, 문법 등 영어공부를 하고도 영어에 자신 없는 것을 떠올려 보면 쉽게 이해할 수 있을 거예요.

노출 임계량을 채우면서 영어 인풋을 쌓아가는 것은 일단 아이들 입장에서 재미있어야 가능합니다. 물론 가끔 읽기 귀찮은 날도 있고 졸릴 때도 있지요. 그럼에도 불구하고 오늘도 내일도 다시 영어책을 뽑아 들 수 있는 원천은 책 내용 자체의 재미든, 책읽기 행위 자체의 재미든, '재미'가 우선순위입니다. 아이들은 앞서 말씀드린 'i-1 전략'으로 영어독서를 진행할 경우 너무나 마음 편하고 자유롭고 자신감 넘치게 책을 탐색하고 1,000권 읽기 같은 미션도 순식간에 해냅니다.

아이들 입장에서는 쉽고 만만한 책들을 즐겁게 많이 읽어내는 다독의 도전으로 노출 임계량을 채우고, 본인의 언어 그릇을 자연스럽게 넓혀가게 됩니다. 언어 그릇을 넓혀간다는 의미는 귀로는 소리를 들으면서 눈으로 책의 그림을 보고 입으로는 소리를 따라하는 것으로, 이 감각들이 뇌에서 융합되어 책의 내용을 유추하는 능력, 즉 '언어적 감각'을 높여간다는 뜻입니다. 이 언어적 감각을 높이는 다독은 '많이 읽는 것'에서 시작되어 '재미'있어지고 '습관'으로 자리잡혀 '임계량'을 채우고 결국 '재미'로 다시 선순환되어야만 가장 최상의 효과를 냅니다.

어른으로서 다독의 효과를 직접 경험해 본 적이 없는 경우, 이 부분에 대한 이해 속도가 각자 다를 수 있는데요. 기존 세대는 자신이 모르는 것이 포함된 텍스트를 이용해 단어, 문법 등을 외우고 분석하며 '학습'해온 경험치가 많아요. 잠깐! '학습'이 나쁘다는 말을 의미하는 게 아님을 주의해서 들어주셔야 합니다.

기존에 영어를 배워온 어른 세대는 이해하기가 좀 어렵다 하더라도 모르는 단어나 구조, 문법 사항도 포함되어 있어야 한다고 은연중에 생각할 때가 많습니다. 그 모르는 부분을 읽고, 쓰고, 배우고, 외워야지 실력이 는다고 생각하는 경우가 많은 것이지요. 다시 말해 모르는 것은 '학습'의 과정을 통해 배우고 익히는 것으로 생각하는 경우가 많습니다. 우리가 그렇게 해 왔기 때문에 당연히 배어 있는 생각이고, 그 방법밖에 경험하지 못한 경우 더더욱 그렇습니다.

그래서 다독의 가장 중요한 전략인 'i-1 전략'을 부모님이나 초보 원장조차도 제대로 이해하지 못하는 경우가 너무 많아 안타까울 때가 많습니다. 학습이 나쁘거나 필요 없다는 이야기가 절대 아닙니다. 다독의 의미를 제대로 파악하지 못할 수 있음을 경계해야 한다는 것입니다. 예전 세대는 중학교 때부터 영어를 배웠는데 유치원, 초등학교 시절부터 영어를 배우게 된다면 '방법이 완전히 달라야 한다'는 것입니다. 아인슈타인은 "과거와 똑같은 방식을 반복하면서 다른 결과를 기대하는 것은 미친 짓이다"라고 했습니다. 리딩을 통한 습득의 힘을 경험하지 못한 세대로서 혹시 이런 우를 범하고 있는 것은 아닌지 성찰해 볼 필요가 있습니다.

또한 '어릴 때부터 배우면, 영어가 더 많이 성장할 수 있지 않을까' 하는 생각은 어찌보면 위험한 생각입니다. 아이들은 딱 자기의 발달상황만큼, 뇌 발달의 속도만큼만 자라나게 됩니다. 우리나라는 EFL 환경이기 때문에 영어수업 시간 외에 보통 때는 전혀 영어를 쓰지 않습니다. 이런 환경에서는 영어유치원이나 어릴 적 잠시 외국에서 살다 온 경우라 하더라도 영어가 일찍 좀 발전하는 듯하다가 어느 순간 정체기가 오고, 심지어 그것이 수년간 이어질 수도 있습니다. 예를 들어 유치원 시기의 집중된 노출로 미국 2, 3학년 정도의 읽기 실력을 또래보다 일찍 습득하게 된 아이가 있다고 해볼까요? 실제 그 아이가 2, 3학년이 되었을 때는 4, 5학년 정도의 실력을 가져야 하겠지만 문제는 시간에 비례해 언어 실력이 계속해서 발전하는 게 아니라는 것입니다.

그래서 일찍 아이가 성장을 보이는 경우 오히려 계속 영어 실력을 더 늘려주어야겠다는 위험한 유혹에 빠지지 않는 것이 무엇보다 중요합니다. 읽기 레벨만 바짝 올릴 수도 없을 뿐만 아니라 정체기가 몇 년 동안 지속될 수 있다는 것이 수많은 사례에서 보여지고 있습니다. 그래서 더욱더 그 또래의 어린이들만이 가지고 있는 '습득 능력'을 십분 발휘하여, 언어를 있는 그대로 즐겁고 재미있게 받아들여서 언어 그릇 자체를 넓힐 수 있도록 도와주어야 합니다. 그래야 어린시절부터 영어를 접하는 것이 평생에 걸쳐 아이에게 의미있는 선물이 되고, 인생을 풍요롭게 만드는 창을 하나 더 열어주는 것이 된답니다.

영어책 다독, 어떻게 진행할까?

1. 다독 습관 만들기

바라만 보아도 뿌듯한 아이의 다독 습관은 어떻게 만들어지고 유지될까요? 크게 두 가지만 기억해주세요. 첫째로 독서의 선순환 만들기, 둘째로 독서 환경 만들기입니다.

"다독은 무조건 많이 읽히기만 하면 되나요?"라는 질문을 정말 많이 듣습니다. 다독의 사전적 의미처럼 그냥 많이 읽기만 해도 영어가 다 익혀지고, 영어로 술술 말하게 되면 정말 좋겠지요?

일단 '많이' 읽어서 영어 소리와 문자의 노출 임계량을 채우는 습관과 환경 형성이 제일 중요합니다. 말 그대로 '많이' 읽는 다독은 독서가 가져다주는 놀라운 선순환 구조가 시작되게 해줍니다. '많이' 읽는 독서행위 자체가 '독서 경험'을 쌓아주고, 그 경험으로 인해 독서가 '즐거워지고', 즐거워지니 '더' 읽고 싶어지고, 더 읽다 보니 '잘' 읽게 되고, '잘' 읽다 보니 더 '많이' 다양하게 읽게 되고, 독서 경험이 풍부해지니 독서가 쉬워지고 더 즐거워지는 거지요.

이 선순환 구조에는 독서 환경이 필수적인데 일상에서 환경과 습관을 잡는 가장 좋은 방법은 일정한 시간과 장소를 활용하는 것이랍니다. 이 것저것 하다가 남는 시간에 책을 좀 읽어볼까 하는 것이 아니라 영어독서를 하는 일정한 시간을 아이와 함께 정하고, 책 읽기에 편하고 좋은 일정한 장소 또한 정해놓는 것이지요. 이때 주의할 점은 그날 읽은 책의 문장을 얼마나 이해하고 단어를 외웠냐 등에 초점을 두는 것이 아니라, '일정'하게 유지되는 독서 환경 조성에 온 힘을 다하는 것입니다.

평생 독서가 습관이 되고 책이 친구가 되는 일, 어렵지만 일단 위 두 가지로 발걸음을 시작해보세요.

2. 다독 진행 방법 FAQ

(1) 다독 준비물은 무엇인가요?

- 오디오가 있는 원서, CD플레이어, 헤드셋, 독서기록장, 필기도구가

필요합니다.

■ 영어책을 읽는 도중에 왔다 갔다 하지 않도록 충분한 양의 책을 학생 옆에 준비해둡니다.

(2) 다독 진행 시간은 어느 정도로 할까요?

■ 학생의 나이와 상황에 따라 다릅니다. 집중력이 짧은 초등학교 저학년일 경우, 초반에는 매일 최소 15분씩 시작해서 5분씩, 10분씩 늘려가도록 합니다.

■ 매일 꾸준히 진행하는 것이 무엇보다 중요하며, 학년이 높아질수록 40~60분까지 다독 시간을 늘려나가야 임계량을 채우는 데 효과적입니다. 좋아하는 책이 생기면 시간 가는 줄 모르고 읽게 되어 다독 시간이 늘어나는 효과가 있답니다.

(3) 다독을 진행하고 코칭하는 효과적인 모델이 있나요?

■ 한 시간 수업을 기준으로 다독 40분, 개별 코칭 10분, 읽기 자원 봉사 10분으로 구성하는 것을 추천합니다.

■ 리딩 기초 단계에서는 다독 40분간 영어책 5~7권 정도를 읽고 기록할 수 있습니다. 개별 코칭 10분간 아이들의 시기와 상황에 적절한 코칭과 티칭이 병행됩니다. 읽기 자원 봉사는 선생님이 책을 읽어주거나 아이들이 함께 모여 서로 큰 소리로 읽어주고 재미있는 퀴즈도 내면서 영어책 읽기의 재미와 동기부여를 더해가는 시간입니다.

(4) 독서기록장 기록은 어떻게 하나요?

■ 리딩 로그reading log라고 부르는 '독서기록장'을 꼭 마련하세요. 알파

벳의 각 모양은 높낮이와 크기가 달라서 영어쓰기에 최적화된 공책(영어 삼선/사선 노트)을 사용하는 것이 좋습니다.

■ 독서기록장에는 읽은 날짜, 권수, 책 제목, 책 레벨, 페이지, 읽은 횟수 등을 기본으로 기록합니다.

(5) 어떤 책을 다독 책으로 골라주어야 하나요?

■ 다독 시 가장 중요한 것은 무엇보다 아이가 좋아하면서도, 아이 수준에 맞는 책을 선정하는 것입니다. 학생의 레벨보다 한 단계 낮은 책의 비율이 80% 이상이 되도록 하여, 다독의 효과를 높여 주세요.

■ 학생이 읽기에 적절한 i-1 단계의 책이 꽂힌 곳을 소개해주고 그 안에서 자유롭게 고르도록 선택권을 주면, 독서 자율성을 높여 영어책 읽기의 재미를 더 느끼도록 해줍니다.

■ 누가 읽어도 재미있다고 소문난 베스트 영어책 목록을 활용해서 추천해 주세요. 코칭을 할 때 아이의 관심사나 흥미를 알게 되면, 그것에 기초하여 책을 추천하는 것도 아주 좋습니다.

■ 기초 단계에서는 그림과 내용의 일치도가 높은 책, 예측 가능한 패턴 구조로 기본 문장 구조를 습득해 자신감 붙이기 좋은 책, 라임이 살아 있어 소리를 따라하기에 재미있는 챈트나 노래로 된 책, 알파벳 소리를 재미있게 익힐 수 있는 책 등을 추천해 주세요.

■ 효과적인 리딩을 위해 완만하게 레벨 차이가 나도록 만들어진 단계별 리더스leveled readers는 다독의 효과를 배가시킵니다.

■ 리딩 전문가는 먼저 많은 영어책을 읽고, 아이들에게 상황과 레벨, 관심 분야에 맞게 적절하게 소개해 줄 수 있도록 공부하면서, 본인이 잘 알고 있는 책의 범위를 넓혀가야만 합니다.

(6) 다독을 재미있게 진행하는 코칭 방법이 있나요?

■ 가장 재미있었던 책을 골라오도록 해서 함께 북토킹book talking을 나눠 보세요. 문장을 하나하나 해석하며 공부시키지 않아도 북토킹 속에서 학생이 무슨 생각을 하는지, 어떤 것을 좋아하고 싫어하는지, 어떤 단어는 이미 인식하고 있고 어떤 단어는 새로워하는지, 어느 부분에서 이해도가 부족한지 관찰하면서 피드백할 수 있답니다.

■ 100권, 500권, 1,000권, 이렇게 달성할 때마다 포인트, 달성 배지와 인증서, 작은 선물, 파티 등으로 성취감을 느낄 수 있게 해주세요. 그리고 다음 도전을 격려한다면, 매일 다독 시간을 늘려가면서 영어책 읽기를 즐겁게 경험하는 데 좋은 동기부여가 됩니다.

■ 읽은 책 제목 아래에 다양한 활동을 하도록 이끌어서 다독의 재미와 효과를 배로 만들 수 있습니다. 예를 들면, 얼마나 재미있었는지 평점 별 매기기, 간단히 읽은 느낌 적기, 궁금한 단어 추리하기, 알게 된 단어 적어보기, 좋아하는 파트의 문장 적어보기, 좋아하는 캐릭터 그려보기, 친구들에게 북 퀴즈 내기, 선생님이 한글 뜻으로 단어를 말해주면 책 속의 영어 단어를 찾아서 매칭시켜보는 단어 보물찾기 등이 있습니다.

■ 단계가 올라가면서 글밥이 길어지면, 내용 이해를 돕고 생각하는 힘을 키워주는 게 좋습니다. 이때 다독 후 아웃풋으로 연결되는 간단한 활동을 주는 것이지요. 예를 들면, 주인공의 특징 적어보기, 시간대별 사건 순서대로 적어보기, 사건이 일어난 원인과 결과 살펴보기, 내가 주인공이라면 어떻게 할지 상상해 보기 등이 있습니다.

다시 보고, 새로 보고, 또 보자!
노출 임계량의 중요성

영어독서에서 임계량의 의미는 영어 노출의 절대 시간을 채우는 것입니다. 무슨 분야에서든 1만 시간을 채우면 전문가 수준이 된다는 '1만 시간의 법칙'에 대해 들어보신 적이 있으시죠? 그 법칙에서 이야기하는 것과 일맥상통하는 부분입니다. EFLEnglish as a Foreign Language 환경에서는 자칫 '학습'을 통해서만 외국어를 익히기 쉬워집니다. 하지만 외국어를 언어 그 자체로서 익히고자 한다면 '학습'보다 '습득'이 우선할 때, 언어적 감각을 더 키울 수 있습니다. 이럴 때 배우고자 하는 언어를 노출하는 절대 시간을 쌓는 임계량 채우기는 아주 중요한 영역입니다.

그런데 이 임계량 부분을 설명해 드리면 그 중요성에 끄덕거리다가도 이내 고개를 절레절레 내젓게 되는데요. 막상 하루에 한두 시간 영어에 노출할 생각을 하니 엄두가 안 나기 때문입니다. 대한민국 아이들은 특히나 빡빡한 오후 일정을 가지고 있으니 영어독서와 DVD 시청에 한두 시간 이상을 할애하는 것은 현실적으로 아예 불가능하다고 말씀하기도 합니다.

그러나 우리는 내 아이의 영어실력에 대해 로망을 갖고 있습니다. 아이가 외국인을 만나 두려워하지 않고 대화도 잘 했으면 좋겠고, 영어책을 줄줄 읽어내어 『해리포터』 같은 책을 원서로 즐기고, 스피킹 실력도 남부럽지 않은 아이로 컸으면 하는 게 바로 우리의 로망이자 이상적으로 그리는 목표입니다.

임계량 채우기에 있어서 현실과 이상의 차이는 분명히 존재합니다. 하지만 우리는 리딩 전문가로서 이 현실과 이상이 어쩔 수 없겠거니 하고 계속 평행선만 달리게 해선 안 됩니다. 아이들이 영어책을 읽는 절대 임계량을 채우고, 이루고자 하는 목표에 달성하게 만드는 코치의 역할을 해야 합니다. 그래서 임계량 채우기를 좀 더 전략적으로 실천해야 합니다.

우리나라 초등·중학교 영어수업 시수는 총 680시수입니다. 초등학생은 한 시수당 40분, 중학생은 45분 수업이니, 시간으로 계산하여 합하면 총 480~490시간 정도밖에 되지 않습니다. 그렇다면 영어 노출 시간이 어느 만큼 쌓여야 외국어로서 영어를 익히는 사람들이 기본적인 영어 능력이 생길까요? 원어민 수준으로, 언어의 4가지 영역(듣기, 읽기, 쓰기, 말하기) 모두 기본적인 언어 구사 능력을 가지고 일상적인 소통에 무리가 없는 수준으로 말이죠.

미국에서 이민자들이 기본적인 소통이 가능한 실용 영어를 익히는 평균시간을 연구한 자료들이 있는데, 그 연구에 따르면 2,200시간 정도 익히면 원어민 수준이나 아카데믹한 공부는 어렵지만 일상적인 소통이 가능하다고 보고 있습니다. 이민자는 그래도 현지에서 영어를 듣고 읽으며 사는 사람들인데도 그 정도라면, 우리나라 초등·중학교 6년의 영어 수업시수로는 정말 턱없이 부족한 시간일 것입니다.

문제는 공교육 영어 시수가 그 정도라면, 딱 그 정도에서 성취할 수 있는 정도만 공식 시험에서 요구하면 되는데, 시험에서는 그 몇 배에 달하는 성취도를 요구한다는 데 있습니다. 지문을 한글로 해석해도 무슨 말인지 알기 어려운 수능 문제는 학생들의 학습 의지를 꺾어버리게 되고, 영포자(영어 포기한 자)를 속출시키게 되지요. 아무리 수능에서 변별력이 있는 문항이 중요하다고 하더라도 변별력 이상의 문제가 생겨버리는 것이 큰 문제가 되는 것입니다. 이 이야기만 가지고도 책 한 권을 쓸 정도로 영어 선생님들과 리딩 전문가들은 할 말이 많을 거예요. 아래 표를 보면, 한국 공교육 영어 교과서 수준과 미국 공교육 영어 교과서 수준이 있습니다.

● 한국 공교육 영어 교과서와 미국 공교육 영어 교과서의 수준 비교

한국 공교육 영어 교과서 수준	미국 공교육 영어 교과서 수준
초등학교 3, 4학년	Preschool~Kindergarten
초등학교 5, 6학년	Kindergarten~G1
중학교 1학년	G1~G3
중학교 2학년	G2~G4
중학교 3학년	G3~G5
고등학교 1학년	G6~G7
고등학교 2학년	G7~G8
대학수학능력시험 테스트 수준	G5~G13 이상

출처: KRSA리딩연구소에서 다양한 연구자료 및 데이터를 기반으로 정리한 내용(2022)

문제가 좀 보이시나요? 한국에 초등학교 3, 4학년 수준은 미국 취학 전 수준과 비슷하며, 한국에 초등학교 5, 6학년 수준은 미국에 유치원과 초

등학교 1학년 수준과 비슷합니다. 그러나 중학교, 고등학교에 올라가면 1년 동안 배워야 할 수준이, 미국 학생조차 여러 학년에 나눠서 성장하는 수준을 1년 내에 따라잡아야 하는 구조가 됩니다. 즉, 우리나라에서는 1년에 한 학년 올라가는 정도가 아니라, 기하급수적으로 레벨이 상승해 도저히 따라잡기가 불가능하다고 느껴지는 것이지요. 그래도 중학교까지는 무작정 외운 단어와 해석, 문법 등으로 그럭저럭 리딩 레벨의 향상 없이 버티기도 하는데, 앞 페이지의 표에서 보듯 고등학교 진학 이후 너무 급격하게 리딩 레벨이 높아져 리딩의 바탕이 쌓여 있지 않는 경우에는 완전히 좌절감을 경험할 수도 있습니다.

우리 아이들이 수능시험만을 위해서 영어를 배우는 것은 아니지만 영어에 투자한 시간만큼 유의미한 결과를 이끌어내는 것은 중요한 문제라는 생각이 듭니다. 또 하나의 언어를 마스터해서 세계로 뻗어 나갈 친구들을 위해 우리 리딩 전문가들이 손 놓고 있을 수만은 없지요. 초등학교 내내 영어학원을 다니고도 이런 것을 극복하지 못하는 경우가 많다면, 차라리 그냥 아무 공부도 하지 말고 편하게라도 있다가 어른이 되어서 각자 동기부여가 되는 시기에 영어를 배우면 되잖아요.

그런데 요즘 초등학교 시절 영어학원 안 다니는 친구가 전국에 어디 있을까요? 어떡하든 어린 시절에 영어를 접하게 된다면 그 시절 의미있는 공부로 평생 갈 수 있는 언어 능력을 장착하는 편이 몇 만 배는 낫지 않을까요?

그래서 바로 초등학교 시절 집중적으로 'i-1단계, 1,000시간 임계량 다독'이 꼭 필요한 것입니다. 상대적으로 시간이 많은 초등학교 때 집중적인 몰입 리딩으로 임계량을 채워서 영어의 토양을 비옥하게 해놓는 것이야말로 우리나라와 같은 영어 교육 환경에서 필수라고 할 수 있습니다.

그럼 대체 이 임계량을 채운다는 의미는 매일 어느 정도의 노출로 어느 만큼의 기간을 투자해야 하는 것을 의미할까요? 일단 문자 그대로 '매일' 영어책과 영상에 노출된다고 가정했을 경우, 영어 노출 시간을 수치화해서 케이스별로 보여드리면 조금 더 이해가 빠르실 거예요.

케이스 1) 매일 30분씩 3년을 노출하면 채워지는 절대 임계량 시간

30분 X 365일 X 3년 =32,850분 = 547.5시간

케이스 2) 매일 1시간씩 3년을 노출하면 채워지는 절대 임계량 시간

60분 X 365일 X 3년 = 65,700분 = 1,095시간

케이스 3) 매일 2시간씩 3년을 노출하면 채워지는 절대 임계량 시간

120분 X 365일 X 3년 = 131,400분 = 2,190시간

케이스 4) 매일 3시간씩 3년을 노출하면 채워지는 절대 임계량 시간

180분 X 365일 X 3년 = 197,100분 = 3,285시간

앞서 말씀드린 것처럼, 미국 이민자들이 기본적인 실용 영어 능력을 갖추게 되는 2,200여 시간이 '케이스 3'의 임계량 시간과 맞아 떨어지네요. 매일 2시간씩 3년! 아, 왠지 모범생 아니고는 조금 힘들 것 같나요? 네, 그래서 우리 학생들은 보통 '케이스 2'번으로 갑니다. 매일 1시간씩 3년의 다독 임계량을 채우면 표면적으로 1,095시간이 됩니다. 1시간씩 3년이라는 단순 계산법으로 그렇게 되는 것일 뿐, 매일 1시간을 채우지 못하거나 아예 빠지는 날도 있을 테니 3~4년 정도는 기본적으로 걸리게 된다고 보면 되는 것이지요. 바로 이 영어 투자 시간이 임계량 다독 1,000시간의 목표가 이루어지는 시간이라고 보시면 됩니다.

'i-1단계, 1,000시간 임계량'에 도달하면, 챕터북을 읽기에 무리 없는

기본 역량이 쌓이게 됩니다. 한 단계 아래 레벨에서 부담 없이 다독해온 덕분에 영어를 좋아하면서도 언어 그릇을 탄탄하게 만들어서 다음 단계로 넘어갈 수 있다는 것이 가장 큰 소득입니다. 또한 긴 글을 읽을 때도 한 줄 한 줄 분석하고 해석하는 것이 아니라 한글책 읽듯 자연스럽게 줄줄 읽으며 즐기게 됩니다. 잘 가꿔진 언어 토양의 바탕 위에 찾아올 그 다음 언어 성장의 스텝은 그 시기가 언제이든 토양 덕을 꽤 보게 될 것입니다. 이 정도면, 당장 시작해보고 싶어지지 않으신가요? 다시 돌아오지 않을 아이의 초등학교 시절, 다독으로 임계량을 채우면서 언어 그릇을 크게 만드는 것에 꼭 도전해 보세요.

시리즈 반복 듣기:
유창성과 유추력을 키워라

양경희(일산서구 키즈N리딩잇츠 원장)

"반복 듣기는 하루에 몇 분씩 며칠 동안 해야 하나요?"
"선생님, 제가 영어책을 잘 읽는 것 같아서 신나요."

시리즈 반복 듣기란?

키즈엔리딩에서 다독의 재미와 책 읽는 습관이 잡히면 시리즈 반복 듣기(시반듣)를 통해 유창성을 기르는 훈련을 시작합니다. 영어 원서에는 아이들의 리딩 레벨을 순차적으로 올릴 수 있도록 쓰여진 시리즈물이 많습니다. 모 윌렘스Mo Willems의 『코끼리와 꿀꿀이Elephant & Piggie』 시리즈, 마크 브라운Marc Brown의 『아서Arthur』 시리즈, 메리 포프 오스본Mary Pope Osborne의 『매직 트리 하우스Magic Tree House』 등 단계별로 재미있게 쓰인 시리즈가 많습니다.

시리즈물의 특징은 한 작가가 특정 주인공에 대해 이야기를 쓰다보니 등장인물이 반복되고 배경이 익숙하기에 한 권 한 권 읽어나가며 내용 이해가 쉬워지고 친근함이 더욱 커지는 것이 특징이지요. '시리즈 반복 듣기'는 아이의 레벨보다 살짝 높은 시리즈를 선정하여 반복적으로 듣고, 읽어서 모르던 단어를 유추하는 힘을 기르고, 유창하게 읽기 훈련을 하는 읽기 지도법입니다.

시반듣(시리즈 반복 듣기)의 훈련 방식

아이가 흥미를 보이는 원서 중 아이의 레벨보다 한 단계 도전적인 레벨의 시리즈를 고르세요. 하루에 5번씩 약 일주일간 음원 집중 듣기와 따라 읽기를 반복한 후, 아이가 정해진 분량을 CD에 녹음된 원어민처럼 유창하게 읽어내면 다음 시리즈로 넘어갑니다. 한번 연습 분량이 2분을 넘지 않도록 정하여 하루 5회를 연습하고, 총 10분 내외에 마칠 수 있도록 조절합니다. 유창하게 읽고 통과한 책은 그룹 활동 시간을 통해 팀원들에게 읽어주고 칭찬받는 기회를 가진다면 더욱 적극적으로 연습하는 기회가 될 것입니다.

시반듣의 장점 3가지

장점 1: 단어의 유추 능력-사전 없이도 내용이 이해됩니다.

아이들이 자신의 수준보다 한 단계 높은 레벨의 시리즈를 훈련하는 방식이다 보니, 책 속에는 모르는 어휘들이 여럿 포함되어 있습니다. 반복적인 듣기로 문장과 문맥을 여러 번 읽다 보면, 모르는 단어의 뜻을 이해하는 힘이 생기고 단어의 유추를 넘어 글 행간에 숨겨진 주인공의 심리 파악도 가능해져, 사고력이 높아집니다.

전통적인 학습 방법(단어를 외우고 문법을 배워 시험을 보는 수업방식)에서는 모르는 어휘를 문장 또는 문맥을 통해 익히지 않고 A=B(bank=은행)라는 공식처럼 외우다 보니, 어휘가 상황에 따라 다양하게 해석될 수 있다는 것을 모를 때가 허다합니다. 언어의 유연성 확장이 발달되지 않아, 모르는 단어가 나오면 당황하여 전체적인 내용 파악에 어려움을 겪는 경우가 많습니다.

특히 학년이 올라갈수록 고난이도의 어휘들이 다수 출제되는 수능시험에서 유추하는 힘이 부족하면, 모르는 단어들이 나올 때마다 당황한 마음에 시간에 맞춰 문제를 풀어내지 못하는 경우가 발생합니다. 키즈엔리딩의 시리즈 반복 듣기를 통해 '단어의 유추력'이 향상된 아이들은 사전을 찾지 않아도 문맥을 통해 모르는 어휘의 다양한 사용도를 파악하여 빨리 읽고 내용을 이해하는 능력이 커집니다.

장점 2: 읽기의 유창성 – 원어민처럼 읽을 수 있습니다.

독서에서 유창성이란 '의미 단위로 끊어 읽는 능력'을 말합니다. '아버지가 방에 들어가신다'의 문장을 '아버지 가방에 들어가신다'라고 읽으면, 유창성이 좋다고 할 수 없지요. 초등학교 저학년 시기 교과서를 읽어보라고 시키면 자주 발행하는 일이기도 합니다. 영어에서도 의미 단위로 끊어 읽을 수 있는 능력은 의사전달의 중요한 부분이라고 할 수 있습니다. 시리즈 반복듣기의 연습 방법은 반복듣기와 반복읽기를 통해 유추력과 더불어 적절한 속도로 중요한 부분에 강세를 넣어 리듬감 있게 의미를 전달하는 유창성의 향상이 가장 두드러지는 장점입니다. 점차 학교 수업 문화가 학생 위주로 변화하고 있으나 여전히 아이들은 학교에서 선생님의 수업을 듣는 수동적 교육을 받다보니 자신의 목소리(말로든 읽기든)를 낼 수 있는 기회가 드뭅니다. 어찌보면 모국어로 된 한글책을 읽는 유창성도 떨어지는 경유가 허다할 수도 있죠. 수많은 사교육을 받아도 수업을 듣는 것이 주를 이루다 보니, 자신의 목소리를 내어 읽는 경우가 드물기에 키즈엔리딩의 시리즈 반복듣기를 통해 소리내어 읽고 그 소리를 자신의 귀로 듣는 작업은 적극적인 성향의 아이로 성장하는 것과도 연관이 있습니다.

장점 3: 영어에 대한 자신감! – "저 읽기 자원봉사 시켜주세요"

이렇게 유추력과 유창성이 커지면서 영어책을 줄줄 읽는 아이로 성장하며 가장 현저히 드러나는 특징은 영어에 대한 자신감인데요. 한 권 한 권 반복연습을 통해 향상된 실력으로 코칭 시간에 선생님께 책을 읽어주고 향상 정도에 맞게 긍정적인 피드백을 지속적으로 받다 보니 '내가 영어책을 잘 읽는구나'라는 감정이 쌓이고 쌓여 '나는 영어를 참 잘 해'라는 영어 소리를 내는 데 주저함이 없는 아이로 자란다는 것이지요.

영어 실력이 10점 만점에 9점을 받아도 자신감이 부족해 사용을 꺼리는 성인들과는 다르게 자신의 레벨에 상관없이 영어를 대하는 태도가 긍정적이고 자신감이 넘쳐 다른 학습도 적극적으로 해보려는 마음가짐이 큰 아이들로 자랍니다. 실제로 유창하게 영어책을 읽는 자신을 습관적으로 만나다 보면 영어로 소리 내는 것이 당연한 일로 여겨져 아웃풋을 내야 하는 시기에 두려움보다 적극적으로 도전하는 모습을 찾아볼 수 있습니다.

시리즈 반복 듣기의 올바른 지도 방법:
아이들의 특성을 살펴라!

시리즈 반복 듣기는 하루에 5번, 일주일에 35번 반복 듣기와 따라 읽기를 훈련한다는 기본 전제가 있습니다. 선생님이 하루에 "5번 반복하자"라고 하면 5번을 반복하고, "10번 반복하자"라면 10번을 반복하는 천사 같은 학생들이 각 원에 꼭 몇 명은 있지만, 반복이 체질에 맞지 않고 반복 학습에 싫증을 내는 아이들도 많습니다. 그럴 때는 획일적인 반복 대신 그 아이의 학습량과 의욕 정도에 맞게 횟수를 조절하고 방법을 다양하게 시도하는 것을 추천합니다.

저희 원에 초등학교 2학년 여름방학에 키리를 시작하여 올해 3학년이 된 똘똘이 여학생이 있습니다. 엄마표 영어로 이미 책 읽기 습관이 잘 잡힌 학생인데, 집에 있는 한정된 책을 읽다가 키즈엔리딩에 와서 수많은 도서를 보고 자신이 읽고 싶은 책을 찾아 읽다보니 능력에 날개를 단 듯이 실력 향상이 두드러진 아이입니다. 기본적으로 독서 습관이 잘 잡혀 있어 시리즈 반복 듣기를 시작하자마자 유창성이 폭발하듯 놀라운 실력을 보여 더욱 신바람이 났지요. 1단계부터 시작한 시반듣은 6개월 만에 5단계의 책도 무리 없이 읽어내는 괴력을 발휘했지만, 엄마의 감시하에 반드시 1일 5회를 반복해야 한다는 부담감으로 영어책 읽기에 싫증을 내기 시작했습니다.

"시반듣 안 하면 안 돼요? 5번 듣고 읽기, 너무 지겨워요"라며, 재미있어 하던 책도 보기 싫다는 말을 한숨 쉬며 할 정도로 의욕이 없어졌습니다. 고심 끝에 어머니와 상의하여 시반듣 횟수를 아이 스스로 정해서 할 수 있도록 주도권을 주고 책의 연습 분량도 스스로 정해보는 자율적인 방식을 택하니 마음의 버거움을 벗어내고 다시 웃으면서 도전하는 모습을 보였습니다. 아무리 영어 실력 향상에 도움이 되는 학습법도 아이의 특성과 개성이 존중되지 않으면 가장 중요시되어야 할 의욕과 흥미를 잃을 수 있으니, 자신의 속도에 맞춰 꾸준히 해낼 수 있도록 아이들을 살피는 것은 리딩 전문가가 반드시 우선시해야 함을 강조해서 말씀드립니다.

죠이 선생님의 시리즈 반복 듣기(시반듣) 성공 깨알 팁

도전 시기를 잘 잡아라!
아이들이 다독을 시작하여 독서의 재미와 습관이 잡히면, 그때 시리즈 반복 듣기를 시작하세요. 이때 '다독 100권 달성 기념', '시반듣 도전!' 또는 '다독 300권 달성 기념', '시반듣 도전' 등 아이가 해낸 것을 칭찬하고, '너는 뭔가 해낼 수 있는 아이'라는 느낌을 주면 긍정적인 도전의식을 가지고, 쉽게 시작할 수 있습니다.

학생의 관심 분야 책으로 먼저 시작하라!
시반듣 원서 선택에 있어서 아이가 관심 있는 분야의 책을 함께 정하는 것이 반복 듣기의 학습 효과를 올릴 수 있습니다. 예를 들면 물고기에 관심이 많은 아이에게는 바다생물이 등장하는 책들을 추천해주며 시작을 권유하고, 관심 있는 분야의 책을 고르도록 추천합니다. 이후 관심 분야를 넘어 동물, 자연 등 관심 분야를 확대하며 배경지식을 자연스럽게 늘릴 수 있도록 도와주도록 노력합니다.

두려워하는 아이에게는 '실력'보다 '마음'을 움직여주어라!

소리내어 책을 읽는 것을 두려워하는 아이들도 꽤 많습니다. 억지로 시키지 마시고 선생님과 한쪽씩 번갈아 읽기, 쉬운 건 아이가 어려운 건 선생님이 읽기, 잘 읽는 문장만 읽기, 귓속말로 읽기 등 아이의 마음속에 '소리내어 읽기가 무서운 일이 아니구나. 나도 할 수 있구나'라는 의욕이 커져, 스스로 읽을 수 있다는 자신감이 생길 때까지 아이의 상태를 세심히 살펴주세요.

리딩 전문가는 '아이들이 책을 많이 잘 읽게'를 넘어 '책을 좋아하고 책 읽는 자신을 자랑스럽게 여기도록' 마음을 움직이는 능력을 키워야 합니다.

● 시리즈 반복 듣기 학년별 추천 도서

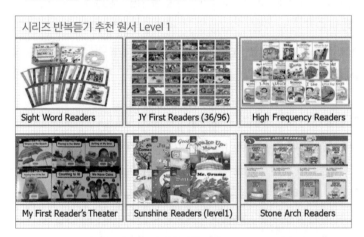

시리즈 반복듣기 추천 원서 Level 2~3

Little Critter Readers	Little Critter Story Book	Eloise
Elephant and Piggie	Fly Guy	Avengers

시리즈 반복듣기 추천 원서 Level 4~5

Arthur Starter	Froggy	Usborne Reading
Henry & Mudge	Nate the Great	Horrid Henry

마스터 정독:
진짜 내 것이 되게 체화하라

이혜진(인천 힐스 키즈엔리딩 원장)

"선생님이 외우지 말라고 하셨는데 입에서 자꾸 영어가 줄줄 나와요~"
"패러디 영작까지 하니 작가가 된 것 같아요."

'마스터 정독' 프로그램이란?

정독의 일반적인 사전적 의미는 '뜻을 새겨 가며 자세히 읽는 것'입니다. 기존에 영어학습은 책 한 권을 정해서 단어를 암기하고, 문장을 해석하고, 문장의 문법을 공부하고, 문제를 푸는 형식이었습니다. 그러나 마스터 정독은 '책 한 권을 완벽하게 자신의 것으로 체화하여 쓰고 말하기까지 하는 것'으로, 일반적인 정독과는 차이가 있습니다.

마스터 정독은 학생의 영어 레벨과 역량에 따라 선생님이 개별적으로 책을 정해주면, 학생은 수십 번 듣고 따라 읽는 훈련 과정을 통해 억지로 외우지 않고도 입에서 줄줄 나올 정도로 책 한 권을 완벽히 자신의 것으로 체화하여 쓰기와 말하기, 패러디 영작까지 스스로 할 수 있게 확장시키는 프로그램입니다.

마스터 정독, 어떤 책으로 할까요?

마스터 정독을 하고 싶다면 ORTOxford Reading Tree를 추천합니다. ORT는 우리나라에 유치원 아이들에게 많이 소개되어 있습니다. 그러나 학령기 아이들에게도 충분히 재미있게 그리고 정확하게 이해하며 읽기에 아주 탁월한 책입니다. 특별히 세세하게 레벨이 나누어 있어 꼼꼼한 책 읽기가 가능합니다. 또 문장 구조나 단어의 변화가 급진적으로 어려워지거나 늘어나는 것이 아니라, 레벨이 올라가도 처음에는 잘 느끼지 못할 만큼 단어의 레벨이 나누어져 있어서 우리나라와 같은 EFL 환경의 아이들에게 아주 적합합니다. 또 구어체와 문어체 문장이 적절히 활용되고 있어, 스피킹speaking을 할 때에도 라이팅writing을 하기에도 아주 좋은 예시 문장들을 담고 있습니다.

뿐만 아니라 아이들 나이 또래의 주인공이 등장하여 더 친숙함을 느낄 수 있습니다. 또한 이 책에는 다양한 문화들이 쉽게 표현되기 때문에, 아이들이 문화도 배워갈 수 있습니다.

마스터 정독의 훈련 방식

마스터 정독의 첫 번째 목표는 책의 음원에 나오는 원어민의 발음과 억양을 똑같이 따라 읽는 것입니다. 이렇게 발음과 억양을 똑같이 반복적으로 따라 읽다 보면 자연스럽게 유창성이 생깁니다. 유창성이란 '의미 단위로 끊어 읽을 줄 아는 것'을 의미합니다. '유창성'은 이해도와도 밀접하게 연관돼 있어, 얼마나 유창하게 읽느냐에 따라 '책의 내용을 이해했는지 하지 못했는지'를 판단할 수 있습니다. 아이가 이렇게 읽기까지는 정확히 듣고, 말하는 훈련이 필요합니다.

그럼 조금 더 자세히 읽는 순서에 대해 이야기해보겠습니다. 그냥 듣고 말하기만 반복한다면 아이들이 금방 흥미를 잃을 수도 있습니다. 다음과 같은 방법을 활용하면 지도에 도움이 됩니다.

1단계: 한 줄 듣고 따라하기

일명 한듣따는 한 줄씩 듣고 따라 읽으며 CD속 성우의 발음과 억양을 똑같이 따라하도록 연습하는 것이 포인트입니다. 이때 선생님은 아이들의 발음을 체크해주는 것이 중요한데요. 처음 듣는 단어 혹은 잘 모르는 단어들은 여러 번 들어도 아이들 귀에는 생소한 발음으로 인식되기 때문입니다. 또한 처음으로 소리 내어 연습하는 아이들에게 자신감을 잃지 않도록 칭찬 가득해주시는 부분도 꼭 필요합니다.

물론 내용에 대한 이해도 필요하겠죠? 문장 하나하나마다 정확하게 한국말로 말할 수 있도록 지도해주세요. 처음에는 아이가 한국말로 해석하는 과정이 어색할 수 있습니다. 처음에 한 줄은 선생님이, 다음 한 줄은 아이가, 이렇게 번갈아 가면서 해석하는 연습을 한다면 부담감은 줄어들고 시키지 않아도 아이가 스스로 한 권을 줄줄 해석하는 날이 온답니다.

2단계: 소리 내어 읽기

소리 내어 읽기는 한듣따와는 달리 조금 더 긴 호흡으로 책 전체를 소리 내어 읽는 방법입니다. 이미 한듣따를 통해서 성우의 발음과 억양을 습득한 친구들은 소리 내어 읽기 연습을 더하면 말하듯이 자연스럽게, 유창하게 읽을 수 있게 됩니다. 하지만 처음부터 그렇게 되지 않더라도 실망하지 않으셔도 됩니다. 책의 내용이나 단어에 따라서 아이들은 조금 더 쉽게도 어렵게도 느껴질 수 있으며, 통과한 책이 쌓여가면서 아이들의 읽기 실력도 저절로 늘게 된답니다.

소리 내어 읽기를 할 때에 문법에 대한 이해가 필요한 친구들에게는 문법 지도도 할 수 있습니다.

ORT 1단계부터 동사의 과거형이 나오기 때문에 동사가 왜 이런 모습으로 변화했는지 설명해주신다면, 아이들은 더 잘 이해할 수 있을 것입니다. 이때 주의하실 점은 너무 문법적인 부분에만 집중하지 않으시는 건데요. 정독은 아이들이 즐겁게 책을 읽으며, 내 것으로 만들어가는 과정이라는 점을 기억해주세요.

3단계: 베껴 쓰기

한듣따, 소리 내어 읽기까지는 말하기에 집중된 과정이었다면, 베껴 쓰기는 쓰기에 초점을 맞추었다고 할 수 있습니다. 베껴 쓰기는 말 그대로 통역노트에 책의 내용을 똑같이 따라 쓰는 쓰기의 기초 과정입니다. 예를 들어 첫 문장은 대문자로 쓰고 문장의 끝에는 맞춤표를 찍어준다와 같은 규칙들을 베껴 쓰기 과정을 통해서 배우게 되며, 직접 문장을 쓰면서 아이들이 단어와 문장을 더 잘 인지하게 됩니다. 책으로 읽고 그림을 보면서는 어렴풋이 이해했던 부분을 쓰기를 하면서 정확한 단어의 뜻이

● 정독 통역노트

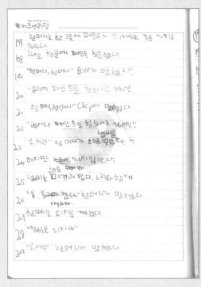

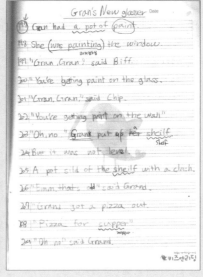

나 문장 등의 의미를 다시 한번 습득하게 됩니다.

4단계: 그림만 보고 말하기(그만말)

아이가 한 번 베껴 쓰기까지 과정에 열심히 했다면 지금부터는 정말 내 것으로 만드는 과정에 가까워졌다고 할 수 있습니다. 선생님이 책에 맨 하단 부분의 글자를 가리고 물어봐도 아이는 그림만 보면서 문장을 말하는 것이 가능해집니다. 만약 아이가 조금 버벅거리면서 말하거나 잘 생각이 나지 않는다면, 실망한 눈빛보다는 다시 소리 내어 읽기를 할 수 있도록 격려와 응원을 보내주세요. 아이들은 선생님의 응원으로 다시 연습하고 도전할 수 있게 됩니다.

여기서 아이들이 그냥 외우는 방식으로 생각하지 않게 하는 것이 중요합니다. 무슨 내용인지, 어떻게 말하는지, 쓰는지에 대한 생각이 없어 그냥 달달 외우는 것은 일회성이며, 이후 말하기나 쓰기에 적용할 수 없기 때문입니다.

5단계: 그림 안 보고 말하가(그안말)

말하기 단계의 마지막입니다. 이제 책은 모두 덮고 아이가 그림도 보지 않고 술술 말할 수 있어야 합니다. 이때 잘 성공했다면 박수를 치거나 정말 놀란 표정으로 "진짜 외우지 않았는데 신기하지? 네가 정말 정독 마스터를 했구나!" 하고 기뻐해주세요. 진심 가득한 칭찬으로 아이는 다음 정독을 더 열심히 하려고 할 것입니다.

6단계: 듣고 받아쓰기

듣고 받아쓰기는 CD로 책의 내용을 들으면서 바로 통역노트에 받아

쓰는 것입니다.

7단계: 듣고 해석하기

정독책을 완벽하게 습득하는 키리에게는 이제 그림도 안 보고 말하는 것이 아주 익숙해질 수 있습니다. 그때 듣고 해석까지 할 수 있도록 하는 훈련입니다.

8단계: 패러디 영작

쓰기의 마지막 단계는 패러디 영작입니다. 패러디 영작이라고 하면 어렵게 생각할 수도 있지만 단어 하나를 내 것으로 바꿔서 나의 이야기로 만들 수 있습니다.

마스터 정독 책을 읽을 때 반드시 주의할 점은 외우는 수업으로 이끌면 안 됩니다. 실제 저희 원 아이들이 아닌 외부에서 아이들이 왔을 때 가장 어려워하는 부분입니다. 그냥 외우는 식의 공부를 해온 아이들, 문제 풀이 형식으로만 영어를 배운 아이들은 이 정독 책을 그냥 외우려고만 합니다. 습득 과정을 잘 이해하지 못한 채 그냥 외워서 레벨만 올라간 학생은 레벨이 높은 책을 정독했을 때 내용이 습득이 되지 않아 몹시 어려워하는 경우를 봤습니다. 그냥 외우기만 했다면 그림만 보며 말하기가 어려운 것이지요.

평소에 정독 책을 '듣기' 시작할 때 그림과 소리를 집중하며 음미한다면, 충분히 외우려고 하지 않아도 내용을 습득할 수 있습니다. 또 이야기하듯 쌓였던 인풋이 터져서 나올 수 있습니다. 그래서 마스터 정독은 말하듯이 연습해야 합니다. 그래야 음원에 나오는 발음과 억양을 가장 잘 따라 할 수 있죠. 이렇게 하나의 책에 집중하여 듣고, 따라하고, 소리내어 읽으면 쓰기와 말하기 영역이 자연스럽게 발전하게 됩니다.

저 역시 정독을 실제로 듣고 따라 읽었을 때 너무 어려웠던 기억이 있습니다. 그 이유는 정독을 외워야 한다고 생각하기 때문입니다. 정독은 외우는 것이 아니라 습득하는 과정을 배우는 것입니다. 그런데 우리는 맨날 외워가며 영어 공부를 해서 이 부분이 굉장히 어려운 것이지요.

아직도 기억이 뚜렷합니다. 제가 정독 교육을 받던 날 내 뜻대로 내 맘대로 되지 않아서 엄청 속상했던 것 같아요. 다음 날 저는 열심히, 정말 열심히 듣고 또 듣고 소리내어 읽는 것을 반복하였습니다. 갑자기 억양이 붙더니 그냥 툭 내뱉어지는 그 느낌, '아, 이거구나!'라고 깨닫게 되었습니다. 제가 만약 이 과정을 조금이라도 맛보지 못했다면 아이들을 지도했을 때에도 힘들었을 것 같아요.

개별 맞춤형 프로그램
단계별 코칭(지도) 요령

마스터 정독 프로그램에 가장 큰 차별점은 '개별 맞춤' 수업입니다. 정독 책은 레벨에 따라 진행할 수 있기 때문에 모두 같은 책으로 진행하지 않아도 된다는 것이 가장 큰 장점이죠. 아이들이 모두 한국말로 해석하고 표현하는 것이 쉽다고 여겨질 수 있지만, 막상 한국말로 말하는 것과 쓰는 것에도 차이가 있다는 것을 알게 됩니다. 그래서 꼭 영어를 한국말로, 한국말을 영어로 바꿔보는 시스템을 거쳐야 합니다. 이렇게 레벨이 세분화되어 있기 때문에 개별 맞춤으로 지도할 수 있습니다.

특히 이 모든 과정이 모든 아이들에게 똑같이 적용되어서 모두가 영어 책 읽기 정독이 잘 되면 너무 좋겠죠. 하지만 아이들의 특성은 너무 다릅니다. 아이들마다 학년마다 성별마다 다를 수 있다는 부분을 이해하셔야 합니다. 예를 들어 글쓰기도 어려운 아이들에게 통역노트를 하라고 한다면 이 아이는 책을 두 번 다시 보고 싶지 않을 만큼 재미없을지도 모릅니다. 또한 문장을 따라 읽는 것이 또 필요한 아이가 있는데 아이의 상황을 고려하지 않은 채 모든 과정을 따라야 한다는 신념 아래 그냥 진행하신다면 아이가 왜 잘 읽지 못하는지 왜 이해하지 못하는지 아이를 이해하기 어렵게 됩니다. 내 아이가 내 학생이 지금 필요한 부분을 잘 적용해서 접근하시는 것이 중요합니다.

센텐스 보카:
어휘, 문장 속에서 익혀라

— 임서영(강서 우장산 키즈엔리딩 원장) —

"책에서 본 단어는 잘 기억이 나는데, 그냥 외우기만 하면 기억이 안 나요."
"그때는 어려웠던 영작이 지금은 쉬워졌어요."

　　　　원서 리딩을 통한 영어공부에서 과연 어휘는 어떤 의미일까
요? 아주 유명한 시로 잠시 환기를 해봅니다.

　　　계절이 지나가는 하늘에는
　　　가을로 가득 차 있습니다.
　　　(중략)
　　　가슴 속에 하나 둘 새겨지는 별을
　　　이제 다 못 헤는 것은
　　　쉬이 아침이 오는 까닭이요.
　　　(중략)

별 하나에 추억과

별 하나에 사랑과

별 하나에 쓸쓸함과

별 하나에 동경과

별 하나에 시와

별 하나에 어머니, 어머니

(중략)

윤동주의 시 '별 헤는 밤'

짧지만 여운 있는 이 시는 윤동주 님의 '별 헤는 밤'인데요. 반복되는 구문 속 '동경'이라는 단어의 의미가 어떤 것인지, 그냥 떼어놓고 '동경'만 살펴보면, 사전에는 '어떤 것을 간절히 그리워하고 그것만을 생각함'이라고 나오네요. 그런데 이 시를 읽다 보면 계절이 바뀌는 어느 깊은 밤이 연상이 되고, 하늘을 올려다보며 별을 세는 화자의 모습이 그려져요. 하나하나 별을 세며 별 하나에는 추억, 또 다른 별 하나에는 사랑, 쓸쓸함, 그리고 어머니 그 사이에 '동경'이란 단어가 나오죠. 추억과 사랑, 쓸쓸함 그리고 동경, 어머니라는 단어들이 나옵니다. '동경'이라는 단어를 모르는 사람도 시의 문장들 속에서 '그리워하다'라는 뉘앙스를 느낄 수 있을 거예요.

사전적 의미로 '동경'이 어떤 뜻인지 달달 외우는 것과 이처럼 문장 안에서 글의 전체적인 분위기를 느끼면서 단어의 의미를 유추해 보는 것은 많은 차이가 있습니다. 저희 아이들과 수업 중 있었던 일로 예를 들어볼게요. 수업시간에, 초등학교 3학년 남학생과 평소처럼 그날의 어휘 체크를 하는데, 평소보다 2개 더 틀려서 어떤 점이 어려웠는지 물어봤더니, 그 대답이 탁 제 무릎을 치게 합니다.

"선생님, 전 책에서 본 단어는 잘 기억이 나는데, 그냥 외우기만 하면 기억이 안 나요."

이 학생은 리딩을 좋아하고, 초등학교 1학년 때부터 꾸준히 3년차 리딩을 하면서 영어의 5대 영역이 고루 잘 성장하여 진행이 매우 빨랐는데도, 책을 통해 접하지 않은 단어를 문맥 이해와 유추의 과정 없이 그냥 외우려고 하니 힘들고 잘 까먹는다는 말이었습니다. 이 말은 전적으로 맞습니다. 리딩을 하면서 어휘 공부를 하는 친구들이 기억해야 할 부분을 학생이 먼저 내뱉듯 말해주더라고요.

정리하자면, 리딩 수업을 시작하여 책을 많이 읽어 나가면(다독) 잠재 어휘가 쌓여가게 됩니다. 책을 많이 읽는 친구들의 특징은 미리 외운 단어를 글에서 찾지 않고, 이 단어가 글 안에서 어떤 의미로 쓰이는지를 파악하게 된다는 것인데요. 그러한 실례로 저희 수업 중 한 친구가 스폰지밥 시리즈『A Very Krusty Christmas』를 읽다가 저에게 외서 "선생님 lousy 뜻이 '더러운 거'에요?"라고 질문 하더라고요. 그 친구는 'dirty의 더러운, 지저분한 뜻'이 아닌, '형편없는, 안 좋은'이라는 뉘앙스를 앞뒤 문맥을 보고 정확히 파악했지만, 아직 초등학교 2학년이어서 그 의미에 맞는 한글 단어를 떠올리지 못해 더럽다고 표현해주었던 거죠. 제가 이번 책을 쓰면서 이 사례가 기억이 나, 그 학생에게 다시 단어와 그 책을 물어보니 크리스마스 나오는 스폰지밥 책이라고 6년 전 책 내용도 기억해서, 깜짝 놀랐습니다.

반면 일반 단어장을 보고 'lousy: l－o－u－s－y 형편없는'이라고 외운다면, 과연 얼마나 여러 번 반복해야 할까요? 과연 어린 친구들이 신이

Mr. Krabs strode up to Plankton. "Your food's still [9]lousy, Plankton. After the first bite, these customers will run back to the Krusty Krab faster than flying reindeer!"

But Plankton just laughed. "Ha! Don't you know that at Christmas it's not about the food? It's all about bright lights and [10]fancy trimmings! If you don't decorate, you won't make any money at all!"

Mr. Krabs gulped. "No money?" he said in a small voice.

『A Very Krusty Christmas』의 lousy 단어가 나오는 부분

나서 단어를 외울까요? 이렇게 다독을 하며 어휘와 표현들을 많이 읽을수록 그 안의 어휘들이 겹쳐지고, 문맥context 안에서 그 뜻을 유추하는 능력이 생기게 되고, 그것이 보카 대회와 교재의 반복 학습을 통해 '유추'에서 '정확성'으로 가는 작업을 하게 됩니다. 그 상태에서 저희 『센텐스 보카Sentence Vocabulary』 교재를 가지고, 머릿속의 단어와 문장들을 인출output하여 적용시키는 연습이 센텐스 보카를 공부하는 핵심입니다.

여기서 주의할 점은 다독이라고 해서 단순히 많은 양, 많은 권 수의 책을 무조건적으로 읽혀서는 안 됩니다. 책을 빠르게 넘기면서 읽고 지나치는 것에서 벗어나, 음원 속도에 맞춰 몰입하여 읽고, 다시 한번 스캐닝하면서 행간과 전체 스토리의 의미를 파악하려면 '생각'하는 과정을 가져야 합니다.

키즈엔리딩의 『센텐스 보카』 교재

다독(인풋)

⇩

잠재 어휘 누적 & 문맥 안 유추 능력 발달

⇩

센텐스 보카 공부로 정확성과 활용능력 인출

또 하나, 많은 단어를 기계적으로 외우는 것보다는 단어를 언어적으로
활용할 수 있는 능력을 키워야 합니다. 일례로, 하루에 50개씩 단어를 외
우고, 외우기를 참 잘하는 어학원 3년 차인 초등학교 4학년 학생이 키즈
엔리딩(키리)에 왔을 때, 센텐스 보카 5급(중간레벨) 단어의 영·영English·
English 풀이의 이해와 영작을 어려워하는 것을 보고 놀랐죠. 이유를 살펴
보니, 많은 단어를 저장하는 연습은 되어 있지만, 그것을 생각하고 적용
하여 활용하는 '언어로서의 확장'은 하지 않았기 때문이었습니다.

『센텐스 보카』 교재는 레벨별로 사용 빈도수가 높은 단어와 문장들로 정리되어 있는데, 단어에 따른 문장이 쉽고, 구어체적 표현이 많아 실생활에서 사용 가능하다는 특징이 있습니다. 책의 구성을 보면 왼쪽 페이지는 온전한 단어와 문장과 보충 설명노트note, 오른쪽 페이지는 왼쪽 문장에 빈칸 넣기로 이루어져 있습니다. 평소에 읽는 영어책 읽듯 타깃 단어에 유의하면서 문장을 읽으며, 아이의 속도와 역량에 맞게 5~20개 정도씩 익혀나가고 오른쪽 페이지로 test를 봅니다.

이때 주의할 점은 'glad=기쁜'식의 암기보다는 "I'm glad to meet you."의 문장을 소리 내어 읽고 쓰면서 다독 책에서 접했던 문장을 기억해 내고, 말하기를 해보도록 합니다. 그렇게 매번 문장을 읽고, 말하기 하면서 단어를 익히다가 보카킹 대회 약 한 달여 전부터는 7급이면 7급 안에 있는 단어와 문장들을 노트에 써보고, 의미에 맞게 해석하면서 구문의 이해와 자연스러운 표현력을 기르게 됩니다.

'센텐스 보카 대회'를 통해 전국의 다른 학생들과 동일한 시간에 같은 시험지로 대회를 치르는데요. 85점 이상이 되면 합격인증서가, 안 되면 다음 대회 때 재응시하여 다시 도전합니다. 이런 대회를 통해 성취감과 도전의식을 함양합니다. 시험 당일은 게임, 구디 백goody bag 등의 선물을 통해 축제 형식으로 운영하고 있어, 아이들은 '시험이 기다려지고 재미있다'고 합니다.

더욱 인상적인 것은 시험을 치르고 난 후 아이들의 소감을 들어보면, "어려웠지만 다시 하니 훨씬 쉬워요", "그때는 어려웠던 영작이 지금은 쉬워요"라고 표현합니다. 쉽게 머리에 들어오지 않는 표현들, 그래서 더욱 필요한 단어와 문장을 꼼꼼히 들여다보고, 심화하여 응용하는 과정에서 아이들이 보람을 느끼는 것 같습니다.

● 책 안의 문장을 써보면서 구문 이해와 표현력 기르기

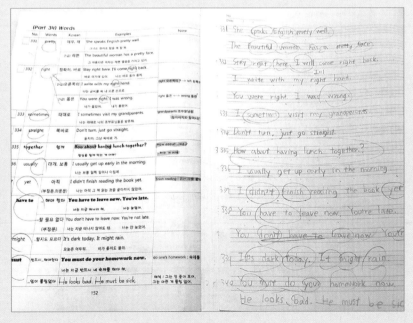

● 센텐스 보카 대회 상장과 선물

센텐스 보카 대회 이모저모

1. 대회 일정: 1년에 3번, 2, 6, 10월 셋째 주 토요일
2. 교재 구성: 7급부터 1급까지 각 레벨별 150개 단어부터 720개 단어
   까지 수록
3. 어휘 수준: 7급부터 4급까지 초등학교 과정 필수 어휘 97% 수록
   3급은 중학교 1학년 수준
   2급은 중학교 2학년 수준
   1급은 중학교 3학년 특목고 대비를 위한 단어 수준
4. 문제 구성: 한·영 뜻, 스펠링 쓰기, 문장 읽기, 독해, 영작, 받아쓰기,
   어법, 쓰기, 스피킹
5. 합격 기준: 매 급수별 85점 이상

스토리 영문법: 재미있는 이야기로 이해시켜라

양경희(일산서구 키즈N리딩잇츠 원장)

"죠이 선생님, 어제 우리 영어로 놀았어요."
"독서를 했을 뿐인데, 영어로 자연스레 말을 한다고?"

설명회나 간담회를 진행할 때, 어머니들께 여쭤보는 질문이 있습니다. "어머니들, 영문법 배워 보셨지요? 어떠셨나요? 너무 재밌어서 다시 한번 배우고 싶고, 가끔 생각나고 그러시나요?" 어머니들 사이에서 헛웃음이 터져 나옵니다. "어떤 책으로 공부하셨나요? 『성문 영문법』? 『맨투맨』? 이 책을 소장하여, 가끔 펼쳐보시는 어머니 계신가요?" 손사래를 치시며 "아니요"라고 하시는 어머니들이 많으세요.

중·고등학교 내내 단어도 많이 외우고, 문법도 외우며, 수년간 열심히 공부했는데도 여전히 영어는 마음에 큰 부담으로 남아 있습니다. 아는 만큼 거침없이 쓰면 될 것을, 시험 보기 위한 영문법을 어렵게 배우다 보니 영어를 좋아하기가 어려웠던 것이 아닌가 싶습니다. 아이가 나처럼 되지 않기를 바라는데, 만일 우리 아이도 나랑 똑같은 영어 사용자가 된다면 어떨까요? 속상하시겠죠. 그런데 여전히 요즘 아이들도 과거처럼 영문법을 배우며, 영어를 어려운 과목 중 하나로 생각하는 경우가 많습니다. 그러면 "영문법을 가르치지 말아야 할까요?"라고 묻는다면, "적당한 시기에 재미있게 배우는 것이 중요하다"고 말씀드릴 수 있습니다. 남다른 방법으로 재미있게 영문법을 배우는 비법을 소개하겠습니다.

영문법, 언제 배우면 좋을까요?

초등학교 1학년 때 영어독서를 시작한 아이들은 한 줄 책부터 읽어나가며, 하루에 5~6권씩 독서하고 독서기록장을 작성합니다. 자신이 해낼 수 있는 분량의 독서를 해내며 하루 5~6권씩 원서를 읽고 듣다 보면 한 달이면 약 150권, 1년이면 1,800여 권 정도 다독을 통해 자연스럽게 알파벳과 알파벳의 음가를 익혀 나갑니다. 또한 물론 이 책 저 책에 수도 없이 나오는 사이트 워드들을 자주 만나며, 굳이 외우지 않아도 자연스럽게 읽고 쓸 수 있는 기초 어휘들이 늘어나지요. 이제 글밥이 3~4줄 되는 책을 다독하며, 또 다른 한해를 잘 보내고 나면 자연스럽게 자신의 영어 그릇이 채워지며 자연스레 흘러넘치는 표현들이 생깁니다. 그래서 가끔 선생님이 한글로 무언가를 물어보면 무의식 중에 영어로 대답하는 경우들이 있지요. 그러면 이제 아웃풋이 나오려는 시기가 시작된 것입니다.

저의 첫 제자들도 초등학교 4학년에 만나 다독 권수가 약 3,000여 권을 달성하고 나서, 흥분해서 했던 말이 여전히 가슴에 남아 있습니다. "죠이 선생님, 저희 어제 영어로 놀았어요. 얘들아, 우린 책만 읽었는데 신기하지 않니?" 하면서, 자신들이 더 의아해하던 모습이 선합니다. 맞습니다. 독서를 통해 또는 다양한 노출을 통해 인풋이 넘치도록 차오르면, 자연스럽게 흘러넘치는 법이지요. 재미있는 것은 가득 차서 넘치는 어휘들이 자신의 모국어 규칙rule에 맞춰 나오는 겁니다.

우리 말은 "나는 사과를 좋아해"라는 말을 영어로 말할 때 "I apples like"라고 천진난만하게 얘기하는 아이들이 있다는 겁니다. 내가 'I'인 것도 알고, 사과가 apples라는 것도 알고, 좋아하다가 like라는 것도 알 정도로 인풋이 쌓였는데, 입에서 나올 때는 자신의 모국어 규칙에 맞춰나오는 실수가 벌어지는 것입니다. 그때 "너는 영어도 모르니? I like apples이야"라고 얘기해주는 선생님은 하수고, 고수라면 '아, 우리 아이들이 영문법을 익힐 시기가 왔군'이라 생각하며 흐뭇한 미소를 지을 것입니다. 보통의 아이들이 2~3년간 꾸준히 독서를 하면, 아웃풋이 제법 넘쳐서 의욕적으로 영어를 사용하려는 징조들이 보입니다. 바로 그때가 영문법을 시작하기 적당한 때라고 생각합니다.

초등 영문법은 '시험' 위주 말고 '사용' 위주로

여전히 우리나라 중학교에서는 시험을 위한 영어학습이 기본이지요. 집중력 시험이 아닐까 싶을 정도로 세심히 살펴 실수를 줄이는 것이 높은 점수를 받는 데 중요합니다. 그러니 중학교 때는 시험에서 최상의 실력을 낼 수 있게 수많은 문제풀이와 암기가 중요하지요. 하지만 초등학교 문법은 달라야 합니다. 영어를 영유아기부터 오래 했다고 해서 중학교 시험 위주의 영문법을 미리 당겨 맛보게 할 필요는 없습니다. 재미없고 괴로운 건 당연한 일이니까요. 대신 넘쳐나는 아웃풋을 영어적 규칙에 맞게 잘 말하고 잘 쓸 수 있도록 재미있게 이끄는 방법도 있는데요. 우리 아이들은 스토리를 좋아하지요. 영문법의 개념을 스토리로 바꾸어 소설책 한 권 읽듯이 문법을 자연스럽게 익힌다면 가능한 일입니다.

초등 영문법에 스토리를 입히다

"죠이 선생님이 어느 날 길을 가는데 어떤 남자가 낡아빠진 튜브를 매고 방송국 게시판 앞에서 뚫어져라 뭔가를 보고 있는 거야. 비도 오는 날이었는데 꿈쩍도 않고 게시판을 쳐다보다가 픽! 쓰러지는 거 있지. 죠이 선생님이 깜짝 놀라서 달려가 흔들며 괜찮으시냐고 물었더니 갑자기 눈을 번쩍 뜨더니 '일 없습메다' 그러는 거 있지. 뭐라고 했다고?"

"일 없습메다", "그러면서 튜브를 맨 채 도망가려는 거를, 죠이 선생님이 도와주겠다고 간신히 붙잡았잖아. 세상에, 알고 보니 그 친구는 북한에서 가수의 꿈을 안고 〈K-팝스타〉에 출연하려고 튜브 하나에 몸을 싣고 임진강을 건너온 친구였던 거야. 힘겹게 헤엄쳐 오다 보니 자신의 이름도 잊어버려서 '이름이, 이름이 생각이 안납메다!' 그러는 거 있지. 어찌나 안됐던지. 죠이 선생님이 영문법 빌딩에 데려가 5층에서 보살피며 꿈을 이루게 도와주려고 했어. 그런데 안타깝게도 아주 사소한 물건이나 장소들, 동물들에 대한 이름조차 하나도 기억을 못 해서 뭐든 설명을 장황하게 하는 거 있지."

예를 들어 "저 바퀴가 두 개 달리고 아기들이 타고 다니는 것이 무엇입메까? 아이들이 우르르 몰려 들어가는 저 건물 앞에서 아이들을 사랑스럽게 맞이하는 저 분은 누굽메까?"부터 "저기 털이 복슬복슬 다리가 네 개 달려 걸어가는 것이 무엇입메까?" 하면서 이름을 물어보더라고. 죠이 선생님이 인내심 넘치게 "저건 '자전거'고 영어로는 '바이시클bicycle'이라고 해. 저 분은 '선생님'이야. 영어로는 '티쳐teacher'라고 하지. 저 귀여운 강아지 말이야? 도그dog, 퍼피puppy라고 불러. 이러면서 서울 생활에 잘 적응하라고 물어보는 것마다 우리말로도 영어로도 익히도록 도와줬잖아."

그러던 어느 날 그 남자가 하는 말이 "죠이 선상님, 이제 생각났씁메다. 제 이름은 바로 ○○입메다. 하면서 자신의 이름이 생각나 좋아서 엉엉 울더라고. 그 남자가 자신의 이름을 뭐라고 했나면?"이라고 물어본 뒤 잠시 멈추면, 아이들이 눈을 동그랗게 뜨고 답을 기다리지요. 그럼 바로 "다음 시간에…"라고 말하고 궁금증이 가득 찬 채로 수업을 마치지요. 이렇게 스토리 형태로 명사Noun의 개념을 이끌어가면, 이제까지 영문법을 배운 학생 중에 "영어 싫어요, 영어 그만 할래요"라고 말하는 학생은 0%였다고 자부합니다.

스토리로 익힌 영문법: 다양한 활동과 마인드맵 그리기로 완성하기

마치 소설책 한 권을 읽은 듯 영문법을 배우는 재미난 경험은 초등학교 시기에 즐거운 추억으로 남습니다. 저의 제자 중에 학교 영어 수업시간에 문법을 배우다가 "내가 배운 대로 아이들에게 스토리를 알려주고 싶었다"며 아쉬워 한 적이 있습니다. 그렇게 이야기의 힘은 큰 것이지요.

하지만 개념을 이야기로 재밌게 들었다고 해서 영문법에 맞춰 자연스럽게 문장을 만드는 것은 쉬운 일이 아닙니다. 다양한 활동을 통한 훈련이 병행되어야 가능한 것이지요.

우선 키즈엔리딩에서 제작한 스토리 영문법 교재의 다양한 문장 세트 만들기 훈련으로 규칙에 익숙해져야 합니다. 또 팀별 개인별 게임 형태의 활동을 통해 흥미진진하게 문장 만들기를 응용, 확장해 본다면 개념뿐 아니라 문장 실력 또한 쉽게 키울 수 있습니다. 여기서 끝이 아니지요. 메타인지 확인의 끝판왕, 나만의 맵 그리기를 통해 자신이 습득한 영문법을 글 또는 그림으로 표현하며 내가 정확히 이해한 것과 아직 이해가 덜 된 부분에 대해 정확히 파악할 수 있는 시간을 가져야 합니다.

맵을 통한 개념의 이해와 적용이 가능하다면, 이젠 친구들 또는 가족들에게 스토리 영문법 전도사가 되어 강의까지 해줄 수 있는 영문법 전문가로 변신시켜주세요. 자신이 아는 것을 말로 할 수 있는 단계를 통해 자신의 영문법을 온전히 내 것으로 만드는 적극적인 학습법, 스토리 영문법은 초등학교 시기 학생들의 영어 호감도를 상승시키는 마법의 시간이라 자부합니다.

● 영문법 강의 전문가로 변신하는 아이들

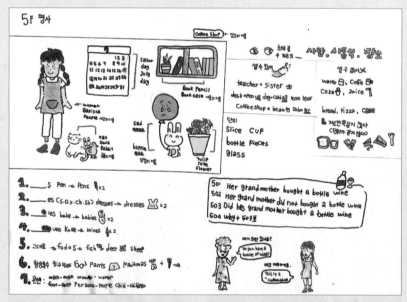

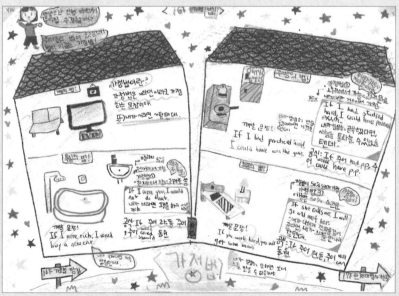

5장

스스로 책 읽게 하는
독서 코칭의 비밀

스스로
책 읽게 하는 비밀

정수진(KRSA 리딩연구소장)

"선생님, 새로 주문한 책이 언제 올까요? 지금 너무 설레요."
"선생님, 이야기가 정말 슬픈데 너무 감동받아서… 엉엉 울었어요."

나는 스스로 읽는 아이였나?

어떤 부모님이든 자녀가 독서를 즐기는 아이가 되기를 바라는 로망이 있기 마련입니다. 아이가 어렸을 때 책을 읽어주면, 깔깔 웃던 시절이 그리워질 때도 있지요. 하지만 많은 아이가 점점 커갈수록 만화책이라도 읽고 있는 것만으로 안심해야 한다고들 하십니다. 어렸을 때 그나마 엄마 등쌀에 못 이겨 책을 읽다가, 초등학교 고학년, 중학생이 되면 엄마 말이 잘 먹히지 않습니다. 안타까워하시면서도 방법을 못 찾아 책을 멀리 한 채로 학창시절이 흘러가게 된다고 하시지요.

우선 여러분의 학창시절을 한 번 떠올려보세요. 나는 과연 스스로 책을 꺼내 읽는 아이였을까요? 그 누가 됐든 간에 교실 한편에 항상 자리하고 있던 학급문고를 가져와서 읽는 자율독서 시간을 가져본 적은 있을 듯합니다. 자율독서 시간이라고 이야기하지만 커서 돌이켜 보면 그냥 선생님이 다같이 조용히 책을 읽으라고 하니 나도 덩달아 읽었을 뿐이기도 했겠다 싶습니다.

몇 장 읽지 못하고 몸이 뒤틀리고 잠이 솔솔 왔던 경험도 떠오르실 듯합니다. 독서시간이 끝나고 잠이 왔다는 친구들이 있는 걸 보면 나만 그런 건 아닌 듯해서 왠지 모를 동질감에 안심이 되기도 했던 것 같고요. 성인이 되어서도 대한민국 독서인구가 적다는 통계를 접할 때면 나 같은 사람이 많은 게 당연하고, 그래도 사는 데 큰 문제 없다고 생각하며 애써 마주하고 싶지 않은 마음도 있습니다.

반면 선생님이 독서시간을 가지자고 하면 속으로 '야호'를 외치거나, 점심시간만 되면 학교 도서관에서 책에 푹 빠졌던 경험을 가진 사람도 분명히 있을 것입니다. 문학 작품이든 비문학 작품이든 한 책을 읽고 난 후 관심 있는 분야로 확장되는 연결 독서의 몰입을 경험하기도 했겠지요. 그 후 찾아온 뿌듯함과 지적 성장은 겪어본 사람만이 아는 짜릿한 순간이기도 합니다.

비록 만화책이긴 했어도 수업시간에 꺼내서 그다음 편을 읽고 싶을 정도로 만화책 시리즈에 빠져본 경험이 있는 사람은 그래도 '책에 빠진다'라는 것이 어떤 느낌인지 조금은 알 수도 있을 것입니다. 그렇다면 비슷하게 주어진 학창 시절에서 이런 차이는 대체 어디서 생긴 것일까요?

부모가 된 이들은 나는 둘째치고라도 우리 아이도 나처럼 책을 안 읽다가 인생의 많은 부분을 놓치면 어떡하지 싶어서 걱정을 많이 합니다. 아이가 스스로 책을 읽으려 하지 않는 모습을 보면, 좋은 본보기를 보여주지 못한 내 탓인 것만 같아 괜히 찔리고 마음이 불편하다고 하시지요. 사실, 제일 가까이에 있는 부모님이 좋은 모델링이 되어주면 그만한 게 없습니다.

하지만 부모 세대도 책을 별로 안 읽는 데는 그만한 이유가 있습니다. 아예 독서가 내 몸에 즐거운 습관으로 배어 있도록 교육받고 자라지도 않았을뿐더러, 읽으면 도움되고 좋은 걸 알면서도 독서가 일상의 우선순위가 안 되기도 하고, 당장 읽지 않는다고 해서 크게 상황이 나빠질 것도 없지요. 좋은 걸 눈 앞에 두고도 좀처럼 실천하지 않는 내 자신에 대해 마음이 좀 불편한 건 있을 테지만요.

대체 독서가 즐겁고, 일상의 한 부분으로 스며들어 자연스럽게 스스로 읽는 아이들은 어떻게 탄생되는 것일까요? 이 비밀을 파헤치면 다음 세대에는 좀 더 나은 독서 유산을 물려줄 수 있을 것 같습니다.

스스로 책 읽게 하는 비밀 1: 설렘

학창 시절 선생님이 첫사랑 이야기를 들려주거나 유럽 배낭여행 갔던 이야기 등을 들려주었을 때가 떠오르시는지 여쭤보고 싶습니다. 눈이 초롱초롱하게 한 명도 졸지 않고 귀 기울이던 것도 기억나시지요? 특히 고등학교 시절, 수업 후 쉬는 시간에는 모두 엎드려 잠들었는데, 그런 이야기 시간 후에는 한 명도 자는 학생이 없다며 서로 신기해했던 기억이 있습니다. 선생님 이야기에 빗대어 언젠가의 내 모습을 꿈꾸며 친구들과 재잘재잘 앞으로 펼쳐질 인생 로망을 나누곤 했지요.

어른, 아이 할 것 없이 누구나 스토리를 참 좋아합니다. 어떤 아이들은 듣는 것을 좋아하고, 어떤 학생들은 읽는 것을 좋아하고, 또 다른 학생들은 말하는 것을 좋아하거나 쓰는 것을 좋아하는 식으로 양상은 서로 다를 수 있습니다. 하지만 스토리, 즉 이야기 속에는 경험해보지 못한 세상의 다양한 면이 있기 때문에 어떤 아이들이든 이야기 자체를 싫어하지는 않습니다. 잠자기 전에 부모가 이야기를 들려주는 잠자리 독서나 스토리텔링에도 많은 비밀이 있다고 하지요.

저는 바로 이 비밀을 한 단어로 얘기해보라고 한다면, '설렘'이라고 말하고 싶습니다. 재미있고 흥미진진한 스토리들은 사람을 설레게 하지요. 그다음 이야기가 궁금해지고, 주인공이 된 듯 빠져들지요. 이런 설레고 재미있는 수만 가지 이야기들을 과거에 모두 책으로 써 놓았다니 그 자체만으로도 정말 놀랍지요. 그 놀라움을 스스로 깨닫고 책을 읽겠다고 하는 아이는 드물긴 합니다.

그렇지만 정말 책을 좋아하는 친구를 보면 놀라울 정도입니다. 저희 원에 한 아이는 학교를 그만두고 도서관에서만 살고 싶다고 하는데, 그걸 보면 책의 즐거움과 설렘은 어쩌면 '중독'될 정도로 매력을 지닌 것 같습니다. 모든 책이 다 내 스타일이거나 재미있지는 않겠지만, 어제도 오늘도 내일도 책을 또 집어 들어 읽으며, 다음 책을 골라보고, 친구가 추천해준 책을 읽어보고, 내가 재미있었던 책의 줄거리를 신나서 이야기하기도 합니다.

그래서 리딩 멘토는 책과 이야기가 주는 이 '설렘'을 꼭 아이들이 경험할 수 있도록 도와주셔야 합니다. 선생님이나 부모님은 학생이 관심 있어 하는 책을 함께 검색해서, 새로 주문한 책을 기다리는 그런 '설렘'이 어린 시절 내내 이어지도록 이끌어주셔야 합니다.

스스로 책 읽게 하는 비밀 2: 감동

재미있는 다음 책을 설레며 기다리다가 딱 내가 빠져드는 책을 만나게 될 때면 독서의 희열을 느끼게 됩니다. 설렘이 내일도 모레도 그다음 달도 내년에도 계속해서 책을 놓지 않고 스스로 읽게 만드는 원동력이라면, 두 번째 원동력은 무엇일까요? 무엇이 여러분과 아이들을 스스로 독서하고 싶은 마음으로 이끄는 것일까요?

저는 이 두 번째 비밀이 바로 '감동'이라고 이야기하고 싶습니다. 웃긴 이야기, 무서운 이야기, 슬픈 이야기, 공감할 수 있는 이야기 등 다 좋습니다만, 자신이 읽은 책에서 '감동'을 느낀 경험이 있는 사람은 또 이런 이야기가 없을까 다른 책을 찾게 됩니다. 감동은 어른, 아이 할 것 없이 다음 독서를 스스로 이어가게 하는 강력한 힘이 되는 것이지요. 일회성 독서체험이 아니라, 지속적인 독서를 위해서는 마음이 크게 움직이는 경험이 아주 중요합니다.

영어 원서 그림책 중에 『love you forever』라는 책이 있습니다. 우리 말로 '언제까지나 너를 사랑해'라고 번역되어 알려진 책입니다. 아기가 태어나서 유아기, 청소년기, 청년기, 성년기, 중장년기를 거치며 커 가는 동안 아이 때문에 애를 먹어도 한결같이 엄마가 안아주면서 '너를 사랑한다'고 고백하는 시를 읊어주는 책인데요. 마지막 즈음에 나이가 들어 할머니가 된 엄마가 편찮으셔서 시를 못 들려주자, 아들이 엄마를 안아주며 사랑의 시를 읊고, 결혼해서 낳은 자신의 아기에게 다시 그 사랑의 시를 노래합니다. 사랑의 마음을 담은 시가 대물림되어 전해지는 것을 통해 한 인간의 생애를 담담하게 그려낸 아름다운 책이랍니다.

제가 이 책을 추천해주었는데, 그 책을 읽고 완전히 변한 학생이 있었

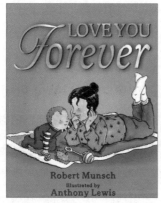

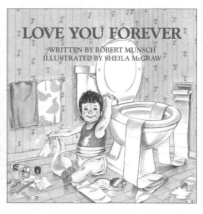

『love you forever』 미국판   『love you forever』 영국판

습니다. 책 읽기를 싫어하지는 않는데 크게 자신에게 흥미 있는 책을 못 만나서 이 책 저 책 대충 읽던 학생이었지요. 집에 가서 이 책을 읽은 날 그 학생은 "선생님, 이야기가 정말 슬픈데 너무 감동이에요. 저, 엉엉 울고 있어요"라고 메시지를 보냈습니다. 이런 감동적인 영어책은 처음 봤다면서 영어가 감동을 주는 일이 신기하다고 했습니다. 그 이후 이 학생은 감동적인 다른 영어책들을 계속해서 만나고 싶어했지요. 앞으로 평생 감동적인 책들이 학생 자신의 마음과 인생을 얼마나 풍요롭게 만들 수 있을지 그려져서 저에게도 기분 좋은 추억으로 남아 있는 일입니다.

영어책을 읽고 나면 추천하는 학습법 중 '북퀴즈 풀기'가 있습니다. 북퀴즈를 다 맞추려면 이야기의 내용을 전체 흐름은 물론 세부적인 것까지 기억해야 하는 경우도 있습니다. 영어독서 후 북퀴즈 풀기를 유독 재미있어 하는 학생도 있으며, 적절한 시기가 되었을 때 북퀴즈를 효과적으로 활용해서 영어적인 이해도를 높여 나가는 것도 중요합니다.

하지만 스토리를 기억하고 이해하는 힘을 단지 북퀴즈 풀기 활동에서 키워주려고 하는 것은 오류일 수 있음을 말씀드리고 싶습니다. 무언가를 기억하는 가장 강력한 힘은 어쩌면 '감동'일 것입니다. 그런 감동은 이 책을 더 잘 이해하고 싶다는 욕구로 이어지게 할 수 있기 때문입니다.

아이들에게 '감동'이라 함은 꼭 눈물 나는 이야기만을 뜻하는 것은 아닙니다. 재미있고 웃긴 부분, 마음에 남는 문장이나 그림, 주인공이 된 것처럼 느끼는 카타르시스 등 아이들에게 찾아오는 감동의 형태는 다양하지요. 모든 책이 감동을 가져다주는 것은 아니지만 그런 책을 만난 경험이 하나 둘 쌓인다는 것은 책에 대한 인식 자체를 변화시켜주고 그 변화는 강력한 독서의 자발성을 가져온다는 것입니다. 또 자신을 믿어주고 이끌어주는 리딩 멘토인 선생님이 해주시는 공감 한 마디에 감동을 느낄 수도 있지요. 리딩 멘토와의 정서적 터치를 통한 감동의 순간 또한 강력한 자발적 책 읽기로 이끄는 원동력이 되어줍니다. 또한 이제까지 몰랐던 좋은 공부법을 알게 되는 순간을 경험하는 것도 학생들에게는 감동이 될 수 있습니다. 선생님이 끌어주시는 그런 공부법으로 열심히 공부하고 난 뒤 변화까지 경험한다면, '선생님이 추천하시는 독서를 나도 한 번 해볼까' 하는 마음속 깊은 자발성을 끌어낼 수 있습니다. 책 읽기로 일상에서도 수시로 감동을 느끼는 순간을 아이들에게 선물해 주세요.

스스로 책 읽게 하는 비밀 3: 독서 환경 설정과 습관

책에 대한 설렘과 감동은 저절로 찾아오는 것이 아닙니다. 우연한 계기로, 부모의 의지나 노력과 상관없이 아이가 책을 스스로 읽고 가까이 하는 경우가 생긴다면, 그것은 천운입니다. 요즘처럼 책보다 자극적이고 더 쉽게 빠져드는 영상과 게임, 즐길거리가 어릴 때부터 넘쳐나는 세대에게는 더 그렇지요. 그래서 독서인구가 줄어든 게 당연하지만 그럼에도 불구하고 독서가 더 중요한 시대라고 하는데, 대체 어떻게 책과 가까이 하고 스스로 읽도록 이끌어야 하는지 한숨부터 나옵니다.

걱정 먼저 하기 전에 제대로 독서 환경과 습관을 지속적으로 자리 잡 도록 함께 노력해 본 적이 있는지 한 번 생각해 보세요. 가만히 생각해 보 니 그래 본 적이 없다면, 오히려 희망적입니다! 이 세 번째 '스스로 책 읽 는 비밀'은 오히려 첫 번째나 두 번째보다 더 빠르고 명확하게 평생 스스 로 독서하게 하는 방법이거든요. 내 아이가 밥 먹듯이 독서하게 되는 최 상의 비법을 획득하게 하고 싶으신 분들, 한숨짓기 전에 내 아이 독서 환 경과 습관 만들기 작전을 딱 10번이라도 한 번 해보세요! 항상 독서 하는 라이프스타일을 가정 문화로 만들어 보세요. 독서가 당연한 환경 속에 서, 몸에 체화된 책 읽기 습관은 독서의 선순환 구조를 가져오는 가장 확 실한 비밀입니다.

자, 맨 처음 할 일은 일정한 '독서 공간'을 정하는 것입니다. 아이가 가 장 편하게 집중할 수 있는 공간이어야 합니다. 새롭게 공간을 함께 만들 어도 좋습니다. 그다음 할 일은 일정한 '독서 시간대'와 '시간의 양'을 정 하는 것입니다.

예를 들어 '우리 아이는 거실 소파에서 매일 저녁 8시에 30분 동안 책 을 읽는다'라고 정하는 거예요. 아이들에게 일정하게 돌아가는 일상의 루틴은 정서적으로 안정감을 주고, 그것은 환경과 습관이 되어 가정의 문화로 정착됩니다. 아침에 일찍 일어난다면 아침 독서는 햇살이 비치는 창가에 캠핑 의자를 하나 놓아주고, 매일 아침 15분 동안으로 정해도 좋 습니다. 가정마다 천차만별의 장소와 시간이 되겠지만 각자 이렇게 딱 21일간 지속해 보자구요!

굳이 의식적으로 생각하지 않아도 무언가 습관이 시작되는 최초의 기간이 21일이라는 것이 연구를 통해 밝혀졌다고 합니다. 앞에서 말했듯이 이렇게 딱 21일을 빠지지 않고 일정한 공간에서 일정 시간을 반복해 보세요. 엄청난 뿌듯함이 밀려올 것입니다. 이렇게 21일씩 1세트, 2세트 반복하다 보면 어느새 책 읽기 환경이 마련되고 저절로 습관화되고 있는 아이를 보실 수 있을 거예요. 온 가족이 함께 하면 효과는 최고입니다.

누구나 새해나 새 학기가 시작되면, 잠깐 동안 독서 환경도 만들어 보고 책 읽기 습관도 만들어 보지요. 하지만 일정 기간을 통해 환경과 습관이 지속되지 않는다면 아이들 스스로 책을 읽는 감동적인 모습은 볼 수 없을 것입니다. 나와는 다르게 혹은 나보다는 더 독서와 영어를 잘 하고 스스로 즐기도록 만들어주고 싶으시다면, 이 정도는 시도해 보신 후에 스스로 책 안 읽는다고 한숨을 지어도 짓기로 해요.

누적 시간 플래너:
성취와 임계량의 효율적 관리

원영빈(키즈엔리딩 대표)

"코로나 시대에 관리를 원에 올 때보다
더 잘해주는 방법은 무엇이 있을까?"
"리딩을 할 수 있는 시간을 찾고, 임계량을 눈으로 확인하고,
앞으로의 계획을 세우는 데 플래너가 도움이 됩니다."

코로나는 재앙이지만 코로나가 아니었다면 절대 변하지 않았을 신념과 기존의 행태를 빠르게 변화시켜 주었습니다. 변하지 않으면 안 되었기 때문에 다소 무리가 되더라도 빠르게 판단하고 강행할 수밖에 없었죠. 플래너 역시 코로나 상황에서 무조건 생겨나야만 하는 것, 생겨날 수밖에 없는 것 중 하나였습니다.

기존 오프라인 리딩 교육에서는 학생들이 월수금 주 3회 또는 화목 주 2회 원에 와서 책을 읽으면, 한 명씩 선생님과 마주한 채 이야기하면서 학생의 능력과 스케줄에 맞는 영역별 리딩 플랜을 짜고 격려와 칭찬을 하며 코칭을 하는 시스템입니다. 학생은 선생님이 짜준 개별 플랜에 따라 학원에 오지 않는 날에는 집에서 책을 읽어 오고, 다음날 원에서는 그

부분에 대해 확인하고 계획을 수정하며 리딩을 진행해 나갔죠.

그러나 코로나 이전에는 최고였던 코칭 방법이 코로나 이후 온라인으로 진행할 때에는 불편한 부분들이 있었어요. 선생님이 학생들에게 개별적으로 코칭 플랜을 짜주기는 하지만 아이의 독서기록장에 직접 적어주지 못하니, 학생들은 줌zoom에서 선생님과 계획한 부분을 따로 적어두거나 기억해야 했어요. 물론 여러 가지 대안도 생겨났지만 학원에 직접 오지 않는 날에는 독서기록장에 코칭 멘트의 공백이 생기는 부분은 감수해야만 했습니다.

'그렇다면 어떤 방법이 있을까? 관리를 원에 올 때보다 더 확실하게 잘해주는 방법은 무엇일까?', '선생님이 계획하고 적어주지 말고, 집에서 혼자 하더라도 스스로 계획해서 쓰고, 그 진행 상황과 결과를 가지고 선생님과 다음 플랜을 짜는 코칭을 할 수 있는 방법은 무엇일까?'라는 고민을 했습니다. 이러한 상황을 극복하면 이전보다 더 좋은 대안이 나올 것이라는 것을 알고 있었기 때문에 코칭 방법을 처음부터 다시 생각하기 시작했습니다.

기존 활동의 단점을 파악하고 원하는 목표를 생각하니 답이 나왔습니다. 바로 '플래너'였습니다. 주 단위로 학생이 해야 할 일과 스케줄을 미리 계획하여 쓰고, 영어책을 읽는 시간과 영역별 체크를 스스로 할 수 있게 하니, 하루를 효율적으로 보내면서, 그 안에서 전략적으로 리딩하는 시간을 확보할 수 있었습니다. 학생은 성취감을, 선생님은 임계량을 효과적으로 관리하는 결과를 낳았습니다.

원어민 수준의 영어 실력이 나오기까지의 임계량을 1만 시간이라 가정한다면, 평균적으로 학생들이 챕터북을 혼자 읽을 수 있게 되는 임계점은 약 1,000시간 정도입니다. 물론 한글책을 읽고 이해할 수 있는 어휘

량과 언어 감각에 따라 차이는 있지만 최소 하루에 한 시간씩 주 7시간, 3년 이상은 지속해야 합니다.

이 계산은 다독을 진행하면서 읽기나 말하기, 단어, 문법 등 필요한 영역을 적절하게 병행해 주었을 때 가능한 계산법입니다. 알려진 것처럼 음원을 들으면서 눈으로 책을 따라서 읽는 '오디오 다독' 활동만으로는 (한글책을 충분히 읽어 그 나이대에 한글 문해력이 형성되지 않은 이상) 하루 한 시간 노출만으로는 많이 부족합니다.

영어책 읽기를 오래 하면 영어가 저절로 된다고 했는데, 오래 했는데도 원하는 실력이 나오지 않는다면 단순히 '오디오북을 들으며 책 읽기'만 하는 것은 아닌지 다시 점검해봐야 합니다. 영어책을 읽고 단순히 그 의미와 내용만을 파악하는 것이 목표라면 굳이 책 읽기에 플래너가 필요하지 않겠지만 자신의 스케줄을 효율적으로 관리하면서 리딩을 할 수 있는 시간을 찾고, 임계량을 눈으로 확인하면서, 앞으로의 계획을 세우는 데는 플래너가 도움이 됩니다.

독서기록장에 자신이 읽은 책 제목만을 기록하던 학생들은 또 무엇을 써야 하고 생각을 해내야 하는 것에 불평했지만, 한두 달 연습하니 자신의 하루 스케줄을 돌아보고, 자신이 한 일을 체크해 나가는 것에 성취감을 느끼기 시작했습니다. 또한 선생님들은 학생의 하루 스케줄을 충분히 알 수 있으니 더 깊이 학생을 이해할 수 있어 대화가 풍부해졌고, 임계량은 물론, 영역별 리딩 플랜을 일·주 단위로 관리할 수 있으니 더 효과적인 코칭이 가능해졌습니다.

초등학생들이 스스로 계획해서 플래너를 지속적으로 쓰기는 쉽지 않습니다. 학생이 계획한 플래너에 공감하고 의견과 칭찬을 하며, 장단점을 파악하여 앞으로의 계획을 스스로 짤 수 있게 할 멘토, 코치, 선생님이 반드시 필요합니다. 생각해보면 어른인 우리도 어렸을 때 플래너를 한 번도 써보지 않은 사람은 드물 것입니다.

그런데 한 달 이상, 혹은 6개월에서 1년 이상 꾸준히 써 왔던 사람은 몇 명이나 될까요? 아마도 청소년기에 누군가 내 플래너에, 내 노트에 함께 공감해주며 방향을 제시해 주는 누군가가 있었다면, 좀 더 계획적으로 더 성장하는 삶을 살지 않았을까요? 우리 어른 세대는 그러한 교육은 받지 못했지만 앞으로 세상을 살아가는 아이들에게 플래너를 지속적으로 쓸 수 있는 힘을 키워주는 것이야말로 미래사회에 꼭 필요한 교육입니다.

흔히 플래너를 쓰는 시기는 자기 주도가 가능한 중·고등학생부터 적당하다고 하는데, 이는 틀린 생각입니다. 부족하지만 초등학교 저학년부터 칭찬과 관심, 공감을 받으면서 플래너를 쓰게 하는 것이 자아가 이미 형성된 중·고등학생을 설득하여 플래너를 쓰게 하는 것보다 훨씬 수월합니다. 바꿔 말하면 자기 주도성이 있는 아이들에게 플래너를 쓰게 할 것이 아니라, 플래너를 쓰게 하여 자기 주도성이 있는 아이로 성장시켜야 합니다.

과거에 해왔던 교육이 학교나 학원의 정규 커리큘럼에 맞춘 일방적, 주입식, 암기식 교육이었다면, 앞으로는 학생의 컨디션과 스케줄, 성향, 역량에 맞춰 1:1 개인 코칭이 더 필요한 시대가 되었습니다. 코로나 상황이 당분간 지속될 것이라 예상한다면 학교에서도 학원에서도 온라인과 오프라인을 병행하는 수업 시스템이 불가피할 것이고, 누구나 걱정하는 학습 격차는 더 벌어질 것이라 예상됩니다.

그 학습 격차를 줄이고, 학생의 개별적인 성장, 자기 주도성을 돕는 일이 바로 플래너이고, 그 플래너를 제대로 쓸 수 있도록 이끌어줄 수 있는 코칭과 코칭을 해줄 수 있는 선생님의 역할이 필요합니다.

영역별 리딩과 하루 스케줄을 플래너에 넣어 학생과 선생님이 함께 만들어가는 최소의 전략적 리딩 시간 관리 플래너는 이렇게 탄생되었습니다. 학생들에게 필요한 것을 고민하고 미리 만들어주는 힘, 바로 진정한 학생 사랑이 아닐까요?

420 위클리 플래너
(1:1 코칭이 빚어낸 주 420분의 변화와 기적) 작성법

1번 영역

학생들은 어른들에 비해 생활이 비교적 단순하기에 일주일 루틴을 적어 한 날과 하지 않은 날을 O, X로 표시하게 하였습니다. 1번은 사회적인 영역의 루틴을 적는 칸으로 학교 가기, 영어학원, 수학학원, 피아노 학원 등의 루틴을 적게 하였습니다.

2번 영역

내 꿈을 위한 나와의 약속 루틴을 적는 칸입니다. 예를 들면 아침 7시 기상, 책 읽기, 강아지 산책시키기, 줄넘기하기, 레고 조립하기, 친구와 놀기 등입니다. 선생님은 1번과 2번 영역을 보고 학생의 하루 일과를 파악할 수 있고, 학생과 더 깊은 상담을 통해 학생의 라이프스타일에 맞는 리딩 플랜을 세울 수 있게 됩니다.

3번 영역

420 위클리 플래너의 핵심 영역으로 주 420분의 리딩 시간을 채울 수 있도록 하는 데 중요한 역할을 합니다. 시간 막대 그래프에 스스로 목표한 리딩 시간과 비디오 시청 시간을 10분 단위로 체크합니다. 일주일 동안 총 몇 분을 읽었는지 한눈에 파악되니 선생님은 학생이 임계량을 채우는 과정에서 목표를 채울 수 있도록 칭찬과 동기부여를 하는 역할을 해야 합니다.

4번 영역

필수 콘텐츠 리딩으로 4장에서 설명한 전략적 임계량을 채우는 프로그램으로 선생님과 함께 주 단위로 계획을 세우고, 일 단위로 체크하며 관리하는 영역입니다. 선생님은 학생의 역량과 스케줄에 따라 목표를 설정하고, 영역별로 해야 할 일들을 구체적으로 계획합니다. 이때 중요한 것은 선생님이 일방적으로 과제를 주는 것이 아니라, 목표를 달성하기 위해서 아이들이 스스로 과제를 설정할 수 있도록 돕는 것입니다.

예를 들어 '시리즈 반복'은 일주일에 한 권을 통과하는 것을 목표로 하는데, 듣기와 읽기의 횟수와 비율은 학생의 목표에 따라서 다르게 계획하며 때에 따라 한계를 넘어설 수 있도록 도전 과제를 주기도 합니다. '마스터 정독'에서는 책 한 권을 안 보고, 쓰고 말할 수 있을 때까지 연습하는 과정이 매우 중요한데 아이들은 당일 과제를 체크하는 데 끝내지 않고, 주 단위 계획을 통해 목표를 달성하기 위해 스스로 계획하고 학습합니다. '보카킹' 역시 개별 역량에 따라서 다른 진도로 진행되지만, 여기서 중요한 것은 단어를 외우는 데 그치지 않고, 암기한 단어가 실제로 어떻게 사용되는지 예문 학습을 통해 말하기speaking와 쓰기writing로 연결되도록 합니다.

420 플래너를 통해 일방적이고 수동적인 학습이 아닌 학생이 스스로 생각하고 계획하며 주도적으로 목표를 달성할 수 있는 코칭이 가능하게 되었고, 전략적 리딩 프로그램으로 임계량을 빈틈없이 채울 수 있게 되었습니다.

내적 동기부여 I :
영어 체크 전에 이것 먼저 확인

양경희(일산서구 키즈N리딩잇츠 원장)

"아이들이 영어책을 3년 이상 오래 읽도록 지도하는 방법은 무엇일까요?"
"아이들의 실력을 키우려 하지 말고, 심력을 키워주세요."

동네 유치원 동기들로 7살 졸업 무렵 저를 만났던 꼬마 숙녀들이 있습니다. 아직도 그때가 생생하네요. 저는 당시 영어독서 공부방을 오픈하여 2년 차 되던 해에 이 아이들을 지도하게 되었습니다. 지금 이 숙녀분들은 근방 초등학교의 최고 학년으로 여전히 대부분 저와 영어독서를 즐기고 있습니다. 저는 현재 이렇게 매년 초등학교 1학년에 만나 5학년이 되고, 6학년이 된 아이들을 여럿 지도하고 있습니다. 보통 공부방을 다닐 때 2년 정도 다니면 오래 다닌 거라고 하던데, 어떻게 초등시절 5~6년을 저와 영어독서를 하게 된 걸까요? 그 비밀을 지금부터 밝히겠습니다.

오래 독서 하게 이끄는 힘:
아이들의 자신을 보는 각도를 바꿔줍니다!

저는 지극히 평범한 집안에서 자랐습니다. 여자에게 제일 좋은 직업은 교사나 공무원이 최고다! 생각하시는 부모님 밑에서 중요한 선택은 부모님이 기뻐하실 만한 것으로, 남들이 보기에 그럴싸한 것으로 선택했던 안타까운 젊은 날을 보냈습니다.

그런데 성인이 되고서는 자기 주도적인 사람으로 바뀌었는데요. 제가 이렇게 바뀔 수 있었던 것은 그간 어려운 시기마다 가슴으로 읽은 책의 힘일 것이라 강력히 믿기에 어린 학생들에게 한글로 된 책이든 영어로 된 책이든 독서를 독려하는 것을 사명으로 여기는 사람이 되었습니다. 저는 제가 하고 있는 독서프로그램을 사랑합니다. 아이들의 실력이 자연스럽게 좋아지기 때문이기도 하지만, 진짜 독서다운 독서를 하도록 돕기 때문입니다.

첫 공부방을 열고 3년 정도는 학부모님의 니즈에 부합하느라 내게 맞지 않는 어리석은 판단도 하였지만, 7년이 지난 지금은 학부모님 얼굴과 목소리만 들어도 이 아이가 영어를 어느 정도 잘하게 될지, 이 아이를 내가 맡아 지도하는 것이 맞을지 판단이 잘 선답니다. 이러한 능력은 타고 난 것이 아니라 오랜 기간 '내가 정말 옳다'고 생각하는 방향을 계속 계발해 나가면서 나의 소신을 믿고 행동했기 때문이라 생각합니다. 신입 선생님들도 이 어려운 시기를 반드시 겪게 될 것이기에 그 시기를 잘 지나온 선배로서 몇 가지 조언을 드리고자 합니다.

1) 오래 독서하게 만드는 코칭법 1 :
아이가 잘하는 것에 집중하세요

부모님들은 아이가 행복하기를 바라는 마음에 실수나 실패가 없도록 마른자리 진자리를 가려가며 보호하려는 경향이 있지요. 감사한 일이지만, 이로 인해 부모님들은 내 아이의 부족한 부분, 다른 아이들과 비교하여 잘 못하는 부분을 굉장히 신경 씁니다. 가령 숫자가 약한 아이라면, 다른 잘하는 것들이 많아도 늘 수학에 대해 고민하고 더 잘하도록 신경을 쓰시지요. 분명 아이는 그 부분을 개선하기 위해 노력할 겁니다. 잘 자란 아이들의 특징이지요. 하지만 잘하는 99개는 안중에도 없고, 늘 부족한 1개를 끌어올리기 위해 노력하다 결국 자신감은 떨어지고 자신이 뭔가를 '잘 못하는 아이', '개선이 많이 필요한 아이'라는 생각은 온몸의 세포에 퍼지게 되죠.

보통의 선생님들도 마찬가지입니다. 아이가 시험을 봐서 90점을 받으면, 정답을 맞춘 90점에 대해서는 안중에도 없고, 오로지 틀린 10점에 초점을 맞추지요. 무엇이 틀렸는지 어디가 부족한지 빨간펜으로 선명하게 표시하며 그 부족한 몇 퍼센트에 집중하다 보니, 아이들은 '나는 이것을 모르는 아이', '이 부분에서 실수하는 아이'로 스스로를 인식하게 되고, 선생님은 다시 실수가 없도록 당부 또 당부하며 아이들에게 스트레스를 주는 경우가 허다합니다. 그래서 초등학교 때 이미 사교육에 심하게 노출된 아이들은 테스트에서 점수가 높게 나왔더라도, 틀린 것이 하나라도 있으면 만족을 못하고, 틀린 문제 하나에 전전긍긍하게 됩니다.

　저는 그런 보통 선생님의 길은 버리기로 하였습니다. 아이들의 눈이 자신이 잘하는 곳을 보게 하고, 잘하는 부분을 더욱 구체적으로 칭찬하며, 그 부분이 아이들의 강점이 되도록 만드는 코칭법을 사용합니다. 10가지 중 잘하는 것이 1가지이고 부족한 것이 9가지라면, 저는 우선 아이가 무엇을 잘하는지 콕 집어 알려주고 그 부분을 강점으로 만들어 자신감이 차올라 부족한 부분도 점점 나아지게 '의욕을 살리는 코칭법'을 사용하지요.

　그래서 저를 만난 저 꼬맹이 숙녀들은 자신이 이전에 얼마나 부끄러움이 많고 산만했는지, 글씨가 엉망이었는지 생각지 못하고 그 부족한 부

분들을 하나하나 끌어올리며 여전히 저의 코칭으로 성장하고 있습니다. 저는 영어독서 힐링을 하고 있는 제 자신이 매우 자랑스럽습니다. 스스로 자랑스럽다고 느끼니 아무리 까다로운 어머니가 와도 제 자존감이 무너지지 않습니다. 정말 중요한 것이 무엇인지 알리고, '이것이 아이에게도 필요하다면 보내시고, 그렇지 않으면 다른 교육원을 알아보라'고 당당하게 말을 하지요. 아이가 무엇을 잘 틀리고, 모르는지 자신의 부족한 모습에 마음이 꽂혀 있는 것보다 자신이 잘하는 것을 알고 다른 것들도 개선할 자신감을 키워주는 것이 제가 가장 중시하는 오래 독서하는 아이로 이끄는 코칭법입니다.

2) 오래 독서하게 만드는 코칭법 2: 긍정적이고 주도적인 말을 쓰도록 도와주세요

No, David - David Shannon

아이들이 즐겨 읽는 영어책 중에 『No, David』라는 그림책이 있어요. 장난꾸러기 데이비드(David)는 늘 사고치기 일쑤고, 그의 엄마가 입에 달고 사는 말은 "안 돼, 데이비드(No, David)"이지요. 그리고 우리 또한 "안 돼(No)!"라는 말을 참 많이 하고, 많이 들으면서 자랍니다. 또 착하게 잘 자란 아이들은 부모님 말씀을 잘 듣고 자라서 그런지 학원에 와서도 "저 이거 읽어도 돼요?", "저 화장실 가도 돼요?", "선생님 저 이거 하면 안 돼요?" 등 허락을 구하는 대화가 대부분이지요. 그런 부정적인 어투의 허락을 구하는 것은 수동적인 자세로 자신을 이끌 가능성이 높습니다. 마치 허락이 떨어지지 않으면 생리적으로 꼭 해결할 일도 참을 기세죠.

아이들이 자주하는 질문을 "선생님, ~하고 싶어요. ~하겠습니다"라는 식의 자기주도적인 대화체로 바꾸도록 꾸준히 도와주세요. 질문의 어투를 긍정적이고 주도적으로 바꿔서 자신이 스스로 판단하고 결정하는 '내 의사의 주인 역할'을 맡게 하는 것이지요. 이제까지 써 오던 말투가 한두 달 만에 바뀌지는 않겠죠.

그러나 아이들이 주도적으로 성장하도록 돕는 대화법 또한 몇 년을 꾸준히 하게 되면 바뀔 수 있습니다. 집에서 해낼 숙제의 양도 스스로 정하고, 숙제할 시간도 자기 스스로 정해보도록 적극적인 자세를 갖도록 이끌지요. 비록 지금까지 그렇게 못했더라도, 스스로 계획한 것은 잊지 않는 경향이 커집니다. 반성도 스스로 하고, 다시 어떤 전략으로 해낼 수 있는지 자신의 계획과 실행에 자부심을 가질 수 있는 아이로 이끌어줍니다. 그 영향으로 제가 지도했던 학생들은 고학년이 되면 영문법 그룹수업에서 진행하는 프레젠테이션이나 학생들끼리 진행하는 영문법 강의에 적극적인 모습을 보입니다.

일반적으로 초등학교 고학년들은 선생님이 수업시간에 질문을 하거나 발표를 시키면 괴로워하지만, 자기주도적 대화체를 사용하도록 꾸준히 코칭을 받은 학생들은 긍정적이고 적극적으로 행동하는 모습이 역력했습니다. 이런 변화를 보면, 꾸준한 코칭을 통해 자신에 대한 긍정적인 마인드를 갖게 되고 영어에 대한 호감도도 크게 상승한 것이 충분히 느껴집니다.

3) 오래 독서하게 만드는 코칭법 3: '실력'이 아닌 '심력'을 키워주세요.

여기까지 읽어보니 선생님이 '보통 선생님'인지 아이들을 '오래 이끌어줄 선생님'인지 판단이 서시지요. 이제까지 내가 영어책도 많이 읽고, 많이 알고 있으며, 문제도 많이 풀어보고, 잘 풀 수 있도록 지도할 수 있기에 남다른 선생님이라 자부하셨다면, 우선 축하합니다. 그것도 쉬운 일은 아니거든요. 하지만 영어적 지식이 풍부한 선생님은 정말 많아요. 잘 가르치는 선생님도 정말 많고요. 내가 이름만 들어도 세상 사람들이 아니 한국인이 다 아는 선생님이 아니라면, 우선 방향을 좀 바꿔야 해요. 이미 영어 잘하고 잘 가르친다고 정평 난 선생님들 숫자도 헤아리기 어려울 정도니까요.

그러면 어디에 집중해야 할까요? 내가 가진 에너지가 아이의 기운을 살리는 에너지인지, 기를 죽이는 에너지인지 평가해보셔야 합니다. 선생님이 가진 지식의 양이 방대하다 보니, 초등학교 학생에게 너무 많은 정보를 주려고 노력하십니다. 그러나 아이들은 받아들일 수 있는 정보의 양에 한계가 있으니, 이 상황이 버겁기만 할 것입니다. 아이들에게 필요한 것은 선생님이 함께 기뻐해주고, '더 하고 싶다'는 밝은 기운이 솟도록 끌어주는 것입니다. 선생님 스스로가 이러한 역할을 해주고 있는지 살펴보아야 합니다.

한 가지 팁을 더하자면 '실력'을 넘어 '심력'을 키워주는 고수의 경지에 오르기 위해 선생님 자신의 감정과 어투를 살피는 것도 중요합니다. 선생님 자신이 긍정적인 감정으로 자신을 대하고 있다면, 그 에너지가 학생들에게 무의식적으로 그대로 전달될 것입니다. 아이들을 끌어올리기에 앞서 선생님 자신을 잘 다독이고, 소중히 하며, 더 잘 해낼 수 있는 존재라고 믿는 것이 중요합니다. 선생님 스스로 기운을 올릴 줄 알아야, 만나는 학생들의 기운도 바꿔줄 수 있으니 부단히 자신을 위한 노력도 잊지 마시길 바랍니다.

Tip

죠이 선생님의
오래 독서하는 아이로 이끄는 베스트 5

√ 아이의 강점을 찾아서 늘 상기시켜준다.

√ 아이가 자신의 강점에 자신을 갖고, 약점을 조금씩 개선해 나가도록 이끈다

√ 주어진 숙제나 명령에 익숙한 아이들이 스스로 계획하고 실행하도록 돕는다.

√ 허락을 구하는 말투를 자기 주도적인 언어사용자로 바꾸도록 돕는다.

√ 긍정에너지를 전해 줄 수 있는 선생님 자신의 내적 환경을 만들어라.

양경희(일산서구 키즈N리딩잇츠 원장)

"선생님, 저는 앞으로 20년간은 선생님을 잊지 못할 것 같아요."
"선생님은 너의 편이고, 너를 돕고 싶단다."

　　　어느 분야에서 기술이나 능력이 뛰어난 사람을 '고수'라고 부르지요. 그 반대의 의미로 어느 분야에서 기술력이 부족한 사람을 '하수'라고 부르기도 합니다. 어느 누구도 그리 불리고 싶지 않겠지만 말이죠. 영어 선생님 중에서도 이름만 되면 전 국민이 알고 있는 고수들이 계십니다.

　하지만 여전히 많은 선생님들이 시대의 변화에 맞지 않게 시험 점수 100점을 외치거나 문제를 달달 외울 때까지 풀게 하고, 단어나 영문법을 깜지 써가며 공부시키고 계시지요. 선생님, 죄송합니다. 당신은 '하수'입니다. 지금 이 책을 읽고 있는 선생님은 아닐 거라 판단합니다. 독서의 중요성을 알지만, 책 내용 한 줄 한 줄 독해를 시켜가며 공부하듯이 독서를 이끄는 선생님, 당신은 '중수'입니다. 독서의 중요성은 알지만 즐겁게 책을 읽는 과정에서 습득이 가장 잘 이루어진다는 이치를 깨닫지 못하고 계신 경우이지요.

이런 방식으로 독서지도 받은 학생들은 독서가 공부나 숙제처럼 느껴져서 책의 재미를 음미하고 진지하게 생각하며 읽는 진짜 독서가로 성장하는 것이 어려울 수 있습니다. 그렇다면 '고수'가 되는 방법은 무엇일까요? 지금부터 독서지도 고수의 코칭법을 소개해 드릴게요.

고수 코칭 1
아이가 관심을 가지는 부분 먼저

학생들은 우선 한글책과 달리 영어책 내용이 자신의 레벨보다 어려우면 재미를 느끼기 어렵습니다. 어른들 역시 책 내용이 어려우면 이해가 잘 안 되어 답답하고 읽기 싫어지잖아요. 한번 쓱 읽었을 때 이해 가능한 영어문장을 정확히 우리말로 바꾸는 일은 쉬운 일이 아니에요. 어순의 차이뿐 아니라 사회·문화적으로 통용되는 관용적 표현이나 상황이 다르기 때문이죠. '이 책의 어느 부분 하나라도 모르면 영어 실력은 늘릴 수 없어'라는 영어 실력 늘리기에 집중하기보다, 아이가 선택한 책을 즐겁게 보았는지, 맘에 드는 부분이나 내용이 있었는지, 주인공에 대해 어떻게 생각하는지 등 편안한 대화의 장을 이끄는 것이 더 중요합니다.

죠이샘: 리아(Lea)가 오늘 읽은 책 중에 제일 재미있는 책은 무엇이었니?

리아: 『Froggy』가 재밌었어요.

죠이샘: 제목을 보니 청개구리 Froggy가 가족이랑 수영하러 갔나 보네. Froggy는 개구리니까 수영은 선수처럼 할 것 같은데, 어때?

리아: Froggy는 수영을 못해요. 그네만 잘 타요.

죠이샘: 개구리는 물에서 태어나니까 수영을 잘 해야 하는 거 아냐?

리아: 그런데 자기는 물이 무섭다고 그네만 타다가 물에 빠져요.

죠이샘: 어떻게! 수영을 못하니, 큰일 났네. 엄마, 아빠가 구해주셨니?

리아: 아니요. 허우적거리다 자신이 수영할 수 있다는 걸 알게 돼서 밤 늦게까지 수영하며 놀아요.

죠이샘: 다행이네. Froggy가 결국엔 수영을 배웠네. 리아는 수영할 수 있니?

리아: 다이빙까지 배웠어요. 수영 좋아해요.

죠이샘: 그럼 배우고 싶은 다른 운동은 뭐가 있을까?

리아: 스케이트요.

죠이샘: 오, 그렇구나. 이 책 제목처럼 'learn'을 넣어서 죠이샘 따라 해보자. "I want to learn skating."

이런 식으로 책을 가지고 얘기를 나누면서 아이가 어느 정도 이해했는지, 책에 대한 느낌은 어떤지, 혹시 어려워할 만한 어휘 중 어떤 것을 알려주어야 할지, 즐거운 다독 고수 코칭을 해보시기 바랍니다.

고수 코칭 2
개별 성향과 상황에 맞게 코칭

다독의 재미를 알고 반복 듣기를 통해 유창성 훈련을 시작하거나 정독을 시작하면 한 권의 책을 반복적으로 듣고, 읽고, 때로는 써보는 작업부터 책 자체를 안 보고도 말하는 학습식 독서를 병행하지요. 한 권의 원서에 나오는 어휘, 문장의 구조, 활용까지 정확하게 내 것으로 만드는 작업, 정독을 할 때도 고수들은 아이마다 특성을 고려하여 정독 순서, 횟수, 요일, 양 등을 조절하셔야 합니다.

가령 워너비 학생—무슨 책이든 몇 번만 반복하면 머릿속에 책이 고스란히 복사되는 뛰어난 학생들—이든, 오마이갓 할 만한 학생—몇 번을 반복해도 스스로 읽는데 어려움을 겪거나, 문장을 활용할 때 언어감각이 발현되지 않는 아이들—이든 학습을 꾸준히 끝까지 하기 위해서는 자기주도적인 플랜이 필요합니다.

선생님이 '오늘은 이거 하고, 내일은 이거 하고, 5번 따라 읽고, 5번 큰 소리로 읽자'라며 '선생님이 정한대로 해!'가 아니라 각 단계별 연습 분량을 각 학생의 개별 성향과 상황에 맞게 정할 수 있도록 코칭시 이끌어 주어야 합니다. 학습 분량이 정해져 있어도 학생이 스스로 해내야 하는 것인데 이왕이면 기분 좋게 해낼 수 있게 양도 학습법도 자신에게 맞는 방식을 찾아가도록 이끌어주는 코칭을 추천합니다. 정독 코칭의 예를 보겠습니다.

죠이쌤: 이번주까지는 정독에서 '한 번 베껴쓰기'와 '한 줄 듣고 따라 읽기'까지 마치면 진도가 잘 나갈 것 같은데 어떠니?

리아: 저는 평일에 '한베쓰(한 번 베껴쓰기)'는 너무 힘들어요. '한듣따(한 줄 듣고 따라 읽기)' 끝내고 큰소읽(큰소리 내어 읽기) 먼저 하고 싶어요.

죠이샘: 좋은 생각이다. 그러면 한베쓰를 이번 주말로 미루고, 평일에 한듣따와 '큰소읽'을 연습하도록 하자. 지난번에 했던 2단계 책보다 페이지가 많아져서 한듣따 5번 반복도 버거운 거 아닐까?

리아: 한듣따는 그래도 재밌어요. 베껴쓰기가 제일 힘든데 주말에 해볼게요.

고수 선생님의 코칭을 오래 받은 아이는 학습을 계획할 때도 자신의 의견을 솔직하게 얘기할 수 있는 아이로 성장합니다. 지시형이 아닌, 잘 들어주고 부드럽게 조율해주는 고수 코칭법을 사용하세요.

고수 코칭 3
선생님의 진심으로 걱정하는 마음 전하기

지도하다 보면 유난히 선생님의 심중을 괴롭게 하는 아이들이 있습니다. 안 하는 아이들이죠. 집에서는 숙제도 안 하고, 원에서는 집중도 안 하고, 교육비는 엄마가 보내는데 엄마가 이를 알게 되면 얼마나 속상할까 걱정되고, 의욕 없는 아이, 힘들게 하는 아이는 영어 독서 이전에 감정이나 건강 상태를 먼저 확인하세요.

우선 엄마와 아이 스케줄이 너무 빡빡해서 학습 또는 독서에 흥미를 낼 여유가 없는 것은 아닌지 확인해보아야 하고, 집에서 아이가 독서를 할 환경이 만들어져 있는지 확인하고 도움을 요청해야 합니다. 독서에 집중하지 못하는 아이들은 대부분 학습에서도 부진함이 드러나 어디서든 그리 이쁨을 받는 경험을 자주 하지 못하지요. 심지어 엄마조차도 혼을 많이 내기에, 큰소리를 듣거나 겁을 먹었을 때 잠깐 하는 시늉만 하니, 학습적 효과가 없는 것은 당연한 것이지요.

영어 원서 독서를 통해 영어 능력을 이끌겠다고 생각하는 선생님들은 기본적으로 인간적 소양이 뛰어난 분들입니다. 그렇게 믿자고요. 참을성도 많고 자상함도 흘러넘치는 우리들이라고요. 하지만 계속해서 나의 코칭이 무시되고, 학생들이 나의 코칭대로 해내지 못하면 속상함을 넘어 화가 나는 건 당연한 일이지요.

아쉽게도 해내는 것이 적은 아이들은 이미 주변으로부터 화와 큰소리를 듣고 자란 경우가 많아요. 그러니 독서를 지도하는 지성인인 우리들까지 보통의 선생님처럼 압박하고 억누르는 방식으로 지도하는 것은 가장 멀리해야 할 교수법입니다.

감정적으로 접근하기 전에 우선 아이의 얘기를 많이 들어주세요. '왜 해오지 못하는지, 마음에 담고 있는 어려움은 무엇인지', '원에서는 집중이 어려운지', '선생님이 어떤 도움을 주면 더 해낼 수 있는지' 등에 대해 추궁하듯이 아니라, 작고 다정한 목소리로 물으면서, '선생님은 너의 편이고, 너를 돕고 싶다'는 의중을 잘 드러내셔야 합니다. 선생님의 진심으로 걱정하는 마음이 학생에게 전달되면 선생님을 실망시키지 않고 싶고, 더 잘 해내고픈 의욕을 키우려 하는 느리지만 변화가 찾아옵니다.

저는 얼마 전 중학생이 된 남학생에게 늦은 밤에 짧은 문자를 하나 받았습니다. 그 남학생은 저와 초등학교 3학년 때 만나 6학년 때까지 영어 독서를 하였지요. 사실 지도하면서, 학생이 마음을 잘 열지 못해서 제가 힘들고 버거웠던 기억이 많던 학생이였습니다. 그 학생이 보낸 톡에 '죠이쌤, 저는 최소 20년 정도는 죠이쌤이 계속 생각날 것 같아요'라고 보내왔는데 그간 괴로웠던 코칭 상황들이 눈 녹듯 녹는 행복감을 느꼈습니다.

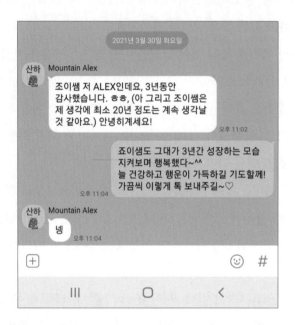

저 또한 시작 초기 시행착오도 많았고 자괴감이 들 정도로 실수도 많이 했지만, 처음이나 지금이나 독서로 아이들의 마음, 꿈, 영어에 대한 호감도를 높여 실력으로 바꿀 수 있게 돕겠다는 목표에는 변함없습니다. 이런 목표가 하나씩 결실을 맺고 있어 자신 있게 스스로를 고수라 인정합니다. 자, 이제 선생님이 도전할 차례입니다.

고수 도전 스타트!

이벤트를 통한 동기부여 : 원에서 바로바로 할 수 있어요

— 양경희(일산서구 키즈N리딩잇츠 원장) —

"소소하게 각 반에서 바로 즐길 수 있는
성공적인 이벤트를 해보세요."
"영어책을 3~4년 읽은 학생들은 자연스럽게
스토리텔러의 기질을 보입니다.
이를 북돋아 주는 독서 이벤트를 소개합니다."

8년 전 키즈엔리딩을 오픈한 첫 해에 저는 이벤트의 여왕이라는 별명이 붙을 정도로 머릿속에 아이디어가 넘쳐나고 이벤트 규모 또한 컸습니다. 수업이 없는 토요일 오전 지역 주민 카페를 빌려 마켓데이를 하고 키즈엔리딩 반별 장기자랑, 개별 장기자랑 등 영어와 관련이 없더라도 아이들이 잊지 못할 경험을 만들어주느라 에너지와 돈을 엄청 썼습니다. 물론 성공적이었습니다. 그 당시 초등학교 1학년이던 후배 학생들이 지금은 6학년 졸업반이 되었어도 그때 추억을 얘기하곤 하니까요.

한번은 '선생님과 다독대결-선생님을 이겨라!'라는 이벤트를 진행하며 한 달간 선생님보다 비밀리에 다독을 더 많이 한 키리들은 바비큐 파티에 초대하는 초대권을 주겠다고 약속을 하였지요. 서로 다독 권수를 밝히지 않으면서 누가 더 읽었는지 궁금해하며 학생들이 얼마나 열심히 독서를 했는지 한 달에 500여 권을 달성한 학생도 있었고, 대부분이 자신의 한 달 다독량보다 두 배가량 읽어내는 의욕을 보였습니다.

이벤트 마치고 삼겹살 파티에 초대되어 신났던 경험과 함께 게임하고 즐기던 잊지 못할 경험을 만들었으나, 불 앞을 떠나지 않고 고기를 구워도 계속 모자랐던 진땀 나는 기억도 남아 있습니다. 요즘은 코로나 상황이라 원에서 음식 파티를 하는 즐거움은 나눌 수 없으니, 소소하게 각 반에서 바로 즐길 수 있는 성공적인 이벤트를 소개해 드리겠습니다.

케이크보다 더 소중한 생.일.축.하. 읽.자.봉.

"선생님, 오늘 제 생일이에요"라고 코칭시간에 수줍게 말하는 학생의 생일을 그냥 보낼 수는 없지요. 케이크, 문화상품권 등 선물을 챙겨주지 못해도, 뿌듯한 추억을 만들 수 있는 방법이 있습니다. 바로, '읽기 자원봉사!' 내 생일에 친구들에게 유창하게 읽기 연습을 마친 영어책을 읽어주고 퀴즈도 내고 선생님의 선창에 다 같이 생일 축하 노래도 부르고, 기분 좋은 추억 만들기 추천합니다.

눈과 마음이 행복한 특별 포인트(스티커) 활용

아이들은 눈에 보이는 점수 제도(포인트 노트 또는 스티커 판)에 관심이 지대합니다. 집에서 독서한 만큼, 그 외 자신의 학습량을 잘 채운 만큼 개별 코칭 시간에 쌓여가는 스티커나 포인트에 목숨을 걸지요. 모인 포인트나 스티커로 매월 '스티커 왕', '포인트 왕'으로 뽑히면, 큰 박수를 받기도 하고 간식을 뽑기도 하고 팀의 리더 역할을 맡아 보게 됩니다. 그 다음 달에도 계속해서 그 영광을 누리고 싶은 마음에 노력하는 아이들의 모습이 역력합니다.

저는 아이들 모두에게 달성의 기쁨과 해내는 의욕을 꾸준히 올려주기 위해 특별 스티커(포인트) 제도를 사용하는데요. 100권 단위로 달성하면 주어지는 '북 배지', '간식 뽑기'뿐만 아니라 1,111권 달성 특별 스티커 1,111개, 3,333권 달성 특별 스티커 3,333개, 5,555권 달성 특별 스티커 5,555개의 넘사벽 폭탄 스티커를 선물로 주며 깜짝 이벤트를 만들어, 늘 모범적인 아이들만 포인트(스티커) 왕이 되지 않도록 재미 가득 스릴을 즐기게 합니다. 실력에 상관없이, 성실하면 달성 가능한 특별 스티커 제도로 기대감이 넘치고 노력만 하면 포인트 왕이 될 수 있다는 희망을 심어줍니다.

아이들은 달성 후 보통 이렇게 말합니다. "죠이 선생님, 1만 권 읽으면 포인트 몇 개 받아요?", 그러면 저는 "그땐 키리 졸업해라. 9,999권까지만 읽고 후배들에게 자리 양보다!"라고 말하면, 아이들은 다시 "그러면 안 돼요, 싫어요, 더 다닐 거예요, 졸업 안 해요" 등 제가 듣기에 기분 좋은 불평들이 터져 나옵니다. 정해진 규칙을 벗어나 아이들의 마음을 끌어올릴 수 있는 참신한 아이디어를 늘 고민하시면, 색다르면서도 재미난 이벤트를 만드실 수 있을 겁니다.

우리 팀의 힘을 보여줘! 팀별 다독 권수 대결!

학생들이 성장하며 유난히 티격태격하는 시기가 있습니다. 초등학교 3학년 때 절정을 달리다 4학년 때부터 확연히 성숙한 모습을 보이기도 합니다. 팀 워크가 필요하다고 생각될 때 '팀별 대항 독서 이벤트'를 걸면 서로 힘을 합쳐 함께 이끌어주는 기특한 모습을 볼 수 있습니다. 팀의 다독 권수를 합쳐야 하니 평소 느린 학생은 선생님이 뭐라 하지 않아도

우승팀 단체사진

같은 팀 친구들의 보챔 섞인 격려를 받기도 하고, 남달리 승부욕이 강한 학생이 나서서 선생님 대신으로 친구들 다독 권수를 확인하며 분위기를 의욕 넘치게 이끌기도 합니다. '어느 팀이 벌써 몇 권을 달성했다더라', '우리 팀이 이번 주 몇 권만 더 읽으면 따라잡을 수 있다' 등의 이야기를 하면서 아이들은 순간 불타는 성취욕을 드러내곤 합니다. 이벤트를 마치고 우승팀의 팀명이나 단체 사진을 찍어서 추억으로 남기는 것도 추천합니다.

영어 말고 다른 재미로 신선함을 선사해요

꼭 영어와 독서에 관련된 것이 아니더라도 재미난 이벤트를 만들어 갈 수 있습니다. 언젠가는 남학생들의 독서기록 내용을 알아볼 수 없을 정도로 엉망으로 쓰여 있어서 '최고의 명필가-한석봉 선생 뽑기' 이벤트를 진행한 적이 있습니다. 글씨 쓰기를 싫어하던 남학생들도 이벤트로 이끄니 또박또박 없는 힘까지 쥐어짜며 노력하는 모습에 흐뭇했습니다. 한 달간 이벤트를 마치고 제일 자신 있는 자신의 독서기록을 사진으로 찍어 학생들끼리 투표를 통해 한석봉을 뽑으니, 안 뽑혔다고 불만도 없고 그 뒤로도 이전과는 비교할 수 없는 글씨 솜씨를 보이는 성장을 보여줬습니다. 영어 실력뿐 아니라 영어와 관련은 없지만 재미로 해볼 수 있는 이벤트를 통해 성장하는 자신을 만나도록 도와주세요.

작가로 변신, 글쓰기 이벤트

3,333권 달성 후 받은 특별 스티커

너의 창의력의 끝은 어디?

영어책을 3~4년 이상 읽은 학생들은 자연스럽게 흘러넘치는 스토리텔러의 기질을 보입니다. 한 학생은 자신이 직접 이야기를 만들어 영어책을 써와 반 친구들에게 자랑도 하고, 친구들의 칭찬을 이끕니다. 그러면서 학생들의 마음속에 작가로 변신하는 꿈을 심어줍니다. 대부분은 '나는 글을 못 쓴다', '쓰기 싫다' 등 고학년 특유의 소극적인 면모를 보이지만 자의반 타의반으로 영어책 작가로 변신하며, 부족하지만 내 안에 숨어 있는 이야기들을 꺼낼 수 있습니다. 글 속의 주인공이 누구였든 상관없이 자신의 경험과 성향이 잘 드러나는 글쓰기를 통해 아이를 더욱 이해하고 소통하는 계기를 만들 수 있습니다.

저학년들은 '나의 베스트 책 표지 그리기 대회' 또는 '주인공 그리기 대회' 등 조금 느긋하게 예술적 감성이 깨어나는 작업들로 즐거움이 배가 될 수 있습니다. 영어에 대한 즐거운 추억으로 영어에 대한 호감도를 상승시키는 작고 소소한 이벤트를 진행하며 동기부여 해보는 것을 추천합니다.

Tip

그 외 작지만 효과 좋은 이벤트

영문법을 배우는 학생들의 영문법 OOO 교수님 모시는 날
영문법 수업의 피날레는 학생들이 직접 강의를 하는 것입니다. "누구 나와서 강의하자"가 아니라 "OOO 교수님, 강의 부탁드립니다"라고 높여 부르면, 무대에 나오는 발걸음이 달라집니다.

인기 시리즈 완독 후 그 책에 나오는 어휘들만 모아
SPELLING BEE CONTEST
딱딱한 단어 공부가 아닌, 재미난 대회를 열어 즐겁게 접근하는 단어 학습 방법입니다. 추억도 쌓고, 어휘력도 올릴 수 있어 활용도가 높아, 강력 추천합니다.

고학년 비밀리에 필사 마치기 미션
방학을 이용해 초등학교 고학년 학생들에게 '챕터북과 더욱 친해지기 미션'으로 큰상을 걸고 『Magic Tree House』1, 2권을 비밀리에 누구 먼저 필사하나 임무를 준 적이 있습니다. 책 욕심이 많은 남학생이 아주

빠른 기간에 필사를 끝내는 괴력을 발휘하여 『Magic Tree House』 전권을 선물로 준 일이 있습니다. 비밀리에 진행한 덕분에 고학년 모두 긴장감 넘치는 방학을 보냈지요. 물론 2등으로 필사를 마친 학생은 비통함이 크니 작은 선물이라도 조용히 건네주는 센스 잊지 마세요.

시즌별 주제 독서와 관련 게임
핼러윈(Halloween), 크리스마스(Christmas), 또는 각 시즌에 맞게 주제 도서를 선정하여 함께 즐기는 작업입니다. 관심이 없더라도 팀끼리 미션을 걸고 함께 읽어내면서 배경지식도 늘리고 팀워크도 다질 수 있습니다.

팝송 부르기 대회, 명언 말하기 대회 등
전국의 독서하는 아이들이 함께 하는 전국구 이벤트에 참가하여 새로운 도전의 기회를 다양하게 제공해 주세요.

개별 코칭 프로그램: 공감과 수용의 코칭

임서영 (강서 우장산 키즈엔리딩 원장)

"선생님, 저 오늘은 아무 말도 하기 싫어요."
"그래, 그럼 oo가 고른 책 먼저 읽고,
기분 나아지면 선생님에게 속상한 점 말해줄 수 있어?"

영어독서 공부방이 많이 생겨나면서, 다양한 구성으로 영어 독서를 지도하는 곳들이 많아졌습니다. 쿠폰제로 횟수별 카운팅을 하여 리딩을 하는 곳도 있고, 일주일에 한 번씩 지도 선생님을 만나 숙제 검사 받는 곳도 있습니다. 반면 저희 키즈엔리딩은 매 수업시간표에 정해진 학생들이 와서, 선생님과 학생들이 1:1 개별 코칭 하는 시간을 꼭 갖고 있습니다. 9년 전 제가 창업교육을 받을 때는 대표님이 직접 교육을 해주셨었는데, 다독, 정독, 보카, 영문법 등 공부법에 대한 것들도 많이 배웠지만, 무엇보다 지금까지 가장 기억에 남는 교육 주제는 '개별 감정 코칭'이었습니다.

문을 활짝 열고 반갑게 맞이하는 인사greeting를 시작으로 아이가 원에 들어올 때 표정을 살펴, 리딩할 준비가 되도록 긍정의 기운을 끌어올리고, 개별 코칭 시간을 확보하여 아이와 나만의 친밀감과 유대감을 쌓는 것입니다.

창업교육 시 실제 수업에 활용할 수 있는 각 케이스별 아이들과의 개별 코칭 멘트를 동료 원장님들과 역할놀이role play해보면서 '와, 여기 진짜 재미있다. 내가 아이라도 다니고 싶다'라는 생각이 들 만큼 영어독서 이전에 아이들의 마음을 만져주는데 진심이라는 생각을 했어요. 영어책 안에서 만나는 세상 이야기를 통해 상상과 감수성을 키우는 곳인 만큼 최상의 기분과 컨디션으로 책을 읽도록 마음을 읽어주고, 나에게 정성과 애정을 주는 선생님이 있는 곳!

지금도 원장님들 창업교육, 정기적 세미나, 스터디 등을 통해 아주 비중 있게 감정 코칭에 대해 고민하고 연구하시는 것을 보고, "아, 역시 중요한 가치는 변하지 않는구나"라고 마음의 안도를 했었어요.

정리하자면, 저희가 지도하는 여러 아이들 중 지금 내 앞에 있는 이 아이, 딱 그 아이를 어떻게 코칭하고, 다가갈지에 대한 고민과 정성의 마음으로 생겨난 것이 바로 개별 코칭입니다. 개별 코칭이 이루어지는 과정을 아이의 등원부터 하원까지 순서로 나눠 살펴보자면, 다음과 같아요.

- 아이 컨디션 스캐닝, 눈 맞추며 인사, 손 씻기, 체온 체크
- 책 반납, 다독 레벨에 맞는 책 스스로 고르기
  (아직 스스로 고르기 어려운 아이에게는 선생님의 추천 책 찬스)
- 본인 맞춤책을 정해진 자리에서 읽기
- 오늘 읽는 책 독서하는 모습 체크(허리 펴고, 바른 자세로 앉는지, 음원에 맞춰 잘 따라가고 있는지, 음량이 적절한지, 읽은 책을 바르게 독서기록장에 기

록하고 있는지)

- 원장님과 테이블에서 독서기록장 개별 코칭
- 개별 코칭 시, 전략적 영어독서 5단계(다독, 시리즈 반복, 정독, 보카, 스토리 영문법)를 아이 속도에 맞춰 코칭
- 가정에서 읽을 책 개별 대여
- 하원 시에도 사랑과 애정을 가득 담아 인사 나누기

위의 개별 코칭 과정 중 선생님과 아이 사이에 교감이 이뤄지는 1:1 코칭에 대해 대화 형식의 글로 좀 더 자세히 풀어보도록 하겠습니다.

> **베테랑 원장:** '영어독서 공부방을 차려야 겠다'고 생각하신 이면에는 원서로 리딩을 한다는 것 외에 어떤 점이 매력적이었을까요? 원장님께서 생각하시는 공부방의 장점은 어떤 것들이 있으세요?
>
> **예비 원장:** 아무래도 가정에서 이루어지는 학습공간이 주는 안락함과 편안함, 그리고 요즘처럼 방역과 개인위생에 신경 써야 하는 시기에는 소수의 아이들이 공부하는 공간이 더욱 메리트가 있을 것 같아요.
>
> **베테랑 원장:** 맞습니다. 세상이 달라졌지요. 코로나 이전과 이후로 말이죠.

소규모로 가정에서 이루어지는 공부방이다 보니, 위생과 방역에 신경 쓰는 것이 규모가 큰 곳보다는 용이한 점이 있습니다. 직접 오랜 기간 운영해 보니, 시기 혹은 상황에 따라 요구되는 것들이 달라집니다. 예를 들

어 코로나 이후 방역지침에 따라, 개인 칸막이 설치, 수건 대신 일회용 티슈로 비치하는 것 등이 그렇습니다. 그런데 이렇게 시대가 바뀜에 따라 달라지는 요소들뿐만 아니라, 모든 세대와 어떤 시대에도 변하지 않는 중요한 가치가 있어요.

> **예비 원장:** 아, 어떤 게 있을까요? 아이들뿐만 아니라 성인들에게도 필요한 것일까요?
>
> **베테랑 원장:** 네. 바로 인간의 감정을 어루만지는 것이지요.
>
> **예비 원장:** 아, 공부방에서 감정까지도 어루만져야 하나요?
>
> **베테랑 원장:** 네, 맞아요. 리딩을 통해 영어를 익히고 성장해야 하는 대상이 아이들인데 만약 아이들의 컨디션이 좋지 않다면, 저희의 기대만큼 집중해서 책을 읽어나가기 어려울 거예요. 또한 앞으로 다가올 4차 산업혁명 시대에는 AI(인공지능)가 여러 가치와 직업들을 대신한다고 하지만, 시시각각 변하는 인간의 감정을 섬세하게 살펴 리딩하기에 최적의 컨디션으로 만들어주는 일은 쉽게 대체되기 어렵겠지요?

영어독서 공부방도 그 형태가 여러 종류가 있지만, 저희는 원장님들 창업교육할 때 아주 비중 있게 다루며, 감정 코칭에 대해 고민하고, 배우고, 연구해요. 창업 이후에도 정기적인 세미나와 스터디 등을 통하여 홍보 이상으로 중요하게 다루는 것이 바로 '공감과 수용의 코칭'입니다. 여러 아이들 중 이 아이, 딱 그 한 아이를 어떻게 코칭하고, 다가갈지에 대한 고민과 정성의 마음으로 생겨난 것이 바로 '1:1 개별 코칭'입니다. 키즈엔리딩의 커리큘럼은 모든 수업 중에 반드시 원장님(선생님)과

학생 간 1:1 개별 코칭 시간을 확보합니다. 아이가 어떤 마음으로 책을 읽고 있는지, 무슨 책을 재밌게 읽고 있는지, 마음에 들지 않거나 화가 올라올 때는 선생님에게 위로받고 싶어하는 순간을 알아채고, 반응할 시간적, 공간적 여유를 확보합니다. 바로 개별 코칭 테이블이지요.

아이와 저만의 코칭 테이블이라는 공간 속에서, 아이의 감정을 편안히 드러내도록 만들어주고, 아이에게 위로와 응원의 메시지를 전할 수 있도록 합니다. 아마도 이 활동을 통해 선생님은 엄마 다음으로 세상에서 가장 편하고 좋은 어른이 될 수도 있을 겁니다.

자동차와 Toy story의 우디 캐릭터를 좋아하는 3학년 남자아이가 있는데 어느 날, 원에 들어오면서부터 표정이 어둡더라고요. 평소에도 말수가 적은 편이었는데, 어딘가 다른 느낌에 컨디션 체크하며 인사말을 건넸는데, 말하기 싫은 내색으로 바로 책을 골라서 앉았어요. 우선은 리딩을 잘 하고 있는지만 살피면서 아이 마음이 누그러지도록 기다린 후 둘만 있을 기회인 개별 코칭 시간을 기다렸어요.

책을 읽고 난 후라 조금은 마음이 풀린 표정이었고, 넌지시 오늘 어떤 점이 힘든지 물어봤는데, '영어 리딩 후 바로 가는 수학학원이 너무 가기 싫다'더군요. '집-영어학원-수학학원'의 순서라 영어수업 올 때부터 이미 불만이 가득했던 거예요. 본인의 기호에 대한 호불호가 강한 아이인데, 어머님께서는 유명 학원이니 배워야 한다고 수학학원을 바로 등록하셨던 거죠. 그래서 개별 코칭 시 "○○야, 힘들지? 선생님도 어릴 때 하기 싫은 걸 해야 해서 화난 적이 있었어. 근데 안 하면 엄마한테 혼나서 몇 번 하다보니까 괜찮아진 적이 있어. 그래서 선생님은 지금 ○○의 마음을 이해하고, 왜 화가 나는지 알 것 같아. 오늘은 힘드니까 시리즈반복 7페이지 말고, 5페이지까지만 해 볼까?"라고, 아이의 마음이 어떤지 표현할 수 있도록 아이의 한마디, 한마디에 반응하며 코칭을 진행했습니다. 새로운 환경에 대한 낯설음 때문에 일시적으로 화가 날 수도 있을테니 2주 정도 지켜보았는데요. '원에 오면서 불만족으로 시작, 리딩하면서 책 속에 빠져들어 기분 누그러짐, 코칭하며 마음 읽어주기, 하원 시 다시 화가 남'의 패턴으로 아이의 감정 변화를 볼 수 있었어요.

2주가 지나도 나아지지 않아서 어머님께 상담 전화 드리니, 아이가 그렇게까지 힘들어하는 것을 모르셨더라고요. 맞벌이로 바쁘신 어머님께서 아이에게 "오늘부터 영어 끝나고 수학 가"라고 말씀만 하시고, 수업 시작 후 아이가 새로운 수업을 잘 받아들이는지에 대해 세심한 확인이 미처 어려우셨던 거죠. 어머님도 놀라시며, 아이와 진지하게 이야기해 보겠다고 하셨어요.

그리고 다음 주 수업에 온 아이는 한결 밝은 얼굴로 등원하며 "선생님, 저 드디어 수학 끊었어요. 대신 과외 선생님이 오세요" 하면서 씨익 웃어 보이더라구요. 그날 누구보다 신나게 리딩에 빠져들어 의욕적으로 수업에 임해주어 정말 재밌게 코칭했답니다. 그 이후로도 재잘재잘 이런저런 말을 해주는 아이를 보며 '휴, 영어가 아닌 수학학원이 가기 싫어서 다행인 건가?'라는 생각에 저도 덩달아 웃음이 나기도 했답니다.

아이들이 그룹으로 있을 때는 절대 자신의 감정을 드러내지 않거나, 성향이 조용하여 주목받기 어려운 아이들도 있기 마련입니다. 적극적이고 활발한 아이들은 물론 내성적이고 말수가 적은 아이들도 개인 코칭 테이블에서는 자신의 속내를 드러내며, 말과 표정으로 감정을 표현합니다. 선생님은 아이들의 이야기를 귀 기울여 들어주고, 기운을 좋은 방향으로 끌어주고, 공부할 동기를 올려주어 궁극적으로는 '영어학원에서는 마음이 편안하고, 원장님(선생님)도 좋고, 리딩이 재밌어'라는 분위기를 만들어주는 것이 핵심 포인트입니다.

공감과 수용의 코칭이 갖고 있는 장점

아이의 감정이 언제나 긍정적일 수는 없습니다. 부정적이거나 억울함, 화 등의 감정이 있을 때에도 그런 마음을 편안하고 가식 없이 드러낼 수 있는 것, 그리고 그것을 들어주고 이유를 함께 찾아보려는 노력만으로도 아이에겐 큰 위로가 되며, 선생님이 자신을 받아주고 있음을 느끼게 됩니다.

이러한 감정의 공유와 수용은 아이가 리딩을 즐겁게 할 수 있는 동기를 지속시키며, 선생님과 아이와 유대감이 점차적으로 단단해지겠죠. 그러한 것들이 쌓이면 아이는 영어독서 하는 이 시간과 공간이 점차 편안해지고, 마음이 힘들 때 위로 받을 수 있는 심리적 안정감을 갖추게 되어, 온전하게 책에 몰입할 수 있는 집중력과 지구력을 기르는 데에도 매우 효과적입니다.

스스로 책 읽기 위한 몰입으로 이끄는 방법

이혜진(인천 힐스 키즈엔리딩 원장)

> "코칭은 아이가 책을 잘 읽었는지만 점검하는 것이 아니라,
> 아이가 오늘은 어떤 책을 읽었는지, 또 몇 권을 읽었는지 등을
> 살피며 아이의 컨디션까지 아는 것입니다."

키즈엔리딩은 다독을 하기로 유명합니다. 그 이유 중 하나는 상당히 많은 도서를 보유하고 있기 때문에 아이들이 다양한 도서를 읽을 수 있다는 것인데요. 도서가 많아도 코칭하는 방법을 모른다면, 아이들을 다독으로 이끌 수 없겠지요. 그래서 영어독서 공부방을 운영하는 원장님들은 어떻게 아이들에게 다독 코칭을 하는지 매우 궁금해하십니다. 그럼, 이제부터 어떻게 몰입으로 이끄는 다독 코칭을 해야 할지 하나씩 파헤쳐 보겠습니다.

독서기록장의 비밀을 찾아라!

영어책을 읽고 쓰는 독서기록장은 영어독서를 할 때 너무 중요한 보물입니다. 그 안에 모든 것이 담겨 있기 때문입니다. 그래서 아이들이 쓴 독서기록장을 보면서 웃고 울곤 합니다. '이 아이가 이렇게까지 읽는데 얼마나 힘들었을까? 오늘은 영어책을 읽으며 정말 즐거웠구나! 아, 요 녀석 오늘은 꾀를 좀 부렸는데?'라는 것이 다 느껴지는 것이 독서기록장입니다. 이런 독서기록장을 관리하기 위해서는 무엇을 봐야 할까요?

- 책을 읽은 날짜
- 책을 읽은 권수
- 번호는 헷갈리지 않았는지
- 책 제목은 잘 썼는지
- 레벨
- 책 페이지
- 한 번 들었는지 두 번 들었는지 들은 횟수
- 북꼬리(영어책을 읽은 느낌)
- 글씨, 내용, 그림까지 모두 점검합니다.

이런 것이 책을 읽는데 왜 중요할까요? 제목을 쓴 것만으로도 아이와 책 이야기를 나눌 수 있습니다. 사실 코칭은 아이가 책을 잘 읽었는지만 점검하는 것이 아니라, 아이가 오늘은 어떤 책을 읽었는지, 또 몇 권을 읽었는지 등을 살피며 아이의 컨디션까지 엿볼 수 있는 것입니다. 하지만 이 글은 다독 코칭을 이야기하는 부분이기 때문에 다독을 중점적으로 이야기 나눠보겠습니다.

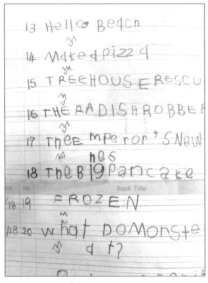

7세 때 시작해서 초등학교 4학년이 된
키리의 첫 독서기록장

위 사진은 현재 4학년인 키리가 7세 때 쓴 첫 독서기록장입니다. 첫 다독 기록 모습은 알파벳도 지그재그, 띄어쓰기도 없는 모습입니다. 하지만 무엇을 발견할 수 있을까요? 이 아이는 연필을 엄청나게 꾹꾹 눌러서 열심히 쓰려고 했던 것이 느껴집니다. 또 어떤 느낌을 쓰고 싶었지만 어떻게 써야 하는지 몰라서 북꼬리에 웃음 표시까지 썼습니다. 자그마한 손으로 열심히 쓰려고 한 모습이 그대로 느껴집니다.

이렇게 내용에 대한 이야기부터 책에 대한 전반적인 이야기를 나눌 수 있습니다. 이때 코칭은 한 아이마다 10분이면 충분합니다. 10분 내내 선생님 말만 늘어놓는다면 그것은 코칭이 아닙니다. 반드시 질문을 하시

다독 코칭 멘트

- 어떤 책이 가장 재미있었는지?
- 그 책은 왜 재미있었는지?
- 어떤 캐릭터가 등장했는지?
- 그 캐릭터와 나와 닮은 점이 있는지?
- 29페이지 30페이지나 되는 긴 책을 읽었는데 힘들지 않았는지?

고, 아이의 대답을 기다려주세요. 첫 다독 독서기록장에 북꼬리가 단어 나 문장 대신 웃음 표시를 적은 것처럼 선생님들의 첫 질문에 답을 못할 수도 있습니다.

가능하면, 질문은 쉽고 간단하게 해주셔야 아이가 말할 수 있습니다. 쉬운 질문으로 아이의 마음을 열게 하셔야 아이가 읽은 영어책을 잘 설명할 수 있습니다. 아이가 관심 있어 하는 분야를 빨리 파악하시는 것도 중요한 코칭의 포인트입니다. 이것은 아이에 대한 관심이고, 선생님과 좋은 관계를 형성할 수 있는 중요한 단서가 됩니다.

또 아이 자신이 어떤 책을 읽고 있는지 '제목'을 쓰고, 이 책에는 '몇 페이지가 담겨져 있는지'를 기록하는 것은 책 내용을 다시 한번 상기시킬 수 있는 기회가 됩니다. 읽고 그냥 지나치는 것이 아니라 제목과 느낌을 적어보면, 생각보다 아주 창의적으로 북꼬리를 기록하고 있다는 것을 발견할 수 있습니다. 이때 반드시 선생님은 아이가 책을 잘 읽었는지를 확인하는 '내용 이해'에만 집중하지 마세요. 아이가 어떻게 책을 읽었는지에 대한 '감정'을 따라가다 보면 아이는 자신의 이야기를 즐겨 하면서, 더 깊은 몰입을 할 수 있게 됩니다. 또 책에 대한 이야기를 나눔으로써 읽고 싶다는 흥미를 느끼기 때문입니다. 그리고 아이들은 책에 나오는 주인공을 자신의 입장에 대입하여 생각하는 경우가 많기 때문에, 본인의 이야기라고 생각하며 즐거워합니다.

아이의 그릇을 존중해라!

다독 코칭 시 가장 중요한 것 중 하나는 아이가 현재 편하게 영어책을 읽고 있느냐입니다. 편하다는 것은 아이의 레벨과 양을 의미합니다. 아이가 편하게 영어책을 읽으려면 모르는 단어가 적고 쉬운 책이어야 합니다. 그리고 너무 많은 양을 읽기보다 아이가 힘들지 않게 읽을 수 있는 양으로부터 시작하는 것이 좋습니다.

아이들은 저마다 그릇이 다릅니다. 어떤 아이는 처음부터 30분을 읽는 것이 가능한 아이도 있고, 어떤 아이는 10분이 적당하다고 느끼는 아이도 있습니다. 선생님과 엄마는 아이들마다 그릇이 다르다는 것을 인정해주어야 합니다. 그래서 처음에 시작할 때는 10분도 좋습니다. 10분이라고 하면 많은 부모님들은 10분씩 읽어서 언제 늘겠냐며 불평을 늘어놓을 수도 있습니다. 그리고 아이에게 '저 아이는 20분도 끄떡없이 읽는데, 너는 왜 20분도 못 읽느냐'며 타박할 수도 있죠.

아이의 그릇을 존중해주세요. 그것이 아이가 편하게 책을 읽도록 도와줍니다. 앞으로도 계속 10분만 읽는 것이 아니라, 10분부터 시작하는 것이지요. 10분이 20분이 되도록 자연스럽게 그 양을 늘려가야 합니다. 엄마나 선생님에 의해서가 아니라 자신이 그 양을 늘려간다면, 아이는 즐겁게 영어독서를 할 것입니다. 그렇게 꾸준히 읽으면 어느 순간 평균 독서량에 도달합니다.

그 시점은 언제인지 알 수 없습니다. 아이가 10분 정도 읽는 것이 가장 편한 것처럼 보이면, 시간을 늘리려 하지 마시고, 책 권수를 조정해주세요. 한 권을 내밀며, "오늘은 이 책도 한 번 더 읽어볼까?"라고 말하면서 말이죠. 그런데 만약 거절한다면 실망한 내색을 비추지 마시고 그냥 넣어두세요. 다음날 다시 도전하시면 됩니다. 아이는 스스로 결정하며, 그 양을 늘려갈 수 있습니다. 억지로 몇 권을 지정해서 "읽어야 해!"라고 재촉하기보다 처음부터 하루에 아이와 함께 몇 권의 독서량을 읽을지 약속하세요. 그러면 아이도 처음부터 강요라고 생각하지 않을 수 있습니다.

학부모님들은 "독서량이 너무 일정하지 않아요. 어느 날은 많이 읽고, 어느 날은 적게 읽어요. 이렇게 읽어도 괜찮을까요?"라고 질문하시는 경우가 있는데, 매번 독서량이 들쑥날쑥이라면 최저로 읽을 수 있는 양을 정하시는 게 좋습니다. 하지만 "오늘은 무조건 약속한 만큼 읽어야 한다"

Tip

아이 그릇을 존중하는 코칭 멘트

- 오늘도 시간 기록을 참 잘 했구나.
- 오늘은 10분을 넘게 읽었네. 힘들지 않았니?
- 이렇게 매일 읽다니 정말 훌륭한 사람이 되겠구나!
- 매일 이 시간에 읽다니 진짜 완벽해! 하지만 힘들면 쉬어도 좋단다.

라고 하지 않으셔도 됩니다. 아이들은 아직 어려서 때로는 적게 읽고 싶은 마음이 있으니까요. 일단, 독서량을 지속적으로 유지한다면, 영어독서를 아주 잘 하는 것이니 많은 칭찬을 해주셔야 합니다.

한 책을 반복해서 읽거나, 한 종류의 책만 읽는다고 고민하지 마세요.

아이는 아주 잘 하고 있다고 이야기해주고 싶습니다. 취향이 아주 확고한 아이인 것이죠. 같은 책을 읽을 만큼 아이는 지금 그 책이 재미있고 편하다는 것이지요. 그런데 다른 책도 읽었으면 하는 엄마의 마음으로 자꾸 다른 책을 읽게 한다면 방해가 될 수 있습니다.

아이가 같은 책을 보는 시간은 그리 오래 지속되지 않습니다. 그런데 만약 너무 걱정이 되거나 조급한 마음이 드신다면 그 마음을 먼저 내려놓길 바랍니다. 만약 그것이 힘들다면 그때 필요한 코칭은 아이에게 '기억에 남는 문장을 말하거나 써보게 하는 것'입니다. 그것을 통해서 아이가 얼마나 이해하며 읽었는지 엄마도 알 수 있고 아이도 스스로 판단할 수 있기 때문입니다. 그런데 만약 아이가 생각보다 반복한 것에 비해 문장을 적지 못한다고 하더라도 절대 실망하지 마세요.

기억에 남는 문장을 쓰게 하는 것은 확인을 하려는 것은 아닙니다. 문장을 쓰면서, 반복해서 읽은 문장이나 문체가 자신의 것이 되는 과정을 아이에게 지도하는 것입니다. 또 아이가 같은 책을 반복해서 읽는 것이 걱정되신다면 무조건 다른 책을 권유하기보다 같은 작가의 시리즈를 추천해주시는 것도 좋은 방법입니다. 아이가 좋아하는 종류의 책들로 추천

『코끼리와 꿀꿀이(Elephant & Piggie)』

을 해주는 것이 좋겠고, 같은 작가의 책을 추천하는 것도 좋습니다.

　예를 들어 『코끼리와 꿀꿀이Elephant & Piggie』만 좋아하는 아이가 있었습니다. 절대 다른 책을 읽지 않고 원에 와서도 집에 가서도 같은 책인 『코끼리와 꿀꿀이』만 읽었습니다. 아무리 다른 책을 추천해주어도 읽지 않았어요. 그래서 하루는 이 책을 쓴 작가에 대해 이야기해주면서 "비둘기 시리즈가 있는데 한 번 읽어볼래?" 하고 책을 보여주었더니 못 이기는 척 그 책을 집어 들고 자리에 앉아 읽기 시작했습니다. 그리고 한동안 비둘기 시리즈만 읽고 이야기했던 것 같아요. 전 이 아이에 대해 굉장히 긍정적으로 생각했습니다. 물론 어머님은 엄청 걱정하며 답답해하기도 하셨지만, 아이가 비둘기 시리즈를 줄줄 외우고 말하기 시작한 후부터는 전혀 걱정하지 않으셨습니다.

　자연스럽게 책을 읽는 시간과 양도 늘어서 아이는 40분을 꼼짝하지 않고 읽고 있었습니다. 아이의 임계량을 인정하고, 스스로 늘려가는 것을 기다렸습니다. 그 사이에 선생님은 다양한 책을 소개해주고 함께 읽으면서 책 이야기를 나누었더니, 아이가 책에 몰입하고 흥미를 가질 수 있었던 것 같아요. 그 다음부터는 사실 기억이 나지 않습니다. 아이가 스스로 책을 선택해서 다양한 책에 눈길이 가기 시작했고, 꾸준히 책을 읽었으니까요.

이런 식으로 읽다 보면 다른 책으로 눈을 돌리기도 하고 또 그 다음 책을 스스로 찾아서 읽으려고 하는 적극성을 보이기도 합니다. 자기의 레벨보다 너무 높은 레벨을 읽는 것은 추천하지 않습니다. 레벨에 너무 연연한 책 읽기는 추천하지 않습니다.

되도록 다양한 장르의 책들을 읽을 수 있도록 코칭하는 것이 중요합니다. 그렇게 지도하려면 책을 지도하는 선생님 혹은 엄마가 책에 대한 이해가 있어야 합니다. 아이들은 쉽고 간단한 책들만 읽으려고 하는 경향이 있습니다. 이를 극복하기 위해, 좀 더 자세한 코칭이 필요합니다.

예를 들어, 논픽션이나 리더스를 읽도록 이끌기 위해서는 아이들에게 그 주제에 관한 배경설명이나 브레인스토밍brainstorming을 먼저 시작하면 좋습니다. 아이가 공룡을 좋아한다면, 공룡 이름이 아무리 어려워도 아이들은 모두 기억합니다. 공룡의 종류나 각 시대에 살았던 공룡들, 특징,

먹이, 장소 등 할 이야기들은 끝도 없이 많습니다. 여기서 그냥 지나치지 마시고 이름도 잘 기억하고 다양한 지식이 있는 아이들을 칭찬해주세요. 전 공룡이 왜 멸종되었는지 아이들에게 많이 물었습니다. 아이들은 생각보다 굉장히 사실적이고 논리적으로 답합니다. 자신들이 쌓아 놓은 배경지식이죠.

이렇게 많은 배경지식은 영어책 읽기에 재미를 한층 더 높일 수 있습니다. 그리고 마음을 잘 열지 않고 말을 하지 않는 아이들에게는 말문을 트일 수 있는 계기가 되기도 합니다. 마음이 열리면 책도 더 잘 집중해서 읽게 됩니다.

아이가 알고 있는 배경설명을 칭찬해주거나, 주제에 대해 브레인스토밍하는 것은 아이들이 자발적으로 책을 찾아 읽을 수 있도록 돕습니다. 그냥 책을 읽으라고 하거나, 시리즈로 사서 책장에 진열하기보다는 아이가 가진 하나하나를 인정하고 관찰하면서 길잡이를 해주시면 아이들은 스스로 책 읽기가 가능해집니다.

다독 코칭의 포인트

많은 양을 읽는 것이 다독이지만 많은 양을 읽는 것만큼 중요한 것은 꾸준히 자신의 양을 채워가는 것입니다. 너무 많이 읽게 하기 위한 유도와 압력은 아이로 하여금 한 귀로 듣고 한 귀로 흘려보내는 독서 습관이 생길 수도 있습니다. 정말 즐거운 영어 독서가 되기 위해서는 영어 독서 자체에 몰입할 수 있는 칭찬과 동기부여가 중요합니다.

정수진(KRSA 리딩연구소장)

"다독 메뉴는 항상 내 옆에 공기처럼 존재하도록
아이의 단계에 맞게 매일 꾸준히 넣어 주세요."
"'다독' 메뉴, 특별식 메뉴와 함께 균형감 있는
'정독' 메뉴의 구성으로 맛있는 리딩에 푹 빠져볼 수 있도록
아이들을 이끌어주세요."

간접경험으로 너의 세상을 넓혀줄게!

온통 새로운 것, 신기한 것투성이인 아이들은 세상을 탐색하느라 늘 바쁩니다. 그러나 직접 모든 것을 다 경험해 볼 수 없다는 것은 자명한 이치입니다. 그렇기에 간접경험을 최대치로 늘리는 것이 아이들의 세상을 이해하는 데 가장 좋은 방법이지요. '간접경험'하면 아마도 머릿속에 바로 떠오르는 것이 '책'과 '영상'일 것 같은데, 여기서는 '책을 읽는 것'에 대해 이야기해 보기로 할게요.

모국어로 된 책을 다양하게 읽는 것이 독서로 하는 간접경험의 제일 좋은 바탕이라고 생각합니다. 예를 들면 정글에 사는 동물을 실제로 전

혀 본 적이 없는 아이가 야생 동물이 나오는 책을 본다든지, 명절 때 한복을 입고 시골 할머니 댁에서 송편을 빚어본 적 없는 아이가 추석에 대한 책을 보는 것 등이 이에 해당됩니다.

마찬가지로 영어책의 경우를 생각해 볼까요? 누구에게나 한 번도 방문한 적 없는 미국, 영국, 호주와 같은 나라에 대한 이야기는 상당히 생소할 것입니다. 하지만 그 나라의 작가들이 쓴 책을 보며 그 나라에서는 무엇을 주로 먹는지, 어떤 명절을 즐기는지, 옷차림새는 어떠한지, 가족들은 어떻게 지내는지 등을 간접적으로 접할 수 있지요.

아이들은 아마존 정글이나 아프리카 초원에 사는 동물이 나오는 책을 읽다가 정글에 가서 멸종위기 동물들을 사진으로 남기는 환경 사진가가 되고 싶을지도 모릅니다. 보물섬 이야기를 읽고 해적을 만나 물리치는 상상을 하다가 좀 더 크면 아메리카 대륙을 발견한 콜럼버스에 관한 이야기나 『80일간의 세계 일주』를 읽고, 자기도 꼭 세계 일주를 하겠노라 꿈꾸기도 하겠지요. 핼러윈이나 부활절 문화에 대한 책을 보고 다른 나라의 문화에도 관심을 가지고, 세상의 사람들이 얼마나 다른 경험을 가지고 다르게 살아가는지 깨닫게 되기도 할 겁니다.

책을 통한 이 모든 간접경험을 '없어도 그만이고 커 가면서 이것저것 다 직접 경험하면 되지 않을까'라는 생각을 하신다면 큰 오산입니다. '아는 만큼 보인다'라는 아주 익숙한 말이 있지요? 자신이 생각하고 사는 범위만큼이 딱 자기가 누릴 수 있는 세상이라고 합니다. 우리 아이들이 살아갈 세상은 누구에게나 똑같이 존재할 것입니다. 하지만 그 아이들 각자가 누릴 수 있는 세상은 제각기 다를 것입니다. 자신이 경험해서 넓어진 생각만큼 더 보이고, 깊어진 마음만큼 다른 사람들을 공감할 수 있는 능력이 생겨 세상의 다양한 면을 바라볼 수 있을 테니까요.

어린 시절부터 학생, 성인이 되어갈 때까지 한 인간을 성장시키는 데 풍부한 간접경험은 필수입니다. 겉으로는 비슷하게 커 가는 것처럼 보이지만, 간접경험이 아이 인생에 생각보다 많은 영향을 끼칠 수도 있답니다.

너만을 위한 맛있는 리딩 메뉴

1) 다독, 기본이자 최고의 메뉴

한국 사람이라면, '밥심'이라는 말이 무슨 말인지 다 알 것입니다. 밥을 주식으로 먹으면서 밥, 반찬, 국의 정식 식단을 먹고 나서 생긴 힘이라는 의미죠. 영어 리딩에서, 삼시 세 끼 밥과 같이 기본이 되고, 에너지원이 되는 리딩 메뉴는 바로 '다독'입니다. 매일 먹어서 지겨울 만도 하지만 안 먹고 지나갈 수 없고, 또다시 먹게 되는 주식인 밥처럼 어제도, 오늘도, 내일도 계속하는 다독은 리딩에서 제일 기본 메뉴가 됩니다.

영어책의 종류는 그림책, 리더스, 챕터북, 소설, 논픽션(비문학)으로 크게 구분되는데요. 우리가 한정식 식단을 구성할 때, 매일 똑같은 반찬에 똑같은 국이라고 생각해 보세요. 매일 흰밥이 기본이어도 가끔은 흑미밥, 완두콩 밥, 찹쌀 오곡밥 등으로 변화를 주기 마련이고, 반찬과 국 또한 다양하게 돌아가며 구성을 하게 되지요. 영어 리딩 메뉴도 마찬가지입니다. '다독 메뉴'가 기본이 되지만 늘 똑같은 책만 다독하는 것은 고역이지요. 그래서 같은 단계라도 되도록 다양한 책들을 다독 메뉴로 구성하시기 바랍니다.

다독 메뉴는 항상 내 옆에 공기처럼 존재하도록 아이의 단계에 맞게 매일 꾸준히 넣어 주세요. 레벨에 맞는 다양한 영역의 책을 많이, 또 다양하게 듣고 읽는 시간은 밥 먹듯이 리딩하는 제일 큰 바탕의 에너지원이 되어줄 것입니다.

2) 다양한 리딩 프로그램, 가끔은 특별식으로!

늘 밥과 국, 반찬으로 이루어진 식사를 하지만, 계속 한식만 먹으면 질릴 때가 있습니다. 한국인 영양원의 기본을 이루는 주식의 중요성을 잘 알지만, 이내 꼬들하게 끓여진 라면과 바삭하게 튀긴 안심 돈가스를 먹고 싶을 때가 생깁니다. 어떤 날엔 짭짤한 간장 통닭이 먹고 싶고, 어떤 날엔 치즈가 주욱 늘어나는 피자도 배달해 보지요. 땡볕에 줄을 서는 수고가 필요할 수도 있지만 한 번도 맛보지 못한 맛집 외식 메뉴를 위해서라면 그 수고도 마다하지 않습니다. 집에서 요리를 하든 외식을 하든 주식 메뉴보다는 손이 더 가고, 요리를 위해서 없는 재료도 새로 구입해야하는 수고로움도 생깁니다.

그럼에도 불구하고 이 특별식이 주는 매력을 마다할 사람이 있을까요? 한 번 경험해 본 그 맛은 추억으로 남아 평생 향수를 불러일으키기도하고 그 메뉴를 떠올리면 벌써 입에 침이 고이면서 꼭 다시 먹고 싶다고 노래를 부르기도 합니다. 리딩 메뉴도 똑같이 생각하시면 됩니다. 주식은 다독 메뉴이지만 특별식의 재미를 절대 놓치고 갈 수 없습니다. 리딩의 특별식은 다음과 같이 나눠서 말씀드릴게요.

- 전 세계 아이들이 좋아하는 캐릭터 영어책으로 재미 더하기

  예시) 비스킷(Biscuit), 피기 앤 엘러펀트(Piggie & Elephant), 클리포드(The Big Red Dog, Clifford), 찰리 앤 롤라(Charlie & Lola)

- 내가 좋아하는 작가의 영어책 몽땅 찾아보기

  예시) 앤서니 브라운이 쓴 책, 줄리아 도널드슨이 쓴 책, 모 윌렘스가 쓴 책 등

- 즐겁고 아름다운 노래로 영어책 즐기기

  예시) 노래 부르는 영어동화(노부영), 마더구스 노래 등

- 미국의 유명인사들이 읽어주는 영어책 즐기기

  예시) www.storylineonline.net

- 주제별 영어책 몰아보기로 어휘력 쑥쑥 늘리기

  예시) 날씨, 장소, 색깔, 동물, 곤충, 알파벳, 물건, 숫자, 캐릭터, 기념일, 요일, 유머, 친구관계 등

- 파닉스와 영어 리딩 링킹(linking, 연계) 독서로 문자 익히는 즐거움 업(up)시키기

  예시) 영어책을 읽으면서 'B'로 시작하는 단어 찾아보기, 책에 나온 주요 단어와 라임이 맞는 단어 말해보고 써보기, 책에서 새로 알게 된 단어를 단어 카드로 만들어 맞춰보는 스피드 게임하기 등

- 영화나 애니메이션 링킹 독서로 흥미 두 배!

  예시) 디즈니 캐릭터가 나오는 영어책을 볼 때 디즈니 애니메이션 감상하기, 로알드 달 작품을 읽고 영화로 감상하기(찰리와 초콜릿 공장, 마틸다 등), 영어책과 애니메이션이 같이 나와 있는 작품 감상(맥스와 루비, 클리포드, 큐리어스 조지, 리틀 베어, 아서 등) 등

- 꼬리에 꼬리를 무는 관심사 확장 영어독서

  예시) 동물을 좋아하는 친구가 『Brown Bear, What do you see?』를 읽었다면 동물이 귀엽게 그려져 있는 『Whose baby am I?』를 추천해 주고, 토끼가 주인공으로 나오는 『맥스 앤 루비(Max and Ruby)』를 추천해주는 식으로 확장해 보기

- 상황별 이벤트처럼 영어책 읽고 추억 만들기

  예시) 어버이날이 다가오면 『Biscuit Loves Mother's Day』와 『Biscuit Loves Father's Day』를 읽으면서 미국 문화권에서의 어버이날을 느껴보고 부모님께 읽어드리기 위해 연습해 보기, 비가 내리는 날에 『Rain』을 읽으면서 비오는 날의 풍경에 대해 이야기해 보기, 첫눈이 내리는 날마다 아름다운 노래로 되어 있는 영어책인 『Snow』 감상하기, 핼러윈이 다가올 때 관련 영어책을 읽으면서 외국 문화 간접체험해 보기

- 감정 코칭과 함께 읽을 수 있는 영어책으로 마음 돌보기

  예시) 화나는 일이 있었을 때 『When Sophie gets angry』를 읽으면서 화난 감정을 다루는 것에 대해 이야기 나눠보기, 친구들과 어울리기 힘들었던 날 Piggie & Elephant 시리즈의 『Can I Play, too?』를 읽으면서 서로 다른 친구들이 어떻게 잘 어울릴 수 있을지 이야기 나눠보기

3) 정독, 보약이 되고 고영양식도 필요해!

기본이 되는 주식과 즐거움이 배가 되는 특별식으로 우리 아이들을 위한 리딩 메뉴가 풍성해지셨나요? 그렇다면 이제 고영양식 메뉴도 추가해 주셔야 합니다. 성장기를 위한 고단백 영양식, 여름 더위로 기운이 떨

어졌을 땐 보양식인 삼계탕도 상황에 알맞게 식단에 구성해야 하고, 몸이 아팠다가 회복해야 할 때는 맛은 밍밍하지만 미음이나 죽 같은 치료식도 필요합니다.

영어독서에 있어서 이런 고영양식은 뭐가 있을까요? 바로 '정독'입니다. 고영양식과 같은 정독 메뉴 안에는 영문법, 영작, 어휘, 스피킹 등의 체력 보강 영양소가 골고루 녹아 있습니다. 영양소가 듬뿍 들어 있어서 먹고 나면 몸이 튼튼해지겠지만 이런 메뉴만 매일 먹으라고 하면 왠지 부대끼고 체하는 느낌이 절로 듭니다.

정독이라는 리딩 메뉴도 마찬가지입니다. 정독 교육이 우선시, 중요시되는 교육 체계에서 자라온 세대들의 문법, 영작, 어휘, 스피킹 결과를 한번 생각해 보세요. 영양이 가득한 메뉴를 잔뜩 구성했는데도 딱히 영어 건강이 튼튼하지 않은 경우가 많다는 것은 금방 생각하실 수 있을 거예요.

그만큼 정독 메뉴는 아주 중요하고 상황에 맞게 꼭 필요하지만 그것만 중요하게 여길 경우 오히려 영양을 제대로 흡수시키지 못합니다. 맛있는 리딩은커녕 리딩의 흥미를 급격히 떨어뜨리고, 심각한 경우 마음의 병까지 생기게 되는 경우도 있습니다.

앞서 이야기 드린 '다독' 메뉴, 특별식 메뉴와 함께 균형감 있는 '정독' 메뉴의 구성으로 맛있는 리딩에 푹 빠져볼 수 있도록 아이들을 이끌어주세요. 왠지 골치 아프고 어려울 것만 같은 학습의 영역일 것 같나요? 하지만 각종 필수 영양소를 충분히 흡수할 수 있는 정독 메뉴가 잘 구성된다면 고영양식 메뉴들이 아이들의 리딩 체력을 안팎으로 보강시켜 영어독서에 날개를 달게 만들어줄것입니다.

- 고영양식 논픽션 주제 책읽기

  과학이나 사회 현상을 배울 수 있는 영어책, 뉴스나 잡지 등의 콘텐츠로 영어 실력뿐 아니라 시사 상식까지 높일 수 있는 방법

- 고급 보양식 i+1 심화 정독

  자기 단계보다 약간 도전적인 콘텐츠로 다양한 관련 어휘와 정보를 배울 수 있는 방법

- 자주 먹어도 효과 좋은 보양식 i-1 심화 정독

  자기 단계보다 낮아서 익숙하게 이미 읽었던 영어책들을 문법, 영작, 내용 이해 등을 고려해 심화해서 읽는 방법

- CD 듣기보다 100배는 즐거운 선생님의 소리내어 읽어주기(read aloud)

- 집중 몰입 보카 학습으로 보카킹 도전하기

- 내가 직접 강의까지 가능한 영문법 주니어 마스터 도전하기

- 오늘은 내가 영어하는 요리사! 쿠킹 레시피 스피킹 도전하기

- 나는 성우다! 진짜 성우처럼 책 읽어주기 도전!

- 태어나서 처음 하는 5시간 연속 책 읽기의 기적 만들기

읽기 자원봉사:
마지막 10분, 책 읽어주는 아이들

김주연(경희궁 키즈N리딩잇츠 원장)

"읽자봉 시간에 책을 자발적으로 반 친구들에게 읽어주는 기회는
그 자체로 긍정적인 성장의 경험입니다."
"아이들은 친구들 앞에서 잘 읽어주고 싶고,
더 재미있는 문제를 내고 싶어 스스로 책을 읽습니다."

저요, 저요!
책 읽어주겠다고 손드는 아이들

60분 리딩 수업 중 마지막 10분의 비밀! 서로 책을 읽어주겠다고 학생들이 손을 번쩍 들고 "저요, 저요!"를 외치고 있습니다. 방금까지 영어책을 꼬박 40분 이상 읽은 학생들인데, 얼굴에는 미소가 한가득입니다. 서로 책을 읽어주려고 가위·바위·보까지 하는 아이들의 모습은 정말 신기합니다.

이 10분은 리딩 수업을 마친 아이들에게 발표와 소통의 기회를 주는 '읽기 자원봉사(읽자봉)' 시간입니다. 자신이 읽고 연습해 온 책을 친구

들 앞에서 읽어주고 관련된 퀴즈를 내면, 반 친구들이 답을 맞히는 그룹 활동 시간입니다. 책을 읽어주고 퀴즈도 내고 서로 답도 말하며 깔깔거리며 웃고 소통하는 이 시간은 아이들이 책을 더 잘 읽고 스스로 읽어오게 만드는 비밀이 숨겨져 있습니다. 성취와 발표, 공유의 기회를 경험하는 시간, '읽기 자원봉사(읽자봉)'는 어떻게 아이들과 선생님 모두에게 즐거운 시간이 되었을까요?

읽자봉 시간이란 아이들이 리딩 멘토와 1:1 코칭 중, 정해진 분량을 반복연습해서 유창하게 읽어 '통과'한 책을 친구들 앞에서 다시 읽어주고 퀴즈를 내는 시간입니다. 이때 '통과'받은 책이란 정해진 분량을 1주일이상 연습하여 이해력과 유창성이 향상된 상태로 아이에게 읽기 자신감이 높아진 책입니다. 읽자봉 시간에 '통과'된 책을 자발적으로 반 친구들에게 읽어주는 기회는 그 자체로 긍정적인 성장의 경험입니다.

잘 모르는 책을 선생님이 시켜 어쩔 수 없이 읽는 아이와 스스로 연습하여 적극적으로 발표하는 아이들은 '자기효능감self-efficacy'을 발전시키는 측면에서도 큰 차이가 납니다. 연습해 온 책을 직접 읽어주고 친구들에게 퀴즈를 내주며 작은 성공의 경험을 쌓은 학생들은 자신감이 올라 그 다음에도 더 잘 읽고 싶은 마음에 책을 더 생동감 있고 재미있게 읽는 연습을 해오게 됩니다. 친구들이 쉽게 못 맞히도록 재치있는 퀴즈를 만들고 스스로 책을 더 자세히 들여다보며 적극적으로 책 읽기의 즐거움을 쌓아가는 것이지요.

읽자봉 시간은 책을 읽어주는 학생에게만 효과가 있을까요? 아닙니다. 손 번쩍 들며 적극적으로 나서지 않는 학생들도 이 시간을 기다리고 좋아합니다. 반 친구가 읽어주는 영어책에 더욱 관심을 두고, 경청하고, 새로운 시리즈도 소개받으며 친구들 앞에서 책을 읽어주는 것이 '해볼

만하다'고 생각합니다. 만약 '통과'한 학생들이 없거나, 학생들이 '다독'만 진행하고 있어 읽자봉 시간에 나서 줄 학생이 없다면, 그날은 선생님이 책을 읽어주는 시간으로 운영하면 됩니다. 학생들이 흥미를 느낄 만한 그림책, 신간 시리즈, 그 시기의 주제 독서에 적합한 책을 선정하여 재미있게 읽어주고 흥미를 유발하는 퀴즈를 내고, 포인트도 많이 주며 학생들의 관심과 참여를 끌어내시면 됩니다.

읽자봉을 진행하는 학생이 없는 날에는 상황에 맞춰 아이들에게 읽어주는 책을 몇 권 미리 준비해두고 유연하게 분위기를 이끌어 책을 통한 풍부한 활동을 한다면 학생들도 선생님들도 즐거운 마무리 10분의 시간으로 만들 수 있습니다.

우스꽝스럽게 읽어주기도 하고, 황당한 문제도 내보고, 책의 스토리라인을 활용하여 생각할 거리가 있는 퀴즈를 내주며 학생들과 상호작용하면 "선생님, 다음에 이 책 또 읽어주세요"를 연발합니다. 마치 이 시간을 기다리는 마법가루를 뿌린 것만 같습니다.

> **Tip**
>
> ## 스스로 책 읽게 하는
> ## 읽기 자원봉사(읽자봉) 시간의 장점
>
> · 개별 리딩 후, 행복한 마무리의 그룹 소통 시간
> · 시리즈 반복 / 마스터 정독 등 자신 있게 연습한 책의 발표 기회
> · 퀴즈를 내고 서로 맞춰보는 적극적인 상호작용
> · 그림 문제에서 점차 생각하는 질문으로 책을 보는 시각 확장
> · 친구와 선생님이 발표한 책들로 다양한 시리즈 소개
> · 성취의 경험으로 다음에도 잘하고 싶은 내재적 동기 발현

읽자봉 시간의 주인공은 바로 아이들입니다. 책 내용을 '확인' 받는 빡빡한 독후 활동이나 북 퀴즈가 아닌, 책 읽기 자체를 즐겁고 풍부하게 만들어가는 시간입니다. 책을 통해 성장하는 이 시간은 선생님이 개입하거나 지시하지 않아도 직접 참여하여 책을 읽어주고 퀴즈를 내고 서로 의견을 주고받으며 주도적인 발표력을 기르고 성취감을 쌓아가며 스스로 책을 읽고 보여줄 수 있는 아이들의 무대로 발전시켜 나갑니다.

읽기 자원봉사(읽자봉) 시간
어떻게 운영할까요?

대부분 리딩 수업은 1명의 리딩 멘토와 4~6명의 학생들이 수업에 참여합니다. 학년이 비슷한 친구들이 모인 시간대라 하더라도, 똑같은 책을 읽는 친구들은 한 명도 없고 각자 속도와 레벨, 성향도 각기 다른 다양한 학생들이 함께 합니다. 읽고 있는 책의 레벨도 이해수준도 각기 다른 학생으로 구성된 수업에서 하원 전 10분, 읽자봉 시간은 어떻게 운영하면 될까요?

먼저, 1:1코칭 시간에 학생이 충분히 연습하여 잘 읽고 이해하여 '통과'한 책을 정합니다. 이때 콘텐츠 리딩 5P 중 하나인 〈시리즈 반복〉에서 연습한 책으로 읽자봉을 준비하는데요. 챕터분 기준 3페이지, 리더스 기준 7~9페이지 등 음원 3회 듣기와 2회 따라 읽기, 낭독연습이 15분을 넘지 않는 분량으로 1주일 동안 매일 반복 연습하면 발음이 좋아질 뿐 아니라 의미 이해도와 읽기 유창성이 1주일 사이에 많이 향상되어 '통과'하게 됩니다. 아이들은 선생님께 칭찬과 함께 보너스 스티커나 포인트를 받아

기분이 좋고 지난 첫 연습 때보다도 유창하게 잘 읽어 자신감이 많이 차오른 상태입니다. 이어 선생님은 오늘 읽자봉 시간에는 친구들에게 어떤 문제를 낼 예정인지 너무 궁금해하는 표정으로 살짝 물어봅니다. 1주일 정도 반복 연습한 아이들은 책을 한번 읽은 친구들보다도 책을 자세히 관찰하며 읽었을 확률이 높습니다.

처음 읽기자원봉사 시간에 친구들에게 관련 문제를 낼 때는 책의 내용보다는 책 속의 그림에 집중한 문제를 낼 확률이 높습니다. "토끼 수염은 몇 개일까요?", "Tom의 양말은 무슨 색깔일까요?", "할머니가 쓴 안경은 무슨 모양일까요?", "동생이 울 때 눈물은 몇 방울이었나요?", 공주는 무슨 구두를 신고 있었을까요? 등 스토리 흐름에는 크게 관련이 없지만, 그림에 집중한 기상천외한 질문을 만들어냅니다. 이때 선생님은 질문에 대해 평가하고 바꾸려 하지 말고 아이가 자발적으로 만들어 온 문제 자체에 의미를 둡니다.

함께 하는 읽자봉 시간, 발표하는 친구가 어떤 문제를 낼지 몰라 반 친구들은 책 읽어주는 소리에 더욱 집중하고 그림을 뚫어져라 쳐다보고 있다가 문제가 출제되면 교실이 떠나가라 손을 들고 자신에게 기회를 주도록 어필하는 모습은 보는 사람도 너무 즐겁습니다. 서로의 다른 리딩 레벨은 중요하지 않습니다. 아이들은 스토리를 좋아하고 함께 하는 그 시간 자체를 즐기고 있기 때문입니다.

아이들은 점차 책을 잘 읽어주고 싶고, 더 재미있는 문제를 내고 싶어 스스로 읽고 연습하며 읽자봉 시간도 의미있는 시간으로 만들어 갑니다. 단순한 문제를 낸다고 걱정하지 마세요. 학생들은 서서히 생각을 연결하는 질문을 통해 책을 보는 눈이 확장되고 깊어질 것입니다. 아이들은 좋아하는 일을 하고 그로 인한 작은 성취감들이 쌓여갈 때 성장합니다. 아이들이 스스로 책을 읽게 만드는 마법같은 읽자봉 시간을 선생님들도 꼭 경험해보셨으면 합니다.

6장

상위 1% 영어독서
공부방 원장은 뭐가 다를까?

대박 프로그램과
시스템을 만드는 비법

원영빈(키즈엔리딩 대표)

"코칭을 어떻게 하면 더 효과적일까? 어떻게 업그레이드 하면 될까?"
"그들이 필요성을 느끼기도 전에 필요할 것이라 판단되는 것을
미리 만드는 것입니다."

고객이 필요할 것을 미리 찾아 만들어내는 힘

없을 때는 필요한지 모르고 살았는데, 만들어져 세상에 나오니, 이제는 없으면 안 되는 제품을 우리는 '혁신 제품'이라 부릅니다. 예를 들면 휴대폰, 카카오톡이 그 대표적인 상품이겠죠.

키즈엔리딩 영어독서 프로그램이 처음부터 완벽한 것은 아니었습니다. 2006년 영어도서관이라는 이름으로 22평 아파트 베란다에서 시작해서 어느덧 18년 차가 되었지만, 당시만 해도 시스템은커녕 기본적인 독서 프로그램 하나 없었습니다. 겨우 영어 동화책 100권, 비디오테이프 50개를 가지고 '무제한 대여'라는 콘셉트로 시작했는데, 처음 2~3주 동안 몇

명의 학생들이 책을 빌려 가면 다음에 다른 학생이 빌려 갈 책이 없거나, 한두 달 정도 책을 빌려 가면 모든 책을 읽어 더 빌려 갈 책이 없으니 그만 두기 일쑤였습니다.

학생들이 그만둔 이유는 빌려볼 책이 없어서뿐만이 아니었습니다. 학생들이 책을 대여해가면 집에서라도 읽어야 하는데 읽지 않고 그냥 반납해 버리는 게 많으니 돈만 날린다고 생각한 엄마들이 그만두게 한 것입니다. 이러면 안 되겠다는 생각에 베란다에 장판을 깔고 쿠션을 놓아서 책 읽는 공간을 만들어 시간을 정해놓고 직접 우리 집에 와서 책을 읽게 했는데 같이 책 읽는 분위기를 만들어주니 중간에 그만두는 학생들이 없어졌습니다.

하지만 무슨 뜻인지도 모르고 책을 읽는 아이들이 너무 지루해 보여, 한 명씩 식탁으로 불러 '어떤 책을 어떻게 읽고 있는지, 불편한 점은 없는지 이것저것 물어보고 내 생각을 얘기해주고, 노트에 적어주다가 1:1 개별 맞춤형 코칭이 생기게 되었습니다.

처음에는 무조건 책을 많이 읽도록, 칭찬하고 동기부여만 하면 되는 줄 알았습니다. 그러나 책 읽기를 좋아하는 아이, 언어 감각이 있는 아이들만 빼고 대부분의 평범한 아이들은 학습적인 정독을 같이 해주는 게 훨씬 효과적이라는 것을 알게 되어, '정독 마스터 프로그램'이 다독 프로그램의 뒤를 이어 생겨났습니다.

일반 노트에 칸을 나눠, 제목, 날짜, 읽은 쪽수를 적게 했고, 많이 읽어오는 학생들에게는 작은 상도 줘서 동기부여의 수단으로 만들었습니다. 줄과 칸의 간격을 바꿔보고, 저학년과 고학년에 따라 쓰는 방법도 바꿔보고, 학생들의 의견과 효과를 모아 지금 형태의 독서기록장을 만드는 데 꼬박 4년이 걸렸습니다.

마스터 정독은 시중에 나와 있는 리더스북을 모두 써본 후에 최종적으로 ORT Oxford Reading Tree 리더스북을 마스터 정독 프로그램의 정식 교재로 채택하였습니다. 학생들이 ORT 책에 등장하는 주인공들과 스토리에 가장 오랜 시간 흥미와 재미를 보였으며, 단계별로 단어와 문장의 수준이 눈에 띄지 않게 조금씩 높아져서 단계가 올라가도 힘들지 않게 마스터할 수 있는 책이었습니다.

한 줄 듣고 한 줄씩 따라 읽기(한듣따)를 먼저 해야 할지, 소리내서 읽기(소읽)를 먼저 해야 할지, 통역노트 한 줄에 한글로 해석하는 칸을 한 줄 넣을지 두 줄로 넣을지, 영어로 쓰는 칸을 노트 왼쪽에 넣을지 오른쪽에 넣을지, 듣고 받아적기를 먼저 해야 할지, 듣고 해석하기를 먼저 해야 할지, 통역노트를 끝낸 후에 패러디 영작은 어느 레벨의 아이들에게 시켜야 할지 고민하고, 많은 학생들의 사례를 적용한 덕에 지금의 통역노트 프로그램이 정식 프로그램으로 채택되었습니다.

또한 50분 동안 리딩 후에 10분의 읽기 자원 봉사(읽자봉)는 어떻게 하면 효과적으로 재미있게 할까? 책을 조금이라도 더 읽게 하려면 100권 배지가 나을까? '스티커나 포인트로 보상해주는 것이 나을까? 코칭 멘트는 어떤 방식으로 써야 할까? 스토리 영문법의 주인공이 북에서 내려온 귀순 용사로 하는 것이 좋을까? to부정사의 스토리는 명사적, 형용사적, 부사적 용법만을 모아 to씨네 삼형제로 할까? to 전치사까지 넣어서 to씨네 4형제로 할까? 어떻게 하면 리딩하는 학생들이 문법의 개념을 체화하여 글쓰기와 말하기로 연결해 줄 수 있을까?

이렇게 오랜 시간 프로그램을 만드는 일을 하니, 한 가지 깨달은 것이 있습니다. 고객이 오랫동안 열광하는 혁신적인 프로그램을 만드는 방법은 의외로 간단합니다. 사람들에게 '무엇이 필요한지, 어떻게 하면 더 효과적인지, 어떻게 하면 시간을 절약해 줄 수 있는지'에 끊임없이 연구 관찰하여 그들이 필요성을 느끼기도 전에 필요할 것이라 판단되는 것을 미리 만드는 것입니다.

물론 사람들이 새로운 프로그램과 시스템이 자신에게 필요하다고 스스로 느끼게 되기까지는 시간이 걸리겠지만, 그것을 감수하고 프로그램의 정체성과 리딩의 본질을 지키면서 시대적인 요구와 트렌드를 반영해서 발전시킨다면 분명, 사람들의 삶에 긍정적인 영향을 미치는 그 무엇을 발견하게 될 것입니다.

후지와 코닥 필름

기존 필름(아날로그 카메라에 들어가는 필름) 시장을 이끌던 코닥필름과 후지필름은 디지털카메라와 스마트폰의 보급으로 중대한 결정을 내려야 했습니다. 코닥은 새로운 디지털카메라를 이기기 위해 기존의 아날로그 카메라에 들어가는 필름에 더 매달렸다고 합니다. 그러나 코닥필름의 가격이 더 저렴했음에도 불구하고 사람들은 디지털카메라를 선택했습니다. 반면 후지필름은 자신들이 무엇을 잘 할 수 있는지를 고민하고, 필름의 주원료인 콜라겐으로 화장품 시장에 진입했고, 새로운 LCD 필름 시장에 진출하여 큰 성공을 거두었다고 합니다.

이처럼 그 시대에 최선이었던 상품이 '현재의 아이디어'와 '시절'을 만나면 반드시 변화 혹은 진화해야 합니다. 프로그램의 정체성을 지키면서 시대에 맞게 업데이트하는 것은 시대적인 요구이자, 프로그램을 지속해야 하는 사람의 의무이자 책임이기도 하니까요. 또한 그런 노력은 내 학생들의 시간을 절약하고 더 성장할 수 있게 하니까요.

제가 그동안 수없이 겪었던 시행착오들은 독서를 지도하는 선생님들에게도 시간과 비용을 대폭 절감해주었습니다.

코칭을 어떻게 하면 더 효과적일까? 어떻게 업그레이드 하면 될까? 어떻게 코칭 시간을 효과적으로 쓸 수 있을까? 이런 생각 끝에 독서기록장에 코칭 멘트를 적어주던 코칭 방법은 임계량과 스케줄을 한 번에 관리해주는 '리딩 플래너'로 발전하였고, 시리즈 반복 프로그램은 반복해서 듣고 읽어야 하는 프로그램의 특성상 전자책e-book을 도입하여 '디지털 시리즈 반복 프로그램'으로, 단순하게 리딩 레벨을 올리는 방법에서 영어의 전 영역의 레벨을 동반 향상시킬 수 있는 '콘텐츠 리딩' 프로그램으로 업그레이드 하였습니다.

또한 원장님들이 더 쉽고 재미있게 가르칠 방법은 없을까 생각하다가 교사용 스토리 영문법 사이트가 탄생되었습니다. 또 암기한 단어를 일일이 체크하려다 보니 너무 시간이 많이 걸려, 아예 보카킹 테스트 사이트를 만들게 되었습니다. 대면으로 했던 각종 원장 교육이나 세미나, 보카킹 대회 등은 온라인 비대면으로 옮겨졌고, 그로 인해 시간과 거리상 참여하지 못했었던 인원들이 대거 참여할 수 있는 기회를 마련하는 등 새로운 변화가 반가운 결과를 낳게 하였습니다.

이러한 결과로 영어교육 시장에서 '영어 선생님'과 '영어독서 전문가 선생님' 사이에 차이가 있음이 드러났고, '영어독서 전문가'라는 새로운 영역이 만들어지게 되었습니다. 그래서 '아이들 영어 리딩은 영어독서 전문가에게 맡겨야 한다'라는 새로운 공식이 생겨났습니다.

부족함을 채우고 조금씩 바꿔, 업그레이드하려는 행복한 노력들이 이 시대를 함께 하는 사람들에게 도움이 되었으면 하는 마음으로 해보세요.

단 한 사람이라도 도움이 된다면 끝까지 밀고 나가셔야 합니다. 누가 뭐라 해도 지금의 부족함을 채우고, 불편함을 수정하고, 계속 개선해 나가는 노력을 할 때 성장한다는 것을 지금까지의 경험을 통해 알게 되었습니다. 지금, 주변을 살펴보면 그런 것들이 정말 많습니다. 그 부분을 찾아 시작하면 됩니다. 키즈엔리딩 프로그램을 시작하고 2주 만에 그만두는 학생들의 불만을 해결하기 위해 시작된 것처럼 말이에요.

그러다 보니 어느덧 18년의 세월이 흘렀고, 지금은 나보다 더 키즈엔리딩 프로그램을 사랑해주는 학생들과 프로그램을 지속하고 연구하며 함께하는 원장님들이 많이 생겨났습니다. 성산동 작은 공부방에 찾아와 준 소수의 학생을 위한 노력이 헛되지 않고 빛나게 된 이유입니다.

남을 위한
품위 관리

원영빈(키즈엔리딩 대표)

"1억 연봉의 원장님들은
자신의 외모를 가꾸는 일에도 소홀함이 없습니다."
"지금까지와는 다른 루틴을 만들어서
새로움에 도전해보는 것은 어떨까요?"

오랜 기간 100여 명 이상의 원장님들을 지켜본 결과, 독서의
본질을 지키면서 꾸준하게 3~4년 이상 리딩을 지도하신 원장님 중 대부
분은 학생 수도 계획했던 만큼 생겼고, 대기자도 많고, 연봉도 1억 이상
됩니다. 신입 원장님들 입장에서 그런 선배 원장을 스터디나 세미나에서
만나면 '나는 언제쯤 저런 경지에 이를 수 있을까?'라며 연예인 보듯 신
기하게 바라보며 부러워합니다. 그러면서 '저 원장님들은 내가 없는 그
뭔가가 있겠지, 분명히 묘수가 있을 거야'라며 시작도 하기 전에 나와 다
른 사람이라고 생각하시는 경우가 많지만, 전혀 그렇지 않습니다. 그들
역시 처음에는 영어 리딩에 대해 잘 모르고, 잘 나가는 선배 원장을 부러
워하기는 마찬가지였습니다.

그런데 지금은 누가 말하지 않아도 눈에 띄는 아우라를 장착한 사람들이 되었습니다. 그들이 다른 사람들보다 유독 눈에 띄는 이유는 무엇일까요? 바로 '외모'입니다. 외모라고 하면 옷을 격식과 트렌드에 맞춰 잘 입어야 하는 것도 있지만, 첫 번째는 바로 '미소'입니다. 처음 보는 상대도 무장해제시키는 미소입니다. 미스코리아 대회에 나오는 미녀들을 보면 한결같이 미소를 짓고 있죠? 웃는 연습을 해본 경험이 없는 사람은 간혹 얼굴에 미세한 경련을 보이기도 하지만, 언제나 밝은 미소를 지으라고 교육을 받는다고 합니다.

그러나 1억 연봉 원장님들은 특별히 교육을 받은 것이 아닌 데도 밝은 미소와 친절이 몸에 배어 있습니다. 자신이 강의할 때는 물론, 다른 강사의 강의를 듣는 중에도 강사가 하는 모든 말에 집중하며 연신 고개를 끄덕이며 공감하고 우스갯소리에도 크게 웃으며 작은 행동 하나에도 온몸의 감각을 이용하여 진심에서 우러나오는 손뼉을 쳐 줍니다. 이런 사람들은 반드시 잘 되게 되어 있습니다.

예를 들면 강사가 많은 대중 속에서 어떤 사람을 보면서 강의를 할까요? 자신도 모르게 내 얘기에 공감하는 사람을 보면서 강의를 하게 됩니다. 그렇다면 강사의 좋은 에너지는 가장 많이 공감하고 얘기를 들어주는 사람에게 전달됩니다. 마찬가지로 평소 생활에서도 잘 웃고, 감사 잘 하고, 사람의 말에 진심으로 공감해주고, 열심히 최선을 다해 살려고 하고, 감동 잘하는 사람에게 우주의 에너지, 즉 좋은 운이 착 달라붙지 않을까요?

사이토 히토리는《부자의 운》에서 최고의 관상은 웃는 얼굴이라고 했습니다. 웃으면 엄청난 운이 흘러들어올뿐더러 저절로 행복해지고, 이런 표정을 짓다 보면 제3의 눈이 열려 육안으로 볼 수 없는 것을 볼 수 있는 눈으로 바뀌고, 이 눈을 통해 모든 상상력과 아이디어의 원천을 얻을 수 있다고 하였습니다.

요즘은 줌zoom으로 세미나와 교육을 많이 합니다. 줌 화면에는 한 페이지에 40명씩 보여지는데, 그 공간에서도 잘 나가는 소위 1억 연봉 원장님들의 표정은 확연히 두드러집니다. 누가 무슨 얘기를 하건 얼굴에는 항상 미소를 짓고, 얼굴 전체를 위아래로 흔들면서 공감을 표현해줍니다 (평소에는 "네" 하고 소리로 공감하지만, 온라인에서 회의 시에는 음소거를 하기 때문에 고개를 좀 더 끄덕이는 것으로 공감을 대신합니다). 이런 원장들이 한두 명만 있어도, 그날의 줌 미팅은 이상하게도 웃으면서 모두 만족스러운 결과를 갖고 끝나게 됩니다.

줌에서 미소로 공감하며 얘기를 들어주었던 그 원장님들을 당장에 오프라인에서 만난다고 하면, 그분들의 옷차림은 이미 상담이나 강의 준비가 완벽하게 되어 있을 확률이 얼마나 될까요? 바로 99%입니다.

예전에 신입 원장 인터뷰를 진행할 때 일이었습니다. 감색의 정장을 입고, 짧은 커트 머리에 옆 머리를 단정하게 귀 뒤로 넘기고, 팔목에는 시계 모양의 반짝이는 은팔찌가 유난히 반짝여 보이는 중저음의 경쾌한 목소리의 원장님이 있었어요. 유치원 교사 근무 경력이 있으셨고, 언뜻 보면 드라마에 나오는 경력이 오래된 항공사 승무원 같은 느낌이었어요. 그 원장님과 한참을 얘기하는데, 내가 인터뷰를 하는 것인지 그 원장님이 저를 인터뷰하는 것인지 모를 정도로 시간 가는 줄 모르고 얘기한 적이 있어요. 몸에 밴 타인에 대한 섬세한 배려심과 공감 능력이 얼마 얘기하지 않았는데도 오랜 친구처럼 느껴졌고 믿음이 갔습니다.

바로 8년 전 인터뷰 오셨던 일산 서구 양경희 원장님의 얘기인데요. 리딩 멘토 창업 교육 중임에도 불구하고, 학생을 최단기간에 등록 마감시킨 기록이 있으시죠. 아마도 제가 느낀 것들을 학생들과 어머님들도 느꼈던 것이겠죠? 사람의 마음을 움직이며, 웃고 울리는 그녀의 능력은 키즈엔리딩의 모든 회의와 세미나, 강연에서 사회를 맡아 키즈엔리딩의 대스타로 자리 잡을 정도였습니다. 이런 그녀의 능력은 아이들을 지도하는 데도 좋은 영향력을 미쳐 공부방 학생 수로는 키즈엔리딩 전국 1위의 자리를 늘 차지하셨죠.

그녀가 얼마 전 원장 회의에서 이런 고민을 원장님들에게 털어놓았습니다. "정말 죄송한 얘기인데요. 어떻게 하면 학생들을 졸업시킬 수 있을까요? 아이들이 졸업을 안 하겠다고 해서 너무 힘들어요"라고 말이죠. 같이 있었던 모든 원장님은 무슨 우스갯소리인가 하며 의아해했지만, 한번 들어오면 졸업하지 않고 계속 다니는 아이들 때문에 신입생을 받을 수 없다는 진심 어린 고민이었죠. 그 일이 있고 얼마 후, 일산에 새로 지은 신축 건물에 예쁜 키즈엔리딩 학원을 오픈하셔서 '진작에 학원 할 걸 그랬다'며 행복한 학원장이 되셨습니다.

이렇게 1억 연봉의 원장님들은 자신의 외모를 가꾸는 일에도 소홀함이 없으세요. 언제나 상대를 배려하는 마음과 공감 능력, 미소, 옷차림 등을 업그레이드하려는 노력 등이 모두 합쳐져 자연스럽게 배어 나오는 것이 바로 '외모'라고 생각합니다. 사이토 히토리는 이런 노력을 '남을 위한 품위 관리'라고 했어요. 우리가 선생님이니 공부만 잘 가르치면 된다고 생각하고 '화려한 복장까지는 안 해도 되겠지'라고 생각하시겠지만, 조금만 더 생각하면 요즘처럼 대중매체가 발달된 시기에 선생님이 옷차림도 세련되고 트렌디하게 입는 것은 나를 찾아오는 학생들에게 시대에 뒤처지지 않는 멋진 선생님을 믿고 따라가게 하는 중요한 요소 중 하나일 것입니다.

내 집에 학생들을 불러 지도하니 나갈 일도 없고, 아이 이외에는 누구도 볼 일이 없다고 대충하고 있으시면 안 됩니다. 사장님, 대표님, 큰 학원의 원장님처럼 미리 꾸미고 학생들을 맞이하셔야 해요. 학생들에게 준비된 원장의 모습을 보여야 합니다. 학생들은 아직 어리니 선생님의 외모에 신경 쓰지 않는다고 생각하세요? 엄마들이 상담 올 때만 화장하고 옷 차려입지 말고, 학생이 한 명만 있어도 앞서 말씀드린 외모에 신경을 써야 더 많이 더 빨리 성장하실 수 있어요.

이 글을 쓰면서 바로 떠오르는 분이 또 있습니다. 바로 학원계의 대부 계숙희 교수님이신데요. 처음 그분을 만났을 때 내가 그동안 알고 지냈던 한없이 수수하고 학자적인 면모를 품어내는 다른 교수님들과 전혀 다른 분이었어요. 머리 스타일은 허리까지 길게 늘어뜨리고, 완벽한 블론디 색 굵은 웨이브가 마치 방금 헤어숍에서 나온 것 같고, 주름살 하나 없고 티 없이 고운 피부는 늘 한 치의 오차도 없이 얇고 고운 메이크업이 되어 있으며, 아이 주먹만 한 귀걸이에 번쩍번쩍한 시계와 팔찌, 여러 가지 색의 화려한 빛을 뿜어내는 네일아트, 게다가 굵직하고 한 톤 높은 여장부의 리더십 넘치는 목소리는 처음 만나는 사람이라면 그녀의 카리스마에 잔뜩 주눅 들어 몇 마디 말조차 붙이기 어려울 정도였습니다.

그런데 그녀의 인품과 학식, 학원에 대한 방대한 지식과 지혜, 제자들을 한없이 사랑하는 마음에 반한 여자 원장들은 교수님의 머리 스타일은 물론, 자신감 있는 그녀의 표정과 목소리를 흉내 냈어요. 남자 원장들은 스마트한 슈트 차림의 말끔한 정장에 세련된 향이 느껴질 정도의 외모로 변모했어요.《돈보다 운을 벌어라》의 저자 김승호는 여자의 운명을 바꾸는 가장 쉬운 방법은 옷차림을 화려하게 바꾸고, 목소리를 바꾸는 것이라 했어요. 교수님의 교육을 듣고 그녀를 따라 하다 보면, 요즘처럼 학원이 어려운 시기임에도 불구하고 2관, 3관으로 확장할 확률이 아주 높아집니다.

누구든지 일평생 자신이 믿어왔고 지켜왔던 스타일을 깨기 쉽지 않습니다. 하지만 지금까지 내 인생을 똑같은 루틴으로 살았다면, 지금까지와는 다른 루틴을 만들어서 새로움에 도전해보는 것은 어떨까요? 그것이 원장님 자신을 위한 일이라고 생각할 수 있지만, 자신을 보고 꿈을 품고 따라오는 제자들에게도 도움이 된다고 하니 별일 아닌 것 같지만 오늘부터라도 외모에 신경을 더 써야겠죠? 우리는 학생들의 희망이 되기 위해 신뢰를 주기 위해, 옷을 잘 입어야 하는 의무가 있는 사람들이에요.

외모까지 변모한다는 것은 리딩 전문가로서의 전문지식이나, 티칭과 코칭 능력(상담, 그리고 글쓰기) 등 이미 여러 방면으로 충분조건을 갖추었다는 것이에요. 그러면서 연봉도 점점 올라가니 옷차림과 연봉의 상관관계는 맞아 떨어지는 게 분명합니다.

이렇게 외모를 강조하다 보니 키즈엔리딩 원장들은 처음부터 교육 중에 옷차림과 외모를 중요하게 여기는 까닭에 키즈엔리딩을 오래 할수록 예뻐지고 세련되어지니, '원장을 외모를 보고 뽑냐'는 말이 나오는 것은 당연합니다. 처음에는 어디서부터 따라 해야 할지 막막하고 또 왜 그래야 하는지도 잘 모르고 어렵겠지만 한 가지씩 할 수 있는 것부터 조금씩 따라 하다 보면, 어느새 그들과 많이 닮아 있는 자신을 발견하게 될 것입니다. 게다가 연봉도 처음과는 많이 달라져 있는 자신을 보고 놀라는 날이 반드시 올 것입니다.

그녀는 어떻게
이벤트의 여왕이 되었을까?

원영빈(키즈엔리딩 대표)

"이벤트를 꼭 해야 하냐고 묻는다면, '꼭 해야 합니다'라고 대답합니다."
"이벤트를 돈을 써서 크게 해야 한다는 생각을 버리시고, 매일, 순간순간
아이들에게 보내는 눈짓, 몸짓, 말 한마디 행동 하나에 마음을 담아
그 행동에서 기쁨을 느껴보세요."

"매번 이벤트 하기 너무 힘들어요. 이번 마켓데이에는 또 무슨 선물을 준비해야 하죠? 학생들이 좋아하는 물건으로 준비하려면 돈도 많이 들어요. 다음에는 또 무슨 이벤트를 해야 할까요?" 많은 초보 원장님들이 이벤트 관련 아이디어 내는 것도, 이벤트를 하는 것도 어려워하십니다. 아이들이 책을 꾸준하게 읽게 하는 데 이벤트가 꼭 필요하다고 생각하시는 것까지는 맞지만, 이벤트를 분기별로 큰 행사처럼 치루는 것이라 생각하면 나중에 원장님이 먼저 지쳐서 즐겁지 않게 됩니다. 즐겁지 않으면 지치게 되고 이벤트에 참여하는 아이들도 즐겁지 않아요. 작게, 소소하게 하더라도 내가 즐길 수 있어야 해요. 그냥 저절로 웃음이 나오고 내가 행복해야 아이들도 재미있고 행복해져요.

"이벤트를 꼭 해야 하나"고 묻는다면, "꼭 하셔야 합니다"라고 대답합니다. 인간이 경험으로 기억할 수 있는 기간은 3개월밖에 되지 않는다고 해요. 3개월에 한 번, 1년에 적어도 4번은 해야 합니다. 학생들이 즐겁게 꾸준히 책을 오래 읽게 하는데 큰 도움이 될 거예요. 그런데 그 정도만 하면 충분하냐고 물어보실 거예요. 제 답은 "아니요!"입니다. 이벤트는 사실 매일 매일 하셔야 해요. 크게 돈 쓰면서 1년에 4번 하는 것보다 매일 조금씩 아이들의 마음을 움직여줄 수 있는 작은 이벤트가 훨씬 효과적입니다.

처음 영어책 읽기를 시작하는 아이들이 뭐가 재미있어서 영어책을 읽겠어요. 알파벳 겨우 떼고 왔는데 한 페이지에 그림 하나 있고 단어 2~3개로 이루어진 문장이 있는 책 읽기가 뭐가 그리 재미있겠어요. 그래서 책 내용에 재미를 느끼기까지 책을 읽는 행위 자체에 재미를 주셔야 해요. 예를 들면 책의 제목을 독서기록장에 기록한 것을 몇 개인지 수를 세어 100권 읽으면 100권 뱃지를, 1,000권 읽으면 1,000권 뱃지를, 3,000권을 읽은 아이에게는 인증서를 주고, 5,000권 읽으면 치킨을 배달시켜주죠. 5,000권 읽고, 가족과 함께 치킨을 먹으며 시간을 보낸다면 그보다 더 좋은 경험이 있을까요?

선생님과 1:1 코칭을 할 때, 아이가 읽은 책에 대해 선생님이 공감해주고, 많이 읽은 것에 대해 깜짝 놀라주고, 칭찬해주고, 포인트도 주죠. 50분을 다 읽은 후에는 모두 모여서 서로에게 '읽기 자원 봉사'를 해요. 자신이 읽은 책을 다른 친구들에게 읽어주거나 퀴즈를 내기도 하죠. 아이들은 자신의 이야기를 하고 싶어해요. 학교에서도, 집에서도 듣기만 하는데 자신이 읽은 책을 이야기해주고 퀴즈까지 내니 자존감이 올라가죠. 어른들은 모르지만 아이들은 '읽기 자원 봉사(읽자봉)' 시간을 너무나 즐거워한답니다.

이런 작은 활동들이 바로 이벤트예요. 이런 작은 이벤트들이 아이들의 마음을 움직여요. 마켓데이에 아무리 비싸고 좋은 선물을 줘도 그 좋은 느낌은 잠깐이에요. 선생님, 친구들과 나눈 소소한 공감과 재미의 시간이 아이들에게 훨씬 더한 감동을 주고 오래가는 이벤트입니다.

이렇게 아이들과 만들어 가는 이벤트를 하다 보니 아이들과 함께 하는 것에 감사와 감동이 저절로 생겨서 또 하나의 이벤트가 된 경우도 있어요. 바로 '홍익인간 키리' 이벤트인데요. '영어책 읽기로 널리 인간을 이롭게 하라'라는 컨셉이에요. 한해를 돌아보며 아이들이 읽은 시간만큼을 세이브더칠드런save the children에 기증을 제안한 원장님이 계세요. 자신이 받은 감사함 만큼 다른 나라의 굶주린 아이들을 돕겠다는 취지로 만든 이벤트라고 합니다.

학생이 책을 읽은 시간만큼 원장님이 기부를 하시는 것이죠. 다른 아이들을 돕는 것에 기쁨을 느낀 많은 아이들이 참여하여 학생도 학부모님도 원장님도, 이것을 보고 감동 받아 따라 하게 만든 굉장히 훌륭한 이벤트였습니다. 이런 이벤트가 바로 리딩을 위대하게 만드는 전례 없는 이벤트죠.

원장님께 "아이들이 직접 돈을 내는 것이 아니라, 원장님이 돈을 내셔야 하는데 부담스럽지 않냐"고 물었더니, 원장님이 "5년 동안 학생들을 교육하면서 아이들에게 배운 것이 더 많아요. 제가 더 즐거웠고 경제적으로도 충분히 보상받았으니, 이제는 제가 갚을 차례인 것 같아요. 이 정도로 성장했으니 도리어 감사하죠"라고 말씀하십니다. 리딩 전문가로 성장하면서 원장의 그릇이 같이 커진 대표적인 케이스입니다.

이 원장님은 방학에 '키리아리(키즈엔리딩 아침형 리더) 이벤트'라는 또 다른 획기적인 이벤트를 기획, 진행하였습니다. 원래는 매일 아침에 일어나서 책을 읽고, 읽는 모습을 사진 찍어서 키즈엔리딩 카페에 30회 이상 올려서 상을 받는 이벤트인데요. 코로나 19 이후는 그 원장님의 제안으로 줌에 접속해서 모두 같은 시간에 함께 책을 읽는 이벤트로 변모하였습니다. 2021년도 여름방학 키즈엔리딩에 다니는 아이들과 가족, 지인 등 1,000명이 동시에 접속해서 온라인에서 같은 시간에 책을 읽는 미션을 성공했어요.

상상이나 되세요? 우리가 그런 경험을 살면서 몇 번이나 해봤을까요? 아니 한 번도 못 해봤고, 아무도 생각하지 못했던 경험을 하게 된 것이죠. 그 원장님은 50여 일 동안 하루도 빠짐없이 아침 9시에 줌을 열어 들어오는 친구들을 일일이 맞이하는 일부터 시작하여 한 시간 동안 아이들과 함께 했죠. 이런 일을 아무 대가도 없이 하는 것이 가능할까요?

물어보지 않았지만, 그 대가는 아이들과 함께 하는 그 시간 자체가 원장님께 행복이란 것을 저는 알았습니다. 행복해하는 그 표정이 잊히질 않아요. 그분은 바로 수원 매여울 지점의 최난주 원장님이시고, 매일 보여주시는 행복한 표정 덕분에 그때부터 원장님의 별명은 '매나리자'가 되었답니다. 그런데 그 대가가 그것으로만 끝났을까요? 그 원장님의 그런 마음은 학원 오픈이라는 큰 선물이 되어 나타났습니다. 매일 조금씩 무심하게 순간순간 행복하게 지내다 보니, 50여 평 멋진 공간의 학원을 확장 오픈하게 되었답니다.

이벤트를 크게 해야 한다는 생각을 버리시고, 매일 순간순간 아이들에게 보내는 눈짓, 몸짓, 말 한마디, 행동 하나에 나의 마음을 담으시고 그 행동에서 스스로 기쁨을 느끼세요. 인생의 모든 경험이 이벤트입니다. 작은 이벤트를 만들고 즐기다 보면, 최난주 원장님처럼 큰 이벤트를 할 수 있는 역량도 생기고, 모두가 감동과 감사를 느끼는 진짜 이벤트를 만드실 수 있어요. 그게 진짜 내 인생의 이벤트가 되고, 그 이벤트가 바로 나의 영향력을 전파하는 것이고, 내 성장의 큰 동력이 됩니다.

6개월 동안 학생 1명이었던 그녀는
어떻게 리딩 전문 소생사가 되었나?

원영빈(키즈엔리딩 대표)

"주어진 일을 열심히 그리고 기쁘게 하다 보면 언젠가는 때가 옵니다."
"1억 연봉 원장반을 만들어 자신의 재능을 나눠준 그녀에게
'리딩 전문 소생사'라는 직업명을 선사했습니다."

"원장님, 이곳은 정말 잘 될 것 같아요. 세대수가 9,000세대나
되니 오픈만 하면 학생들이 줄을 서겠는데요?" 필로티 2층에 새로 오픈
할 공부방 장소를 보고 나오면서 확신에 찬 얼굴로 말했습니다. 이 말을
듣고 며칠 후 결혼식을 올리고 신혼여행에서 돌아오자마자 키즈엔리딩
을 오픈할 새신부 원장님의 얼굴이 환해졌습니다. 저 역시도 이런 대단
지는 여태껏 보지 못했고, 아파트 놀이터에 놀고 있는 많은 아이들을 보
며 이런 곳에 키즈엔리딩을 오픈하게 된다는 것에 어깨가 우쭐해졌습
니다.

그도 그럴 것이 처음 인터뷰에서 본 그녀의 활기 넘치는 젊음과 리딩
에 대한 확고한 신념, 단정하고 정제된 말투, 나이답지 않은 우아한 태도

는 꽤 매력적이었습니다. 그녀는 원장 교육에서도 의욕이 넘쳤고, 부족한 부분은 무슨 수를 써서라도 준비해서 다음 교육에는 더 발전된 모습으로 나타났죠. 더군다나 신혼의 단꿈에 젖어 신혼집을 예쁘게 꾸미는 것이 더 관심이 있을 텐데, 그동안 벌어 놓은 돈을 영어책과 집기들을 구입하는 데 사용하며 기뻐하는 그녀가 신기하기까지 했습니다.

그런 그녀였지만 처음에는 키즈엔리딩을 오픈하는 것을 적극적으로 추천하지 않았고, 조금 더 생각해 보라고 권유하였습니다. 중·고등학생 입시학원에서 부원장으로 계셨던 분이라 리딩처럼 오랜 시간 여유를 가지고 기다려주며 이끌어주어야 하는 리딩 선생님으로는 맞지 않다고 생각했기 때문이죠.

초기에 리딩을 지도하겠다며 찾아온 선생님들이 학습과 전혀 다른 접근법에 채 몇 달을 버티지 못하고 그 전의 학습법으로 돌아가는 케이스를 많이 봐왔기 때문이기도 하고, 특목고 대비 선생님들이나 대입을 준비시키시는 선생님들에 대한 선입견이 있었기 때문이기도 했습니다. 그럼에도 그녀는 리딩에 대해 뭔가 결심한 바가 있는 듯 아무리 돌려 말해봐도 리딩을 지도하겠다는 의지가 확고했습니다. 그래서 더 좋았죠.

그러나 그 기쁨이 오래가지 않았어요. 어떤 원장님보다 역량도 뛰어났고, 교육도 열심히 받으면서 철저한 준비를 한 그 원장님은 키즈엔리딩 역사상 6개월 동안 단 한 명의 학생만 등록한 기록을 세우고 말았습니다. 9,000세대에 준비된 멋진 원장님에게 이런 일이 일어나다니, 믿을 수 없었습니다. 잘 될 거라 호언장담했던 저의 행동이 너무나도 후회되고 그녀에게 너무 미안했습니다.

그녀의 첫 설명회 날, 어머님 다섯 분을 모았다며 기뻐하는 그녀를 위해 인천 Hills 키즈엔리딩에 도착했습니다. 자신처럼 예쁘게 꾸민 집, 걸

기조차 아깝고 고운 새 카펫에 어떻게 아이들을 다니게 할까라는 걱정을 하며, 뭐라도 묻힐까 조심조심 그 위를 걸어 어머님들을 기다렸어요. 드디어 한 분이 도착하시고, 설명회를 시작했어요.

그런데 두 번째 오신 분은 듣다가 일이 있다고 일찍 나가시고, 세 번째 오신 분도 아이가 울고불고 하는 바람에 원장님이 옆방으로 데리고 가서 봐주다가 도저히 안 돼서 엄마가 아이를 데리고 먼저 집에 가셨죠. 이 바람에 단 한 분의 어머님만 모시고 설명회를 하였고, 사진 찍으러 와준 원장님의 친구, 원장님, 그리고 쩔쩔매며 설명회를 하는 저를 보고 서로가 미안함과 당황함, 키즈엔리딩 초유의 가장 어색한 설명회를 마쳤습니다.

그런 저희가 안타까웠는지 끝까지 남아서 설명회를 들어주었던 어머님의 조카가 등록을 해주었습니다. 그 학생은 원장님의 첫 등록 학생이자 6개월 동안 단 한 명의 제자가 되어준 인천 Hills 이혜진 원장님의 첫 씨앗 학생이 되어 지금까지도 인천 Hills에서 의젓하게 성장하고 있는 윤서였습니다.

1년 동안, 계속 1명이었습니다. 9,000세대 아파트 밀집 지역에서 그토록 학생이 없다는 게 도무지 이해가 되지 않았고, 화도 났습니다. 결혼하고 창업하느라 돈을 다 써버렸을 그녀가 너무 안타까웠지만 그녀는 그 1명의 학생을 자신의 아이처럼 한 단계 한 단계 변화하는 모습을 카페에 올리고, 조금이라도 발전하면 내 아이가 상이라도 받아온 것처럼 모든 원장님들에게 자랑하며 기뻐했습니다.

또 부족한 점은 없는지 늘 저와 원장님들에게 자문을 구하며 마치 그 학생 한 명만을 위해 키즈엔리딩을 오픈한 듯 열심히 그리고 즐기는 그녀의 모습을 보고 감동 받았습니다. 그런 그녀의 정성에 감동한 저와 근처의 원장님들은 함께 그 동네 학교 정문에서 합동으로 전단지를 돌리기도 했습니다.

만약 제가 그 상황이라면 지쳐 포기했을 것입니다. 그런데 그녀는 나이답지 않게 너무나도 씩씩하게 전단지와 키즈엔리딩 타임즈, 자신의 소개지, 프로그램 설명서 등을 스스로 만들어 L자 파일에 곱게 넣어 한 명의 사람들에게 하나라도 더 주려고 추운 겨울 예쁜 치마에 뾰족구두를 신고 손을 호호 불어가며 이리저리 뛰어다녔습니다. 힘든 기색 전혀 없이 부드러운 미소로 홍보지를 전달하는 당시의 그녀를 봤다면, 신뿐만 아니라 누구라도 달려가 돕고 싶은 마음이 생겼을 것입니다.

그런 그녀를 지켜보면서 저는 늘 불안했어요. 고등부 학원에서 부원장을 하면서 월급도 꽤 받았던 사람이 학생 한 명으로 저렇게 버틸 수는 없을 것이고, 저렇게 괜찮은 원장님이 '이제는 못 참겠다고, 그만둔다'고 할까 봐 집중할 수 있도록 여러 가지 미션을 그녀에게 주기 시작했지요. '리딩스쿨'에서 원장님들을 대상으로 '세계의 교육 환경, 특히 책 읽기 교육에 대한 강의'를 해보라는 미션에 그녀는 논문을 죄다 뒤져서 정리해 멋지게 프리젠테이션 해서 모인 원장님들을 깜짝 놀라게 했죠.

그 후에도 스토리 영문법 공부, 영어 책 많이 읽기 미션을 하면서, 시간이 꽤 흘렀지만, 여전히 단 한 명의 학생만 있는 그녀를 보면서 '정말 지역적으로 안 되는 곳도 있나 보다. 이제 정말 포기해야 하나?'라는 생각이 이어지던 어느 날 "대표님, 저 드디어 학생이 10명 되었어요"라며 기쁜 소식을 들려주었어요. 그 감동과 기쁨이 채 가시기도 전에 빠른 속도로 20명, 30명이 되더니 "대표님 저 마감했어요"라며, 대기자 아이들을 어쩌면 좋냐고 고민하게 되는 이변이 생겼어요.

세상에 살다 보니 이런 일도 있네요

　그녀의 리딩에 대한 신념과 확신, 한 명의 학생에게 마치 100명에게 쏟는 열정으로 지도하는 선생님으로서의 자세, 긍정적인 생각과 태도가 좋은 결과를 가져왔죠. 그녀 역시 최근 학원을 오픈하였고, 리더 원장으로서 후배를 양성하고 있습니다.

　인생이란 것을 저도 아직 잘 모르겠어요. 다 갖춘 사람이라고 생각했는데, 그래서 바로 성공할 것이라 생각했는데, 한참 시간을 끌다가 한꺼번에 학생 마감이라는 복이 터지기도 하고, 리더 원장으로서 일하기도 하니 내 안목이 맞는 것 같다고 생각하다가도 아닌 것 같다는 생각도 합니다. 그러나 결과적으로는 시간이 좀 흘렀을 뿐 제 안목이 맞는 것 같기도 하니, 일단 주어진 일을 열심히, 그리고 기쁘게 하고 볼 일입니다.

　얼마 전 '1억 연봉 원장반'을 만들어 자신의 재능을 나눠준 그녀에게 제가 직업명을 선사했어요. 바로 '리딩 전문 소생사'라고 말이죠. 리딩 전문 소생사란 영어 선생님들을 리딩 전문가로 성장 발전시켜, 선생님 자신은 물론 그 집안 경제를 일으켜 세우게 하고, 나아가 지역 아이들의 인생까지 변화시키는 영향력을 가진 사람으로서 코로나 이후 최고의 신 직업군입니다. 그렇게 좋은 일을 많이 한 덕분인지 그녀는 얼마 전 학원으로 확장 오픈하여, 더 많은 학생들에게 리딩의 선한 영향력을 전파하고 있습니다.

보물지도에
꿈을 그리다

원영빈(키즈엔리딩 대표)

"저의 성공 비결은 꿈 목록을 작성하는 것이에요."
"보물지도 이미지가 잠재의식을 바꿔 놓아
그녀의 꿈을 모두 이루게 한 것입니다."

"원장님 지금 같은 시기에 학원 오픈이라니, 우리 좀 더 생각 해봐요. 요즘 문 닫는 학원들이 얼마나 많은데요. 코로나19가 지나고 아이들이 등교하는 게 정상화되면 그때 시작해도 늦지 않아요."

코로나19가 시작되어 비대면 수업으로 전면 개편되면서 문을 닫는 학원들이 속출하는 마당에 학원을 하겠다는 원장님이 계셨어요. 공부방 운영도 잘하시고 신입 원장님들을 지도하는 리더 원장으로서 교육과 관리도 잘하시는 원장님이라 어떤 형태든지 잘 하시리라는 믿음은 있었지만, 생전 처음 겪는 코로나 상황에 학원 창업을 하시겠다며 계약 직전에 알려주시는 원장님의 소식은 정말 당황스러웠습니다. 더군다나 근처에 확진자가 생겨 이미 여러 차례 휴원을 거듭하고 있는 상황에 인테리어에 월세까지 내며 확장을 한다는 게 축하할 일만은 아니었기 때문이었습니다.

그런데 원장님은 "대표님, 저는 예전부터 꿈꿔왔던 일이고, 앞으로 10년 한다고 생각하고 차근차근 지금부터 자리 잡는다는 각오로 시작하는 것입니다. 저는 확신이 있어요. 지금이 적기라고 생각해요"라는 확고함에 더 이상 말릴 방법이 없었습니다.

처음 그녀를 만나 인터뷰를 할 때 다소 긴장돼 보이는 미소와 차분함, 블루투스 이어폰을 목에 두른 모습이 너무나 이색적이었어요. 키즈엔리딩에 찾아오는 원장님들은 유치원이나 학교, 학원 선생님들이 대부분이어서 거의 활동적이고 쾌활한 원장님들이었거든요. 그러나 이와 달리 차분하고 담담한 모습이어서 "아이들과 재미있게 해야 하는데 잘 하실 수 있겠어요?"라고 물었더니 "제가 아이들이랑 있을 때는 표정이랑 몸짓, 목소리도 다 바뀌니 걱정 마세요"라며 씩씩하게 대답했었죠.

그녀의 자신감 있는 모습은 원장 교육에서도 학습형 우등생의 면모를 여실히 드러냈습니다. 모든 교육을 빠른 속도로 흡수하고, 복습과 책 읽기를 제일 열심히 하셨지요. 스토리 영문법 시강을 할 때도 A4용지 3~4페이지의 대본을 써서 달달 외워 시강을 하더니 빠른 속도로 스토리 영문법 마스터가 되고, 다시 리더 원장이 되어 신입 원장들을 지도하셨어요. 키즈엔리딩 원장님들의 일본과 중국 서점 탐방의 총 기획과 진행을 맡았고, 이어 학생들을 대상으로 한 캐나다 연수까지 성공적으로 마치셨습니다.

이렇게 자신의 꿈을 한 단계씩 명확하게 이뤄가는 원장님의 비결이 너무 궁금해, 후배 원장님들에게 원장님만의 성공 비결에 대한 강의를 부탁드렸는데, 그 비결이 '꿈 목록을 작성하는 것'이라고 말씀하시더군요. 원장님은 꿈을 이루기 위해 원하는 이미지를 찾아서 항상 자신이 볼 수 있는 곳에 붙여 놓고 이미지로 상상한다고 하셨어요. 원장님이 처음 키즈엔리딩을 시작하셨을 때 이미지 목록을 보여주셨는데 그동안 대부분 다 이뤄내셔서 함께 강의를 했던 사람들이 모두 놀라 소름이 돋을 정도였습니다.

키즈엔리딩을 창업할 당시의 소원을 이룬 후, 학원을 하고 싶어 휴대폰 바탕 화면에 학원 로고와 명함을 미리 만들어 넣어 두고 다니면서 마음속으로 다짐했다 하니 그녀의 확고한 의지를 말릴 수 없었습니다. 그녀의 보물지도 이미지가 잠재의식을 바꿔 놓아 그녀의 꿈을 모두 이루게 한 것이죠. 또 그녀의 보물지도에 어떤 이미지가 올라가 있을까 궁금하던 차에 두 딸의 엄마로, 학원장으로, 리더 원장으로 바쁜 그녀는 숙명여대 테솔TESOL 과정 수료에 이어, 얼마 전 "저, 대학원에 들어갔어요"라고 고백하여 모두를 깜짝 놀라게 했습니다.

키즈엔리딩에 많은 능력자 원장님들이 계시지만 드디어 박사 원장님의 탄생이 기다려집니다. 아마 지금쯤은 보물지도 목록에 영어 리딩학교 교수님을 그려 넣으셨겠지요. 이쯤이면 자신을 드러내 자랑할 만도 한데 늘 겸손함과 소박한 모습으로 한결같은 품성이 너무도 존경스러운 그녀는 바로 부천 송내 키즈엔리딩 손영미 원장입니다. 그녀의 다음 꿈 목록이 무척 궁금해집니다.

약점을 강점으로 승화시킨
특급 전략

원영빈(키즈엔리딩 대표)

"무언가를 시작하셨다면, 이제 그 분야에서
나를 강하게 만들 생각을 하세요."
"일단 먼저 시작을 하세요. 그리고 그 길에서 열린 가치를 찾으려
노력하세요. 아무 것도 하지 않으면, 아무 일도 일어나지 않습니다."

"대표님, 그거 기억하세요? 키즈엔리딩을 하기로 결심하고 500만 원을 겨우 만들어서 찾아갔더니 그새 1,000만 원으로 올라 있었던 제 사연이요. 그 돈 500만 원은 틈틈이 신랑 몰래 모은 돈으로 간신히 만든 것이었거든요. 그 순간 정말 눈앞이 캄캄하고 아찔했어요. 하지만 제가 원하는 리딩 교육의 방향과 맞는 곳에서 꼭 시작하고 싶어서 다시 500만 원을 더 마련하려고 김밥 장사를 시작했어요. 당시 김밥 장사를 했던 고모가 보내준 속 재료로 김밥을 만들어 주변에 팔았어요. 그런데 '사람이 먹는 음식 재료는 좋은 것을 쓰는 것이 가치있다'는 생각으로 유기농 재료만을 사용하다 보니 기분은 뿌듯한데 수익은 남는 게 없더라고요. 이렇게 제대로 벌지도 못하고 김밥 장사는 접게 되었습니다. 이때 다시 한번 느꼈

죠. '나는 역시 리딩 교육을 해야 하는 사람이구나'라는 것을요."

그녀의 집은 용인 처인구의 어느 숲속 마을에 있었습니다. 설명회를 위해 그곳을 찾아갔는데 꼬불꼬불한 길을 지나 겨우 찾아가니, 아파트 400세대가 전부인 곳이었어요. 순간 '아, 이런 곳에서 학생을 모을 수 있을까'라는 걱정부터 되었지요. 저의 걱정하는 표정을 읽은 원장님은 자신은 일반적인 전략으로는 안 되겠다 판단했고, 그래서 좀 더 '다른' 전략으로 해야겠다고 결심했대요.

첫째, 남이 평가하는 속도가 아닌 '내 속도대로, 나에게 주어진 환경에서 강점을 찾자'라는 결심입니다.

둘째 '교육을 하는 사람이 자기 자식을 제대로 못 키우면 안 되니, 내 아이를 잘 키우자'라는 것이었죠.

셋째 '내가 독서를 통해 변화하는 바로 그 사람이 되자!'라는 결심으로 리딩 교육자인 자신이 독서로 삶의 변화를 이끌어내는 경험을 하는 것이었다고 합니다.

'내가 살고 있는 근처에서도 바른 교육을 원하고 책 읽기로 영어 교육하는 곳을 찾는 부모들이 반드시 있을 거야', '한 반이면 어때? 정성 들여 교육하고 딱 100만 원만 벌어도 좋아'라는 마음으로 시작했다고 합니다. 자신이 잘 지도하고 관리할 수 있는 5명, 10명 정도의 학생 수에 만족하니, 다른 부분에도 집중할 수 있는 여유가 생겨 오히려 더 좋다고 생각했다고 합니다. 그래서 학생을 무리해서 늘리려고 노력하기보다 그 시간에 자신의 아이들 교육에 관심을 기울였어요. 오히려 그랬더니 점점 더 공부방 소문을 듣고 찾아오는 부모님도 많아졌고요. 사춘기가 된 그녀의 아이들은 영어 실력은 물론 정서적으로도 부모와 긴밀한 관계 형성이 되었습니다.

그런데 정수진 원장님이 살았던 지역은 서울이나 강남 분당 지역에 있는 학생들보다 영어 실력이나 영어에 대한 관심도가 상대적으로 낮았기 때문에 이런 학생들을 어떻게 끌고 가야 하는지에 대해서 늘 고민을 많이 했습니다. 자신의 원에 다른 원의 학생들보다 실력이 월등히 뛰어난 아이들이 없는 것이 자신의 탓인 것만 같아서 마음 한구석이 늘 불안했죠. 하지만 나를 찾아와 준 귀한 부모님과 아이들을 생각하면 소심하게 웅크려 있을 새가 없었다고 해요.

그래서 그때부터 학생의 성격이나 독서 환경, 한글 책을 읽은 정도, 임계량과의 상관관계 등, 학생 개인별로 어떻게 다르게 코칭을 해야 하는지 연구하고 깨닫게 된 것을 적용해나가기 시작했습니다. 엄청난 에너지와 시간이 필요했지만, 그녀는 이런 과정이 분명히 학생들에게 도움이 되고 자신에게도 큰 밑거름이 되어 줄 것이라 굳게 믿고 행동으로 옮겼죠.

그녀는 리딩 연차, 임계량, 리딩 레벨에 따라 개인별 리딩 로드맵을 완성하였고, 리딩으로 지도하는 소리 파닉스 등 리딩을 하는 학생들의 파닉스 영역을 새롭게 개척할 수 있었습니다. 또한 비폭력 대화로 완성한 공감 코칭, 영어독서를 하며 자라나는 학생들의 성장리포트 등을 리딩스쿨이나, 세미나, 심화 교육을 통해 지속적으로 강의해 나갔지요. 자신이 알게 된 것들을 다른 원장님들에게 공유할 수 있는 강의의 기회를 가진 것에 늘 감사하는 그녀의 모습은 참 예뻤습니다.

원장님이 자신에게 주어진 환경을 탓하지 않고 그 조건에 따라서 연구하고 개발한 결과가 리딩하는 많은 사람들에게 영향력을 펼치게 될 줄은 미처 몰랐을 것입니다. 단지 학생 수나 돈 그 자체가 아닌 다른 강력한 무기를 찾고 싶어 케이스별로 아이들을 연구하며 연구 자료를 만들어 나간 그녀의 정성은 리딩 교육을 발전시키는 데 영향을 주었습니다. 그녀의 노력으로 현재는 KRSA_{Korea Reading Specialist Association} 연구소장이 되어 더 많은 리딩 교육자들에게 선한 영향력을 펼치고 있습니다.

한 사람의 인생 얘기를 들어보는 한 권의 책 같은 의미가 있는 '사람 책 대여 프로젝트', 리딩하는 원장들의 성장 개발 프로젝트 'Better Me Academy'는 그녀가 리딩 교육자들과 함께 하는 프로젝트들인데요. 이것이 의미 있는 이유가 그녀가 걸어온 길에서 보이는 듯합니다.

세대수가 적은 지역이라고 고민하거나 불평하지 않고 꾸준히 자신의 내적 가치를 지켜내려는 마음, 내가 중요하게 생각하는 것에 대해 아름다움을 발견하려는 마음, 아이들과 일상을 함께 하는 데에 소중함을 느끼는 마음, 스스로 독서를 통해 변화하는 삶을 살고자 하는 의지 등이 모여 그녀를 지탱해주고 성장시켜준 것이었습니다. 끝으로 용인 지혜의 숲 정수진 원장님은 후배들에게 이 말을 꼭 전하고 싶다고 했어요.

"이 시대에 리딩 멘토로 살아가는 것은 끊임없이 배우고, 끊임없이 성장할 수 있다는 것입니다. 이 말은 설레는 배움이 항상 내 앞에 기다리고 있다는 거예요. 간혹 어떤 원장님들은 '배운 것을 빨리 적용을 해야 하는데, 뭐 이렇게 배울 게 많지', '시간이 많이 걸린다'라고 조급하게 생각하시기도 하는데, 절대 그렇지 않습니다. 끊임없이 내 앞에 놓인 배움들을 반갑게 맞이하세요. 리딩 교육자는 독서의 본질을 지켜야 하지만 배움과 변화에 유연한 자세를 길러야 다양한 리딩 케이스들을 통해 결국 리딩 전문가로 성장할 수 있답니다. 원장님이 무언가를 선택하고 시작하셨다면, 이제 그 분야에서 나를 강하게 만들 생각을 하세요. 설령 경제적으로 힘들다고 해도, 일단 무엇이라도 지금 당장 주어진 것 내에서 할 수 있는 것을 먼저 시작해 보세요. 그리고 그 길에서 열린 가치를 찾으려고 노력하세요. 아무 것도 하지 않으면, 아무 일도 일어나지 않습니다."

지혜를 베풀면 3배, 그 이상 되돌아온다

원영빈(키즈엔리딩 대표)

"내가 알고 있는 사실을 대부분 알고 있겠지만 이것을 모르는 사람이
한 명이라도 있다면, 그 사람에게 도움이 되었으면 좋겠다"
"1+1=100을 만들어가는 키리 문화로,
작은 하나하나가 모여 총합보다 더 큰 실체가 됩니다."

신기하리만치 잘 베푸는 사람들이 있습니다. 베풀기 위해서
태어난 사람처럼 베풀고 또 베풉니다. 베푸는 것에는 꼭 돈이 필요한 것
은 아닌 것 같습니다. 그들은 돈보다 자신의 시간과 사랑과 정성, 그리고
자신이 알고 있는 것을 아낌없이 나눠줍니다. 그런데 더 신기한 것은 그
들이 의도했건 의도하지 않았건 어김없이 1억 연봉을 최단기간에 달성
하는 원장이 되었습니다.

자신의 진심을 댓글에 담아 상대에게 '용기'라는 선물을 주는 원장님
들인 거죠. 초보 원장님이든 경험이 오래된 원장님이든 그 누구건 카페
나 블로그, SNS에 자신의 글을 써서 올린다는 것은 사실 용기가 필요하
거든요. 자신보다 글을 잘 쓰고, 재미있게 쓰고, 전문적인 부분을 잘 정리

하여 쓰는 사람들이 많다는 것을 알기 때문에, 짧은 댓글 하나 올려놓고 다른 사람들의 반응을 기다리는 것만으로도 큰 용기가 필요하죠.

그런데 그때마다 어김없이 나타나서 진심 어린 공감의 댓글을 써주는 원장님이 있어요. 내가 쓴 글에 어떤 반응이 있을지 조마조마하게 기다렸던 사람에게 한 줄의 댓글은 정말이지 큰 위로와 안심이 되거든요. 그렇게 사람에게 진심으로 다가가 정을 베풀어 준 횟수가 무려 2,000건이 넘는 원장님이 있어요. 어떤 이는 그깟 댓글이 뭐가 그리 대수냐고 하겠지만 1회의 댓글을 작성하는 데 5분씩 소요된다고 해도, 2,000건을 작성하는 데는 총 170시간이 걸립니다.

5분의 댓글로 2,000여 명의 생각에 희망과 용기를 주었다고 생각하면, 아무나 할 수 없는 대단히 위대한 선한 영향력을 베푼 것으로 생각됩니다. 그 원장님은 댓글뿐만 아니라 자신이 알고 있는 책 정보, 아이들에게 선물할 수 있는 예쁜 굿즈 구입처, 시도해보고 성공했던 학생들의 동기부여 이벤트, 자신만의 특별한 부모 상담법 등을 모두 공개하여 알려주시죠.

게다가 블로그 작성법을 배워 그 내용을 자신이 가르칠 법도 한데, 자신이 배운 선생님에게 직접 연결시켜 주어 블로그 선생님에게도 또 우리 원장님들에게도 서로 윈윈win-win할 수 있는 특별한 기회를 선사하기도 합니다. 그녀는 처음 교육을 시작하기 전부터 베풀고 나누는 삶의 마인드를 장착한 사람 같았습니다. 작은 배움에도 꼭 감사의 메시지를 보내고, 함께 공부한 동기들도 살뜰히 챙겨주는 넓은 마음이 그녀를 눈여겨보게 했습니다.

더군다나 자신의 지역에 새 원장님이 오픈을 하면 심리적으로 거리감을 두거나 경쟁하기 마련인데, 대기자를 새로 오픈한 공부방으로 보내준

다든지, 그 지역 정보를 알려주고, 공부방 운영 노하우를 새로 오픈한 원장님이 잘되도록 여러모로 도와주는 그녀의 품성은 이미 다른 일반적인 사람의 생각과 마음을 뛰어넘고 있었습니다.

아무도 못 할 일을 해서인지 어린 두 아이의 엄마로, 공부방 운영에, 다른 사람들을 챙기기까지 하루 24시간이 모자랄 법한 그녀는 공부방 창업 2년 만에 종로 경희궁 키즈N리딩잇츠 영어학원으로 확장하였습니다. 또한 학원 오픈 전에 이미 100명의 학생 모집에 성공한 것은 평소 공부방을 운영하면서 쌓아두었던 신뢰와 능력이 바탕이 되었다고 생각합니다. 지금은 2관, 3관의 목표를 향해 꾸준히 성장하고 있습니다.

지혜를 베풀고, 그곳에 자신의 시간과 정성을 쏟으면, 꼭 베푼 사람들에게 다시 받는 것이 아닐지라도 다른 곳에서 다른 방법으로라도 그 시간과 에너지에 대한 보답을 반드시 받는다고 합니다. 사이토 히토리는 《부자의 운》에서 읽고 열심히 공부하는 건 좋지만 모처럼 배운 지혜를 방치해두면 썩어서 무용지물이 되고, 안에서 썩은 것들은 당신의 몸과 운세를 망치게 되니 지혜나 지식을 익혔다면 자꾸 꺼내 써야 한다고 했습니다.

그런데 많은 사람들은 '내가 가지고 있는 지혜를 나눠줄 만큼 가치가 있을까? 남들이 다 아는 얘기를 가지고 잘난 척하는 것은 아닐까?'라고 생각하면서, 나눠주고 싶어도 선뜻 그럴 용기를 못 내는 경우도 많습니다. 내가 알고 있는 것을 100% 사람들에게 다 도움을 주고 싶겠지만 그것은 욕심일 수도 있어요. 그럴 때는 이렇게 생각하면 좋습니다. '내가 알고 있는 사실을 대부분 알고 있겠지만 이것을 모르는 사람이 한 명이라도 있다면, 그 사람에게 도움이 되었으면 좋겠다'라는 마음으로 나눠주면 좋아요.

나만 알고 싶은 것인데 다른 사람들에게 알려주기 아깝다는 마음이 들 때도 있습니다. 하지만 진정으로 성공하고 싶다면 남에게 내 지혜를 나눠주는 일부터 시작해야 합니다. 자본주의 시대에 '주어야 받는다'라는 이치를 깨달아야 합니다. 지혜를 나누는 일은 아주 작게 댓글부터 시작하면 쉽습니다. 그래서 키즈엔리딩의 원장님 대부분은 교육을 시작할 때 첫 번째 숙제가 바로 선배들, 그리고 카페에 올라오는 글에 댓글 달기입니다. 진정으로 마음을 나누고 글에 공감해주는 것이 바로 지혜를 나누는 첫걸음이라 생각하기 때문입니다.

평소에 자신이 알고 있는 것을 영혼이라도 끌어 가르쳐 주고 싶은 마음이 강한 원장님들은 세미나와 교육을 통해 자신의 경험과 지식을 여러 사람들에게 아낌없이 나눠 주었습니다. 또한 그 기회에 감사하였습니다. 현재 그들은 모두 리더 원장이 되어 신입 원장님들을 교육하고 성장시킴으로써 자신은 더 발전하고, 더 높은 연봉을 받게 되었으며, 학원을 오픈하여 더욱 성장하고 있습니다.

지혜를 나눠주는 여자, 누적 댓글 2,000개의 주인공이자, KRSA 원장카페에 출퇴근하는 김주연 원장님께 질문했어요. 왜 그렇게 댓글을 많이 달고, 아낌없이 나누냐고요. 그랬더니 다음과 같은 말씀을 하십니다.

"키즈엔리딩을 만나기 전에는 열심히 살면서도 허전하고, 컴컴한 동굴 속을 걷는 느낌이었어요. 키즈엔리딩을 만나며 비로소 가슴이 뛸 만큼 좋아하는 일을 찾았고, 좋아하는 일을 계속하다 보니 잘하게 되었어요. 물 만난 고기처럼 하루하루가 그렇게 신나 잠이 부족해도 피곤한 줄 모르고 살았습니다. 혼자서는 재미가 없어요. 그래서 원장님과 대화하는 기분으로 댓글을 달고, 밤새워 만든 자료는 다른 원장님의 시행착오를 줄여 좀 더 주무실 수 있을 것 같아 올립니다. 아침, 저녁 출퇴근을 원장

카페로 하다보니 시간이 흘러 그렇게 쌓였나 봅니다. '1+1=100'을 만들어가는 키리 문화로, 작은 하나하나가 모여 총합보다 더 큰 실체가 됩니다. 작은 댓글이 담은 의미는 한 줄 이상입니다. 더 큰 성장으로 돌아오는 복리보다 더 큰 마법의 비밀이 그 안에 있습니다."

그녀의 성공 비결은 바로 가슴 뛰며 좋아하는 일을 동료와 함께 하는 나눔과 성장의 가치에 있었습니다.

100만 원이 8억 원이 되는
복리의 마법

원영빈(키즈엔리딩 대표)

"대표님, 저 그동안 키리 하면서 아파트 2채 샀어요."
"첫해는 투자라고 생각, 아이들을 무조건 많이 모으는 전략보다는
나의 실력, 책 공부를 많이 하여 내실을 키우고 싶은 마음이어서
돈에 대한 생각은 전혀 하지 않았어요."

　　이 책의 저자 6명이 모여 홍대의 한 사진관에서 작가 프로필
을 찍는 날이었습니다. 조금 이른 시간에 도착하여 화장을 고치고 있는
데 한 원장님이 문을 열고 들어서자, 주위가 갑자기 환해졌습니다. 타고
난 미모도 있으시지만 세련되고 단아한 옷차림으로 꾸미니, TV에 나오
는 연예인 못지않은 아우라가 풍겨 나왔습니다. "원장님. 오늘 정말 멋있
고 예뻐요. 아니 꾸미면 이렇게 예쁜데 그동안 왜 그렇게 안 꾸미고 다녔
어요?" 연예인처럼 생긴 외모와 달리 늘 수수한 옷차림에 눈에 띄는 액
세서리 하나 없이 다니는 그녀의 변신이 너무 반갑고 신기하기까지 했습
니다.

　　"대표님, 저 그동안 키리 하면서 아파트 2채 샀어요." 수줍은 고백을 하

듯이 제 물음에 답한 원장님. 그동안 자신만의 꿈을 키우느라 눈에 띌 정도로 검소하고 절제된 생활을 하게 되었다는 것을 알고, 그녀가 다시 보이기 시작했습니다. 그녀의 꿈은 그녀의 나이 55세에 매달 안정적인 현금 흐름을 만드는 것이었다고 합니다. 그 첫 단계가 바로 강서구 우장산역 부근 한 아파트에 공부방을 창업하여 그 계획을 하나씩 구체적으로 실행한 것입니다.

"첫해는 투자라고 생각, 아이들을 무조건 많이 모으는 전략보다는 나의 실력, 책 공부를 많이 하여 내실을 키우고 싶은 마음이어서 돈에 대한 생각은 전혀 하지 않았어요. 꼬박 1년을 운영하고 나니 학생 수 25명 정도 돼서 그때부터는 수익을 어떻게 자산으로 연결할지에 대한 계획을 세우고 실천하기 시작했어요. 그 계획은 2년 차부터 매달 100만 원 이상 저축하기, 3년 차에는 300만 원, 4년 차부터는 500만 원씩 저축하는 목표를 이룰 수 있었어요. 그래서 2017년 첫 제 이름으로 된 아파트를 매입할 수 있었어요. 그 아파트는 전세를 주었고, 그런 식으로 2019년 두 번째 아파트도 매입할 수 있었죠. 그리고 그 아파트에서는 월세로 매달 100만 원을 받고 있어요. 결과적으로는 첫째 아파트에서 3.5억 원 시세 차익과 두 번째 아파트에서는 5억의 시세 차익을 얻을 수 있었어요."

그녀는 또 "가장 중요한 포인트는 매월 900~1,000만 원을 버는 것보다 얼마를 저축하고 얼마를 재투자하느냐인데, 저축과 투자의 사이클을 만들려면 우선 종잣돈seed money이 필요해요. 종잣돈은 매달 버는 돈에서 만들어야 합니다. 의외로 우리가 평소 별생각 없이 쓰는 돈이 많다는 것을 아는 게 무엇보다 중요해요"라고 했습니다. 원장님은 자신이 검소하고 절제할 수 있었던 이유는 가계부 앱 덕분이라고 했습니다. 이 앱은 카테고리별로 상당히 잘 구성되어 있어, 매달 어떤 부문에 소비를 많이 했는지,

불필요하게 나가는 돈은 없는지 등을 한눈에 알 수 있다고 했습니다. 예를 들면, 지난달에 의류 품목에 소비된 지출액을 이번 달과 비교할 수 있고, 커피를 사 마신 지 며칠 지났는지 등 알 수 있어, 우리가 알게 모르게 소비하는 돈의 출처와 흐름을 보여준다고 설명했습니다.

원장님과 돈, 투자에 관한 얘기를 하는 것은 무엇보다 흥미로웠지만, 한편으로는 더 궁금해지는 부분이 있었습니다. 공부방은 학원과 다르게, 원장이 학생 한 명 한 명을 내 아이처럼 관리해야 하고, 선생님으로서 리딩에 대해서도 지속적으로 공부를 해야 해서 더 많은 시간이 필요한데 가정과 일, 그리고 자기 자신의 꿈의 밸런스를 어떻게 지킬 수 있었는가에 관한 것이었습니다.

임서영 원장 역시 그 부분이 걱정되어 스스로에게 약속한 것이 있다고 합니다. 영어독서 공부방을 운영하지만, 공부방이 '나 자체'는 아니니 동일시하지 않기로 하고, 일과 나, 투자와 선생님으로서의 일정한 거리를 유지했다고 합니다. 그렇게 하니 돈 얼마의 가치보다 아이들과의 수업에서 받는 교사로서의 사명감이 자신에게 더 큰 에너지로 다가왔고, 더 행복하게 아이들을 만날 수 있었고, 더 열심히 하고 싶은 동기가 생겼다고 합니다. 그래서 결국 원장님을 믿고 자녀를 맡기는 부모님께도 늘 감사와 사랑하는 마음을 가질 수 있었다고 합니다.

선생님이라는 직업이 학생의 학습 발달뿐만이 아니라 정서와 감수성에도 영향을 줄 수 있는 사람으로서, 때로는 학생에게 희망 또는 트라우마도 줄 수 있는 존재이기 때문에 일희일비하지 않고, 스스로 절제하여 아이들에게 부끄럽지 않고, 아이들의 기억 속 칭찬과 용기를 많이 준 선생님이 되고 싶다는 그녀의 이야기를 듣고 있으니, 이로 인해 8년 전 초보 임서영 원장의 모습으로 만나게 될 수많은 신입 원장들에게 힘과 용기를 줄 생각을 하니 제 가슴도 벅차올랐습니다. 55세에 안정적인 현금 흐름을 만들겠다는 임서영 원장 그리고 임서영 원장의 이야기를 듣고 변화하고 성장할 제2의 임서영 원장들의 아름다운 55세가 너무나도 기대되고 기다려집니다.

7장

선배 원장의
비밀 노하우 노트

정수진(KRSA 리딩연구소장)

"아이의 성장에는 학습과 감정의 영역이 긴밀하게 연관되어 있어,
학습 코칭과 감정 코칭이 함께 진행돼야 합니다."
"우리가 평소에 좋은 칭찬이라고 생각하는 것들이 혹시
'평가'에 속하지 않는지 살펴보아야 합니다."

리딩 멘토의 마음공부

제가 '영어 선생님'이 아니라 '리딩 전문가'이자 '리딩 멘토'
로 살아가는 데에는 분명한 이유가 있습니다. 이유 중 하나는 아이들이
'영어'를 즐겁고 쉽게, 스미듯 익히는 데 도움을 주기 위함입니다. 영어로
된 다양한 책을 읽음으로써 새로운 세계를 볼 수 있는 창을 하나 더 열 수
있고, 그 창을 통해 더 넓은 세상을 맞이할 수 있는 능력을 이끌기 위함입
니다. 영어 리딩 전문가로서의 제게 아주 중요한 부분이지요. 또 다른 이
유는 한 아이의 삶 속에 들어가서 좋은 영향을 미칠 수 있는 사람이 되고
싶기 때문입니다. 아이의 인생 멘토로서 존재하고 싶은 이유이지요. 그

래서 항상 도(道)를 닦는 마음으로 저 자신의 마음공부를 게을리할 수가 없습니다.

"선생님! 제가 20권씩 3일 동안 읽어왔어요!"
"어머, 주말인데 놀지도 않고 이렇게 많이 읽어왔어? 너무 멋지다! 보너스 스티커 30장!"

"선생님, 꽃이 너무 예뻐서 선생님 드리려고 따왔어요"
"우와, 이런 예쁜 꽃을 어디서 발견했어? 선생님 주려고 가지고 와 줘서 너무 고마워. 근데 네 마음이 더 이쁘다!"

아이들이 내가 원하는 대로 말을 잘 듣고 숙제도 잘 해 오고, 심지어 나를 주려고 예쁜 꽃까지 따다 주는 날에는 마음껏 예뻐해 주고 칭찬해주는 데 별 무리가 없습니다. 게다가 내 컨디션까지 좋다면 그런 날 아이는 천상의 칭찬을 행복하게 맛보고 가고, 저도 하루종일 콧노래가 절로 나옵니다. 마음공부 따위 따로 하지 않아도 일상은 잘 굴러가는 듯하지요. 하지만 아이들은 AI 로봇이 아니기에 이런 날만 계속되지 않는다는 게 문제입니다.

"선생님, 엄마가 '수학 숙제 먼저 하라'고 해서 그다음에 영어책 읽으려고 했는데, '이제 자라'고 해서 못 했어요. 근데 오늘도 그럴 것 같아요."

"으윽, 근데 이 과자는 너무 별론데, 다른 거 없어요?"

"이거 제가 그런 거 아닌데요?"

매번 엄마 핑계를 대며 영어책 읽기 순위가 다른 과목 숙제에 밀리는 불편함, 맛있어하길 바라며 고른 과자 선물에 표정을 찌푸리며 거침없이 다른 걸 요구할 때의 당황스러움, 지난번까지 없던 낙서가 버젓이 그 아이의 글씨체로 적혀 있는데 끝까지 아니라고 할 때의 혼란스러움이란 이루 말할 수 없지요.

어쩌면 하루에도 수도 없이 생겨났다 사라지는 나의 수많은 감정을 컨트롤할 힘이 부족하다면, 아이들의 멘토로 살고자 하는 사람의 하루는 너무 힘들기 마련입니다. 다양한 아이들만큼이나 각양각색의 상황들이 펼쳐집니다. 내뱉어진 말들과 흘러나오는 감정들은 우아한 어른이고 싶은 내 의지와는 다르게 복잡한 감정의 향연을 펼치지요. 초등학교 저학년 아이들의 모국어 회화 능력은 이미 수준급입니다. 아무리 아이들이라 해도 그들과의 대화에서 저도 여러 감정이 생기는 것은 당연한 일입니다.

이미 감정 코칭의 중요성을 알고 배워서 시도하려 한 경우도 있으실 거예요. 하지만 막상 아이가 하는 말이나 행동이 마음에 들지 않아서 스트레스를 엄청 받으면서도 참을 '인(忍)'자를 떠올리며 이를 꽉 깨물고 친절한 말투를 유지하려고 하다, 아이가 가고 나면 마음이 폭발한 경험도 있으시지요? 저는 감정을 눌러 참으면서 좋은 말로 타이르다가 매번 똑같이 반복되는 스트레스 상황에 결국 폭발해서 아이들에게 버럭 화를 내고 방으로 들어가서 울고 나온 적이 있어요.

그런데 감정을 추스르고 나오자 밖에서 아이들은 아무 일 없다는 듯 놀면서 "선생님, 뭐 하고 오셨어요?"라고 해서 그 당혹스러움에 목덜미를 잡고 쓰러질 뻔한 경험도 있답니다. 힘들고 어려운 상황이 내가 평소에 얼마나 마음공부를 해왔는지가 여실히 드러나는 때입니다. 아이들에게 정말 좋은 리딩 멘토가 되어 주고 싶은 우리들, 어떤 마음공부가 필요한 것일까요?

아이들을 위한 사랑의 기술, 감정 코칭

한 아이의 성장 로드맵의 방향과 목표를 살피면서, 아이의 영어수업 진도를 계획하는 것은 리딩 전문가의 영역입니다. 한 걸음 더 나아가, 세심하게 아이의 감정을 들여다보고 공감해줄 수 있는 능력을 함양해야 진정한 리딩 멘토로 성장할 수 있습니다. "애들 감정까지 들여다봐야 하나요?", "나는 골치 아프게 리딩 멘토 안 하고, 그냥 리딩 전문가만 할래요"라고 말하고 싶으신가요? 그런데 어쩌지요. 한 아이의 성장에는 학습과 정서(감정)의 영역이 긴밀하게 연관되어 있거든요. 그래서 리딩으로 아이들을 이끌 때, 학습 코칭과 함께 감정 코칭이 함께 들어가야 균형 있게 잘 성장하는 아이들의 모습을 볼 수 있답니다. 감정 코칭을 어렵게 느끼는 분을 자주 마주치게 되는데, 괜히 어렵다고 느끼지 말고 따라와 보세요. 이건 당신의 풍요로운 인생 그 자체를 위해서도 아주 쓸모가 많을 마음공부이니까요.

우선 감정 코칭을 원활하게 잘 하려면 그것이 대체 무엇인지부터 짚어볼까요? 제가 20여 년 전, 첫 아이를 낳고 좋은 엄마가 되고 싶어 몸부림치던 시절이었습니다. 이 감정 코칭에 대한 책을 만나고, 정말 신세계가 펼쳐지는 듯했습니다. 존 가트맨 박사의 『내 아이를 위한 사랑의 기술, 감정코치』라는 책이었는데요. 감정 코칭의 기술을 익히기 위해서 꼭 읽어보시길 추천합니다. 저는 '감정 코칭'이라는 개념을 알게 된 후, 육아를 하면서 공감 능력을 향상시키기 위해 의식적으로 그 과정을 훈련했습니다. 제 안에 이런 것들이 자연스럽게 자리잡혀 있지 않았기 때문에 '의식적'으로 '훈련'해야만 제 것으로 만들 수 있었어요. 감정 코칭은 처음에는 나를 들여다봐야 하는 마음공부 같았고, 갈수록 말 공부가 더 중요하다는 생각이 들었습니다. 후에 영어도서관을 차리려고 공부방의 여왕을 찾아갔을 때 감정 코칭에 대한 부분을 아이들 리딩 지도에서 중요하게 다루는 것을 보고, 여왕님 신뢰도가 1,000% 정도 상승했더랬지요. 그럼 살짝 가트맨 박사의 감정 코칭의 핵심 5단계를 책에 나오는 말을 빌려 짚어보도록 할게요.

1단계: 아이의 감정을 인식하기
2단계: 감정적 순간을 친밀감 조성과 교육의 기회로 삼기 [정서적 교감]
3단계: 아이의 감정이 타당함을 인정하고 공감하며 경청하기
4단계: 아이가 자기감정을 표현하도록 돕기 [각각의 기분에 감정 붙이기]
5단계: 아이가 스스로 문제를 해결하도록 이끌면서 행동에 한계를 정해 주기

저는 예전에 1단계부터 어려움에 봉착했던 기억이 납니다. 내가 '내 감정을 인식하는 것'부터 잘되지 않아 이런 어려움을 겪는다는 걸 깨닫게 되었지요. 자기의 감정을 민감하게 인식하고, 있는 그대로 인정할 수 있는 능력이 있어야 아이의 감정을 공감할 수 있더라고요. 리딩 멘토로 성장하고 싶다면 내가 나를 잘 들여다보고, 내 감정을 보듬어 주는 능력인 정서 지능을 먼저 키워야 합니다. 사실 이 부분은 몇 페이지로는 설명할 수 없는 아주 깊은 마음공부와 성찰을 필요로 합니다. 하지만 오늘도 아

이들을 만나는 직업을 가진 사람이라면, 이 능력을 따로 키워서 '언젠가 적용해야지'라고 생각하기보다 실전에서 매일 긴장감을 가지고 연습하고 훈련해야만 합니다.

정서 지능emotional intelligence은 '자신과 타인의 정서를 잘 살피고 조절하면서, 생각하고 행동하는 데 정서적 정보를 잘 활용할 줄 아는 능력'이라고 합니다. 조금 더 쉽게 표현하면, '공감 능력'이라고도 할 수 있겠네요. 감정 코칭의 대가 존 가트맨 박사는 이 정서 지능이 타고난 게 아니라 개발될 수 있다고 합니다. 성장 가능성이 무궁무진하다는 말이나 마찬가지이니, 지금 비록 이 능력이 부족하다고 해도 걱정하실 필요는 없을 것 같습니다. 이제부터 개발하면 되니까요.

정서 지능을 키우는 두 가지 훈련 소개

제가 제 아이들과 학생들을 키워오면서 자신 있게 말씀드릴 수 있는 나와 아이들의 정서 지능, 즉 공감 능력을 키우는 두 가지 훈련 방법을 소개해 드리고 싶습니다. 하나는 '감정 언어 훈련'이고, 다른 하나는 '관찰하기 훈련'입니다.

1) 감정 언어 훈련

여러분은 오늘의 감정일기를 한번 써보라고 하면 쉽게 느껴지시나요? 시간이 되시면 지금 잠시 펜을 들고 먼저 한번 써 보시길 바랍니다. 막상 써 보면 나에게 떠오르는 감정에 관련된 단어가 지극히 한정적이라는 것을 깨닫게 된답니다. 이것은 개인적인 문제일 수도 있지만, 사회적으로 감정을 드러내기 어려운 문화권이 주는 문제일 수도 있다고 하네요. 어찌 되었건 아이들의 리딩 멘토가 되고 싶은 우리들은 감정을 다루는 방법에 다른 이들보다는 좀 더 익숙해질 필요가 분명합니다. 그래야 아이들에게도 감정을 다루는 좋은 모델링의 역할을 해줄 수 있을 테니까요. 또한 정서적 유대관계를 돈독히 해서 결국 영어적인 학습 성장을 이끌어 내는 데도 긍정적 영향을 미칠 수 있으니까요. 그러려면 아이들과 지내면서 복잡 다양한 감정을 느낄 때마다 감정에 이름을 붙여 기록해 두는 감정 일기를 써 보는 것을 추천합니다.

　내가 느낀 감정을 표현하고 싶은데 표현이 딱히 떠오르지 않거나, 아예 이 감정이 뭐지 싶을 때도 있을 거예요. 그럴 경우, 자신의 감정을 의식적으로 알아차리도록 하는데 도움을 주는 장치인 '감정 카드'를 사용해 보세요. 제 자녀가 어렸을 때는 감정 카드를 직접 만들어서 쓰기도 했는데, 요즘은 '감정'의 중요성을 인식하는 사람들이 많아져 인터넷 쇼핑몰이나 서점에서도 다양한 감정 카드가 판매되고 있습니다. 내 감정을 알아챌 때도 유용하고, 아이들이 자신의 감정을 말로 표현하도록 이끌 때도 실질적인 도움이 됩니다.

　감정 코칭을 할 때 입에서 나오는 질문이 "그래서 기분이 좋았어, 안 좋았어?", "이 책은 재미있었어?", "울었구나! 무슨 일 있었어? 슬펐겠구나" 등으로 몇 가지 표현밖에 떠오르지 않는다면, 다양한 감정 언어를 옆에 두고 수시로 공부하실 필요가 있습니다. 감정 언어를 찾아가며 감정 일기를 써 보는 것은 그 감정을 불러일으키게 된 사건과 나의 생각을 찬찬히 돌아보고, 대응 방법에 대해 다시금 아이디어를 내도록 도와준답니다. 다음에 비슷한 상황이 왔을 때 꼭 적용해보세요. 변화를 만들어 가는 매개체가 될 수 있습니다. 감정을 다루는 언어를 자주 살펴보고 써 보는 것만으로도 나의 정서 지능이 한 뼘 성장합니다. 그러면 훨씬 아이들의 말을 귀 기울여 듣고 그 감정을 진지하게 받아들이면서 아이의 세상과 연결할 수 있게 된답니다.

아이들도 마찬가지입니다. 감정 언어를 풍부하게 하고, 감정을 표현할 수 있는 통로를 어릴 때부터 갖게 되는 것은 세상과 더 많이 연결하면서 정서적으로 풍요롭게 살아가게 되는 비법이지요. 나는 내 공부방에 온 아이의 부모가 아니기 때문에 그 아이가 겪는 모든 일상의 상황을 살필 수는 없습니다. 하지만 주기적으로 나를 만나러 왔을 때 감정 코칭을 통해 정서 지능을 높이는 경험치를 선물해 줄 수 있습니다. 그런 마음은 우리가 리딩 멘토로서 아이 삶에 영향을 미치고 싶을 때 아주 큰 역할을 할 수 있다고 저는 믿습니다.

우리가 그렇듯 아이들도 대부분 감정을 제대로 표현하는 경험이 부족하거나 거의 없는 경우가 많습니다. 정서와 학습의 연관성은 우리가 상상하는 그 이상이라고 보셔도 무방할 정도로 깊은 관련이 있다고 많은 연구가 보여주고 있습니다. 정서 발달이 제대로 되지 않을 경우, 학습 발달이 뒤처지는 경우가 많습니다. 따라서 이럴 경우 아이들에게 『아홉 살 마음 사전』이나 『쿠키 한 입의 인생 수업』 시리즈를 감정과 실제 상황을 연결시키며 정서 지능을 높이는 데 사용하시면 효과적이니, 한번 시도해 보셔도 좋을 것 같습니다.

『아홉 살 마음 사전』　　　　『쿠키 한 입의 인생수업』

감정 언어 훈련에 도움이 되는 느낌말

■ 모든 사람이 가지고 있는 기본 느낌

• 욕구가 충족되었을 때의 느낌: 놀란, 기쁜, 기분 좋은, 감동받은, 자신 있는, 낙관적인, 열심인, 자랑스러운, 활발한, 안심한, 만족스러운, 자극받은, 즐거운, 뜻밖의, 희망에 찬, 고맙게 여기는, 영감을 받은, 감동한, 흥미 있는, 신뢰하는.

• 욕구가 충족되지 못했을 때의 느낌: 화나는, 어찌할 수 없는, 괴로운, 참을 수 없는, 혼란스러운, 짜증나는, 염려되는, 외로운, 실망한, 신경질 나는, 용기를 잃은, 압도된, 우울한, 당혹스러운, 난처한, 꺼림칙한, 좌절된, 슬픈, 절망적인, 불편한.

출처: 마셜 B. 로젠버그, 『비폭력 대화』 (한국NVC센터, 2017)

• 아이들과 코칭할 때 감정 언어 풍부하게 쓰기 예시

"이 책은 어땠어?"

"재밌었어요."

(아이들 대부분은 모든 책을 "재미있었다", "별로였다", "잠이 왔다" 정도로 표현한다.)

"선생님은 훈훈하고 정겨운 느낌이 들었어."

"선생님, 훈훈한 게 뭐예요?"

"아, 여기 책 내용처럼 가족끼리 소풍을 가서 재미있는 시간을 보내 봤지? 그럴 때 느껴지는 행복한 마음 있잖아. 그게 바로 '훈훈한' 거 야. 영어로는 warm이야. 따뜻한 마음이랑도 비슷해."

"아, 훈남 같은 거요?"

"아, 그..렇..지? 마음이 따뜻하고 훈훈한 남자, 훈남."

"주말에 뭐 했어?"

"에버랜드 갔다 왔어요. T익스프레스도 탔어요!"

"그런 무서운 걸 탔다니, 완전 짜릿했겠다."

"네, 대박 재밌었어요."

"선생님은 그런 거 타려면 진땀 나고 떨려서 못 타겠던데?"

"전 땀 같은 거 안 나요! 재미만 있어요!"

"우리 재현이 놀이공원 이야기하니까, 완전 신나고 생기가 도네? 다음에는 선생님도 데려가 줘."

"선생님, 여기가 아파요." "저는 여기가 따가워요."

"아이고, 거기가 좀 쓰라리구나. 지수랑 시은이가 아프다고 하니까, 선생님이 속상하다. 예쁜 공주 반창고 붙여줄게. 그럼 좀 덜 불편할 거야. 어때, 좀 진정되는 느낌이 드니?"

2) 관찰하기 훈련

리딩 멘토로서의 정서 지능을 키우는 또 다른 좋은 방법은 바로 '관찰하기 훈련'입니다. 관찰 능력은 저절로 얻어지지 않고 끊임없는 훈련을 필요로 합니다. 관찰은 대상이나 상황을 '있는 그대로 바라보는 것', '객관적으로 바라보는 것'입니다. 이것은 나의 생각, 판단, 선입견 등이 들어간 '평가'와 대비되는 개념입니다. 다른 사람의 행동을 판단, 비판하지 않고 관찰하기란 정말 어렵지요. 코칭 할 때의 몇 가지 예를 들어서 평가와 관찰을 구분해보겠습니다. 405쪽에 있는 [코칭할 때 평가와 관찰 예시] 표를 먼저 살펴보실까요?

평가와 관찰을 비교해서 보니 조금 감이 오시는지요? 여기서 중요한 것은 우리가 평소에 좋은 칭찬이라고 생각하는 것들이 혹시 '평가'에 속하지 않는지 살펴보는 일이랍니다. '멋지다', '착하다', '대단하다' 등은 좋은 표현인 듯해도 주관적인 평가가 들어가는 말입니다. 관찰을 바탕으로 하는 칭찬이 리딩 멘토의 언어습관에 배어 있지 않을 때는 매일 연습을 통해 변화시키는 것을 추천합니다. 그 사람이 하는 말은 한 사람의 인생이 녹아 있다고 할 정도로 삶 전반에 중요한 영향을 끼칩니다. 단지 언어 습관이 아니라 인생 습관인 것이지요. 리딩 멘토가 코칭할 때 한 마디내뱉는 말의 중요성이 오늘 영어 단어 하나 더 알려주는 것보다 몇 만 배더 중요합니다. 말의 습관을 바꿔보고 싶을 때 감정 일기처럼 관찰 일기를 쓰면서 기록을 해 보면 더 효과적인데요. 평소에 늘 똑같이 반복해서

● 코칭할 때 평가와 관찰 예시

평가	관찰
"재민이는 항상 바쁘네."	"재민이가 선생님과 약속한 세 가지 숙제를 해 오지 못했구나."
"너는 요즘 책을 별로 읽지 않는구나."	"너는 지난주 7일간 책을 10권 읽었구나."
"너 정말 착하다!"	"네가 친구에게 비스킷 2개를 나눠 주었구나."
"저 애 참 똑똑하네."	"저 아이는 과제를 5분 만에 했는데, 다 맞았네."
"넌 선생님 말을 듣는 법이 없니?"	"내가 너에게 이야기하는 동안 벽을 바라보고 있구나."
"넌 정말 대단한 아이야!"	"주말인데도 빠지지 않고 매일 30분씩 영어책을 읽어온 너의 노력이 보이는구나!"

겪는 상황에 내가 무심코 하게 되는 말이 있을 거예요. 그 말을 낚싯대로
확 낚듯 잡아채서 기록하고, '관찰'인지 '평가'인지 살펴보세요. 나도 모
르게 엄청난 평가의 말이 나를 지배하고 있을 거예요. 그것을 하나씩 '관
찰'로 바꿔보는 훈련, 강력 추천해 드리고 싶습니다. 하다 보면 내가 한
말이나 행동이 너무 소름 끼치게 후회되거나 싫어서 무기력해질 때도 있
으실 거예요. 자책에 빠지는 말도 똑같이 기록하고 '관찰'로 바꿔보세요.
자신의 실수를 인정하고 수용하는 자기 공감을 해보세요. 관찰하기 훈련
은 오히려 스스로를 있는 그대로 바라보게 해주고 더 깊이 이해하게 되는
기회를 제공해줍니다. 나 자신에 대한 관찰 경력이 쌓이면, 자연스럽게
다른 아이들의 실수도 너그럽게 볼 수 있는 마음의 여유가 생긴답니다.

내 공부방의 홍보 모델은 바로 나!

양경희(일산서구 키즈N리딩잇츠 원장)

> "'나, 엄마 아니고 리딩 전문가입니다'라는 것이 외모에서도
> 뿜어져나오도록 머리 스타일, 액세서리, 향수까지 신경 쓰세요."
> "걸어다니는 내 공부방 홍보 모델이라 지칭할 정도로 자신감이 넘쳐요."

홍보와 광고

내가 바로 걸어다니는 공부방 홍보 모델이라는 것을 잊지 마세요. 공부방 원장이 된다는 것, 내가 나에게 월급을 주는 사람이 된다는 것은 정말 멋진 일이지요. 하지만 해본 적이 없다면 두렵고도 두려운 일입니다. 직장생활을 했든 강사였든 누군가에게 월급을 받는 일이 훨씬 수월합니다. 정해진 연봉 또는 월급에 내 할 일의 강도, 열정을 맞추면 되니까요. 또한 그 일에 적응되면, 그 안정감에 빠져 5년, 10년을 이어가게 됩니다.

저는 해외 근무 경력 및 서울에서의 직장생활을 제외하면 첫 아이를

낳은 30대 초반부터 유치원 파견 영어 강사를 했습니다. 시급 3만 원의 업무로, 아이를 낳고 맡은 일치고는 하루 4시간씩 도우미 이모님께 아기를 맡기며 바람도 쐬고, 능력도 발휘하는 즐거운 업무였지요. 엄마가 되고 나니 유치원 아이들의 생활과 성장 과정에 관심이 많았고 적극적인 성격 탓에 유치원 영어, 즉 율동하고 노래하는 영어에 잘 맞았습니다. 적은 월급이나마 제 용돈은 제가 벌어서 살았으니 자존감도 살고 재능도 쓸 수 있는, 아기 엄마에겐 '안성맞춤'의 업무였지요.

월급쟁이 10년, 내 월급 이상 벌 수는 없을까?

그 편안함에 빠져 둘째를 낳고도 육아를 병행할 수 있는 그 업무를 무려 9년을 이어 나갔습니다. 그러다 보니 어느덧 마흔, 어딘가에서 월급을 받고 일하기엔 눈치가 보일 정도로 연로한 편에 속하게 되더라고요. 일에 능숙하니 유치원 원장님들은 저를 선호했지만, 앞으로 몇 년을 더 일할 수 있을까 고민되는 날들이 시작되었습니다. 하지만 너무 오랫동안 월급 받는 일―그것도 내 용돈 정도만 쓸 수 있었던 적은 월급(당시 수업이 적은 달에는 90만 원, 수업이 많은 달은 130만 원 정도)을 늘릴 방법이 떠오르지 않았습니다. 3시간 내내 20분 단위로 밀려 들어오는 20여 명의 유치원 귀요미들과 쉴 새 없이 춤추고 노래하며, 목소리 높이는 일이 체력적으로 버거워지는 나이였지요.

아! 그런데 내가 이 일을 안 하면 무엇을 할 수 있을까? 이제 내 큰 딸이 초등학생이 될 정도로 컸으니 교육비도 보탤 겸 더 벌고 싶은데, 오랜 시간 그 정도의 월급을 받아오며 나는 130만 원 이상은 꿈꾸지 못하는 고정급의 강사로 굳어져 있더라고요. 그야말로 내 능력으로는 내 월급 이상 버는 일이 넘지 못할 산처럼 느껴지던 시기였습니다. 나이는 들어가고 해본 일은 유치원에서 영어로 신나게 놀아주는 일—물론 덕분에 두 딸과 노래와 율동을 하며 살아온 날들로 두 딸 모두 영어랑 친숙한 아이들로 자랐다는 혜택은 무시할 수 없겠지만요—이외에 없다는 생각에 힘들었습니다. 영어 수준은 비즈니스 센터에서 외국인 담당 매니저로 일할 정도로 능숙했으나, 영어로 돈 버는 일은 두 아이의 엄마이고 육아를 병행하는 그 시기에는 더 나은 방법을 찾을 수가 없었습니다.

도전, 나에게 월급 주는 원장 되기!
나, 우리 동네 공부방의 여왕!

첫 아이가 초등학교 2학년이 되던 무렵, 우연히 접한 『잠수네 아이들』을 읽으며 '아, 이렇게 좋은 영어습득 방법이 있구나. 영어는 독서가 답이구나. 우리 아이들 영어는 이 방식으로 해야겠다'고 생각하던 무렵 원영빈 작가의 『공부방의 여왕』을 읽게 되었습니다. 『잠수네 아이들』처럼 영어독서로 영어 능력을 키우는 공부방 운영 노하우를 읽으며, '나도 해 보고 싶다, 아니 이게 내가 찾던 일이다'라고 생각할 정도로 흥분했었지요. 게다가 그 작가분은 그 일로 대기자가 100명이 넘는 영어 공부방을 운영하고 있다 하니 읽자마자 찾아가 나도 할 수 있게 도와 달라 애원하고 싶을 만큼 책 안의 진솔한 이야기에 푹 빠졌습니다. 이 책을 탐독 중인 나의 공부방을 꿈꾸는 독자분들 역시 우선 『공부방의 여왕』을 읽으시길 강력 추천드립니다. 책 속 저자의 웃고 울리는 성공 스토리를 읽으며 '나도 할 수 있겠다'는 자신감과 도전정신이 더욱 커질 것입니다. 그 책을 읽었다고 저자처럼 전국구 '공부방의 여왕'이 되기는 쉽지 않으나, 우리 동네 남다른 공부방 선생님으로의 성장을 도울 입문서라 자부합니다.

여담이지만 저는 그 책을 만난 어느 주말 쉼 없이 한 권을 다 읽고 밤에 공부방 운영자가 되고 싶은 꿈으로 잠을 설쳤고, 다음 날도 한 번 더 정독한 제 인생 연속 두 번 읽은 유일한 책이었습니다. 나중에 알게 된 사실이지만, 책 내용으로는 작가분이 나와 비슷하게 실수도 두려움도 많고 평범해 보였는데, 사실은 업무에서의 섬세함, 치밀함, 추진력이 남다름을 갖춘 범접하기 어려운 존재라는 것을 알게 되었을 때는 '공부방의 여왕은 아무나 되는 것이 아니구나'를 깨닫기도 했지요.

변화는 누구나 두려워요.
그 두려움이 설렘으로 바뀌도록 해내는 힘, 결심!

오랜 급여 생활의 달콤함을 포기하고 나만의 공부방을 우리 동네에 오픈하기까지 6개월 동안 주저하는 시간을 보냈습니다. 이사 문제가 걸려 있었고, 유치원 업무를 학기 말까지 해주어야 했기에 6개월의 준비 기간을 갖기로 했으나 실은 마음속 깊이 '나는 해본 적 없는 저 일을 못 할 것 같다'라는 두려움이 발목을 잡고 있었던 거겠지요. 하지만 이미 내 몸은 육체 활동을 하는 영어 노래, 율동 수업에 지쳤으며 더는 상큼한 파견 영어교사의 이미지는 1도 찾을 수 없는, 원숙미의 여인이었기에 타의반 자의반 도전을 안 할 수가 없었습니다.

'꼭 하리라'는 결심에도 '동네에서 괜히 이미지만 나빠지면 어떡하지? 그럼 우리 애들은 학교생활에 지장 있는 것은 아닐까?' 하루에도 몇 번씩 부정적인 생각이 발목을 잡았습니다. 10년 넘게 월급만 받다 이제 나 스스로에게 월급을 주는 원장으로의 변신 앞에서 결단을 내려야 했습니다. 다행히 '망하는 일이 있어도 꼭 해보리라'는 마음에 무게가 더욱 실렸지요. 게다가 더는 젊고 이쁜 유치원 선생님들과 어깨를 나란히 하기엔 연륜이 너무 묻어났습니다. 한번은 유치원 신입생 어머니가 하원 시 아이를 데리러 오셔서 대번에 "원장님이세요?"라고 물어와 뜨끔한 마음이 들던 기억이 납니다. 누가 봐도 명실공히 선생님보다 원장 역할이 어울릴 포스가 느껴졌던 것이지요. 이렇게 자의반 타의반 월급 인생을 청산하자고 마음 먹으니 마치 이제 막 새 인생을 시작하는 신입처럼 힘이 솟고 의욕이 넘쳤습니다.

하기로 했으면, 제대로 해보자!
그 시작은 바로 이미지 변신

우리 집 두 딸은 늦은 시간까지 놀이터를 장악하고 놀던 아이들이었습니다. 그리고 저는 '지나치게 잘 놀아주는 남다른 엄마' 이미지의 동네 여자였지요. 그래서 공부방 운영 결심 후 제일 먼저 한 것, '전문가 이미지로 변신하기'였습니다. 초등학교 학부모 이미지 말고, 원장의 이미지로 변신하기 위한 나의 노력은 놀랍도록 빠르게 진행되었습니다. 나는 일단 후줄근한 외모로 쓰레기를 버리러 나가거나 재활용하는 일은 없었습니다. 놀이터에서 만나도 보통 엄마 이미지를 벗어나기 위해 아침부터 단정하게 화장하고 신경 써 고른 의상으로 미리 원장 노릇을 했지요. 이미지 관리! '나, 엄마 아니고 리딩 전문가입니다'라는 것이 외모에서도 뿜어져 나오도록 머리 스타일, 액세서리, 향수까지 신경 쓰는 치밀함을 갖춘 것을 보니 내 피 속 깊숙이 사업을 성공으로 이끌고픈 의지와 더 벌고 싶은 간절함이 컸던 모양입니다.

그야말로 머리부터 발끝까지 풍기는 전문가 이미지는 원장 되기 이전부터 가꾸어 온 '미리, 원장 이미지 만들기'가 중요한 요소로 작용했다고 생각합니다. 이유는 현재 나의 모습이 이전보다 나아져서가 아니라, 스스로 나의 전문가다운 모습을 만들고, 그 안에 담아야 할 콘텐츠를 선정하고, 그에 걸맞는 정신력을 갖추었으니 점점 커지는 자신감까지 채울 수 있었지요. 외모보다 내면이 중요하다 생각하는 선생님들의 의견도 존중합니다.

그러나 길을 지나가던 그 누구에게, 공부방에 찾아오시는 어머니에게 원장님의 오장육부가 얼마나 튼튼한지, 뇌의 활성화가 얼마나 남다른지를 '겉'으로 보여주기 매우 힘이 들지요. 그들과의 만남에서 겉으로 보이는 첫 인상은 원장님의 외적 호감도이며, 첫 만남에서 원장님의 내면을 들여다보기 힘들다는 것을 기억하기 바랍니다. 저는 더 벌고 싶어 변신했습니다.

그리고 이미지 변화는 성공 이상의 의미를 주었습니다. 좋은 엄마 이미지에서 '전문가 모습을 한 나'를 내가 만나는 일은 즐거움 이상이었고, 없던 잠재력도 깨우는 놀라움이기도 했습니다. 이젠 명실공히 걸어 다니는 내 공부방 홍보 모델이라 지칭할 정도로 자신감이 넘치니, 성공하는 공부방이 아니라 성공하는 인생을 얻었다고 자부할 수 있겠습니다.

원장 이미지 변신 깨알 팁!

나는 '자타공인 김태희다'라고 생각하시면 변신하지 마세요. 원장 이미지보다 김태희 이미지가 더 좋습니다. 김태희 정도의 미모가 아니면 무조건 변신!

내 이미지 셀프 체크 업! 나의 이미지 점수는? 화장은 선택이 아닙니다. 화장 안 한 내 얼굴이 아무리 예뻐도 립스틱 컬러 못 이겨요. 순수미에 생기 불어넣기가 기본!

청바지 안 입어요. 어디든 입고 갈 수 있는 다목적 복장 대신 내 업무용 세미 정장 추천! 아이들은 무다리보다 예쁜 스커트에 눈길을 둡니다. 수수한 청순미, 그건 20대까지만 하세요. 30세 넘으면 귀걸이는 필수! 조금 이뻐 보이려면 목걸이, 아주 이뻐 보이려면 귀걸이, 대박 나고 싶으시면, 화려한 귀걸이를 착용하세요. '내가 이런 걸 어떻게'라고 할 만한 액세서리 착용! 한번 하고 나면, 안 하면 허전합니다.

승무원 미소! 대한항공 타시면 승무원들의 눈 미소와 입꼬리에 홀딱 반합니다. 그거 자연적으로 생긴 게 아닙니다. 그 표정을 지으려면 연습에 연습, 화나도 슬퍼도 자동으로 시스템화될 때까지 연습이 답입니다. 웃는 눈, 웃는 입술, 돈 드는 성형 이상의 효과입니다.

리딩 멘토가 하지 말아야 할 실수 베스트 3

이혜진(인천 힐스 키즈엔리딩 원장)

"학령기 아이들을 이해하는 것은 정말 중요한 일인 것 같아요."
"아이를 몰아치듯 책 읽기를 지도했던 것이 미안하기도 하고,
'이론적으로만 접근해서는 안 되는구나'라는 큰 깨달음이 있었어요."

예비 원장: 안녕하세요? 원장님, 오늘은 제가 '꼭 하지 말아야 하는 실수'에 대해 듣고 싶어서 연락드렸어요.

베테랑 원장: 안녕하세요? 원장님. 연락, 잘 하셨어요. 저도 이맘때쯤 꼭 드리고 싶었던 말씀이네요. 왜냐하면 지도하는 우리도 리딩을 실제로 배워본 적이 없기 때문에 아이들에게 실수할 수 있거든요. 그래서 우리도 선생님이지만 실수할 수 있다는 점을 꼭 기억해야 해요. 너무 자책하기보다는 아이와 다시 한번 관계를 형성하는 기회라고 생각하시면 좋을 것 같아요.

예비 원장: 그래도 돈을 받으면서 실수를 한다는 게, 좀 받아들여지지 않아요.

베테랑 원장: 꼭 영어 독서가 아니어도 우리가 아이들에게 실수할 수 있어요. 중요한 건 실수를 인정하고 어떻게 앞으로 아이와 영어책을 잘 읽을 수 있을지에 대해 생각하는 거예요.

예비 원장: 네. 원장님, 실수할 수 있다는 것이 마음에 위로가 되네요. 그래도 원장님께서 어떻게 그 부분을 잘 헤쳐 나가셨는지 궁금합니다.

베테랑 원장: 많은 선배 원장님들의 경험을 듣는 것이 중요해요. 저도 초보 원장일 때에는 그냥 '하나의 에피소드를 듣는 것이지 뭐'라고 생각했어요. 그런데 그것은 나의 간접경험이 되어 시행착오를 줄이는 좋은 자산이라는 것을 깨달았어요. '아, 내가 저 이야기들을 몰랐다면 얼마나 더 헤매고 있었을까' 하는 아찔함이 느껴지더라고요. 그래서 '내가 무엇을 잘못 했을까', '내가 잘하고 있는 것일까' 하는 생각이 마음을 어렵게 할 때는 내가 한 행동을 검토하는 것도 좋은 방법이지만, 다른 원장님들의 경험에 비추어 보는 것이 조금 더 실수를 줄이는 방법이에요.

예비 원장: 그래도 여전히 자신이 없는 건 사실이에요. 전공자도 아니고 또 아이들을 가르친 경험이 많은 것도 아니라, 그 간접경험을 듣는 것이 어느 정도로 저에게 적용 가능한지 모르겠어요.

베테랑 원장: 제 경험을 말씀드릴게요. 저는 초등 아이들을 지도한 경험이 부족해서 마치 피해의식처럼 이 말을 하고 다녔어요. 학령기 아이들을 이해하는 것은 정말 중요한 일인 것 같아요. 특히 영어독서에 '코칭'을 더해서 진행해야 하는 영어독서 수업은 아이들을 이해하지 못하면 코칭을 적용하기 어렵더라고요. 그래서 저지른 실수들이 참 많았어요.

첫 번째,
다독의 양 조절 실패

베테랑 원장: 다독만으로도 그냥 책 내용을 술술 외워버리는 초등학교 2학년 아이가 있었어요. 그냥 영어책이 외워진다고 하니 참 신기할 따름이었어요. 그리고 이 아이가 모든 과목에서 엄청난 두각을 보이는 아이였다면 그냥 '똑똑한 아이겠거니' 생각했을 거예요. 그런데 이 아이는 수학은 유난히 싫어하고 수리적인 머리는 아예 없는 것 같다고 어머니는 말씀하셨어요. 그런데 영어책을 읽고부터 엄청난 발전을 보이기 시작했어요. 워낙 한글책을 좋아했고 책 읽기라면 그냥 푹 빠져서 읽는 아이라, 사실 수업을 진행하기에 너무 수월했죠. 그래서 저 역시 신이 났던 것으로 기억나요. 반복 듣기만 해도 책 내용을 외워서 줄줄 말하고, 즐겁게 읽고 또 읽으니 유창성은 뭐 말할 것도 없었어요. 이해도 역시 높아서 책 읽기를 진행한 지 6개월도 되지 않아 초기 챕터북까지 읽어가기 시작했습니다.

문제는 여기서부터 시작되었어요. 아무리 잘하는 아이라 할지라도 소위 책 레벨이 높아져도 아이가 초등학생이라는 것을 잊어서는 안 됩니다. 아이가 재밌게 읽고 잘 읽으니 마치 예전에 고등학생 아이들을 가르쳤을 때 시험을 치르기 위해 마구잡이로 문제를 풀리듯 이 아이에게 책을 들이밀었어요. 그렇게 탄력이 붙어서 다음에 읽을 책들을 찾아보느라 정신이 없었습니다.

초등학교 저학년 아이들은 아직 '공부의 근력'이 붙지 않은 상태라, 학습량을 갑자기 많이 늘리면 공부의 재미를 쉽게 잃어버리게 된다.

예비 원장: 저 같아도 엄청 신나고, 신기했을 것 같아요.

베테랑 원장: 맞아요. 그런데 책 읽기 역시 아이의 학년을 고려하지 않은 채 계속 진도를 빨리 나가면, 아이는 지치게 되더라고요. 너무 일찍 사교육에 노출된 아이들이 고학년이 되었을 때 학습에 무기력해지는 학습 진퇴를 겪게 되는 이유와 동일해요. 아무리 잘하더라도 천천히 아이가 스스로 양을 늘려서 꾸준한 재미를 느끼며 진행할 수 있도록 지도해야 한다는 것을 이 아이를 통해 깨달았어요.

예비 원장: 그런데 잘하는 아이는 빨리하고 싶어 하거나, 한 단계 높은 레벨의 책을 읽고 싶어 하는 등 학습의 욕구가 높잖아요. 그런 아이는 어떻게 해야 하죠?

베테랑 원장: 맞아요. 그런 아이들에게는 도전이 될 만한 책을 읽게 하면 돼요. 책과 함께 단어도 익히고 문장도 살펴보면서 읽게 한다면 훨씬 아이의 욕구도 채워갈 수 있어요.

초등학교 저학년 아이들에게는 양을 스스로 늘리면서 성취감을 맛보게 하는 것이 중요하다.

두 번째,
영어적 지수 vs 정서적 지수 고려하기

베테랑 원장: 그리고 두 번째 기억나는 실수도 있어요. 생각해보면 참 실수도 많이 한 것 같네요. 6개월 만에 초기 챕터북을 읽을 정도로 책 레벨이 빠르게 오르는 아이를 지도하는 것은 정말 신나는 일이었죠. 하지만 앞서 언급한 것처럼 꾸준한 다독을 통해 아이의 배경지식을 넓혀 가면서, 다독의 힘을 느끼며 읽을 수 있도록 코칭해야 합니다. 너무 빠른 레벨링은 아이의 정서적 레벨과 반비례할 수 있기 때문이죠.

예비 원장: 어? 원장님 이 부분은 좀 이해가 되지 않는데요.

베테랑 원장: 아이들의 '영어적 지수'와 '정서적 지수'는 다를 수 있다는 거예요. 영어적 지수가 높아지는 만큼 정서적 지수도 함께 높아지도록 지도해야 한다는 겁니다. 그 부분을 선생님이 이해하며 코칭해야 한다는 거죠. 그래야 아이들을 이해하며 실질적인 코칭이 가능해집니다. 아주 영특한 7세 아이가 있었어요. 영어로 스피킹speaking이 될 정도로 어려서부터 영어에 노출되었고, 한글도 4세에 줄줄 읽었을 정도로 아주 영특한 아이였죠. 이 아이를 처음 만났을 때 신기할 따름이었죠. 저는 신나서 이 아이에게 3점대 책을 마구 들이밀며 읽게 했어요. 아이는 처음에는 주는 책들을 모두 읽었지만, 1주일이 지나자 지치기 시작했고, 2주일이 지나니 책 읽기에 흥미를 잃어 갔어요. 북 코칭을 할 때도 아이는 책 이야기에 전혀 흥미를 느끼지 못했어요.

저는 아이의 마음은 생각하지 않은 채, 밀어붙이듯 책 내용만 체크하며 영어 코칭에만 집중했습니다. 물론 아이가 대답은 잘 했어요. 설명도 잘 하고요. 그런데 무언가 이상한 느낌이 자꾸 들었죠. '그게 뭘까?' 곰곰이 생각해보니, 이 아이는 책을 문자로는 이해하지만, 정서적으로 공감하며 재밌게 읽고 있지는 않았어요. 이 아이는 영어를 잘할 뿐, 내용을 이해할 수 없었던 거죠. 본인보다 훨씬 큰 아이들이 나오는 이야기나 한국말로도 경험해보지 않은 생소한 이야기를 이해하지 못하는 것은 어쩌면 너무 당연한 것이니까요.

저는 아이에게 어떤 책을 읽고 싶냐고 물었더니 『코끼리와 꿀꿀이elephant&piggie』가 읽고 싶었다고 하더군요. 너무 당황스럽고, 마음이 무너져내렸지만, 아이는 지금 자신의 수준에 어울리는 스토리가 있는 『코끼리와 꿀꿀이』 책을 읽고 싶었던 것이죠. 만약 그때 멈추지 않았다면 아이가 영어책을 싫어하는 상황으로 만들었을지 모른다는 생각이 들어요. 그렇다고 레벨이 중요하지 않다는 것이 아니에요. 아이의 레벨을 무조건 높게 하는 목표보다는 아이의 감정 상태를 고려한 책 읽기가 중요하고, 그렇게 했을 때 아이도 오랫동안 즐기면서 책을 읽는 게 가능해지더라고요.

예비 원장: 코칭의 길은 멀고도 힘난한 것 같아요.

베테랑 원장: 어렵지만 쉽게 접근하는 것이 중요할 것 같아요. 포인트는 '아이를 이해하는 것'과 '온몸으로 경청하는 것'이에요.

예비 원장: 말씀 가운데, 그 아이에 대한 원장님의 아쉬움이 느껴져요.

베테랑 원장: 맞아요. 너무 아이를 몰아치듯 책 읽기를 지도했던

것이 미안하기도 하고, '이론적으로만 접근해서는 안 되는구나'
라는 큰 깨달음이 있었어요.

세 번째,
문자 인식이 늦지만 스토리텔링이 가능한 아이가 있다

베테랑 원장: 글자를 읽는데 너무 오래 걸리는 아이가 있었어요.
보통은 6개월에서 1년 정도면 1단계 책 읽기가 가능한데, 이 아
이는 1년 6개월이 되도록 읽지 못했어요. 마음이 조급해지기 시
작했죠. 그런데 이해가 되지 않았어요. 한글책도 상당량을 읽었
고, 그 당시에도 한글책은 놓지 않고 읽었던 아이였거든요.

예비 원장: 저라면, 그 아이의 엄마를 마주하기 두려웠을 것 같아
요.

베테랑 원장: 사실 저는 엄마는 두 번째고, 아이가 학년이 올라가
는데 글자를 못 읽으니, 마치 한글을 못 읽은 채로 학년만 높아
지는 아이 같다는 생각에 답답하기만 했어요. 그런데 어느 날 반
복듣기한 책 내용을 이야기retelling하고 있었어요. 처음에는 더듬
더듬 이야기하더니 어느샌가 이 아이가 영어로 간추려서 내용
을 말하는 거예요. '뭐지?'라는 생각이 들었죠.

예비 원장: 네? 신기한데요?

베테랑 원장: 제가 신기해서 이번에는 줄거리plot가 조금 더 복잡
한 책을 가져와서 읽어보라 하고, 다시 한번 스토리를 간추려서
이야기해보라고 했더니 잘 하는 거예요.

예비 원장: 아…, 영어 문자를 읽는 건 어렵지만, 책을 많이 읽어서 스토리 이해가 가능한 친구였군요.

베테랑 원장: 맞아요. 오히려 시간이 지나니 차츰 읽는 것뿐만 아니라 쓰는 것도 가능해지더라고요. 아이마다 사례가 다르기 때문에, 아이의 개인적 특성을 이해하고 접근하는 게 정말 중요하다는 생각이 든 경우였죠.

예비 원장: 그러네요. 아이가 어떻게 책을 읽었는지 확인하는 게 아니라, 이해해 주면서 아이와 자연스럽게 대화만 해도 편하게 책을 읽을 수 있을 것 같아요.

베테랑 원장: 맞아요. 그게 포인트에요! 벌써 전문가가 되신 것 같은데요.

무인 자동화 시스템

이혜진(인천 힐스 키즈엔리딩 원장)

"아이 스스로 하는 힘이 생길 때까지 관찰하고 존중해주어야 합니다."
"4단 콤보 완성으로 스스로 책 읽기까지!" – 루틴의 습관화

　　　　초등학생을 대상으로 공부방을 운영하다 보면 아주 사소한 것들을 챙겨야 할 때가 많습니다. 요즘 같은 시기에는 손 씻고 손소독제에 체온까지 측정해야 하는 과정이 필수고요. 혹시라도 아이들이 놓고 가는 물건들은 꼭 챙겨두어야 하고, 다음에 왔을 때 또 잊어버리지 않도록 챙겨야 합니다. 그런데 저는 큰 아이들만 지도한 경험 때문인지, 이런 잔소리가 너무 힘들었습니다. '어떻게 하면 아이들이 스스로 움직이게 할 수 있을까?'라는 고민을 하기 시작했습니다. 그 결과 저희 공부방으로 교육받으러 오시는 원장님들이 우리 아이들을 보시고 이런 말씀을 하셨습니다. "어! 원장님은 아무 말씀도 안 하는데, 아이들이 스스로 움직이네요?"

무인 시스템은 잔소리하는 사람이 없어도, 아이들이 공부방에 들어오자마자 해야 하는 일련의 것들을 알아서 하도록 프로세스화한 것입니다. 어떻게 하면 스스로 움직이는 아이들로 변화시킬 수 있었을까요. 다음에 몇 가지 사항만 잘 기억하고 계시면 됩니다. 우선, 별 것 아니지만 꼭 해야 하는 것들을 잘 할 수 있게 자동화 시스템을 만들어놓습니다. 그것이 '4단 콤보' 시스템입니다.

■ 4단 콤보

1. 손 닦기
2. 체온 재고, 출입 명부 작성하기
3. 책 반납하고, 읽을 책 고르기
4. 화장실 다녀오기

위에 나열한 4단 콤보 시스템은 진짜 별 것 아닙니다. 하지만 꼭 해야 하는 것들이지요. 이런 기본적인 활동을 아이가 스스로 잘 할 수 있다면, 다른 일도 스스로 잘 할 수 있는 출발점이 됩니다. 집에서는 손 닦는 것이 너무 당연해서 칭찬받지 않습니다.

그런데 여기서는 손을 닦으면, 포인트를 받고, 받은 포인트를 가지고 즐겁게 영어책도 읽고 나중에 상품도 받을 수 있죠. 아이는 스스로 해야 할 일을 하면 그 행동을 칭찬 받고 보상도 받는다고 생각하게 되니, 나중에는 알아서 모든 것을 잘 하게 됩니다.

책도 스스로 고르며, 스스로 읽게 되죠. 자기주도적인 무인 자동화 시스템을 원하신다면 4단 콤보는 아이들에게 바로 적용해야 하는 것들입니다. 또한 아이들이 스스로 할 수 있게 만들기 위해 원장님에게 필요한 마인드와 행동은 다음 네 가지가 있습니다. 자, 그럼 살펴볼까요.

첫째, '초등학생들은 아무것도 못 한다' 라는 생각을 버려야 한다

초등학교 아이들은 늘 엄마가 챙겨주고, 스스로는 아무것도 못 하는 것처럼 보입니다. 그런데 실제로 초등학생을 지도해보니 아이들은 생각보다 스스로 할 수 있는 부분이 많았습니다. 아이들에게 읽고 싶은 책을 고르게 하면 처음에는 아무거나 선택하거나, 선택 자체를 어려워합니다. 하지만 일정 기간이 지나고 나면, 아이는 '내가 오늘 어떤 책을 읽어야 할까?'라는 고민을 하게 됩니다. 이것이 혼자 할 수 있는 힘을 기르는 시작입니다.

이때 선생님은 살며시 다가가 고민하고 있는 아이에게 좋은 책을 추천해줍니다. 처음에는 아이들이 책을 스스로 고를 수 있도록 가이드를 해줄 필요가 있습니다. 우리는 돈을 받고 하는 사교육이기 때문에 모든 것을 해줘야 한다는 생각은 버리시라고 말씀드리고 싶습니다. 선생님의 철학에 따라서 아이들도 어떻게 교육 받느냐에 따라 방향성이 달라진다는 것을 경험했습니다.

예전에는 '결과'를 중요시했다면 현재 교육과정에서는 '과정'을 중요시하고 있기에, 학교에서도 아이들이 창의적이고 독립적으로 성장할 수 있도록 지도하고 있습니다. 어린아이들이라고 해서 아무것도 못 하거나 무조건 도와줘야 한다고 생각하기보다 그들이 스스로 자립할 수 있도록 도와야 하는 것이 우리의 임무라고 생각합니다. 아이들은 생각보다 많은 일들을 할 수 있기 때문이죠.

둘째,
스스로 하는 힘이 생길 때까지
관찰하고 존중해줘야 한다

'아이 스스로 하는 힘이 생길 때까지 관찰하고 존중해줘야 하는 게' 가장 어려운 부분이라 생각합니다. 하지만 스스로 했을 때 아이들이 얻는 성취감이나 결과를 본다면, 아마 이야기는 달라질 것입니다. 아이들에게 일정 기간이 지나면, 스스로 책을 고르는 훈련을 하는 동안 아이들을 관찰해야 합니다. 이 기간은 그리 길지 않습니다. 한 달이면 충분합니다. 그 한 달 동안 아이를 많이 관찰하고 존중해야 합니다.

아이가 읽었던 책을 또다시 선택했다고 하더라도 실망하지 마세요. 아무 생각 없이 같은 책을 선택한 것이고, 그냥 선택했다고 단정 짓지 마세요. 선생님은 머릿속으로 '앞으로 어떻게 아이를 지속적으로 가이드 해야 할지'를 계획하시면 됩니다. 가이드 하실 때 아이를 잘 관찰하시는 눈을 기르셔야 합니다.

몇 가지 예를 들어 이야기해보겠습니다. 아이가 학년과 레벨에 비해 너무 어려운 책을 가져오기도 합니다. 이럴 때 처음부터 "안 돼"라고 부정적인 인식을 심어주지 마시고, "한 번 읽어봐"라고 해주세요. 읽고 나서 아이에게 묻습니다. "계속 이런 책을 읽을 수 있겠어?" 혹은 "한 번 읽어볼래?", "이 단어의 뜻은 뭘까?"라고 물어보세요. 이때 목소리 톤은 부드럽게 해주세요. 아이의 자존심이 다치지 않도록 해주세요. 아마 아이는 이 책을 읽고 싶지 않을 것입니다. 그러기 때문에 조급하실 필요가 없으세요. 오늘은 이렇게도 읽어보고 저렇게도 읽어보고 아이는 자기의 자리를 스스로 찾습니다.

셋째,
선생님이 너무 많은 것을 도와주지 않는다

예전에 학원 강사로 일할 때 같은 동료가 아이들이 모른다고 단어를 물어보는 경우 바로 뜻을 말해주는 강사를 보았습니다. 처음에는 '말해줄 수도 있지'라고 생각했지만, 아이들은 어느새 단어의 뜻을 묻기 바빴습니다. 단어가 '어떤 뜻을 가졌지?', '왜 이런 뜻이지?'라고 생각할 겨를 없이 그냥 단어의 뜻을 말해주는 것이지요.

아이들이 영어 주관식을 써야 하는 경우에도 못 쓰고 머뭇거리거나, 어려워 하는 과정을 보지 못하고 답을 말해주는 선생님을 많이 봤습니다. 저는 그때마다 과연 그 답을 들은 아이는 '다음에 똑같은 문제가 나왔을 때 기억이나 할까?'라는 생각이 들었습니다. 답을 말해주는 방식은 그 아이가 모든 것에 접근이 쉽고, 결과만 얻기 위한 아이로 이끌 수 있습니다.

이런 방식으로 수업이 진행된다면, 굳이 이 공부방에 올 이유가 없지요. 영어독서 공부방이라면 여느 학원들과는 분명한 차이가 있어야 합니다. 물론 아이는 답답해하거나 심한 경우 선생님에게 짜증을 낼 수도 있습니다. 하지만 '왜 바로 뜻을 이야기할 수 없는지' 친절히 설명한다면,

아이들은 금방 이해합니다. "답을 주면 지금 당장은 시원하게 해결되는 것처럼 느껴질 수 있지만 다음에 또 모르는 단어가 있을 때에도 이렇게 계속 물으면서 해결할 수는 없으니, 이 단어의 뜻이 무엇일지 한 번 생각해보자!"라고 하면서, 아이에게 단어의 의미를 유추하는 방법을 알려주시면 좋습니다.

이런 학습적인 이유만 있는 게 아닙니다. 처음 공부방에 왔을 때 무엇을 해야 할지 모르고 가만히 있는 아이들이 있습니다. 그런 경우에는 이곳에 왔을 때 무엇을 해야 하는지 친구들과 이야기하게 해주세요. 다니고 있는 친구들도 또 새로운 아이들도 활력이 넘치게 도와주며 사이도 돈독해지고 반 분위기도 훨씬 좋아집니다. 이렇게 도와준 아이들은 절대 그냥 지나치지 마시고 포인트를 주셔야죠.

새로운 아이들이 처음 왔을 때 어색하게 인사하며 시작하기보다 이렇게 아이들이 이야기할 수 있는 거리를 주면 훨씬 분위기가 좋아집니다.

넷째,
안내문을 여러 곳에 둔다

말로 하기보다는 주위 게시판을 활용하는 것도 아주 좋습니다. 게시판에 안내문이나 그림을 붙여놓으면, 일일이 잔소리를 하지 않아도 아이들이 알아서 합니다.

자동화 시스템의 효과:
스스로 하는 아이가 리딩 레벨이 올라간다

'스스로 한다'는 원칙은 아이들의 행동 수칙 때문에 만들게 된 것인데, 결국 스스로 한 아이가 리딩 레벨도 가장 빠르게 올랐습니다. 처음에는 스스로 책을 고르는 것도 힘들었던 아이들이 어느새 스스로 책을 고르게 되었고, 별 것 아닌 것 같던 이런 행동은 아이들이 책을 고르는 재미에 빠지게 했습니다. 책을 읽는 데 동기부여되어 끊임없이 다음 책을 선택하여 읽는 아이가 되었고, 자신만의 리딩 로드맵을 만들어 가는 모습을 보았습니다.

머리 좋은 아이가 스스로 잘한다? 저는 그렇게 생각하지 않습니다. 머리가 좋은 것이나 시험을 잘 보는 것은 서로 다른 이야기입니다. 아이에게 스스로 하게 지도했을 때 각자 잘 하는 것이 더 빛을 발할 수 있습니다.

처음에 왔을 때 엄청 까다로운 여자 아이가 있었습니다. 영어책은 조금 읽었다고 하지만 레벨은 생각보다 높지 않았고 나이가 어려서 영어책을 읽는 습관이 형성되어 있지는 않았습니다. 처음에 왔을 때 끊임없이 아이와 이야기하며 책에 관해 설명해주었습니다. 어떤 책을 좋아할지 모르기 때문에 다양한 책들을 보여주면서 특징들에 관해 이야기해주었습니다. 아이는 처음에는 제가 추천해준 책들을 모두 거절했습니다. 그래서 아이 스스로 고르게 하면서, 책에 관한 이야기를 나누었습니다.

몇 차례 반복하면서 아이가 재밌게 찾은 책은 『엘로이즈Eloise』, 이 책을 시작으로 아이는 다양한 책들을 섭렵해갔습니다. 꼭 자신 같다고 이야기했습니다. 예쁜 외모에 엄청난 말괄량이였던 아이는 주인공에게 자신의 감정을 이입하면서 책 읽기에 엄청나게 재미를 붙여갔으며, 리딩 레벨 또한 상승했습니다. 그렇게 몇 차례 책 설명과 가이드를 통해서 아이는 자신만의 리딩 로드맵을 찾아가기 시작했습니다. 현재는 『해리포터Harry Potter』, 『쥬디 블룸Judy Blume』, 『로알드 달Roald Dahl』 등 다양한 장르의 시리즈를 읽고 있습니다.

'이때는 이런 책을 읽어야 한다'라는 식으로 책을 추천하는 것이 아니라, 추천하신 책 내용을 설명하며, '아이가 스스로 선택할 수 있도록 돕는 것'이 영어 독서를 성공적으로 이끄는 길입니다.

'나는 성우다',
성우처럼 실감 나고 생생한 낭독

—— 임서영(강서 우장산 키즈엔리딩 원장) ——

"낭독은 아이들에게 영어에 대한 흥미와 자신감을 고취시킬 수 있어요."
"영어 특유의 운율과 리듬, 나아가 발성과 발음교정에 효과적입니다."

'원어민처럼 의미 단위로 유창하게, 성우처럼 실감 나고 생생하게' 말하는 영어 낭독! 어떤가요? 멋지겠지요? 영어 독서reading로 학생들을 지도하다 보면, 자연스럽게 아이들이 파닉스 규칙에 어긋나는 단어들도 읽어내고, 어순의 위치 이해, 문맥의 내용 파악, 추론 능력도 키우게 되는 등 여러 장점이 많습니다. 그러나 상대적으로 영어로 말하기speaking에 대한 활동이 적은 편인데요. 상담을 하다 보면, 어머님들께서 스피킹에 대한 지도를 원하신다는 것을 느꼈습니다. 그래서 '리딩을 매개체로 스피킹을 발전시킬 수 있을까'라는 고민에서 착안한 프로그램이 있습니다.

바로 '나는 성우다'인데요. 아이들이 열광하는 디즈니 영화들을 보면 한글 더빙 버전, 영어 더빙 버전으로 나눠서 상영되잖아요. 〈겨울왕국

Frozen〉의 안나Anna, 엘사Elsa, 올라프Olaf와 같은 인물들에게 생명력과 특징적인 캐릭터를 음성을 통해 불어넣는 사람들이죠. 그들이 바로 성우voice actors입니다. 이러한 영화는 물론이고, 저희 아이들이 수없이 읽고 듣는, 영어책의 음원 역시 원어민 전문 성우의 목소리 연기가 있을 때 더욱 생생한 몰입감을 갖게 되지요. 같은 원어민 선생님이라고 해도 무미건조하게 줄줄 읽는 것과 전문 성우가 실감나게 녹음한 음원은 학생들의 몰입도가 천지 차이랍니다.

우리가 익히 아는 유명한 배우들, 가수들뿐만 아니라 알려지지 않은 전문 성우들도 스토리를 보다 생생히 전달하기 위해 대본을 여러 번 읽어 외우고 발성과 발음 등 훈련을 받은 후 더빙을 한다고 합니다. 이렇게 마치 영화 속 대화를 더빙하듯, 이야기 속 메시지를 전달하듯 생생하고 매끄럽게 낭독하는 것이 바로 〈나는 성우다〉 이벤트입니다.

음원을 들으며 청각을 자극하고, 들리는 책의 내용을 눈으로 직접 보고, 혀와 입의 근육을 사용하여 말하기까지 합니다. 즉 귀와 눈 그리고 입을 동시에 사용하여 낭독하는 것인데요. 소리 내어 말하고, 본인이 말한 것을 듣는 것을 반복하여, 살아 있는 언어로서의 영어를 감각으로 받아들이는 것이 포인트입니다.

〈EBS 다큐프라임〉 '한국인과 영어, 언어의 벽을 넘어라' 편을 보시면, 우리 초등학생들에게 한 달간 영어책 낭독 훈련을 한 실험이 나옵니다. 한 달 동안 아이들이 읽고 싶은 책을 자유롭게 골라 낭독 연습을 시킨 결과 독해력, 발음, 읽는 속도 등이 눈에 띄게 향상된 것을 볼 수 있습니다.

이러한 가시적인 효과와 더불어 여러 영어교육 방법 중 가장 으뜸인 것은 바로 아이들이 '스스로, 재밌어서 하는 것'이더라고요. 아이 마음에 내키지 않고 억지로 끌려가듯 하게 된다면, 그 어떤 방법도 지속적이지 못함은 물론, 그 효과도 기대에 못 미치니까요.

그런데 '나는 성우다' 이벤트를 시작하여 진행해보니, 너무나 신기하게도 아이들이 재밌어하면서 스스로 책 읽기 연습도 해 오고, 안 되는 발음을 반복해서 연습하고 녹음도 하더군요. 친구들과 팀을 짜서 친구네 집에 가서 동영상도 뚝딱 만들어 오기도 하고요.

제가 수업하는 전체 아이들의 90% 이상이 억지로 시켜서가 아닌 자발적으로 참여한 것을 보면 일단 그 재미는 보장된 것이라고 볼 수 있을 것 같아요. 2019년 처음 이 이벤트를 시작했을 때와 비교해보면 처음에는 말 그대로 소리내어 리딩하는 것 자체를 소화하는 경우가 대부분이었는데, 참여횟수가 거듭될수록 학생들의 수준이 올라가고 다음과 같이 '나 성우 도전 영역'이 특화되는 것을 알 수 있습니다.

- 정확한 발성으로 의미 있게 이야기 전달하여,
  리딩 자체에 몰입감을 주는 낭독

- 유명인의 연설을 훌륭한 편집과
  내레이션으로 흡입력 있게 낭독

- 적절한 배경음악 삽입과 책의 분위기를 살린 낭독

- 더빙 앱을 사용, 『해리포터』와 같은 소설을
전문 성우 못지않게 소화

 - 혼자 다양한 캐릭터의 목소리를 연기하고,
뛰어난 캐릭터 분석으로 몰입감도 극대화

 - 여러 명의 친구들과 역할을 나눠
배려가 기반이 된 환상의 호흡

이렇듯 아이들의 실력과 열정이 배가 되는 것을 볼 수 있기 때문에, 선생님도 아이들과 함께 도전하고 참여하는 대회입니다. 또한 리딩 경력 1, 2년 차 학생들이 3, 4, 5년이 지나면서, 도전했던 '나는 성우다' 동영상을 차곡차곡 자신의 영어 리딩 성장에 기록하고, 포트폴리오처럼 만들어 소중한 추억과 함께 공부 자산이 되기도 했습니다.

이제 진행 방법을 좀 더 구체적으로 예를 들어 말씀드리겠습니다.

■ 책 선정 방법
√ 평소에 반복하여 읽어 거부감 없이 도전할 수 있는 시리즈 반복 책
√ 책의 주인공과 책을 읽는 학생이 공통점이 있어 쉽게 몰입할 수 있는 책
√ 표현력을 키우고, 재미 요소를 줄 수 있는 대화문 위주의 책, 등장 캐릭터가
다양한 책

■ 진행 방법

1. 책 선정: 개별/팀으로 도전할지 정하고, 도전 학생들의 수준과 개성에 맞는 책 선정

2. 연습: 1~2주의 연습 기간과 매일 목표 연습량 세우기

3. 코칭:

    - 음원의 소리에 유의하여 반복 듣기+읽도록 코칭

    - 코칭시마다 학생들의 성장한 모습에 즉각적으로 피드백 주기

    - 저학년, 짧은 책인 경우 챈트를 활용하여 리듬감을 익히도록 코칭

    - 고학년, 긴 책인 경우 낭독을 통해 의미 단위로 띄어 읽도록 코칭

4. 작품 만들기: 영상 만들기와 성취감 고취를 위한 적절한 보상

진행 방법과 코칭 시 유의할 점을 정리해 놓았지만, 아이들의 입장에서 재밌고, 쉽게 접근하도록 지도하시는 것이 가장 기본이에요. 예를 들어 초급 스토리 북인 『코끼리와 꿀꿀이_elephant & piggie_』에는 음원이 있어요. 이 음원은 원어민의 음성으로 각 캐릭터의 특징에 맞게 녹음되어 있지요. 꿀꿀이_piggie_는 귀엽고 아기자기한 아기 돼지가 연상되고, 코끼리_elephant_는 듬직하고, 포근하면서도 장난기 가득한 목소리 톤이에요. 코끼리의 말하기 속도가 조금 느린 걸 알 수 있는데, 이는 성격을 대변해 준다고 볼 수 있어요. 아이들은 이러한 디테일을 알기 전에 그냥 음원을 들으며 그 성우의 목소리와 톤, 속도, 억양, 강세를 모사하면서 캐릭터에 동화되어 낭독하는 거예요. "I like to eat slurp, slurp."라고 말하며, 돼지가 되어보고 "I want to eat ice cream."이라고 말하며, 코끼리가 되어보는 거지요. 처음에는 그저 기계 너머에서 읽어주는 책들 중 한 권이었던 책이 반복 연습과 선생님의 칭찬을 통해 본인이 그 인물이 되어, 재미를 느끼고 잘 한다

는 성취감을 느끼게 되는 것입니다.

이렇게 책을 읽어주는 것을 동영상으로 남겨서 본인의 유튜브나 저희 네이버 카페에 올려, 참가한 모든 친구들이 챌린지challenge상도 받고, 서로 가 만든 작품들을 감상하며 축제처럼 즐기게 됩니다. 또한 어미님들도 좋아하십니다. 아이가 집에 책을 가져와 신이 나서 원어민처럼 소리 내 어 읽기 연습하는 모습을 직접 확인하시니 얼마나 좋으시겠어요.

아이들과 여러 번 이 행사를 진행하면서 느낀 점은 아이들에게 영어에 대한 흥미와 자신감을 고취시킬 수 있다는 것인데요. 내가 동화 속 내레 이터narrator가 되기도 하고, 주인공이 되어, 생생하게 읽다 보면 이야기 속 으로 빠져들어 더욱 몰입감이 높아지고, 캐릭터에 동화됩니다.

또한 영상을 만들기 위해서는 필수적으로 여러 번 반복하여 음원을 그 대로 따라하는 모사 과정이 필요한데요. 이렇게 반복하면 처음에는 되지 않던 발음도 자연스레 읽어지고, 들리지 않던 단어도 들리게 돼요. 영어 가 보이고 들리면, 전체적인 스토리가 이해되고, 당연히 독해력도 높아 지죠.

너무 당연한 얘기지만 읽을 수 없으면 당연히 외울 수도 없겠지요. 그 런데 아이들은 '나는 성우다' 연습을 하며 반복하여 읽으면서 어느새 외 울 수 있게 되니 그다음에 나오는 어휘나 표현이 뭔지 이미 알고 있어요. 그러면 당연히 말하는 속도도 빨라지고요. 바로 이러한 사이클을 통해 아이들은 영어가 쉽고 만만하게 느껴지게 됩니다.

요약하자면, 아이들은 그저 신이 나서 원어민의 음성을 모사하는데, 그 과정에서 '의미에 맞게 띄어 읽기'와 '억양'에 익숙해지고 단어마다 '강세'를 습득하게 됩니다. 이러한 훈련이 쌓이면 일상생활 속에서 더욱 많은 표현이 들리고, 본인이 '나는 성우다'를 통해 따라 말했던 표현이나 어휘들을 인지하는 바로 그 순간, 입 밖으로 말할 수 있습니다. 바로 이러한 과정들로부터 우리가 말하는 '스피킹'이 자연스레 발현됩니다.

> **Tip**
>
> ## '나는 성우다' 활동의 키 포인트
>
> · 한 권의 책을 반복하여 읽음으로써 이해력과 추론력 향상
> · 인물마다 다른 발성과 억양을 모사함으로써 재미와 흥미 유발
> · 처음에는 눈에 들어오지 않던 단어와 표현들을 인식하는 시야 확장
> · 캐릭터와 책의 분위기에 맞는 억양과 발음을 반복 연습함으로써 영어 특유의 운율과 리듬, 나아가 발성과 발음 교정 효과
> · 문장 속 강세를 자연스레 습득, 명확히 전달하고, 유창성과 말하기 자신감 고취

임서영(강서 우장산 키즈엔리딩 원장)

"리딩 인풋이 쌓여 그것이 차고 흘러넘칠 때
어느 순간 완만한 경사로가 아닌 계단식으로 성장합니다."
"1년 차까지의 성장이 레벨 1이라면, 2년 차부터 5년 차까지는
레벨 10 이상이 됩니다. 리딩도 복리의 마법과 같습니다."

돈을 잘 버는 고수분들은 많습니다. 저는 더구나 전문 투자자도 아닌 영어독서 공부방 선생님이자 주 5일 아이들을 전담하며 매일 수업을 직접 진행하는 사람으로 투자에 대한 식견의 깊이와 스펙트럼은 많이 부족하겠으나, 몇 년의 투자를 통해 하나 깨달은 것이 있어 소개하고자 합니다.

키즈엔리딩을 시작할 때, 가맹과 책 구비 등 많은 금액을 투자한 후라 잔고 0원에서부터 시작, 1,000만 원을 모을 때까지는 정말 많은 인내와 절제가 필요했습니다. 저라고 왜 비싼 화장품, 명품 가방이 갖고 싶지 않았겠어요. 그런데 일단 1,000만 원을 모으고 나니, 그다음 2,000만 원, 3,000만 원, 5,000만 원, 1억 원을 모으기까지는 0원에서 1,000만 원 모을

때만큼 힘들거나 마음이 어렵지 않았습니다. 돈을 덜 쓰고도 내면의 충만함을 느끼며 하루를 만족할 수 있는 방법이 많았고, 사람마다 행복을 느끼는 가치는 다르기에 트렌디한 아이템으로 꾸미고 치장하는 것, 철마다 여행을 가는 것, 외식과 배달로 끼니를 해결하는 것 등에 대해 딱히 조바심 나거나 남의 이목에 신경 쓰이지 않았습니다.

그렇게 모은 1억이라는 씨드머니seed money와 대출을 받아 2017년 아파트를 매입하고, 5년이 지난 지금 처음 매매가 대비 3.5억 원의 수익을 가져다주었습니다. 이후에 부동산 투자의 조건(교통, 학군, 상권, 숲세권의 힐링 포인트)을 좀 더 공부해서 2019년 한 채를 더 구입, 3년이 지난 지금 매매가 대비 6억 원 정도 올랐으며, 지금은 두 번째 아파트에서 월세를 100만 원씩 받고 있고, 첫 번째 아파트에서는 전세금 인상분으로 은퇴 후에 매달 연금 개념의 현금흐름을 만들고자 주식, ETF 등에 투자 중입니다.

부동산을 제외한 최근 저의 투자 관련 공부 포인트는 연금저축인데요. 100세 시대에 걸맞게 아름답게 늙으려면 적정한 품위유지비가 필요하니 노후 대비용이면서도 절세효과가 있어 공부하고 있습니다. 연간 납입한 금액 중 최대 400만 원의 16.5%까지 세액 공제되며, 이걸 다시 연금저축에 넣어 복리효과를 기대할 수 있습니다. 가입 후 '최소 5년 이후'와 '만 55세부터'라는 두 가지 조건을 충족하면 납입한 금액의 평가금액에 따라 연금형식으로 받는 것인데요. 연금소득세 5.5%를 제외하면, 과세이연이라고 해서, 이자 배당 매매차익에 대한 세금을 내지 않습니다.

예를 들어 연금저축펀드(미국 S&P 500)에 매달 33.3만 원씩 연간 400만 원을 15년 납입했을 때 총 투자금액은 6,000만 원인데요. 최종평가금액은 1억 3,130만 원 정도입니다. 이 계산은 2005년부터 2019년까지 투자했다고 가정했을 때의 평가금액으로, 그것을 5%의 연금소득세(세금)를 제외

● 연금저축펀드 투자 예시

	적금(연 3% 가정)	일반증권계좌	연금저축계좌(펀드)
매수종목	-	KINDEX 미국 S&P500 ETF	KINDEX 미국 S&P500 ETF
투자금액	월 33.3만 원 (연 400만 원)	월 33.3만 원 (연 400만 원)	월 33.3만 원 (연 400만 원)
세금	이자의 15.4%	매매차익의 15.4% 분배금액 15.4%	연금소득세 5.5% (과세이연)
수수료	-	운용 수수료 거래 수수료	운용 수수료 거래 수수료
기타			13.2~16.5% 세액공제 (300~400만 원 한도)

● 연금저축펀드의 투자기간과 수익률 예시

	투자기간 (15년)	투자금 (월)	투자금 (연)	총 투자금 (15년)	S&P500 수익률	세금 등 반영금액 (세금, 수수료, 이자 등)	세액공제금	최종 평가금액	최종 수익률	비고
적금	2005.1.1 ~ 2019.12.31	33.3만	4백만	6천만	-	71,484,379	-	71,484,379	19%	일시 수령 가능
일반증권계좌	2005.1.1 ~ 2019.12.31	33.3만	4백만	6천만	113%	117,850,688	-	117,850,688	96%	일시 수령 가능
연금저축계좌	2005.1.1 ~ 2019.12.31	33.3만	4백만	6천만	113%	121,435,685	9,900,000 (16.5%)	131,335,685	119%	분할 수령(10년↑) 55세 이후 수령
연금저축계좌	2005.1.1 ~ 2019.12.31	33.3만	4백만	6천만	113%	121,435,685	7,920,000 (13.2%)	129,355,685	116%	분할 수령(10년↑) 55세 이후 수령

하고 내가 설정한 만큼 평가금액 소진 시까지 받을 수 있습니다. 대단한 자산관리를 하지 않고, 내가 일하지 않아도 안정적으로 현금흐름을 가지게 되는 것이죠. 또한 매달 소액으로 투자할 수 있는 이점이 있습니다.

이 연금저축펀드의 단점은 수령 당시의 평가액으로 받기 때문에, 금액을 확정할 수 없으며, 주식투자의 리스크가 있으므로 늘 조심해야 합니다. 그러나 비교적 소액으로 10년 이상 꾸준히 납입하면, 적금에 같은 금액으로 저축했을 때보다 거의 두 배 차이가 나는 수익률을 가져다줍니다. 다시 한 번 말하지만 납입한 금액의 평가액에 따른 수령으로 확정 금리 상품이 아니므로, 본인이 공부하고 자신의 재무상태와 설계에 맞춰 신중하게 결정해야 합니다.

연금저축

소득공제 혜택이 필요한 근로소득자에게 유리합니다. 가입한 지 5년 이후, 만 55세 이후 두 가지 조건을 충족하면 수령할 수 있습니다. 은행, 증권사, 보험사 등에서 취급합니다. 해외 주식은 국내 상장된 ETF 상품으로도 투자할 수 있습니다. 연금보험, IRP_Indivisual Retirement Pension와도 비교해 보세요.

이러한 투자를 위해, 필수적으로 선행돼야 할 것은 무엇일까? 바로 '매달 얼마를 모으는가'인데요. 내가 얼마를 버는 것보다 중요한 것이 얼마를 저축하고 재투자하여 돈이 돈을 벌게끔 하는 것인데, 저축과 투자의 사이클을 만들기 위해선 종잣돈이 필요하죠. 이 종잣돈은 매달 생기는 수입에서 만들 수 있는데, 예전에 엑셀 가계부에서 탈피하여, 요즘은 가계부 앱이 더 잘 되어 있어 이용 중입니다.

전자가계부 앱은 여러 가지가 있는데 가장 대중적인 '뱅크샐러드'를 소개해 드립니다. 공동인증서로 우선 본인인증을 하면 연동관리라고 해

전자가계부 앱 '뱅크샐러드'

서 제1, 2은행권, 카드, 증권, 보험, 부동산, 차, 현금 등으로 나눠서 나의 현재 총자산과 보유카드와 대출, 연체 등을 반영한 신용점수가 나타나며, 나의 신용점수를 바탕으로 대출 가능한 한도와 최저금리를 안내해 줍니다. 그렇게 자산 입력을 하고 나면, 크게 메뉴에 자산, 가계부, 건강, 투자, 신용, 주거, 노후, 연말정산, 사업 등의 여러 소분류로 나뉘어 자산은 얼마인지, 이번 달 오늘까지 나의 수입과 지출은 얼마인지를 알려줍니다.

가계부의 카테고리는 내가 어느 품목에 지출하는지를 파악하기 좋아서 설정해 두었는데 식비, 카페, 온라인 쇼핑, 뷰티, 교통, 통신, 의료, 문화 여가, 교육 등 세분화되어 있어요. 또한 데이터 내보내기를 통해 나의 수입지출 내역과 자산 현황을 엑셀로 받을 수도 있습니다. 그리고 또 재미난 것은 달력 기능을 통해 매일매일 수입과 지출을 계산해주어 날짜별로 마이너스(−) 금액이 보이는 날도 있어 뜨끔할 때가 있습니다.

이렇게 한눈에 보게 되면 불필요하게 소비되는 돈을 파악하기 쉽고, 반대로 수입이 지출보다 많아 남는 여윳돈이 있을 땐 '노는 돈'이 얼마인지 알려줄 뿐만 아니라, 노는 돈으로 할 수 있는 P2P 투자 추천 상품도 같이 보여줍니다. 다 아시겠지만 투자는 늘 신중하게 하셔야 하니 참고만 하시고, 가계부 앱의 적나라한 숫자는 자기검열을 더욱 객관적으로 할 수 있는 기회를 제공하여, 평소 종잣돈 모으는 과정에 활용하고 있어 소개해 드립니다.

씨드머니가 1,000만 원일 때는 할 수 있는 것이 적지만, 1억을 모았을 때는 투자할 수 있는 것들이 많고, 투자를 하면 그게 마치 복리처럼 5억 원이 되는 것은 오히려 쉽더라고요. 그런데 대부분의 사람들은 몇 개월 해보고, "이번 달에 나스닥 지수 내렸는데… 수수

뱅크샐러드 가계부의 달력 기능

료 나간다는데?"하며 몇 개월 후 바로 중단합니다. 시장지수를 추종하는 적립식 펀드는 5년 이상 꾸준히 장기적으로 갈수록 훨씬 안정적인 수익률을 가져다주는데, 눈에 보이는 등락만을 생각하다 금세 그만두는 우를 범하죠.

이것은 리딩도 마찬가지입니다. 최소 3,000권 이상을 읽으며 쌓아가야 하는 임계량이 있는데, 한글책과도 전혀 친하지 않던 아이에게 "1년 동안 1,000권을 읽었는데, 왜 실력이 안 늘까? 리딩으로는 부족한가? 혹시 내 아이에게 문제가 있는 것이 아닐까?"라며 자녀들을 못 기다리고, 못 미더워하면서 높은 레벨의 5,000권, 10,000권 읽은 친구만큼 잘 하길 바

랄 수는 없습니다. 바란다 해도 그렇게 되지도 않습니다.

인풋이 쌓여 그것이 차고 흘러넘칠 때 어느 순간 완만한 경사로가 아닌 계단식 성장을 하며, 『로알드 달』, 『해리포터』 같은 두꺼운 책을 들고, 3~4시간씩 '제발 그만 보라'고 할 때까지 읽으며, 주제에 맞는 글쓰기, 의미에 맞게 메시지를 전달하며 말하게 되는 것입니다.

그리고 리딩을 통한 영어 실력은 정말 놀랍게도 (한 권을 읽어도 바르게 읽는 아이라는 전제하에) 처음부터 1년까지의 성장과 리딩 4년 차부터 5년까지 1년 동안 같은 1년의 기간이지만, 느는 영어 실력은 천지 차이입니다. 8페이지짜리 1단계 책 100권과 300페이지짜리 챕터북 100권은 그 인풋 양이 비교되지 않으므로, 권수가 아닌 영어 리딩에 쏟은 시간에 대비해서 비교해보는 것이 맞습니다. 1년 차까지의 성장이 키리 레벨 1이라면 5년 차 영어책 읽은 친구들은 키리 레벨 5가 아니라 10 이상의 책들을 자유롭게 읽고 구성하여 구사할 수 있습니다. 자, 그러니 이제 복리의 마법과 같은 리딩의 세계로 떠나볼까요?

리터러시 중심
리딩 교육의 디지털 전환 시대

김주연(경희궁 키즈N리딩잇츠 원장)

"종이책과 함께 양질의 디지털 e북을 읽는 것도
리터러시 능력을 키워주는 효율적인 방법 중 하나입니다."
"코로나 시기 디지털 기기를 활용한 독서교육,
우리 원의 경쟁력입니다."

독서를 통한 영어 교육의 목적:
본질은 문해력(리터러시) 향상

킨들Kindle, 크레마Crema와 같은 전자책 리더기나 태블릿과 같은 디지털 기기로 책을 읽어보신 적 있나요? 한참 독서 교육의 중요성에 대해 이야기하다, 갑자기 '디지털' 기기 언급이 뜬금없다 생각 드시나요? 아마도 대부분 원장님들은 종이책을 한 장씩 넘기며 읽는 아이들을 보며, 디지털이 난무하는 이 시기에 '난 제대로 하고 있다'는 안도감을 느끼실 겁니다. 앞서 선배 원장님들이 소개해주신 다양한 비법에 더하여, 아이들이 즐겁게 책을 읽게 하고 언어를 확장시켜 줄 수 있는 노하우 하나를 말씀드리려 합니다.

바로 '디지털 기기를 통한 리터러시 능력 향상'인데요. 우리 아이들은 앞으로 디지털의 소비자이자 생산자로서 살아가게 될 것이기 때문에, 디지털 기기를 다루고, 미디어 콘텐츠를 이해하며 활용하는 역량은 필수입니다. 우리가 독서교육을 하는 이유는 학생들의 '읽고 이해하는 능력', 즉 '문해력'을 향상시켜주고, 생각하는 힘을 길러 소통과 문제해결 능력을 키워주기 위함입니다.

다양한 미디어 플랫폼에서 제공하는 방대한 정보 중 자신에게 필요한 정보를 정확하게 찾고 활용하는 역량을 키워주는 데에도 관심을 가져야 합니다. 문해 수준에 따라 글을 읽고 이해하는 개인차가 존재하듯이, 아이들이 디지털을 이해하는 정도에 따라,01) 디지털 정보 접근과 미디어 활용 및 콘텐츠 생산 여부에 큰 차이가 날 것입니다.

우리는 학생들이 빠르게 변화하는 이 시대에 적응하며 잘 살기를 원합니다. 문해력과 사고력을 확장하는 읽기 본질을 흐리지 않으면서도 즐겁게 몰입하도록 이끄는 리딩 교육에 쏟는 정성만큼 엄선된 디지털 콘텐츠를 찾아 우리 아이들이 현명하게 배울 수 있도록 디지털 리터러시 교육에도 앞서 준비해야 합니다.

---

01 디지털을 이해한다는 것은 다양한 디지털 미디어를 접하면서 정확한 정보를 찾고, 그 정보가 적합한 것인지 평가하고, 정보를 조합하는 개인의 능력을 의미한다. 즉, 이러한 능력을 '디지털 리터러시 digital literacy'라고 부른다.

코로나 시기 디지털 e-북
독서교육 패러다임의 전환

우리는 이전에 한 번도 경험해보지 못한 코로나로 뉴노멀New Normal의 시대에 살고 있습니다. AI(인공지능) 기술의 발달로 각 분야의 디지털화가 급격한 속도로 새 기준을 마련했고, 사회·경제·과학 분야를 넘어 교육과정에도 4차 산업혁명에 필요한 역량들에 맞춰 수정·개편되고 있습니다. 인간이 갖는 고유한 특성, 즉 우리가 독서교육을 통해 키워주고자 하는 지식을 융합하여 생각하는 능력, 공감을 바탕으로 한 소통 및 협업능력, 자신의 의견을 자유롭게 말과 글로 전달하는 표현능력 등 인간만이 가진 고유한 능력들이 핵심역량이 되는 시대가 되었습니다. 교육의 패러다임이 변화하기에 디지털과 결합한 전문성 및 하이터치 역량을 갖춘 아이들은 AI 시대에 경쟁력 있는 인재가 될 것이 분명합니다.

그렇다면, 우리가 지향해야 하는 교육 목표와 방향은 정해졌습니다. 영어독서는 단지 어휘력이나 독해력만을 강조하는 교육만 하면 안 됩니다. 첫째, 생각하는 힘을 키우는 리딩 본질을 유지하고 둘째, 미래 교육 방향과 부합하는 리터러시 능력을 키울 수 있고 셋째, 지금 코로나 시기 활용할 수 있는 디지털 콘텐츠는 무엇이 있을까 많은 고민을 해야 합니다. 차고 넘치게 읽어야 하는 리딩 인풋 단계의 학생들이 비대면 상황에서도 리딩 공백 없이 안전하고 즐겁게 책을 읽을 수 있다면, 양질의 e-북 역시 종이책과 함께 효율적인 리딩 매체가 됩니다.

학부모님들은 왜 우리 공부방에 자녀들을 보내주시는 걸까요? 우리 원의 경쟁력이 보유한 종이책 권 수일까요? 학부모님들은 단지 우리 공부방에 종이책이 많아서 보내주는 것은 아닐 것입니다. 자녀의 독서 교육에 대한 다양한 니즈 및 효율적인 적용을 위해 독서전문가를 찾아 원장님을 찾아오는 것입니다. 이제 우리는 잘 압니다. 공부방도 다 같은 공부방이 아니고, 학부모님들이 자녀를 보내주시는 이유도 모두 다르다는 것을요. 교육소비자들과 원장님이 만나는 교집합을 찾아 강화해야 합니다. 학부모님들이, 학생들이 찾아올 수밖에 없는 브랜딩이 확실한 영어독서 공부방은 주변 수십 개의 비슷한 공부방들과 달리 분명한 차별 포인트들이 있습니다. 다음의 특징들은 원장님이 운영하는 영어독서 공부방의 핵심역량이자 경쟁력이 될 것입니다.

첫째, 일정한 시간에 꾸준히 책을 읽도록 만들어주는 습관적인 독서 루틴 형성
둘째, 편안하게 함께 책을 읽고 의견을 나누는 분위기와 공간 제공
셋째, 체계적이고 균형잡힌 콘텐츠 리딩 커리큘럼 운영
넷째, 학생의 특성과 성향을 파악하여 꾸준히 이끌어주는 리딩 멘토

영어독서 공부방으로서 기본 경쟁력을 갖추었다면, 이제 우리가 고민해야 하는 것은 '양질의 콘텐츠를 찾아 어떻게 읽기를 효율적으로 지속하는가'입니다. 책이 종이 재질이냐, 화면으로 읽느냐가 아니라 위에 안내된 차별 운영전략들을 잘 융합하여 우리와 만나는 중요한 시기의 아이들이 단순히 글자만 읽어내는 읽기가 아닌, 콘텐츠를 잘 읽고 이해하여 판단하고 활용할 수 있도록 효율적인 방법을 찾아 성장시켜줘야 합니다. 왜 리딩을 해야 하는지, 어떤 내용으로 지도해야 하는지, 어떤 자세로 1:1 독서 코칭하며, 아이들을 어떻게 동기부여 하여, 꾸준히 이끌어야 하는지에 대한 내용은 이 책의 4장과 5장을 참고하고 적용하여 원장님만의 교육 지향점을 설정하여 핵심 운영 전략으로 발전시켜 나가야 합니다.

디지털 리터러시,
리딩 프로그램에 어떻게 접목할까요?

학생들의 문해력을 키워주는 독서교육의 핵심을 확고히 하셨다면, 이제 변화하는 시대와 교육상황에 맞춰 리딩 교육의 효율성을 극대화해야 합니다. 2년 이상 지속된 코로나 상황으로 대면수업과 도서 대여가 어려운 시기가 반복적으로 찾아왔습니다. 원과 가정에서 충분한 리딩으로 인풋을 쌓아가는 과정에서 함께 진행되는 '1:1 개별코칭'의 퀄리티를 유지하기 위해서라도 읽기 공백이 생기지 않도록 방법을 모색해야 했습니다.

그 시기 미리 앞서 고민한 원영빈 대표님과 KRSA 정수진 연구소장님을 주축으로 많은 원장님들이 함께 모여 '쉐어북 퀴즈닷컴 - 리딩 필수 콘텐츠 독서 프로그램'을 제작하였습니다. 읽은 책들의 단순 내용 확인 형태를 벗어나 '생각을 표현할 수 있는 문제'들로 구성했지만, 퀴즈에 앞서 아이들의 읽기 활동이 우선되어야 했습니다. 코로나로 비대면 수업이 지속되었기에 공백 없는 수업 진행을 위해 e-북 형태의 리딩 매체 대안 마련이 필요했습니다.

시대의 흐름과 니즈에 맞춰 학생들의 디지털 리터러시 능력을 함양하고 비대면 수업을 위한 새로운 프로그램을 만들기 위해 다양한 웹베이스 프로그램들을 비교 분석하고 그중 한 프로그램을 채택하여 수개월의 파일럿 테스트를 거쳐 독서 프로그램에 e-북과 DVD를 연계시켰습니다. 키즈엔리딩에서 채택한 e-프로그램은 종이책과 연계하여 단계별 원서 시리즈 구성이 다양하고, 레벨 및 장르별 DVD까지 폭넓게 구성되어 있어 코로나 시기에도 학생들은 온오프라인에서 균형잡힌 5P 콘텐츠 프로그램을 통해 효율적으로 공부할 수 있습니다. 전문가들이 선별한 양질의

e-북 디지털 콘텐츠들은 코로나 시기 제일 큰 이슈인 안전과 위생 면에서도 탁월하게 활용되어 리딩 공백이 길어지던 시기에 폭넓게 읽혀졌습니다. 저희 원에서 100명이 넘는 학생들이 종이책과 e-북 디지털 콘텐츠를 정규 리딩 프로그램과 연계해 활용해보니, 1:1 북코칭 시 학생의 읽기 연습과정을 함께 확인할 수 있어서 코칭 운영에도 탁월했고, 비대면 수업환경에서는 책을 실시간 화면 공유하며 현장 대면수업과 비슷한 1:6 그룹수업이 가능하며, 무엇보다도 학생들이 새로운 시리즈, 다음 단계 원서 등으로 자연스럽게 확장되어 충분한 읽기 인풋의 지평을 넓혀가는 장점이 있었습니다.

책 읽는 어린이들을 위해 디지털 기기를 통한 리딩 교육을 접목할 때, '콘텐츠 리딩 5'에 소개된 '시리즈반복35' 훈련에 먼저 활용하는 것을 추천합니다. '시리즈반복35'는 학생이 읽은 책 중 연습할 1권을 선정하고 학생과 함께 연습 분량을 선택하여 1주일 동안 매일 3번 듣기, 2번 따라 읽기(총 5회) 등 매일 15분 정도 반복 낭독 연습을 하는 프로그램입니다. e-북으로 진행하는 시리즈반복 연습의 가장 큰 장점은 바로 즉각성입니다. 화면에서 낭독연습을 하고자 하는 문장을 누를 때마다 원하는 대로 즉각 플레이되어 반복연습에 용이합니다.

전문 성우의 정확한 발음과 의미 단락에 맞춰 생생하게 읽어주는 소리는 곧 원어민 선생님 한 명이 학생만을 위해 책을 원하는 만큼 반복하여 읽어주는 것과 동일한 효과가 있습니다. 이때 소리가 조금 빠르다면, 음원 속도를 조절하며 유창성을 높이는 연습을 부담 없이 할 수 있도록 합니다. 리딩 인풋 단계에서 소리 내어 읽기 반복연습의 효과는 언어학습에 탁월한 효과가 있다는 것은 널리 알려진 사실입니다.

기존에 학생들이 CD 플레이어에 CD를 꽂고 재생 버튼을 누르고, 매번 일시 정지 버튼을 눌러 번거롭게 연습했던 상황과 달리, 학생들이 연습 시 한 번이라도 손이 덜 가도록 편리한 환경을 제시해 주면, 그 시간을 더 퀄리티 높게 연습할 수 있습니다. 자발적이고 즐겁게 연습한 책들은 반 친구들에게 낭독해주고 관련 퀴즈를 내주는 '읽기 자원 봉사(읽자봉)'와 전국 아이들이 실력을 뽐내는 '나는 성우다!' 이벤트에 도전하도록 해주시면 성취감까지 향상되는 멋진 경험을 쌓게 됩니다. 디지털 e-북을 활용해 책을 읽고 이해함은 물론 수용하여 아웃풋을 만들어내는 아이들은 적극적인 리더reader로 성장하게 됩니다.

e-북을 통한 '시리즈반복35' 연습에 잘 활용했다면, 다음은 단계별·장르별 DVD 시청 및 다독으로 확장하는 것을 추천합니다. 초기 언어발달 단계에서 충분한 듣기 인풋의 중요성은 많은 분들이 인지하고 있습니다. 교육적으로 도움이 되는 DVD 및 원서 집중듣기 콘텐츠들로 듣기와 읽기를 병행하여 균형을 맞춰간다면, 질적인 인풋 시간을 늘려가는 데 많은 도움이 됩니다. 양질의 인풋을 위해 수많은 책과 DVD를 진열하는 공간, 책과 DVD를 선택하는 데 소요되는 시간, 아울러 총 구매비용 또한 만만치 않습니다. 디지털 콘텐츠로 탑재된 약 3,000여 권의 원서책과 DVD를 구매한다면 수백만 원을 웃도는 비용이 발생하며, 실물로 꺼내 책장에 꽂아둔다면 거실 벽을 가득 채울만큼 많은 공간을 필요로 할 것입니다.

전에 없던 코로나를 경험하며 영어리딩 교육시장 역시 빠르게 변화하고 있습니다. 우리 세대보다 적극적으로 디지털 콘텐츠들을 소비하고 나아가 생산자로서의 역할이 요구되는 미래사회를 살아갈 우리 학생들을 위해 '디지털 리터러시' 능력을 향상시킬 수 있는 양질의 미디어 콘텐츠 선택 및 활용 능력을 키워줘야 합니다. 독서교육의 본질을 지키되 효율

성을 높이는 콘텐츠를 활용한 앞선 교육으로 우리 원의 경쟁력을 키워나
가길 바랍니다.

디지털 기기를 통한 e-콘텐츠 활용의 장점

· 미래 교육 핵심역량에 맞춰 미디어 콘텐츠 리터러시 증진
· 전문가들이 선정한 양질의 선별된 콘텐츠 활용으로 언어 인풋 증가
· 음원 고장/분실/반복재생의 부담에서 벗어나, 편리하게 유창성 연습
· 코로나 시기 위생적이고 안전한 리딩 매개물 역할
· 비대면 수업 시, 연계 콘텐츠 공유 및 활용 최적화
· 많은 양의 원서/DVD 선별 시간 및 구입 비용 절감

Zoom을 활용한 비대면 수업,
할 수 있어요

김주연(경희궁 키즈N리딩잇츠 원장)

"'적응하거나' 또는 '도태되거나'
딱 두 개의 선택지밖에 없는 상황이었습니다."
"새로 배우고 적용한 비대면 수업은 이제 경쟁력이 됩니다."

코로나 시기: 변화를 기회로 만드는 시간

2020년 1월 코로나가 시작될 무렵, 많은 사람들은 수 개월이면 다시 예전처럼 돌아가리라 생각했습니다. 코로나 초기에는 '몇 주 휴원하며 쉬어가자'며 대수롭지 않게 생각했지만, 거듭되는 N차 유행으로 장기화된 코로나 확산은 하루 확진자가 몇 만 명을 웃도는 현실을 마주하기도 했습니다. '여기서 멈출 것인가? 나아갈 것인가?'에 대해 고민하고 답을 생각할 겨를도 없이, 상황 자체가 빠르게 변화하니 '맞춰 적응하거나' 또는 '도태되거나' 딱 두 개의 선택지밖에 없는 혼돈의 상황이었습니다.

공부방 오픈을 준비하시려는 예비 원장님들뿐 아니라, 학생들과 이미 수업을 진행하고 있는 원장님들도 우리가 통제할 수 없는 상황이 다가오더라도 수업 퀄리티를 유지하는 온/오픈 블렌디드한 다양한 수업 방법 및 형태를 마련해야 합니다. '정상화될 때까지 기다리면 안 될까?', '온라인 수업 말고 다른 방법은 없을까?', '컴퓨터 잘 못하는데 내가 잘할 수 있을까?'라는 걱정에 실행을 늦추는 것보다, 하나씩 배워 작은 것부터 실행해봐야 합니다.

언제 다시 올지 모르는 팬데믹 상황에 대비하여 정규수업을 대체하여 적용할 수 있도록 준비해두는 것이 학생들의 교육환경을 공백 없이 유지할 수 있는 유일한 방법입니다. 코로나로 학교나 대규모 학원에서 학생들의 학업 관리가 잘되지 않아, 학부모님들은 소규모 수업을 하는 곳에 찾아오는 경우가 많습니다. 관리가 잘되는 공부방이나 1인 원장 학원들은 코로나 상황에도 오히려 신규 등록생 수가 늘어나기도 합니다.

코로나라는 위기 상황에 몸을 사리며 아무 활동을 하지 않고 있다면, 해결 방안이 저절로 나타나지 않습니다. 위기(危機)라는 글자는 한자로 '위태로움'과 '기회'를 동시에 내포하는 글자입니다. '위기 속에서 위험을 경계하되, 기회도 함께 있다'는 의미라고 합니다. 비슷한 맥락으로 영어단어 change(변화)의 g를 c로 바꾸면 chance(기회)가 되는 것처럼, '변화 속에 기회가 있다'는 의미겠지요.

오프라인에서 진행되는 독서 코칭 기반 리딩 수업에서, 4~6명 학생에게 1:1 개별 코칭을 10분씩 진행하면, 60분 수업 동안 6명을 코칭할 수 있습니다. 이 방식을 비대면 방식인 온라인에서도 그대로 진행하시면 됩니다. 줌zoom으로 진행되는 세미나는 많이 들어봤지만, 내가 직접 진행하는 비대면 수업은 잘할 수 있을까 걱정이 앞서실 수 있을 텐데요. 대면수업과 동일한 수업시간과 내용으로 진행되는 실시간 비대면 또는 온/오프 블렌디드 러닝 환경은 이제 선택이 아닌 필수이니, 꼭 알아두시면 도움이 많이 될 것입니다.

비대면 수업 초반에는 정보와 경험 부족으로 막막하고 에너지가 많이 소요되지만, 배움과 적용을 거듭하는 시간들은 이내 소중한 밑거름이 되어 비대면 독서 코칭에 자신감이 생기고, 수업은 더 짜임새 있고 효율적으로 업그레이드 될 것입니다. 새롭게 시작하는 원장님들에게는 기회비용을 줄여 그 에너지를 수업에 더 집중하실 수 있도록 선배 원장들이 앞서 경험한 시행착오를 정리해보았습니다.

실시간 비대면 수업: 적용 전 상황

1. 3일/1주일/2주일씩 휴원 연장하며 코로나가 끝나기를 기다렸어요.
2. 수업 결손에 따른 교육비 이월처리 및 휴원율이 높아져 수익이 낮아졌어요.
3. 컴퓨터를 다루는데 서툴러 대안으로 10분씩 개별 전화 코칭을 시작했어요.
4. 목소리만 듣는 코칭으로는 책을 함께 보며 세부적인 코칭이 어려웠어요.

실시간 비대면 Zoom 수업 적용 초기 시행착오 및 해결책

1. 사용법이 생소해 1개면 충분한 아이디를 반별로 여러 개 만들고, 줌 zoom 접속 주소가 달라져 매번 다른 주소를 안내해 복잡했어요.
   ⇨ 해결책: 줌 유료회원으로 전환하여 PMI(Personal Meeting ID―개인 회의실)를 부여받아, 접속 주소를 동일하게 설정. 학생들은 혼동하지 않고 매일 동일 주소로 접속함. (*Zoom Pro 월간계정 : $14.99)

2. 40분 무료 접속시간이 다하면, 수업이 중단되어 재접속했어요.

⇨ 해결책: 유료회원 전환 시, 최대 100명까지 무제한으로 접속 가능하여 수업 첫 타임부터 마지막 타임까지 로그아웃 없이 연속 수업 가능함.

3. 학생별 대여해 준 원서들 표지 사진을 찍어 독서기록장과 비교하고, 반복연습하는 책들은 내용 확인 차 각 페이지를 찍어 코칭 시 참고했어요.

⇨ 해결책: 도서 교환 시기를 정하여 셋팅된 도서들을 비대면 픽업하시도록 학부모님에게 안내하고, 디지털 리터러시 함양을 위해 도입한 e-북 프로그램을 활용하여 시리즈 반복 연습하며, 화면공유를 통해 연습 내용을 함께 읽으며 양방향 소통 수업을 구현함.

4. 스토리 영문법 그룹수업은 화면 공유 및 미디어 자료 활용에 익숙지 않아 수업하지 않고, 교육비를 이월해주었어요.

⇨ 해결책: 학원처럼 한 타임에 2~3개 반이 동시 운영되거나, 스토리 영문법 수업처럼 그룹수업을 할 경우, '소회의실' 기능을 활성화하여 동일 아이디로 독립된 줌 공간에서 수업을 운영함. 현장 수업과 동일한 수업시간 및 수업 내용으로 교육비 유지할 수 있음.

5. 비대면 수업을 어려워하는 초등학교 저학년 학생들은 휴원율이 증가하고, 자율등원/비대면 수업 및 휴원 여부에 따라 교육비를 조정해야 했어요.

⇨ 해결책: 대면 정규수업과 같은 퀄리티를 유지하는 '참여형 실시간 비대면 수업'으로 전환하고, 수업 전 학부모님과 학생들을 대상으로 준비물, 수업

규칙 및 오리엔테이션을 진행함. 아이들의 적극적인 참여를 유도하기 위해 수업 인트로, 데일리 활동·미션, 읽기 자원봉사 등 수업 내용 및 순서를 기획함. 개인 1:1 코칭 순서 지정 시, 참여를 이끄는 비교적 짧은 게임 등을 선정함. (예: 누가 제일 많이 읽었나, 선생님을 이겨라, 사다리 게임, 9칸 빙고, 가장 긴 제목 쓴 사람, 행운의 단어 많이 찾은 사람, 생일 제일 빠른 순서 등)

6. 1:1 코칭 시, 같은 줌 공간에서 리딩하는 나머지 학생들은 코칭 소리에 방해를 받을 수 있어, 코칭/리딩 수업 방법에 대한 개선이 필요했어요.

⇨ 해결책: 워밍업 엑티비티로 코칭 순서를 정하고, 줌 채팅방에 약속된 코칭 시간을 적어줌. 리딩하는 학생들은 선생님과 다른 친구의 1:1 코칭 소리에 방해받지 않도록 헤드셋은 귀에서 떼어 내려놓음. 이때 개별 리딩(시리즈 반복 읽기/정독 소리내어 읽기 포함)을 하고 있다, 각자의 코칭 약속 시간이 되면, 선생님과 1:1 코칭을 진행함.

7. 선생님이 코칭 멘트를 적어주는 독서기록장을 학생이 갖고 있어 과제 부여, 피드백 및 진행 상황의 일관적인 기록 및 유지 관리가 어려웠어요.

⇨ 해결책: 선생님과 학생이 각각의 플래너를 작성함. 선생님도 학생별로 플래너를 마련하여 다독 시간 기록, 연습 범위, 피드백, 다음 수업 준비사항을 기록해두고, 학생들도 개인 플래너에 스스로의 계획 및 코칭 받은 내용을 적어 일관적인 리딩 시간 확보 및 자기주도적인 시간 및 기록 관리를 하도록 지도함.

온라인 플랫폼에서 진행하는 수업은 누구에게나 생소합니다. 매 순간 어려움으로 다가왔던 위와 같은 문제들은 동료 원장님들과 진행한 세미나와 SNS에 공유된 외부 전문가들의 정보를 통해 배우고 적용해보았습니다. 하나씩 배워가다 보면, 점차 대면수업과 동일한 수준으로 안정적인 수업을 하실 수 있을 것입니다.

줌 비대면 수업 준비 및 진행

1. 준비물: Zoom 접속용 PC/노트북, 헤드셋, 마이크, 화면 미러링용 태블릿(디지털 e-북 사용 시)
2. 마이크 볼륨 확인 및 가상배경, 비디오 필터 세팅, 참가자 명 변경
   - Zoom 가상배경을 프로페셔널한 이미지나 로고로 변경 추천
   - 예쁜 모습으로 변신시켜주는 비디오 필터 사용
3. 밝은 목소리와 바른 자세로 수업 시작
   - Daily 인트로 및 수업 전 Daily 루틴(수업 준비물 체크, 독서기록장에 날짜 적기 등) 확인 및 오늘의 리딩 미션 안내 등 그룹 인트로 시간 확보
4. 엑티비티로 코칭 순서 선정 후, 채팅창에 학생별 개인 코칭 시간 기록
5. 코칭 소리에 리딩이 방해받지 않도록 기기에 헤드셋을 끼워넣고 내려둔 상태로 다독 리딩 또는 시리즈반복35 낭독 시작
   - 헤드셋 없이 Zoom 접속 기기 볼륨을 최대로 낮추는 것도 가능
6. 화면 공유 및 태블릿 미러링을 활용하여 개별 코칭 진행, 플래너 기입

● 비대면 수업 준비 및 유용한 ZOOM 기능들

1. 가상배경 또는 비디오 필터 선택

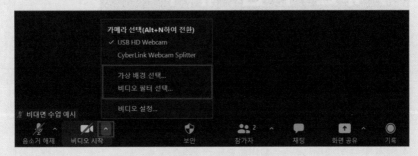

2. 화면 공유 → 공유할 화면 선택 → 소리 공유 클릭 → 공유

3. 수업 집중 시 전체 음소거 : 참가자 → 모두 음소거

4. 필기 및 주석: 화면 공유 → 화이트보드 → T텍스트

· 필기하기: T-텍스트 눌러 타이핑 (※ 갤럭시 S펜, 애플펜슬 사용 가능)

· 학생들 주석 사용 금지: 더보기 ··· 버튼→참가자 주석 사용 안 함

5. 소회의실 설정: 소회의실 → 원하는 개수 수동으로 할당 → 열기

운이 터지는
인생 변곡점의 선물

원영빈(키즈엔리딩 대표)

"너무 속상해요. 이제 막 공부방을 오픈했는데, 남편이 퇴직하겠다네요."
"괴로워 마세요. 대운이 오기 직전에 꼭 이런 일이 생겨요."

공부방 3년 차 되던 해, 공부방을 더는 하고 싶지 않았습니다. 학생 수에 연연하는 것도 싫고, 3년 차나 되었건만 엄마들과 상담만 하면 머리가 지끈거리고, 상담이 끝나면 왜 그때 내가 그런 말을 했는지 자신이 한심스럽고, 화가 났습니다. 그래서 '그래, 그만두자'라고 결심하니, 날아갈 듯 기뻤습니다.

그 당시 남편은 잘 나가던 회사를 그만두고, 퇴직금 5,000만 원을 후배 회사에 투자하여, 이사라는 직함으로 재입사 후, 두 달 연속, 전 직장에서 받던 월급의 두 배를 가져왔습니다. 저는 '이때다' 싶어 그동안 참아왔고 힘들었던 순간들이 주마등처럼 스치며 그만둘 최고의 기회라고 생각했어요. 그리고 저의 정신적인 스승인 친정아버지에게 제 생각을 말씀드렸어요. "아빠, 이젠 남편도 자리를 잡고 그 월급으로 충분히 살아갈 수 있으니, 이제 공부방 그만둘래요. 엄마들 비위 맞추는 것도 힘들고, 아이들이 나갈 때마다 속상해서 울고불고하는 거 이젠 더는 하고 싶지 않아요. 이제 좀 편하게 살고 싶어요."

그랬더니 아빠가 조용히 말씀하셨어요. "그건 네가 아직 편하다는 소리다. 이제는 본격적으로 네가 일해야 할 거야. 남편이 안정적인 직장을 그만두고, 후배 회사에 투자하고 사업을 한다고 하니 네 가정 경제는 이제야말로 네가 지켜야 할 때란 말이다."

친정아버지의 충고가 야속하여 끙끙 앓은 지 며칠 지나기도 전에 2개월 연속 2배로 들어왔던 월급이 기다렸다는 듯이 뚝 끊겨버리더니 그 이후에는 어쩜 그리 신기하게도 그 회사는 폐업을 하였습니다. 아버지의 말씀이 맞았던 것이죠. 아버지는 그때 그 일을 두고두고 아직도 후회하세요. "너희가 퇴직금 받았다고 할 때 빨리 내가 쓴다고 해서 가지고 있을걸. 그냥 믿고 내버려 둔 게 너무 후회스럽다"라고 말씀하시면서요. 그동안 아버지가 현직에 있으면서 보아왔던 일이 설마 내 딸에게도 일어날까 싶었던 것입니다.

아버지의 말대로 그때 공부방을 그만두지 않은 것은 정말 다행이었습니다. 남편의 월급으로만 살아가던 우리 가정 경제를 그나마 내가 떠맡을 수 있었으니 말이죠, 그런데 참 이상하죠? 그렇게 남편의 15년 퇴직금을 말아먹는 일을 겪으니, 상담의 스트레스와 학생들로부터 받는 스트레스가 나에게는 더는 크게 느껴지지 않았어요, 그 이후에는 한 번도 후회나 주저함 없이 이 일을 지속해올 수 있었으니 아이러니하죠? 그때 힘들다고 그만두었으면, 지금의 저는 없었을 거예요.

참 이상하게도 3년 정도 되면, 대부분 원장님이 공부방이나 인생의 변곡점을 맞이합니다. 리딩을 시작할 때 마음먹었던 '천천히'의 힘이 3년째 되면 내외부적인 고비를 맞이하게 됩니다. 정말 열과 성의를 다했는데 아이들은 실력이 쑥쑥 느는 것처럼 보이지 않고, 예전의 암기식, 주입식 학습으로 되돌아가고 싶은 마음이 강하게 밀려와요. 게다가 경제적 문제, 남편, 친구, 시댁과의 갈등, 평소에는 너무 착했던 아이들이 고약하게 한다든지 이상하리만큼 이해할 수 없고 힘든 일이 생기는 경우가 있어요.

원장님 한 분이 어느 날 저에게 이런 상담을 해오셨어요. "대표님, 너무 속상해요. 이제 공부방 오픈해서 일을 본격적으로 시작해보려는데 남편이 회사에서 퇴직을 선언했어요. 저도 이제 시작하느라 바쁘고, 학생도 모이지 않았고, 앞으로 애들에게 들어갈 돈도 많은데 시작하자마자 왜 이런 일이 생기는지 모르겠어요. 이 사정도 모르고 시댁에서는 은근히 생활비까지 챙겨주었으면 하는 눈치고요."

"원장님 힘들겠지만, 너무 괴로워하지 마세요. 인생의 운이 터지기 직전의 원장님들에게 꼭 이런 일들이 생기더라고요. 지금 당장은 힘드시겠지만 이럴 때일수록 마음의 안정을 찾으시고 더 감사한 마음을 가지고 준비하시면 반드시 원장님에게 좋은 일이 생길 것입니다"라고 말씀드렸습니다. 제가 이런 얘기를 할 수 있는 것은 그동안 100여 명 이상의 원장님들을 만나면서 알게 된 사실이니 믿으셔도 될 거예요. 지금까지 인생의 패턴을 벗어나서 인생의 변곡점을 맞이할 때 대부분 이렇게 시련을 가장한 선물을 받게 되는데, 웬만한 내공이 아니고서는 그것이 하늘이 주는 선물이라고 눈치채는 사람은 드물거든요.

《돈보다 운을 벌어라》의 저자 김승호는 변화의 지점, 변곡점이 위험하다고 했어요. 발전하려는 순간 방해물이 등장하는 것은 자연의 법칙이며, 내부의 변화가 밖으로 나가서 세상에 편입되려는 순간 방해를 받는 것은 세상의 이미 존재하는 질서를 유지하려는 관성의 법칙이 있기 때문이래요. 새로운 것은 무엇이든 도전을 받기 마련이며, 그러기에 반드시 이런 시기를 알아차려야 한다고 말이죠.

특히, 방해 요소는 인생이 좋은 쪽으로 변화하는 징조이니, 긴장을 놓치지 말고 사소한 일도 조심하면 된다고 하였어요. 제가 지금까지 봐온 1억 연봉 원장님 대부분은 그런 과정을 스스로 잘 이겨낸 결과로 신이 선물을 주신 것 같아요. 이런 일이 갑자기 생겼을 때 너무 두려워하거나 화를 내는데 에너지를 소비하지 말고, 겸손한 마음으로 상황을 받아들이고 잘 풀어나가려고 마음을 바꾸면 반드시 더 좋은 일이 생길 거라고도 말씀드렸지요.

"원장님 남편분이 왜 퇴직을 선택했는지 자세히 물어보시고, 이해해주려고 노력하세요. 그리고 원장님이 스스로 서실 수 있을 때까지 6개월 정도만 버텨주면, 그 안에 학생 모집을 더 많이 해놓겠다고 하세요. 원장님 정도의 능력과 열정이라면 6개월 정도면 적어도 10~15명은 모을 수 있을 것이고, 그 정도면 남편 월급만큼이야 되지 않더라도 한 가족이 절약해서 먹고 살 만큼은 되니 그때 당신이 원하는 것을 할 수 있도록 밀어주겠다고요. 지금 당장은 원장님을 지원해주기는커녕, 속상하게만 하는 남편이 밉고 당신 맘대로 하라고 소리 지르고 싶잖아요. 그런데 이 시기만 조금 참으세요. 그동안의 남편에게 감사할 일이 없었는가 — 없었을 수도 있겠지만 — 그래도 우리 아이들에게나 원장님에게나 남편이 없는 것보다는 존재 그 자체가 힘이 되잖아요. 그 존재에만 감사하면서 이 시기를 잘 넘겨보세요. 이런 도전이 크면 클수록, 감사하고 겸손한 마음으로 잘 이겨내면 신이 주는 선물이 훨씬 더 커져요."

인생에서 변화의 변곡점을 맞이하는 원장님들이 같은 집단의 소속 동료, 학부모님과의 큰 갈등, 돈이나 집 문제, 사랑이라는 이름으로 희생을 요구하는 가족, 친구의 모습으로 세상의 크고 작은 도전을 받아 힘들고 괴로워하시는 모습을 많이 봐왔습니다. 그런데 이런 인생의 변곡점의 공식을 알면 그리 힘들어하지 않아도 되고 큰 위안도 될 텐데, 이 법칙을 몰라서 죽을 만큼 힘들어하는 원장님들을 보면 늘 안타까웠어요.

기존의 질서를 유지하지 않고 세상의 균형을 깨트리는 일은 정말 힘이 들지만, 잘 이겨내면 원하는 것을 이룰 수 있고 반드시 한두 단계 도약할 수 있는 밑거름이 될 거예요. 아래에 덧붙이는 글은 저 역시 인생의 변곡점을 지나면서 힘들었을 때 우연히 발견한 글인데, 이 글이 같은 상황에 있는 분들에게 큰 위안과 힘이 되기를 바랍니다.

남들이 불가능하다고 했던 일을
이루어내는 법[01]

사람들은 누구나 마음속에 절대 사라지지 않는 숨어 있는 꿈을 하나씩 가지고 있다. 그 꿈이라는 것이 겨우 흔적만 있는 사람도 있고, 밤마다 가슴을 헤지며 잠 못 이루게 하는 것일 수도 있다. 모두 이 꿈들을 입지도 않으면서 버리지 못하는 옷처럼 마음 한쪽 구석에 숨겨났다. 어떤 이는 이 꿈을 이루기 위해 노력하기엔 현실이 너무 매몰차다는 이유로 구석에 미뤄놓았고, 또 어떤 이는 그냥 주춤거리고 망설이다 때를 놓친 것이라

---

01 『돈의 속성』, 『생각의 비밀』의 저자인 김승호 회장의 카카오 스토리의 글 중 일부를 가져왔다.

생각한다. 어떤 이는 해봐도 안 되더라며 이미 포기했다. 그럼에도 그 꿈은 가슴 속 깊은 곳에서 자신이 언젠가 불러줄 것을 기대하며 꿋꿋이 떠나지 않고 있다. 말라가는 웅덩이 속에 미꾸라지처럼 땅 밑에서 안쓰럽게 버텨 보고 있다. 이 세상에서 나를 가장 잘 아는 사람은 결국 '나 자신'이다. 그런데 사람들은 '너는 그 일이 안 어울린다', '주제를 알라', '하지마라', '괜히 사고 친다', '너는 그런 일을 하기엔 경험이나 능력이 없다'라며 말린다. 하물며 그 말리는 사람은 그런 일을 하고 있거나 해보지도 않은 사람이다. 함께 자랐다는 이유로, 친구라는 이유로, 나를 잘 안다는 이유로 나를 폄하하고 가로막는다.

그러나 잠시만 생각해보자. 이 세상에 크거나 작거나 세상에 흔적을 남기고 성공하고 이루어 낸 사람들 중 단 한 명이라도 자신에 대한 부정적 편견을 듣지 않은 사람이 있을까? 도스토옙스키가 수용소 안에서 손바닥에 써 놓은 글들이 책으로 출판되리라 누가 믿었을까? 100년 전 도로도 제대로 없던 시절에 아버지조차 비웃던 꿈을 이룬 포드는 어떨까? 인종차별이 심한 남부에서 흑인 여자로 태어나 미국에서 가장 존경받는 여성이 된 오프라 윈프리는 얼마나 많은 반대를 이겨냈을까? 몇 년 전 한 방송사에 코미디언 이봉원 씨가 한 프로에 나와 놀림을 당하는 장면을 보았다. 하는 사업마다 망하니 '다음부턴 제발 친구들 의견 좀 들어라', '주변의 의견을 듣고 사업을 하든지 말든지 결정하라'는 충고들을 주고받는 모습을 보았다. 나는 그때 함께 나온 친구들이 이봉원 씨의 거듭된 실패를 안쓰러워하며 자기들처럼 사업 벌이지 말고 살라는 의미의 충고였던 것으로 기억한다. 그러나 나는 백 번 이봉원 씨 편이다. 실패해보지도 않은 사람이 도전해서 실패해본 사람을 조언하다니… 실패하지 않았다 함은 도전해 보지 않았단 뜻이다. 사람은 반복된 9번의 실패를 통해,

90%의 사람이 저지르는 실수를 하나하나 배워 이기는 것이다. 그리고 그 한 번의 성공으로 일어선다. 그 자리의 누구도 이봉원 씨만큼 다양한 실패를 거친 사람이 없었다. 도대체 누가 누구에게 조언한단 말인가.

이 세상을 살면서 가장 짜릿한 성취감 중 하나는 남들이 불가능하다고 했던 일을 이루어내는 것이다. 주위의 편견과 주변의 악조건을 견뎌내고 스스로 보란 듯이 세상과 맞서서 한 번쯤 이겨내 보고 싶지 않은가?

우리의 일상에서 마주치는 전화기, 자동차, 컴퓨터, 거대한 비행기, 전기, 전파, 텔레비전, 이 모두는 불과 100년 전으로만 돌아가도 상상 속에서조차 이해하기 힘든 물건들이었다. 그 누군가가 수많은 저항을 물리치고 하나하나 이루어낸 것들이다.

누가 '당신은 사장이 될 수 없다'고 말하는가?
누가 '저 빌딩을 언젠가 갖겠다'고 했을 때 비웃었던가?
누가 '박사학위를 받아 오겠다'고 했을 때, 나이를 상기시켜주던가?
누가 '당신들은 궁합이 안 좋으니 헤어지라'고 말하던가?
누가 '당신은 다시 걸을 수 없다'고 말하던가?

그 꿈이 당신이 보기에 상상조차 못 할 큰 꿈이라면, 상상도 못 할 만큼의 노력만 하면 된다. 상상도 못 할 노력을 할 자신만 가지면 된다. 당신이 미쳤다는 소리 한 번 듣지 않고 살았다면 당신은 한 번도 목숨 걸고 도전해 본 적이 없다는 뜻이다. 연은 순풍이 길면 떨어지며, 역풍을 따라 올라간다. 당신이 꿈을 이루는데 역풍이 분다는 것은 더 높게 오를 기회란 것을 알아야 한다. 올해는 당신의 인생에서 남들이 불가능하다 했던 일들을 이루어내기 위해 몰려오는 역풍들을 멋지게 품에 안기 바란다.

　　살면서 언젠가 내 경험을 나누는 책을 써 보고 싶다는 꿈은 있었지만 좀 더 지혜가 많이 쌓인 나이라야 가능하지 않을까 상상만 했었다. 책을 마무리하는 현 시점에서도 '작가'라는 말이 아직 나를 나타내는 단어로 느껴지지 않게 어색하지만, 사랑하고 존경하는 5명의 동료들과 함께 우리는 이제 책 한 권을 펴낸 '작가들'이 되었다.

　나는 '함께'라는 말을 참 좋아한다. 혼자서는 절대 감당할 수 없어 엄두도 못 내거나 생각조차 못하던 일들도 함께 힘을 모으면 어느새 할 만한 일이 된다. 이 책을 펴낸 것도 우리가 함께여서 가능한 일이었고 현실로 이루어졌다. 우리는 가끔은 부지런을 떨지만 가끔은 귀차니스트가 되기도 하고, 때로는 열정적이지만 때로는 아무 일에도 별 흥미가 없기도 한 평범한 이들이 아닌가. 원래부터 잘나서가 아니라 평범한 이들이 비범한 경험치를 쌓아가며 서로의 성장을 끊임없이 북돋아주는 것, 그것이 '함께' 하는 힘으로 이루어질 때 정말 짜릿하다.

　앞으로도 우리가 걷는 이 길에 많은 이들이 더 함께 힘을 모아 나가며 즐겁고 신나게 대한민국의 영어독서를 발전시켜 나가기를 소망한다. 행복한 영어책 읽기 세상을 만들고자 하는 각자의 작은 발걸음이 모여 5년 뒤, 10년 뒤엔 더 다양한 깨달음과 지혜들로 세상에 좋은 영향을 끼칠 수 있기를 바라본다.

KRSA 리딩연구소장 정수진 원장

뷰티플!(Beautiful!) 내 인생에서 가장 많이, 자주 사용하는 형용사다.

8년간 키즈엔리딩을 운영하며 아름다웠던 추억들을 이 책을 쓰며 소환했다. 사실 '아름답다!'는 말은 무언가 예쁘고 보기 좋아서가 아니라 오래 보아 그 숨은 멋과 깊이를 찾아냈기에 붙여주기 적합한 단어라고 생각한다. 초보 원장 시절 두려워 잠 못 자고 고심하던 시간들을 견뎌내었기에 지금의 내 일, 내 교육철학의 숨은 미를 찾았겠지. 이젠 이 가치 있는 경험들을 후배 원장들, 또 8년 전 죠이샘처럼 나만의 영어독서 공부방을 꿈꾸는 또 다른 초보 죠이샘들에게 가감 없이 전해주고 싶다. 함께 집필하며 뒤처지지 않게 무한 격려를 퍼부어 주신 키리 고참 선배, 뷰티플 원영빈 대표님께 진심으로 감사드린다.

키즈N리딩잇츠 일산서구 양경희 원장

"안녕하세요? 도서출판 서사원입니다." "아…, 네 안녕하세요?" 얼떨결에 전화를 받았다. "보내주신 원고 너무 좋아서 연락드렸습니다." "아…, 네 감사합니다."

사실은 저런 대화를 했는지 아주 정확히 기억이 나지 않는다. 출판사라는 전화에 심장이 터져버릴 듯 뛰기 시작했다. 순간 머릿속은 하얘지고, 운전을 하고 있었기에 정신이 없었다. 이런 전화가 오다니… 이런 일이 일어나다니… 흥분됐던 감정은 아직도 또렷이 기억난다. 그렇게 시작된 글쓰기는 고행의 연속이었다. 글쓰기에만 매진할 수 없는 나는 현재 공부방에서 학원으로 확장해서 학원 운영과 5살 남아를 키우는 워킹맘으로서 정말 버거운 스케줄이었지만 한 번도 투덜댈 수 없었다. 함께 글을 쓰는 작가님들 모두 이렇게 빡빡한 스케줄임을 알고 있기 때문이다.

하지만 불평만 있었던 것은 아니다. 2021년 4월에 쓰기 시작해서 2022년 5월까지 1년 여 동안 어느새 이 책을 엄마가 뱃속에 태아를 품듯 품으며 기도하고 있는 나를 발견했다. 힘들고 어려운 상황 속에서도 이렇게 책을 쓸 수 있다는 것이 너무 감사했다. 또한 이 책이 혼자서 외롭게 공부방을 운영하고 계실 원장님들에게 도움이 되면 좋겠다는 생각에 가슴이 벅차올랐다. 아이들은 많지만 체계적인 영어독서 프로그램을 찾고 있는 원장님들에게, 영어 독서는 어떻게 해야 하는지, 무엇이 중요한지, 열심히 영어 독서에 대해서 공부하고 있을 육아 동지들에게, 영어독서 세상에 대해서 알지 못하는 그 누구에게도 우리의 한 줄이 그들에게 도움이 되었으면 좋겠다는 간절한 마음으로 이 책을 썼다.

마지막으로 『영어독서 MBA』의 A부터 Z까지 이끌어주며 고생하신 리딩 멘토 원영빈 대표님과 이 팀에서 가장 젊다는 것 빼면 내세울 것 하나 없는 나에게 늘 동기부여 해주신 MBA 영어독서 전문가 양경희, 정수진, 임서영, 김주연 원장님께도 감사의 말씀을 전하고 싶다. 또 이렇게 많은 일을 하는 아내를 전적으로 지지해주는 남편과 사랑하는 아들 최예인에게 무한한 감사를 보낸다. 책을 쓰는 딸이 은근히 자랑스러웠던지 나오지도 않은 책을 여기저기 자랑하고 다니는 친정 식구들과 시댁 식구들에게도 감사드린다.

인천 힐스 키즈엔리딩 이혜진 원장

아들이 초등학교 입학하던 해에 오픈한 영어독서 공부방에서 어느새 아들은 훌쩍 자라 고입을 준비하고 있다. 지난 9년의 시간을 영어독서로 시작하여 리딩에 한계를 두지 않고, 공부방 학생들과 어휘, 듣기, 쓰기, 말하기, 어법까지 아우르는 많은 프로그램들에 쉬지 않고 도전하며, 우리 학생들에게 더 좋은 것, 더 나은 콘텐츠를 접목시켰던 시간들이 떠오른다.

처음 이 일을 시작할 때는 우리 아이들이 리딩을 통해 스트레스나 고비 없이 영어를 흥미롭게 습득하기를 바라는 조금은 단순한 마음이었는데, 눈빛을 빛내며 무한 성장해 가는 아이들을 보며 그 첫 마음이 단지 내바람만이 아닌 실체가 있는 옳은 길이라는 확신이 든다.

이렇게 리딩에 한계가 없듯, 내 자신도 책에서 얻는 많은 지식과 통찰을 통해 끊임없이 정진하고 있다고 믿는다. 내가 그렇듯 "이 책을 접하는 독자 여러분들께도 영감을 드릴 수 있다면, 얼마나 행복하고 보람된 일일까?"라고 생각하니, 설레는 마음이 한가득 차오른다.

키즈엔리딩을 운영하며, 혼자 가면 내 보폭만큼만 걸을 수 있지만, 같이 가면 함께 가는 사람들의 폭만큼 더 나아간다는 것을 매 순간 깨닫는다. 훌륭한 동료 원장님들과 그들을 한 명 한 명 세심히 살피면서도 늘 새로운 도전을 주저하지 않는 원영빈 대표님으로부터 많은 영감을 받고, 그들과 함께 나누며 고민해 온 시간들이 헛되지 않았음을 완성된 원고를 보며 느꼈다. 끝으로 수업하는 원장들이라는 핑계로 원고가 지연되기도 했는데, 기다려주시고 아낌없는 피드백을 주신 도서출판 서사원에게도 진심으로 감사드린다.

강서 우장산 키즈엔리딩 임서영 원장

나는 '문샷싱킹Moonshot Thinking'이란 말을 좋아한다. 이는 밤하늘 밝게 빛나는 달을 조금 더 잘 보기 위해 망원경 성능을 높이기보다 달에 직접 갈 수 있는 탐사선을 만들겠다는 구글Google의 혁신적인 기업정신을 일컫는다. 기존의 것에서 머물지 않고 혁신적으로 행동하는 모습은 '책 출간'과 '창업' 등 현재에 안주하지 않고 틀을 깨어 한 단계 더 성장하는 우리의 모습과 많이 닮았다.

『영어독서 MBA』는 영어교육 경력 합산 100년이 넘는 6인의 리딩 전문가들이 집필 기간 1년이 넘는 시간 동안 정성으로 합심하여 리딩 교육 및 운영 방법의 정수를 담았다. 학생들을 잘 가르치는 것에만 만족하지 않고, 영어독서 교육의 핵심가치와 운영 노하우를 자세하게 정리하였기에 이 책의 마지막 장을 읽는 지금 이 순간이 여러분 인생의 터닝포인트가 되기를 바란다.

흔들리지 않는 리딩의 가치, 확고한 성장 목표와 적극적인 배움의 태도를 분명히 하고, 내딛는 걸음 앞에 단단한 디딤돌을 놓듯 배움의 '적용'과 '실천' 나아가 '나눔'을 통해 1인 교육 경영자를 꿈꾸는 여러분들이 시작을 두려워하지 않고 어제보다 오늘 더 성장하는 데 이 책이 도움이 된다면 더할 나위 없이 큰 기쁨이고 감동이겠다.

마지막으로, 이 책이 나오기까지 모든 과정을 함께 밀고 끌어 멋진 팀워크를 발휘한 키즈엔리딩 영어독서 MBA 리딩 엑스퍼트들과 든든한 지원을 아끼지 않았던 사랑하는 가족에게 진심 어린 감사인사를 전한다.

경희궁 키즈N리딩잇츠 김주연 원장

억대 수입 원장 6인이 알려주는 영어독서 공부방 실속 창업 노하우

영어독서 MBA

초판 1쇄 인쇄 2022년 5월 13일
초판 1쇄 발행 2022년 5월 20일

지은이 원영빈, 정수진, 양경희, 이혜진, 임서영, 김주연

대표 장선희 **총괄** 이영철
기획편집 이소정, 정시아, 한이슬, 현미나
책임디자인 최아영 **디자인** 김효숙
마케팅 최의범, 강주영, 김현진, 이동희
경영관리 문경국 **구성 및 윤문** 유은경

펴낸곳 서사원 **출판등록** 제2021-000194호
주소 서울시 영등포구 당산로 54길 11 상가 301호
전화 02-898-8778 **팩스** 02-6008-1673
이메일 cr@seosawon.com
블로그 blog.naver.com/seosawon
페이스북 www.facebook.com/seosawon
인스타그램 www.instagram.com/seosawon

서사원은 독자 여러분의 책에 관한 아이디어와 원고 투고를 설레는 마음으로 기다리고 있습니다.
책으로 엮기를 원하는 아이디어가 있는 분은 이메일 cr@seosawon.com으로 간단한 개요와 취지,
연락처 등을 보내주세요. 고민을 멈추고 실행해 보세요. 꿈이 이루어집니다.